Swaps

Swaps

UMA ANÁLISE JURÍDICA

2018

Eduardo Augusto Caixeta Menezes

ALMEDINA

SWAPS
UMA ANÁLISE JURÍDICA
© Almedina, 2018

AUTOR: Eduardo Augusto Caixeta Menezes
DIAGRAMAÇÃO: Almedina
DESIGN DE CAPA: FBA
ISBN: 9788584933891

Dados Internacionais de Catalogação na Publicação (CIP)
(Câmara Brasileira do Livro, SP, Brasil)

Menezes, Eduardo Augusto Caixeta
Swaps : uma análise jurídica / Eduardo Augusto
Caixeta Menezes. -- São Paulo : Almedina, 2018.

Bibliografia.
ISBN 978-85-8493-389-1

1. Contratos (Direito comercial) 2. Derivativos
(Finanças) 3. Direito empresarial 4. Mercado
financeiro - Leis e legislação 5. Obrigações
(Direito) 6. Swaps (Finanças) I. Título.

18-18720   CDU-347.44:336

Índices para catálogo sistemático:
1. Swaps : Contratos : Direito empresarial
347.44:336

Maria Paula C. Riyuzo - Bibliotecária - CRB-8/7639

Este livro segue as regras do novo Acordo Ortográfico da Língua Portuguesa (1990).

Agosto, 2018

EDITORA: Almedina Brasil
Rua José Maria Lisboa, 860, Conj.131 e 132, Jardim Paulista | 01423-001 São Paulo | Brasil
editora@almedina.com.br
www.almedina.com.br

"Assaz o senhor sabe: a gente quer passar um rio a nado, e passa; mais vai dar na outra banda é num ponto muito mais embaixo, bem diverso do em que primeiro se pensou. Viver nem não é muito perigoso?"

João Guimarães Rosa (*Grande Sertão: Veredas*)

Para minha querida esposa, Maíra Leitoguinhos, com todo o meu amor.

NOTA DO AUTOR

Esta obra é fruto de pesquisa desenvolvida durante o curso de pós-graduação em Direito Empresarial da Universidade Federal de Minas Gerais, defendida e aprovada no ano de 2012.[1]

Embora atualizações e correções tenham sido implementadas, aspectos relevantes, mas supervenientes à pesquisa, não foram incorporados a esta publicação, por demandarem reexame e rediscussão de premissas factuais e operacionais do estudo original.

Entre os novos aspectos ainda não incorporados à obra, merece destaque a combinação de negócios entre a BM&FBOVESPA e a CETIP, ocorrida em março de 2017,[2] da qual resultou a B3 S.A. - Brasil, Bolsa, Balcão.[3]

---

[1] MENEZES, Eduardo Augusto Caixeta. *Swaps: uma análise jurídica*, 2012. 327 fls. Dissertação (Mestrado em Direito). Universidade Federal de Minas Gerais - Faculdade de Direito, Belo Horizonte. Orientador: Sérgio Mourão Corrêa Lima.

[2] BM&FBOVESPA S.A. – *BOLSA DE VALORES, MERCADORIAS E FUTUROS* e CETIP S.A. – MERCADOS ORGANIZADOS. Fato relevante publicado em 22 de março de 2017. Disponível em: <http://ri.bmfbovespa.com.br/ptb/3086/FR%20-%20Aprovao%20da%20 combinao%20das%20atividades%20entre%20BM&FBOVESPA%20e%20CETIP.pdf>. Acesso em 01 de maio de 2017.

[3] "A B3 foi criada em março de 2017 a partir da combinação de atividades da BM&FBOVESPA, *bolsa de valores, mercadorias e futuros*, com a CETIP, empresa prestadora de serviços financeiros no mercado de balcão organizado. Essa combinação consolidou a atuação da Companhia como provedora de infraestrutura para o mercado financeiro, permitindo a ampliação do leque de serviços e produtos oferecidos aos seus clientes e a criação de eficiências para a Companhia e para o mercado". B3 S.A. – BRASIL, BOLSA, BALCÃO. *Perfil e histórico*. Disponível em: <http://ri.bmfbovespa.com.br/static/ptb/perfil-historico.asp?idioma=ptb>. Acesso em 01 de maio de 2017.

Com a integração das suas operações,[4] determinadas práticas e normativos tomados como referência para a pesquisa podem ter sofrido modificações e, em decorrência, influenciar conclusões expostas nesta obra.

Com efeito, embora entendamos permanecer a pesquisa válida e útil, aconselha-se cautela ao leitor, e que sua leitura seja feita com as adaptações necessárias à atualidade do mercado.

O Autor

[4] "Além da sinergia de escala e variedade de produtos, outra vantagem relevante do novo negócio para o mercado será a maior eficiência de capital para os clientes, dada a possibilidade de se utilizar, por exemplo, derivativos de balcão e de bolsa em uma mesma contraparte central. Sem contar a rígida segurança regulatória com apenas um custo de observância, do ponto de vista da autorregulação". BM&FBOVESPA S.A. – *BOLSA DE VALORES, MERCADORIAS E FUTUROS. Nasce a B3, uma empresa de infraestrutura de mercado financeiro de classe mundial.* Disponível em: <http://www.bmfbovespa.com.br/pt_br/noticias/nova-marca.htm>. Acesso em 01 de maio de 2017.

A maior virtude dos grandes juristas é transformar em palavras simples os fatos mais complexos.

Esta foi a missão de Eduardo Augusto Caixeta Menezes, que desvelou, com clareza singular, toda a sistemática jurídico-operacional do mercado de derivativos, com ênfase nas operações de swap.

O trabalho inicia pela análise do mercado de títulos e valores mobiliários e das câmaras de registro, compensação e liquidação, temas quase inexplorados pelos juristas.

Na sequência, também de forma inédita, o estudo vincula, com precisão, as operações com derivativos com o Direito das obrigações e dos contratos.

Por fim, os contratos a termo, futuros, de swaps e as opções foram, não apenas identificados sob a ótica do Direito, mas também inseridos no âmbito das complexas cadeias contratuais; tarefas jamais desempenhadas por juristas no Brasil.

Nenhuma obra havia identificado o regime jurídico aplicável aos derivativos; tampouco interpretado, de modo preciso e didático, o arranjo de obrigações às quais as partes se vinculam.

O ineditismo e a falta de esforços anteriores foram, simultaneamente, a maior dificuldade e a principal razão dos esforços de Eduardo Augusto Caixeta Menezes. Mas as principais virtudes do trabalho são a simplicidade e a didática da linguagem; a clareza e a precisão do conteúdo; e o Direito e a justiça como preocupação.

A excelência da obra é reflexo direto da postura de Eduardo Augusto Caixeta Menezes; esta, por sua vez, expressa os dizeres bíblicos:

"Quando eu era ainda mais jovem (...)
busquei abertamente a sabedoria (...)
Apliquei um pouco o meu ouvido e logo a recolhi.
Encontrei em mim mesmo muita sabedoria,
e nela fiz grande progresso (...)
Dobrai a cabeça sob o jugo,
receba vossa alma a instrução,
porque perto se pode encontrá-la. (...)
Recebei a instrução como uma grande soma de prata,
e possuireis nela grande quantidade de ouro. (...)
Cumpri vossa tarefa antes que o tempo passe
e, no devido tempo, ele vos dará a recompensa.
(Exortação à Busca da Sabedoria - ECLESIÁSTICO 51 - Bíblia)

Sérgio Mourão Corrêa Lima.
Professor de Direito Empresarial da Faculdade de Direito da UFMG;
Professor Convidado do Departamento de Dret Mercantil
da Universidad de Valencia – Espanha (2009/2010);
Doutor em Direito pela UFMG;
Pós-Doutor pela Universidad de Alcalá de Henares – Espanha;
Indicado como Expert pelo Governo Brasileiro
para o Mecanismo de Solução de Controvérsias do Mercosul.

LISTA DE ILUSTRAÇÕES

1. Swaps de moedas praticados pelo Banco Mundial. 93

2. Celebração do contrato de ajuste de fluxos de caixa sobre índices................ 228

3. Pagamento da diferença apurada no contrato de ajuste de fluxos de caixa sobre índices. 228

4. Celebração da promessa de ajuste de fluxos de caixa sobre índices. 228

5. Promessa de ajuste de fluxos de caixa sobre índices por aproximação.......... 230

6. Celebração do contrato de ajuste de fluxos de caixa sobre índices por intermediação.. 233

7. Celebração da promessa de ajuste de fluxos de caixa sobre índices por intermediação. 234

8. Registro CETIP do contrato de ajuste de fluxos de caixa sobre índices por intermediação. 253

9. Relações obrigacionais do contrato preliminar antes do registro na BM&FBOVESPA. 261

10. Relações obrigacionais do swap após o registro, sem garantia, na BM&FBOVESPA. 262

11. Relações obrigacionais do swap antes do registro na BM&FBOVESPA....... 268

12. Relações obrigacionais do swap após o registro, sem garantia,
na BM&FBOVESPA. 268

13. Relações obrigacionais do swap após o registro, com garantia total,
na BM&FBOVESPA. 269

14. Relações obrigacionais do swap após o registro, com garantia total,
na BM&FBOVESPA. 269

15. Comparativo dos métodos de liquidação da BM&FBOVESPA. 273

16. Registro BM&FBOVESPA, sem garantia, do contrato de ajuste de fluxos
de caixa sobre índices por intermediação.. 274

17. Registro BM&FBOVESPA, com garantia parcial, do contrato de ajuste
de fluxos de caixa sobre índices por intermediação.................................. 275

18. Registro BM&FBOVESPA, com garantia total, do contrato de ajuste
de fluxos de caixa sobre índices por intermediação.................................. 276

19. Celebração do contrato de opção sobre crédito ou diferença...................... 277

20. Exercício de opção de cessão de crédito. 277

21. Exercício de opção de contratação diferencial. 277

22. Celebração do contrato de opção por aproximação. 278

23. Celebração do contrato de opção por intermediação. 278

24. Contrato de opção por intermediação registrado na CETIP. 283

LISTA DE QUADROS

1. Duas possibilidades de *hedge* com derivativos. 57

2. Síntese didática de uma das etapas do swap IBM – Banco Mundial. 95

3. Cronologia de um contrato sobre moeda. 140

4. Cronologia de um contrato sobre índices. 154

5. Fórmula simplificada para liquidação da obrigação em contratos
sobre índices (primeira parte). 155

6. Fórmula simplificada para liquidação da obrigação em contratos
sobre índices (segunda parte). 155

7. Fórmula simplificada para liquidação de obrigações em contratos
sobre índices (terceira parte). 156

8. Cálculo simplificado do resultado de (P1). 156

9. Cálculo simplificado do resultado de (P2). 157

10. Cálculo simplificado da apuração da diferença
entre os resultados de (P1) e (P2). 157

11. Cronologia de um swap de crédito. 191

12. Contratos sobre moeda e comparativo com operações similares. 216

13. Cronologia da constituição de obrigações em contrato registrado na CETIP. 250

14. Comparativo das nomenclaturas de CETIP e BM&FBOVESPA. 260

LISTA DE ABREVIATURAS E SIGLAS RECORRENTES

BL
Banco Liquidante.

BM&FBOVESPA BM&FBOVESPA S.A.
Bolsa de Valores, Mercadorias e Futuros (ou, conforme o caso, o ambiente de negociação organizado e moderado pela BM&FBOVESPA).

CDC
Código de Defesa do Consumidor.

CDS
Credit default swap.

CETIP   CETIP S.A.
Balcão Organizado de Ativos e Derivativos (ou, conforme o caso, o ambiente de negociação organizado e moderado pela CETIP).

CGD
Contrato Global de Derivativos.

CMN
Conselho Monetário Nacional.

CTVM
Corretora de Títulos e Valores Mobiliários.

CVM
Comissão de Valores Mobiliários.

DI
Taxa de Depósitos Interbancários.

DTVM
Distribuidora de Títulos e Valores Mobiliários.

IF
Instituição Financeira.

ISDA
International Swaps and Derivatives Association.

LIBOR
London Interbank Offered Rate.

MC
Membro de Compensação.

SELIC
Taxa média ajustada dos financiamentos diários apurados no Sistema Especial de Liquidação e de Custódia (Selic) para títulos federais.

SFN
Sistema Financeiro Nacional.

SUSEP
Superintendência de Seguros Privados.

TR
Taxa Referencial.

SUMÁRIO

INTRODUÇÃO 21
1. SISTEMA FINANCEIRO NACIONAL... 33
1.1. Mercados proeminentes.. 34
1.2. Organização do mercado de títulos e valores mobiliários............... 39
1.3. Câmaras de registro, compensação e liquidação 42

2. DERIVATIVOS.. 47
2.1. Contratos a termo ("*forwards*").. 60
2.2. Contratos futuros ("*futures*") 61
2.3. Opções ("*options*")... 74

3. CONTRATOS DE SWAP 85
3.1. Histórico... 85
3.2. Nomenclatura 96
3.3. Motivações econômicas.. 102
3.4. Legislação 108
3.4.1. *Leis*.. 109
3.4.1.1. *Inaplicabilidade do Código de Defesa do Consumidor* 113
3.4.2. *Normas do Conselho Monetário Nacional* 117
3.4.3. *Normas do Banco Central do Brasil*... 118
3.4.4. *Normas da Comissão de Valores Mobiliários* 119
3.5. Registro obrigatório... 120
3.6. Contrato Global de Derivativos.. 122
3.7. Principais modalidades... 134
3.7.1. *Contrato de ajuste de fluxos de caixa sobre moedas* ("swap *de moedas*";
"swap *de divisas*" *ou* "swap *cambial*"; "simple currency swap" *ou* "currency swap") 135
    3.7.1.1. *Sistemática* 135
    3.7.1.2. *Natureza jurídica* 141

3.7.2. *Contrato de ajuste de fluxos de caixa sobre índices ("swap de índices";*
"swap de taxas de juros"; "interest rate swap"; "commodity swap") 148
    3.7.2.1. Sistemática 148
    3.7.2.2. Natureza jurídica 157
    3.7.2.3. Contrato de ajuste de fluxos de caixa sobre índices cambiais
    ("swaps cambiais", "cross currency swaps", "swaps cambiais reversos") 168
3.7.3. *Opção de cessão onerosa de crédito ou opção de contratação diferencial*
("swap de crédito" ou "credit default swap") e contrato de ajuste de fluxos de caixa
sobre crédito ("swap de retorno total" ou "total return swap") 178
    3.7.3.1. Sistemática dos swaps de crédito 178
    3.7.3.2. Natureza jurídica do swap de crédito 192
    3.7.3.3. Sistemática do swap de retorno total 217
    3.7.3.4. Natureza jurídica dos swaps de retorno total 220
3.7.4. *Figuras exóticas* 222

4. CADEIAS CONTRATUAIS DAS OPERAÇÕES DE SWAP 225
4.1. Cadeias contratuais dos contratos de ajuste de fluxos de caixa sobre índices. 227
4.1.1. *Operações bilaterais* 227
4.1.2. *Operações estruturadas por aproximação* 229
4.1.3. *Operações estruturadas por intermediação* 230
4.1.4. *Operações registradas em mercados organizados (CETIP e BM&FBOVESPA)* .. 235
    4.1.4.1. Operações registradas na CETIP 235
    4.1.4.2. Operações registradas na BM&FBOVESPA 254
4.2. Cadeias contratuais das opções de cessão onerosa de crédito
ou contratação diferencial 277
4.2.1. *Operações bilaterais* 277
4.2.2. *Operações estruturadas por aproximação* 278
4.2.3. *Operações estruturadas por intermediação* 278
4.2.4. *Operações registradas na CETIP* 280

CONCLUSÃO. 285

REFERÊNCIAS. 291

INTRODUÇÃO

A crise financeira de 2008 reconduziu debates ao mercado de derivativos.

Demarcada, inicialmente, pela quebra do Lehman Brothers, um dos maiores bancos de investimento dos Estados Unidos da América, a crise teria sido catalisada e amplificada pelo uso de contratos sofisticados, de difícil compreensão, concebidos para a gestão de riscos futuros dos contratantes.

Noticia-se que o Lehman Brothers, tal como outras instituições do mercado financeiro imobiliário, teriam se excedido na contratação de mútuos de alto risco, estimuladas por técnicas jurídicas e econômicas difundidas como instrumentos de proteção.

Nesse cenário, teriam favorecido a adoção de um modelo de gestão negligente,[5] que, diz-se, acabou por determinar uma perturbação sistêmica do mercado, notabilizada, posteriormente, por inadimplências sucessivas e quebras em cadeia.

Segundo Murphy, a operacionalização de tal distúrbio teria se dado, principalmente, por estruturas de *credit default swaps*, praticadas a preços irreais e geridas à margem da regulação estatal:

---

[5] "The rise in popularity of securitized products ultimately led to a flood of cheap credit, and lending standards fell. Because a substantial part of the risk will be borne by other financial institutions, banks essentially faced only the 'pipeline risk' of holding a loan for some months until the risks were passed on, so they had little incentive to take particular care in approving loan applications and monitoring loans". BRUNNERMEIER, Markus K., *Deciphering the liquidity and credit crunch 2007-08*. Dezembro de 2008. Disponível em: <http://ssrn.com/abstract=1317454>. Acesso em 20 de maio de 2012.

Muitos culpam o inadimplemento de créditos garantidos por hipotecas pela atual crise financeira, mas esta grande tragédia é apenas um componente e sintoma de um problema mais profundo. A precificação de um *credit default swap*, cujos valores de principal têm sido estimados em $55 trilhões pela *Securities and Exchange Commission* (SEC) e podem na verdade exceder $60 trilhões (ou cerca de 4 vezes o volume de valores mobiliários e títulos da dívida pública norte-americana que deveriam segurar), são totalmente desregulados, e têm sido contratados frequentemente pelo telefone, sem documentação (Simon, 2008), sendo a questão fundamental primária da qual todos os outros problemas da crise emanam. *Credit default swaps* são atualmente instrumentos simples em conceito [...]. São efetivamente apólices de seguros de crédito que são rotulados de outra maneira para evitar a regulação que normalmente é imposta aos contratos de seguro. Esse Mercado desregulado cresceu astronomicamente de $900 bilhões na virada do século para mais de $50 trilhões em 2008 após o Congresso ter promulgado uma lei o isentando de leis estaduais de jogos no ano 2000 (PIA Connection, 2008). [6]

Mark Mobius, uma das personagens mais respeitadas de *Wall Street*, tem igual percepção, ponderando, ainda, a atualidade dos riscos suscitados:

O maior risco que temos é o mesmo que já vimos antes, os derivativos. O mercado de derivativos equivale hoje a dez vezes o PIB

---

[6] "Many blame defaulting mortgages for the current financial crisis, but this massive tragedy is only a component and symptom of the deeper problem. The pricing of credit default *swaps*, whose principal amount has been estimated to be $55 trillion by the Securities and Exchange Commission (SEC) and may actually exceed
$60 trillion (or over 4 times the publicly traded corporate and mortgage U.S. debt they are supposed to insure), are totally unregulated, and have often been contracted over the phone without documentation (Simon, 2008), is the primary fundamental issue from which all the other problems of the crisis emanate. Credit default *swaps* are actually rather simple instruments in concept [...]. They are effectively debt insurance policies that are labeled otherwise to avoid the regulation that normally is imposed on insurance contracts. This unregulated market grew astronomically from $900 billion at the turn of the millennium to over $50 trillion in 2008 after Congress enacted a law exempting them from state gaming laws in 2000 (PIA Connection, 2008)". MURPHY, Austin. *An analysis of the financial crisis of 2008: causes and solutions. 2008*. Disponível em: <http://ssrn.com/abstract=1295344>. Acesso em 31 de janeiro de 2012.

do mundo, US$ 600 trilhões, e nós aprendemos com a crise do '*subprime*' o risco que isso representa. Um dos motivos pelos quais a crise na Europa tem de ser resolvida é o volume de derivativos emitidos contra a dívida dos países. Os bancos estão cheios de '*Credit Default Swaps*' (CDS, títulos que transferem o risco de calote para outros investidores) contra as dívidas. Portanto, se você tiver um problema com a dívida europeia, ele terá o dobro do impacto, pelos derivativos. E todos seriam atingidos, pois um banco dá garantia para o outro vender o papel.[7]

Tomás Nielsen Rotta, por sua vez, acredita que "[o]s swaps unificam ilimitadamente múltiplas características de ativos subjacentes. As combinações são infinitas. E, seguindo as palavras de Hegel: a abstração é uma potência que permite a passagem do particular ao universal, seja esta passagem realizada pelo intelecto ou pelas práticas cotidianas".[8]

A mesma propensão ao risco se faz sentir em operações assemelhadas. Reporta-se que, em 1993, a "Procter Gamble teve prejuízos de 150 milhões de dólares num *swap* de taxa de juros",[9] operação pela qual, paradoxalmente, "buscava [...] ter dívidas em taxa fixa convertidas para taxa flutuante sem ter como consequência um alto nível de risco para a companhia".[10]

No Brasil, são conhecidos os casos da Aracruz Celulose, no qual a companhia incorreu em prejuízo da ordem de R$1,95 bilhões em contratos derivativos – entre eles, os *swaps* de taxas juros;[11] da Sadia S.A., que atri-

---

[7] PAVINI, Angelo. *Para Mark Mobius, 2012 será bom para as bolsas*: o executivo da templeton asset diz que países emergentes tendem a ser 'porto seguro'. Valor econômico, São Paulo, 21 de dezembro de 2011. Investimentos, página D3.

[8] ROTTA, Tomás Nielsen. *Dinheiro inconversível, derivativos financeiros e capital fictício*: a moderna lógica das formas. 2008. Dissertação (Mestrado em Economia das Instituições e do Desenvolvimento) - Faculdade de Economia, Administração e Contabilidade, Universidade de São Paulo, São Paulo, p. 192.

[9] GORGA, Érica Cristina Rocha. *A importância dos contratos a futuro para a economia de mercado*. In: *Revista de Direito Mercantil, Industrial, Econômico e Financeiro*, Rio de Janeiro, vol. 112, p. 218, outubro-dezembro de 1998.

[10] LIMA JUNIOR, João Manuel de. *Procter & Gamble vs. Bankers Trust: um estudo sobre contratos derivativos*, 2008. 66 fls. Monografia (Graduação em Direito). Faculdade de Economia e Finanças IBMEC, São Paulo. Orientador: Antônio Marcos Duarte Junior; co-orientador: José Eduardo Coelho Branco Junqueira Ferraz. P. 14.

[11] "Em 2008, as apostas cambiais levaram a Aracruz a fechar o ano com prejuízo líquido de R$ 4,2 bilhões, comparado a um lucro de R$ 1 bilhão em 2007. A dívida bruta consolidada

buiu parte de suas perdas de R$760 milhões a *credit default swaps*;[12] e do grupo Votorantim, que se viu forçado a arcar com custo de R$2,2 bilhões para se livrar das exposições à oscilação de moeda estrangeira, provocadas, em parte, por operações de *swaps* cambiais.[13]

O volume de operações dessa natureza, no país, é significativo. Apenas o sistema eletrônico de registros do mercado de balcão da BM&FBOVESPA, acusou volumes de negócios correspondentes a R$99.318.172.083,00 no

aumentou 212%, passando de R$ 3,1 bilhões para R$ 9,7 bilhões". SILVA, Breno Augusto de Oliveira; PINESI, Henrique Penatti. *A crise financeira internacional e o efeito dos derivativos cambiais: a operação de target* forward *da Aracruz Celulose*. Disponível em: <http://www.ead.fea. usp.br/semead/12semead/resultado/trabalhosPDF/345.pdf>. Acesso em 20 de maio de 2012. "José Luciano Duarte Penido, diretor-presidente da VCP, justificou a decisão dizendo que a crise internacional mudou completamente o cenário econômico, derrubou o valor dos ativos e expôs, no caso da Aracruz, uma perda financeira de R$ 1,95 bilhão com complexas operações cambiais". BRITO, Agnaldo. *Crise financeira derruba fusão de VCP com Aracruz*, Folha de São Paulo, 18 de outubro de 2008. Disponível em: <http://www1.folha.uol.com.br/folha/dinheiro/ ult91u457675.shtml>. Acesso em 20 de maio de 2012.
"Em decorrência de deliberação da assembleia geral realizada em 24.11.08, a Aracruz ajuizou em 20.02.09 Ação de Responsabilidade Civil contra o então Diretor Financeiro Isac Roffé Zagury pelos danos causados à Companhia com a realização de operações com derivativos, dentre as quais de *Target Forward* e de *Swap* de taxas de juros, que haviam desrespeitado todos os parâmetros utilizados como limites estabelecidos na Política Financeira". COMISSÃO DE VALORES MOBILIÁRIOS. *Parecer do comitê de termo de compromisso* - ref.: processo administrativo sancionador CVM Nº 16/2008. Disponível em: <http://www.cvm.gov.br/port/descol/ respdecis.asp?File=7207-0.HTM>. Acesso em 20 de maio de 2012.
[12] "Os R$ 760 milhões perdidos pela Sadia com operações no mercado financeiro não envolvem apenas aplicações de contratos futuros e opções de câmbio, mas também *derivativos de crédito* sofisticados, como 'first to default' e 'credit default *swaps*'". VALOR ECONÔMICO. *Sadia admite aplicação em derivativos de crédito e títulos do Lehman*, 26 de setembro de 2008. Disponível em: <http://economia.uol.com.br/ultnot/valor/2008/09/26/ult1913u95640.jhtm>. Acesso em 20 de maio de 2012.
[13] "O grupo Votorantim admitiu nesta sexta-feira que vai arcar com um custo de R$ 2,2 bilhões para eliminar a exposição financeira da empresa às oscilações do câmbio. Anteriormente, Sadia e Aracruz já admitiram prejuízos milionários (de R$ 750 milhões e R$ 1,95 bilhão, respectivamente) com sua exposição à moeda americana devido a operações no mercado futuro [...] Uma das empresas do grupo, o Banco Votorantim, comunicou à parte que "não teve participação na formação das operações de 'swap' realizados pela Votorantim e que 'não registrou qualquer prejuízo com a eliminação das referidas operações'". FOLHA DE SÃO PAULO. *Votorantim admite perdas de R$ 2,2 bi com operações de câmbio*, Folha Online, 10 de outubro de 2008. Disponível em: <http://www1.folha.uol.com.br/folha/dinheiro/ult91u454722. shtml>. Acesso em 20 de maio de 2012.

ano de 2012 e R$62.996.689.306,00 em 2016.[14] Na CETIP, o volume financeiro alcançou R$222.090.381.202,53 em 2012 e R$1.372.262.315.498,06 no ano de 2016.[15]

A despeito de sua frequente utilização, e da importância que as ciências econômicas e gerenciais lhes conferem – notadamente, como visto, face aos potenciais benefícios que oferece, mas também às graves repercussões de seu mau uso – os *swaps* ainda não foram suficientemente estudados sob seus aspectos jurídicos. A lacuna, ao dificultar a compreensão e interpretação dos institutos que os cercam, pode favorecer distorções regulatórias, i.e., uma normatização ineficiente do mercado, além de, dada a obscuridade de seu regime jurídico, uma aplicação atécnica de seus preceitos, quer pelo Poder Público, quer pelos particulares, reduzindo o espaço de previsibilidade e segurança dos agentes econômicos.

Pretendendo contribuir para o aperfeiçoamento da sua interpretação, propusemo-nos a investigar a natureza jurídica das operações de *swaps*, elevando-as às figuras e fenômenos contratuais e obrigacionais consagrados pelo rigor da técnica prescrita pelo Direito.

Para tanto, partimos da concepção de que a organização da economia reclama a disciplina de institutos jurídicos fundamentais, como a dos *negócios jurídicos*, a dos *contratos* e a das *obrigações*, os quais, afirmamos, cumprem função primordial e indispensável ao mercado – a de lastrear, frente ao Direito, as interações que visam a atribuir efeito *vinculante* e *cogente* à produção e circulação de bens e serviços.

Os negócios jurídicos, notadamente, os contratuais, são parte central da economia. Não é sem razão que Caio Mário da Silva Pereira afirmava vivermos no "mundo do contrato".[16] Paula Forgioni, a propósito, sustenta que:

---

[14] Conforme Sistema de Recuperação de Informações da BM&F, opção "Resumo Estatístico do Sistema Eletrônico", disponível em: <http://www2.bmf.com.br/Mais/Index. html?Idioma=pt-br>. Acesso em 05 de janeiro de 2017.

[15] Conforme estatísticas da CETIP, pesquisadas pelos critérios "ativo: swap" e "informações: *volume registrado*", disponíveis em: <http://estatisticas.cetip.com.br/astec/series_v05/paginas/ web_v05_series_introducao.asp?str_Modulo=Ativo&int_Idioma=1&int_Titulo=6&int_NivelBD=2>. Acesso em 06 de janeiro de 2017.

[16] "Com o passar do tempo, entretanto, e com o desenvolvimento das atividades sociais, a função do contrato ampliou-se. Generalizou-se. Qualquer indivíduo – sem distinção de classe, padrão econômico, grau de instrução – contrata. O mundo moderno é o mundo do *contrato*. E a vida moderna o é também, e em tão alta escala que, se se fizesse abstração por um momento do fenômeno contratual da civilização de nosso tempo, a consequência seria

A empresa não apenas "é"; ela "age", "atua", e o faz principalmente por meio dos contratos. A empresa não vive ensimesmada, metida com ajustes internos; ela revela-se nas *transações*. Sua abertura para o ambiente institucional em que se encontra é significativa a ponto de parte da doutrina afirmar que "[o]s modernos complexos produtivos não são tanto estoque de bens, mas feixes de relações contratuais". A empresa cristaliza-se em sua atividade de interagir; a *empresa é agente econômico.*[17]

Uinie Caminha e Elisberg Francisco Bessa Lima, no mesmo sentido:

O contrato é o instrumento de harmonização dos interesses dos agentes econômicos, estabelecendo entre estes ligações pontuais, que formarão, em uma perspectiva macro, a estrutura econômica de um determinado mercado. Portanto, o contrato é a ferramenta que viabiliza a própria economia, pois é o meio pelo qual os agentes econômicos estabelecem troca de interesses.[18]

Ao lado dos contratos, caminha, *pari passu*, a teoria das obrigações, a qual cuida, em essência, de atribuir força vinculante às promessas e compromissos assumidos pelos sujeitos de direito, reduzindo o espaço para a celebração de tratativas levianas:[19]

---

a estagnação da vida social. O *homo economicus* estancaria suas atividades. É o contrato que proporciona a subsistência de toda a gente. Sem ele, a vida individual regrediria, a atividade do homem limitar-se-ia aos momentos primários" PEREIRA, Caio Mário da Silva. *Instituições de direito civil*. Vol. III. Rio de Janeiro: Forense, 2005, p.11.

[17] FORGIONI, Paula. *Teoria geral dos contratos empresariais*. São Paulo: Revista dos Tribunais, 2010, p. 23.

[18] CAMINHA, Uinie; LIMA, Elisberg Francisco Bessa Lima. *Intervenção do estado na liberdade contratual: análise da teoria da utilidade negocial*. In: *Revista de direito mercantil, industrial, econômico e financeiro*, n. 149/150, p. 208, jan/dez 2008.

[19] "Por outro lado, o Direito das Obrigações exerce grande influência na vida econômica, uma vez que regula relações da infra-estrutura social, dentre as quais se saliente, por sua relevância política, as de produção e as de troca. É através de relações obrigacionais que se estrutura o regime econômico, sob formas definidas de atividade produtiva e permuta de bens. Tanto basta para atestar sua importância no conjunto das normas constitutivas da ordem jurídica. O funcionamento de um sistema econômico prende-se à sua disciplina jurídica, variando conforme o teor e a medida das limitações impostas à liberdade de ação dos particulares. Enfim, retrata o Direito das Obrigações a estrutura econômica da sociedade.

A incerteza gera desconforto, cria risco e, como se sabe, maior o risco, maior o retorno exigido pelo investidor. O risco do negócio acrescido dos riscos de a) mudança das regras do jogo no meio da partida; e b)o risco do não cumprimento da lei, nem mesmo recorrendo aos tribunais, ou seja, a dificuldade de *enforce* as regras, de obter o exato cumprimento dos contratos é outra e significativa fonte de incertezas.[20]

A disciplina contratual e obrigacional, portanto, serve ao estabelecimento de padrões mínimos de segurança que permitam aos agentes econômicos estimar e lidar com os riscos:

> Já sob a concepção econômica do contrato, Pinheiro (2007, p. 113) evidencia a incorporação dos valores da segurança jurídica e da eficiência econômica para a efetivação da função contratual na sociedade, conforme se expressa abaixo: 'apenas por meio dos contratos é que se podem realizar investimentos com vistas a reduzir riscos no futuro, tema de que vamos nos ocupar mais adiante. A natureza do contrato é a promessa de cumprimento recíproco – prometer vem do latim *promitere*, que significa 'atirar longe', obrigar-se verbalmente ou por escrito a fazer ou dar. Só há eficiência em uma economia quando é possível assegurar que tais promessas serão cumpridas. Ou seja, nos exemplos acima, só valeriam como verdadeiros contratos se pudessem ser de alguma forma liquidados ou, em oposição, se não houvesse o cumprimento de promessa, se algo pudesse ser feito para induzir aquele que prometeu a cumprir a palavra.[21]

Manifesta-se ainda sua importância prática pelo fenômeno, hoje frequente, da constituição de patrimônios compostos quase exclusivamente de títulos de crédito, correspondentes a obrigações (Gaudemet)." GOMES, Orlando. *Obrigações*. Rio de Janeiro: Forense, 2004, p. 6.

[20] SZTAJN, Rachel. *Os custos provocados pelo direito*. In: *Revista de direito mercantil, industrial, econômico e financeiro*, São Paulo, n. 112, p. 75, outubro-dezembro de 1998.

[21] CAMINHA, Uinie; LIMA, Elisberg Francisco Bessa. *Intervenção do estado na liberdade contratual: análise da teoria da utilidade negocial*. In: *Revista de direito mercantil, industrial, econômico e financeiro*, São Paulo, Vol. 149/150, p. 203, janeiro-dezembro de 2008.

Com efeito, tendo-nos proposto a identificar a natureza jurídica dos *swaps*, é indispensável recorrer à teoria obrigacional e contratual, situando--as com relação às práticas desenvolvidas pelo mercado.

Não obstante, percebendo a dimensão jurídica do contrato como, apenas, uma das faces do complexo fenômeno social que o encerra, buscamos, pontualmente, subsídios na teoria e prática econômica para identificarmos, com maior precisão, a realidade regulada pelo Direito.

O estudo dos fatos sob uma perspectiva econômica, longe de conflitar e tensionar-se contra os métodos próprios da ciência do Direito, oferta--nos uma visão complementar, integrativa, capaz de nos subsidiar melhor representação dos eventos sobre os quais recai nossa observação:

> O contrato como fato jurídico revela natureza complexa que se inicia por legitimar um fato social de conteúdo patrimonial (sendo um dos seus principais elementos a articulação econômica), compondo, em seguida, uma realidade técnica (caminhando pelos planos da validade e eficácia), cujas normas jurídicas que o regulam surgem das regras e princípios legais. (ROPPO, 2009). E todas estas realidades ocorrem ao mesmo tempo, simultânea e sequencialmente[22].

Ora, "como acontece com todos os conceitos jurídicos, também o conceito de contrato não pode ser entendido a fundo, na sua essência íntima, se nos limitarmos a considerá-lo numa dimensão exclusivamente jurídica – como se tal constituísse uma realidade autónoma, dotada de autónoma existência nos textos legais e nos livros de direito".[23]

Roppo, a esse propósito, conceitua a *operação econômica* como "a aquisição ou troca de bens ou serviços, o 'negócio' em suma, entendido, por assim dizer, na sua materialidade, fora de toda formalização legal, de toda mediação operada pelo direito ou pela ciência jurídica".[24]

Haveria operação, portanto, sempre que se verificasse a efetiva ou potencial transferência de uma utilidade suscetível de avaliação econômica,[25]

---

[22] POMPEU, Ivo Guimarães; POMPEU, Renata Guimarães. *O contrato como operação econômica: contributo científico a partir da obra de Enzo Roppo.* In: *Revista da Faculdade Mineira de Direito,* v.12, n. 23, jan./jun. 2011, p. 126.

[23] ROPPO, Enzo. *O contrato.* Coimbra: Almedina, 2009, p. 7.

[24] ROPPO, Enzo. *O contrato.* Coimbra: Almedina, 2009, p. 8.

[25] ROPPO, Enzo. *O contrato.* Coimbra: Almedina, 2009, p. 23.

independentemente da estrutura contratual ou obrigacional que lhe é atribuída. O contrato desempenharia função *organizadora*, dando "veste e eficácia legal a uma pluralidade indeterminada de operações económicas".[26] Daí Haroldo Verçosa falar numa veste jurídica da operação econômica.[27]

Sob essa ótica, o direito dos contratos seria um instrumento da economia, e a economia, um dos fundamentos do direito dos contratos.[28]

A proposição de Enzo Roppo tem como mérito reconhecer o fato econômico, e, por conseguinte, o seu estudo sistematizado, como de imediato interesse da ciência jurídica. A separação entre técnica jurídica e econômica se daria, então, apenas em plano lógico, como uma maneira distinta de se enfocar um mesmo objeto de estudo; uma linguagem própria, especializada,[29] que não rejeita a totalidade do fenômeno a ser conhecido. Para Roppo, na verdade, "falar de contrato significa sempre remeter

[26] ROPPO, Enzo. *O contrato*. Coimbra: Almedina, 2009, p. 17.

[27] "Do ponto de vista econômico, afirma-se que o contrato realiza uma única operação econômica (mesmo que altamente complexa), suportado por uma *veste jurídica*, dentro da qual as partes atuam de forma racional, em tese dispondo de todas as informações necessárias, regulando todos os aspectos relevantes e tendo em conta todos os eventos sucessivos, dotadas as mesmas partes de igual poder contratual e agindo de boa-fé". VERÇOSA, Haroldo Malheiros Duclerc. *Contratos mercantis e a teoria geral dos contratos – código civil de 2002 e a crise do contrato*. São Paulo: Quartier Latin, 2010, p. 23-24.

[28] "Bem pelo contrário, os conceitos jurídicos – e entre estes, em primeiro lugar, o de contrato – reflectem sempre uma realidade de interesses, de relações, de situações económico-sociais, relativamente aos quais cumprem, de diversas maneiras, uma função instrumental. [...] Mas se isto é verdade – e se, consequentemente, se pode e se deve falar do contrato-conceito jurídico, como de algo diverso e distinto do contrato-operação económica, e não identificável pura e simplesmente com este último – é, contudo, igualmente verdade que aquela formalização jurídica nunca é construída (com os seus caracteres específicos e peculiares) como fim em si mesma, mas sim com vista e em função da operação económica, da qual representa, por assim dizer, o invólucro ou a veste exterior, e, prescindindo da qual resultaria vazia, abstracta, e, consequentemente, incompreensível; mais precisamente, com vista e em função do arranjo que se quer dar às operações económicas, dos interesses que no âmbito das operações económicas se querem tutelar e prosseguir". ROPPO, Enzo. *O contrato*. Coimbra: Almedina, 2009, p. 7-9.

[29] "Esta formalização jurídica dá vida a um fenómeno que está indiscutivelmente dotado, no plano lógico, de uma autonomia própria, porque as normas, as sentenças, as doutrinas que acabamos de referir, constituem mesmo uma realidade governada pelas suas próprias regras, dotada dos seus próprios estatutos lógicos, cognoscível, portanto, segundo um seu universo de conceitos e de categorias, possuindo uma própria linguagem técnica: a não ser assim, não faria sentido pensar a própria existência de uma ciência do direito". ROPPO, Enzo. *O contrato*. Coimbra: Almedina, 2009, p. 9.

– explicita ou implicitamente, directa ou imediatamente – para a ideia de operação econômica".[30]

Tal interação instigou-nos a conjugar dois aspectos técnicos de um mesmo fenômeno, recorrendo à técnica econômica em auxílio à jurídica – embora tal subsídio, de fato, não atribua a esta pesquisa um caráter transdisciplinar; a economia serviu-nos apenas à contextualização do fenômeno jurídico, como um ponto de partida, e não, propriamente, como um espaço a se problematizar.

Com Roppo, aceitamos assim a distinção entre contratos (ângulo jurídico) e operações econômicas (ângulo econômico):

> Indispensável é atentar que falar em operação econômica, talvez, leve a pensar que um só contrato poderia conter e disciplinar todo um complexo de relações. Em verdade, nem sempre assim sucede. Há mecanismos econômicos os quais encerram manobras intricadas que, quando olhadas à luz de outra ciência, devem ser perfeitamente observadas na prática e esmiuçadas em sua essência.[31]

Preocupamo-nos, pois, em partir das operações econômicas de *swaps*, revelando a sua lógica particular e a produção de utilidades aos agentes econômicos participantes, a fim de, simultaneamente, apreender a sua natureza jurídica, refinando, assim, a sua interpretação.

Tal propósito se adequa à tradição romano-germânica (*civil law*), calcada em conceitos jurídicos bem delimitados, ainda não assimilados pela tradição anglo-saxã (*common law*), de larga influência sobre os mercados, na qual conceitos econômicos e jurídicos, usualmente, são tratados com promiscuidade.[32]

---

[30] ROPPO, Enzo. *O contrato*. Coimbra: Almedina, 2009, p. 8.

[31] GORGA, Érica Cristina Rocha. *A importância dos contratos a futuro para a economia de mercado*. In: *Revista de Direito Mercantil, Industrial, Econômico e Financeiro*, Rio de Janeiro, vol. 112, p. 190, outubro-dezembro de 1998.

[32] "Pierre-Yves Chabert, em estudo sobre a natureza de *swaps*, explica que a questão de classificação de contratos não se coloca no direito americano porque os juristas não encontram dificuldades em utilizar, em direito, as definições econômicas. Dispõe que atitude semelhante não se sucederá na França onde o Código Civil oferece uma taxinomia de contratos, na qual é preciso situá-los". GORGA, Érica Cristina Rocha. *A importância dos contratos a futuro para a economia de mercado*. In: *Revista de Direito Mercantil, Industrial, Econômico e Financeiro*, Rio de Janeiro, vol. 112, p. 184, outubro-dezembro de 1998.

E vem ao encontro das duas diretrizes fundamentais da Análise Jurídica da Economia, perspectiva que nos propõe (i) uma valoração dos fatos econômicos à luz das regras e princípios jurídicos; e (ii) a integração das inovações científicas, tecnológicas e pragmáticas à teoria jurídica tradicional.[33]

Sob tais premissas, as investigações observaram os tipos jurídico-exploratório e jurídico-compreensivo, buscando diagnosticar as características econômicas e pragmáticas dos *swaps*, e, ato contínuo, decompor os fenômenos jurídicos a elas adjacentes, em seus principais aspectos, relações e níveis.

Não aprofundamos nas variações de operações que não tenham se mostrado essenciais à evidenciação de suas naturezas jurídicas, tais quais a estipulação de cláusulas de barreiras para o cálculo da prestação de cada uma das partes (*"cap"*, *"floor"*, *"collar"*), formas distintas de aprazamento, peculiaridades relacionadas às cessões de posições contratuais, entre outras configurações que reputamos acidentais.

Tampouco nos ocupamos das ditas "operações híbridas" de *swap* e outros contratos derivativos, tais como os contratos futuros de swap de crédito da dívida soberana do Brasil, negociado pela BM&FBOVESPA, os *"swaptions"*, os *"credit default swaptions"*, *"credit spread swaps"*, entre outros. Em atenção à necessidade de delimitação do objeto de pesquisa, concentramo-nos em espécies puras e clássicas das operações, confiando a estudos posteriores a investigação dos espécimes híbridos e exóticos.

O presente relatório de pesquisa foi dividido, formalmente, em quatro capítulos, desenvolvidos à procura de resposta à seguinte questão: qual a natureza jurídica das principais operações de swap praticadas no mercado brasileiro?

---

[33] "A reversão deste panorama desolador depende de estudos sólidos: (1) que envolvam análise conjunta da economia e do Direito: a análise econômica do Direito, já conhecida e muito válida, cuida de enxergar a Justiça com os olhos da eficiência e da conveniência econômica. A *análise jurídica da economia*, inédita e igualmente necessária, consiste em observar a economia na busca do que é admissível, justo, correto e equilibrado; (2) que analisem tanto a Doutrina clássica quanto a moderna: Aqueles que afirmam dedicar-se exclusivamente à modernidade, como forma de justificar o pouco ou nenhum estudo dos dados históricos, da Doutrina tradicional e dos Princípios fundamentais, não podiam imaginar que, na atualidade, o contrato de depósito bancário fosse tornar-se o centro da atenção dos economistas e a principal forma de compreender as sucessivas crises que vem assolando o mundo". CORRÊA LIMA, Sérgio Mourão. *Análise jurídica da economia*. In: *Revista de Direito Mercantil, Industrial, Econômico e Financeiro*, Rio de Janeiro, vol. 159/160, julho-dezembro de 2011, p.54.

No capítulo primeiro, situamos nosso objeto de investigação no Sistema Financeiro Nacional, apresentando os aspectos basilares do ambiente jurídico-econômico no qual se desenvolvem as operações de *swap*.

O segundo capítulo cuidou das modalidades tradicionais de contratos derivativos, explicitando seu histórico, função socioeconômica e sistemática, a fim de preparar o aprofundamento sobre a modalidade de nosso imediato interesse.

No terceiro capítulo, descemos às características específicas dos contratos de *swap*, em suas três modalidades principais: os *swaps* de moeda; os *swaps* de índices; e os *swaps* de crédito (entre os quais se encontra também a categoria especial "*swaps* de retorno total"), ocupando-nos, principalmente, da discussão de sua natureza jurídica.

Ressaltamos que, no capítulo terceiro, por opção didática, reduzimos e a simplificamos as operações de *swaps* de modo a apresentá-las em seus aspectos contratuais essenciais – isto é, o *núcleo* contratual das operações – como se não se sujeitassem a registro em ambiente organizado, ou, eventualmente, houvessem que se integrar à complexa rede de contratos e obrigações da BM&FBOVESPA ou da CETIP – objeto do capítulo quarto.

No capítulo quarto, então, com objetivo de aproximar os estudos do capítulo terceiro à prática do mercado, inserimos os contratos de *swap* nas cadeias contratuais atualmente praticadas pelos agentes econômicos, em especial, aquelas havidas nos ambientes organizados BM&FBOVESPA e CETIP, onde ocorrem com maior frequências as operações dessa natureza. Com tal propósito, cuidamos de evidenciar os fenômenos contratuais e obrigacionais mais significativos, que se prestam a viabilizar a compensação e pagamento de obrigações aos contratantes.

A pesquisa alcançou resultados conclusivos. Os *swaps* de moedas foram classificados como contratos atípicos; os *swaps* de índices e os *swaps* de retorno total foram classificados como contratos atípicos diferenciais com bases econômicas distintas. As demais modalidades de *swaps* de crédito investigadas foram enquadradas como opções de cessão de crédito ou opções de contratação diferencial, conforme o caso.

1. SISTEMA FINANCEIRO NACIONAL

O Direito Empresarial[34] investiga as relações jurídicas que circundam a empresa – atividade, por sua vez, compreendida como o "organismo que se concretiza na organização dos fatores de produção e que se propõe à satisfação das necessidades e, mais precisamente, das necessidades do mercado em geral".[35]

Os fatores produtivos de cuja organização depende a atividade empresária são os insumos (tecnologia, matéria-prima), a mão-de-obra (empregados, colaboradores do empresário) e o capital (recursos financeiros).

O capital pode se formar com recursos do próprio empresário ou com recursos de terceiros. Nesta última hipótese, destacam-se os atos e negó-

---

[34] "Mesmo antes da entrada em vigor do Código Civil de 2002, pode-se afirmar que o direito brasileiro já vinha adotando fundamentalmente a teoria da empresa. A evolução do nosso direito não ficou dependendo da reforma da codificação. Apesar da vigência de um Código Comercial ainda inspirado na teoria dos atos de comércio, a doutrina, jurisprudência e a própria legislação esparsa cuidaram de ajustar o direito comercial, para que pudesse cumprir sua função de solucionar conflitos de interesses entre os empresários por critérios mais adequados à realidade econômica do último quarto de século XX. [...] Note-se que não apenas as atividades especificamente comerciais (intermediação de mercadoria, no atacado ou varejo), mas também as industriais, securitárias, de prestação de serviços, e outras, estão sujeitas aos parâmetros (doutrinários, jurisprudenciais e legais) de superação de conflitos estudados pelo direito comercial. Talvez seu nome mais adequado, hoje em dia, fosse direito empresarial". REQUIÃO, Rubens. *Curso de direito comercial*. São Paulo: Saraiva, 2007, p.14.

[35] FERRI *apud* FÉRES, Marcelo Andrade. *Empresa e empresário: do código civil italiano ao novo código civil brasileiro*. In: RODRIGUES, Frederico Viana (org.). *Direito de empresa no novo código civil*. Rio de Janeiro: Forense, 2004, p. 52.

cios praticados no âmbito do Sistema Financeiro Nacional ("SFN"), de suma importância para a intermediação e condução de riquezas à atividade produtiva.[36]

Em atenção a essa realidade, estabelece a Constituição da República Federativa do Brasil que o SFN deve se estruturar "de forma a promover o desenvolvimento equilibrado do País e a servir aos interesses da coletividade, em todas as partes que o compõem".[37]

1.1 Mercados proeminentes

Didaticamente, o Sistema Financeiro Nacional pode ser decomposto em quatro mercados de maior expressão, classificados conforme seus respectivos objetos de negociação. São eles: (i) o mercado financeiro em sentido estrito;[38] (ii) o mercado de capitais, no qual se insere o mercado de títulos e valores mobiliários; (iii) o mercado de seguros; e (iv) o mercado de previdência complementar.

Todos se relacionam à "coleta, intermediação ou aplicação de recursos financeiros próprios ou de terceiros, em moeda nacional ou estrangeira",[39] mas guardam suas especificidades.

---

[36] "Todavia, também se constatou que, fosse o direito comercial baseado apenas em negócios isolados, não passaria de uma 'criança frágil'. *O mercado organizado dá força às transações.* As regras e a praxe negocial, assim como o moto competitivo, proporcionam amplo espaço ao gênio dos comerciantes e às suas contratações". FORGIONI, Paula A. *Teoria geral dos contratos empresariais*. São Paulo: Revista dos Tribunais, 2010, p. 26-27.

[37] CRFB, art. 192: "O sistema financeiro nacional, estruturado de forma a promover o desenvolvimento equilibrado do País e a servir aos interesses da coletividade, em todas as partes que o compõem, abrangendo as cooperativas de crédito, será regulado por leis complementares que disporão, inclusive, sobre a participação do capital estrangeiro nas instituições que o integram (Redação dada pela Emenda Constitucional nº 40, de 2003)".

[38] O mercado financeiro em sentido amplo congregaria a atuação de todas as entidades financeiras e pessoas equiparadas, submetidas ao tipo do art. 17 da Lei n. 4.595/64. "Ora, é evidente que o legislador constituinte usou a expressão 'sistema financeiro' ou 'mercado financeiro' em sentido amplo, compreendendo, como aduzido acima, os mercados de crédito, monetário, cambial e de valores mobiliários". CORRÊA, Darwin Lourenço. *Fundamentos jurídicos para a caracterização dos Certificados de Recebíveis Imobiliários, criados pela Lei 9.514 de 20/11/1997, como valores mobiliários.* Parecer jurídico. Disponível em: <http://www.felsberg.com.br/pdf/mercadoC_parecer_cvm_pju_9.pdf> . Acesso em 03 de setembro de 2009.

[39] Lei n. 4.595/64, art. 17: "Consideram-se instituições financeiras, para os efeitos da legislação em vigor, as pessoas jurídicas públicas ou privadas, que tenham como atividade principal ou

O mercado financeiro em sentido estrito se distingue pelo caráter essencialmente monetário de suas operações. Cuida, sobretudo, da captação e repasse de dinheiro a terceiros,[40] atos juridicamente articulados, em regra, por depósitos e mútuos pecuniários, respectivamente. Incluímos aqui as operações de câmbio, por se tratar da troca de moedas nacionais e estrangeiras.

Outrossim, notabiliza-se pelo uso de recursos alheios em proveito da própria instituição financeira-depositária,[41] o que é vedado a outras entidades de mesma estirpe.

Participam deste mercado, e.g., os bancos múltiplos, bancos comerciais, bancos de investimento, as cooperativas e sociedades de crédito.[42] É regulamentado pelo Conselho Monetário Nacional ("CMN") e fiscalizado pelo Banco Central do Brasil ("BACEN").[43]

---

acessória a coleta, intermediação ou aplicação de recursos financeiros próprios ou de terceiros, em moeda nacional ou estrangeira, e a custódia de valor de propriedade de terceiros".

[40] Embora, de fato, aí não se esgotem os tipos negociais praticados: "A custódia de valores e títulos se inclui no rol das atividades acessórias exercidas pelos bancos, uma vez que a principal é, como vimos no item 10, supra, a negociação de crédito". ABRÃO, Nelson. *Direito bancário*. São Paulo: Saraiva, 1999, p. 162.

[41] "Essas operações são, com efeito, as mesmas para os bancos e instituições financeiras; mas os bancos utilizam para essas operações, além de seus próprios capitais, os fundos que eles recebem profissionalmente do público sob a forma de depósito ou outra; as instituições financeiras não podem utilizar senão seus próprios capitais ou fundos que profissionalmente não recebem do público sob forma de depósito ou outra. Somente os bancos podem receber, de modo habitual, fundos do público e utilizá-los por sua própria conta". ABRÃO, Nelson. *Direito bancário*. São Paulo: Saraiva, 1999, p. 4.

[42] SALOMÃO NETO, Eduardo. *Direito bancário*. São Paulo: Atlas, 2007, p. 64-72.

[43] "O Banco Central do Brasil (Bacen) é uma autarquia vinculada ao Ministério da Fazenda, que também foi criada pela Lei 4.595, de 31 de dezembro de 1964. É o principal executor das orientações do Conselho Monetário Nacional e responsável por garantir o poder de compra da moeda nacional, tendo por objetivos: zelar pela adequada liquidez da economia; manter as reservas internacionais em nível adequado; estimular a formação de poupança; zelar pela estabilidade e promover o permanente aperfeiçoamento do sistema financeiro. Dentre suas atribuições estão: emitir papel-moeda e moeda metálica; executar os serviços do meio circulante; receber recolhimentos compulsórios e voluntários das instituições financeiras e bancárias; realizar operações de redesconto e empréstimo às instituições financeiras; regular a execução dos serviços de compensação de cheques e outros papéis; efetuar operações de compra e venda de títulos públicos federais; exercer o controle de crédito; exercer a fiscalização das instituições financeiras; autorizar o funcionamento das instituições financeiras; estabelecer as condições para o exercício de quaisquer cargos de direção nas instituições financeiras; vigiar a interferência de outras empresas nos mercados financeiros e de capitais e

O mercado de capitais é aquele "em que são negociados os valores mobiliários elencados pelo art. 2º da Lei n. 6.385, de 07 de dezembro de 1976, os títulos de dívida pública federal, estadual ou municipal e os títulos cambiais de responsabilidade de instituição financeira, tendo sido estes [os títulos públicos e financeiros] excluídos do regime jurídico dos valores mobiliários por força do §1º do mesmo artigo".[44]

O mercado de títulos e valores mobiliários, segmento do mercado de capitais,[45] abarca, entre outras, as negociações de ações, debêntures e bônus de subscrição; dos certificados de depósito de valores mobiliários; das cédulas de debêntures; das cotas de fundos de investimento em valores mobiliários; das notas comerciais; e de contratos derivativos.[46]

---

controlar o fluxo de capitais estrangeiros no país". BANCO CENTRAL DO BRASIL. *O Banco Central do Brasil* – Bacen. Disponível em: <http://www.bcb.gov.br/pre/composicao/bacen.asp>. Acesso em 04 de setembro de 2009.

[44] AGUSTINHO, Eduardo Oliveira; RIBEIRO, Marcia Carla Pereira. *Os investidores e o desenvolvimento do mercado de capitais no Brasil*. In: CASTRO, Moema Augusta Soares de; GONÇALVES, Fernando; WALD, Arnoldo (Org.). *Sociedades anônimas e mercado de capitais*: homenagem ao prof. Osmar Brina Corrêa-Lima. São Paulo: Quartier Latin, 2011, p. 377.

[45] CORRÊA-LIMA, Osmar Brina. *Curso de direito comercial*. Vol. II. Belo Horizonte: Del Rey, 1995, p. 28.

[46] Lei n. 6.385/76, art. 2º:
"São valores mobiliários sujeitos ao regime desta Lei:
I – as ações, debêntures e bônus de subscrição;
II – os cupons, direitos, recibos de subscrição e certificados de desdobramento relativos aos valores mobiliários referidos no inciso I;
III – os certificados de depósito de valores mobiliários;
IV – as cédulas de debêntures;
V – as cotas de fundos de investimento em valores mobiliários ou de clubes de investimento em quaisquer ativos;
VI – as notas comerciais;
VII – os contratos futuros, de opções e outros derivativos, cujos ativos subjacentes sejam valores mobiliários;
VIII – outros contratos derivativos, independentemente dos ativos subjacentes; e
IX – quando ofertados publicamente, quaisquer outros títulos ou contratos de investimento coletivo, que gerem direito de participação, de parceria ou de remuneração, inclusive resultante de prestação de serviços, cujos rendimentos advêm do esforço do empreendedor ou de terceiros.
§ 1º Excluem-se do regime desta Lei:
I – os títulos da dívida pública federal, estadual ou municipal;
II – os títulos cambiais de responsabilidade de instituição financeira, exceto as debêntures".

Segundo Modesto Carvalhosa, o que caracteriza o valor mobiliário "é a sua emissão e negociação com finalidade de tornar-se objeto de investimento por parte dos seus tomadores, mediante os diversos mecanismos próprios do mercado de capitais".[47] São, portanto, de grande utilidade para os agentes econômicos, que, pelo lançamento de ações, debêntures, notas comerciais, e outros "papéis", podem obter capital a custos inferiores aos dos mútuos e operações financeiras bancárias.[48]

Participam do mercado de títulos e valores mobiliários, com maior destaque, as sociedades anônimas abertas (emissores); os bancos de investimento, corretoras de mercadorias, corretoras de títulos e valores mobiliários, distribuidoras de títulos e valores mobiliários (intermediários); as bolsas de valores, entidades depositárias e as câmaras de compensação e liquidação (administradores).[49]

A regulamentação e a fiscalização do setor ficam a cargo da Comissão de Valores Mobiliários ("CVM"), respeitadas as normas gerais impostas pelo CMN. Sua atuação, porém, não exclui a do BACEN, quanto às instituições financeiras ou operações a ele submetidas; ou a das bolsas e câmaras de compensação e liquidação, quanto aos participantes a elas vinculados.[50]

O mercado de seguro e o de previdência complementar lidam com a negociação de direitos sobre prestações pecuniárias futuras.

No caso dos seguros, busca-se, basicamente, o ressarcimento por eventual dano a "interesse legítimo do segurado, relativo à pessoa ou à coisa, contra riscos predeterminados",[51] mediante prévio pagamento de retribuição (o prêmio).

Das relações securitárias, participam as sociedades seguradoras e os corretores de seguros. O setor é normatizado pelo Conselho Nacional de

---

[47] *Comentários à Lei de Sociedades Anônimas*. São Paulo: Saraiva, 1997, Vol. 1, p. 38.

[48] Ressalvamos, porém, os contratos derivativos. Se bem utilizados, servem à proteção do empresário contra as oscilações do mercado, e não, propriamente, à obtenção de financiamento.

[49] COMISSÃO DE VALORES MOBILIÁRIOS. *Portal do investidor*. Disponível em: <http://www.portaldoinvestidor.gov.br/Acad%C3%AAmico/EntendendooMercadodeValoresMobili%C3%A1rios/Participantesdomercadobrasileiro/tabid/96/Default.aspx>. Acesso em 04 de setembro de 2009.

[50] Lei n. 6.385/76, Arts. 8º e 15, §2º.

[51] Código Civil, art. 757.

Seguros Privados ("CNSP")[52] e fiscalizado pela Superintendência de Seguros Privados ("SUSEP").[53]

A previdência complementar, a seu turno, contrata "planos de benefícios de caráter previdenciário concedidos em forma de renda continuada ou pagamento único",[54] mediante contribuição prévia.

Agem, nesta porção do mercado, apenas, as entidades de previdência complementar, classificadas como abertas ou fechadas,[55] conforme sejam acessíveis a toda e qualquer pessoa natural[56] ou se possuam restrições de participantes[57]. Operam conforme regulamentação do Conselho de Gestão de Previdência Complementar ("CGPC"),[58] se fechadas; e consoante normas do CNSP, se abertas. A SUSEP fiscaliza as entidades abertas, ao passo que as fechadas são supervisionadas pela Superintendência Nacional de Previdência Complementar ("PREVIC").[59]

---

[52] "Dentre as funções do CNSP estão: regular a constituição, organização, funcionamento e fiscalização dos que exercem atividades subordinadas ao SNSP, bem como a aplicação das penalidades previstas". BANCO CENTRAL DO BRASIL. *Conselho nacional de seguros privados (CNSP)*. Disponível em:
< http://www.bcb.gov.br/pre/composicao/cnsp.asp>. Acesso em 04 de setembro de 2009.

[53] "Dentre suas atribuições estão: fiscalizar a constituição, organização, funcionamento e operação das Sociedades Seguradoras, de Capitalização, Entidades de Previdência Privada Aberta e Resseguradores, na qualidade de executora da política traçada pelo CNSP". BANCO CENTRAL DO BRASIL. *Superintendência de Seguros Privados (SUSEP)*. Disponível em: <http://www.bcb.gov.br/pre/composicao/ssp.asp>. Acesso em 04 de setembro de 2009.

[54] BANCO CENTRAL DO BRASIL. *Entidades abertas de previdência complementar*. Disponível em: <http://www.bcb.gov.br/pre/composicao/epp.asp>. Acesso em 04 de setembro de 2009.

[55] Lei Complementar n. 109/01, art. 4º.

[56] Lei Complementar n. 109/01, art. 26.

[57] Lei Complementar n. 109/01, art. 31.

[58] "O *Conselho de Gestão de Previdência Complementar* (CGPC) é um órgão colegiado que integra a estrutura do Ministério da Previdência Social e cuja competência é regular, normatizar e coordenar as atividades das Entidades Fechadas de Previdência Complementar (fundos de pensão)". BANCO CENTRAL DO BRASIL. *Conselho de Gestão de Previdência Complementar (CGPC)*. Disponível em: <http://www.bcb.gov.br/pre/composicao/cgpc.asp>. Acesso em 04 de setembro de 2009.

[59] "A Superintendência Nacional de Previdência Complementar (PREVIC) é uma autarquia vinculada ao Ministério da Previdência Social, responsável por fiscalizar as atividades das entidades fechadas de previdência complementar (fundos de pensão). A Previc atua como entidade de fiscalização e de supervisão das atividades das entidades fechadas de previdência complementar e de execução das políticas para o regime de previdência complementar operado pelas entidades fechadas de previdência complementar, observando, inclusive, as diretrizes estabelecidas pelo Conselho Monetário Nacional e pelo Conselho Nacional de

O Sistema Financeiro Nacional contempla, assim, parte significativa da economia. Sua estruturação favorece o intercâmbio e proteção de riquezas, contribuindo intensamente para a otimização da atividade empresária.[60]

1.2 Organização do mercado de títulos e valores mobiliários

Ao estudo dos *swaps* interessa, principalmente, a estrutura do mercado de títulos e valores mobiliários, à qual se submete. É segregada em três ambientes, a saber: o de bolsa de valores (ou "bursátil"); o de balcão organizado; e o de balcão não organizado.

A designação "bolsas de valores" comporta duplo perfil. Objetivamente, refere-se ao espaço – físico ou virtual – no qual são negociados títulos e valores mobiliários; subjetivamente, remete à pessoa jurídica responsável pela organização e moderação do ambiente.

Siegfried Kümpel, após concluir distinguir-se a bolsa de valores pela qualidade da formação de seus preços, baseada em princípios de imparcialidade e neutralidade, define-a, em seu perfil objetivo, como *"um sistema de negociação regularmente acessível, com períodos curtos entre o fechamento e a abertura para negociação, no qual se possibilita a conclusão de negócios entre os participantes do mercado sobre os objetos nele negociados, com uma fixação neutra e transparente do preço"*.[61]

Ao seu perfil subjetivo, a literatura jurídica consagra a posição de "entidade autorreguladora, na medida em que ela exerce sobre os seus membros e sobre as operações realizadas em seu recinto de negociações poderes de regulamentação e fiscalização, sempre com vistas à manutenção de elevados padrões éticos de negociação".[62]

Previdência Complementar". BANCO CENTRAL DO BRASIL. *Superintendência Nacional de Previdência Complementar (PREVIC)*. Disponível em: <http://www.bcb.gov.br/pre/composicao/spc.asp>. Acesso em 18 de junho de 2012.

[60] "Destarte, o mercado financeiro pode ser considerado como elemento dinâmico no processo de crescimento econômico, uma vez que permite a elevação das taxas de poupança e investimento". FORTUNA, Eduardo. *Mercado financeiro: produtos e serviços*. Rio de Janeiro: Qualitymark, 2011, p. 16.

[61] *Direito do mercado de capitais*: do ponto de vista do direito europeu, alemão e brasileiro – *uma introdução*. Rio de Janeiro: Renovar, 2007, p. 93.

[62] EIZIRIK, Nelson; GAAL, Ariádna B.; PARENTE; Flávia; HENRIQUES, Marcus de Freitas. *Mercado de capitais – regime jurídico*. Rio de Janeiro: Renovar, 2008, p. 194.

A principal bolsa de valores em funcionamento no Brasil é a Bolsa de Valores, Mercadorias e Futuros de São Paulo ("BM&FBOVESPA").[63]

São poucas as diferenças entre o mercado de balcão organizado e o de bolsa de valores. Ambos são considerados mercados organizados, por se constituírem como "espaço físico ou o sistema eletrônico, destinado à negociação ou ao registro de operações com valores mobiliários por um conjunto determinado de pessoas autorizadas a operar, que atuam por conta própria ou de terceiros".[64] Outrossim, aproximam-se quanto à necessidade de serem administradas por entidade autorizada pela CVM,[65] que exerça auto-regulamentação com vistas à disciplina da concorrência de seus participantes.[66]

Não obstante, no mercado de balcão organizado, diferentemente do mercado de bolsas, podem ser registradas operações celebradas fora de seu sistema; é admitida a atuação da parte sem a intervenção de intermediário integrante do sistema de distribuição de valores mobiliários; e há a possibilidade de se postergar a divulgação de informações sobre os negócios.[67] Seus mecanismos, portanto, são mais flexíveis do que os encontrados no ambiente de bolsa.

---

[63] "Tal acordo histórico teve por finalidade fortalecer o mercado acionário brasileiro e prepará-lo para a globalização dos negócios, integrando todas as Bolsas brasileiras em torno de um único mercado de ações – o da BOVESPA". KÜMPEL, Siegfried. *Direito do mercado de capitais*: do ponto de vista do direito europeu, alemão e brasileiro – *uma introdução*. Rio de Janeiro: Renovar, 2007, p.133.

[64] Instrução CVM n. 461/07, art. 3º: "Considera-se mercado organizado de valores mobiliários o espaço físico ou o sistema eletrônico, destinado à negociação ou ao registro de operações com valores mobiliários por um conjunto determinado de pessoas autorizadas a operar, que atuam por conta própria ou de terceiros".

[65] Instrução CVM n. 461/07, art. 3º, §2º: "Os mercados organizados de valores mobiliários devem ser administrados por entidades administradoras autorizadas pela CVM".

[66] Instrução CVM n. 461/07, art. 5º, II: "Um mercado organizado de valores mobiliários será considerado pela CVM como de bolsa ou de balcão organizado dependendo, principalmente, do seguinte:
[...] II – regras adotadas em seus ambientes ou sistemas de negociação para a formação de preços, conforme descrito nos arts. 65 e 73, no caso de bolsa, e arts. 95 e 96, no caso de balcão organizado".

[67] Instrução CVM n. 461/07, art. 5º, I, III, IV, parágrafo único: "Um mercado organizado de valores mobiliários será considerado pela CVM como de bolsa ou de balcão organizado dependendo, principalmente, do seguinte: I – existência de sistema ou ambiente para o registro de operações realizadas previamente; [...] III –possibilidade de atuação direta no mercado, sem a intervenção de intermediário; [...] V –volume operado em seus ambientes e sistemas; [...]

No país, são exemplos de mercados de balcão organizado aqueles geridos pela Sociedade Operadora do Mercado de Ativos ("SOMA-FIX") e pela CETIP.[68]

Encontram-se à disposição dos participantes do balcão organizado instrumentos de garantia fornecidos pela própria BM&FBOVESPA, que lhes permitem invocar a responsabilidade da câmara de compensação para pagamentos que lhes são devidos. Sua adoção pressupõe registro e opção expressa pela "garantia da Bolsa", o que implica despesas adicionais aos beneficiários.

O mercado de balcão não organizado também guarda semelhanças com os demais ambientes, mas é ainda mais maleável. Contempla os negócios realizados com a participação de agentes comuns aos três mercados (como bancos, "CTVMs" – Corretoras de Títulos e Valores Mobiliários, e companhias abertas), ou avenças que tenham sido celebradas por qualquer pessoa junto a algumas destas entidades (notadamente, os bancos), sem que, seja qual for o caso, se vinculem tais operações a balcões organizados ou bolsas de valores.[69] Não há no mercado de balcão não organizado uma administração central,[70] o que o torna menos coeso e uniforme. Por

Parágrafo único. As características de que tratam os incisos I, III e IV só são admitidas para os mercados de balcão organizado, na forma prevista, respectivamente, nos arts. 92, inciso III, 93 e 105 desta Instrução".

[68] "O primeiro mercado de balcão organizado destinado à negociação de ações criado no Brasil foi a Sociedade Operadora de Mercado de Ativos - SOMA, adquirida pela BOVESPA em 2002. Em seu lugar, foi implantado o SOMA FIX, atual mercado de balcão organizado de títulos de renda fixa da bolsa paulista. [...] A CETIP atua como Entidade de Balcão Organizado e como câmara de custódia e liquidação de títulos e valores mobiliários, por autorização da CVM - Comissão de Valores Mobiliários e do Banco Central". *PORTAL DO INVESTIDOR. O que é mercado de balcão organizado.* Disponível em: <http://www.portaldoinvestidor.gov.br/Acad%C3%AAmico/EntendendooMercadodeVal oresMobili%C3%A1rios/Oque%C3%A9MercadodeBalc%C3%A3oOrganizado/tabid/188/ Default.aspx>. Acesso em 10 de outubro de 2011.

[69] Lei n. 6.385/76, art. 20, §3º: "São atividades do mercado de balcão não organizado as realizadas com a participação das empresas ou profissionais indicados no art. 15, incisos I, II e III, ou nos seus estabelecimentos, excluídas as operações efetuadas em bolsas ou em sistemas administrados por entidades de balcão organizado".

[70] "MERCADO DE BALCÃO NÃO ORGANIZADO. Mercado de títulos e valores mobiliários cujos negócios não são supervisionados por entidade autorreguladora". *PORTAL DO INVESTIDOR. O que é mercado de balcão organizado.* Disponível em:

consequência, não há grande "transparência quanto aos volumes e preços negociados".[71]

1.3 Câmaras de registro, compensação e liquidação

No SFN, liquidação é termo que designa o "processo de extinção de obrigações".[72] É chamada *líquida*, se há compensação de obrigações, ou *bruta*, se não há.[73]

A liquidação programada para o futuro, implementada em momento posterior ao da deflagração da operação financeira, é chamada *diferida*; quando ocorre de forma imediata, simultânea, é conhecida como *liquidação em tempo real*.[74]

As liquidações por valores líquidos e brutos, apesar de constituírem técnicas autônomas e independentes, podem ser empregadas em conjunto.

As liquidações diferidas que pressuponham compensação de obrigações são operadas por câmaras de compensação (*"clearing houses"*). Quando

<http://www.portaldoinvestidor.gov.br/Acad%C3%AAmico/EntendendooMercadodeVal oresMobili%C3%A1rios/Oque%C3%A9MercadodeBalc%C3%A3oOrganizado/tabid/188/ Default.aspx>. Acesso em 10 de outubro de 2011.

[71] *PORTAL DO INVESTIDOR. A Bolsa de Mercadorias e Futuros - BM&F e os contratos nela negociados.* Disponível em <http://www.portaldoinvestidor.gov.br/Portals/0/Investidor/Cadernos/ Caderno%209.pdf>. Acesso em 10 de outubro de 2011.

[72] *BOLSA DE VALORES, MERCADORIAS E FUTUROS* DE SÃO PAULO. *Manual de procedimentos operacionais da câmara de compensação e liquidação da BM&FBOVESPA.* Disponível em: <http://www.bmfbovespa.com.br/lumis/portal/file/fileDownload.jsp?fileId=8A828D294F2 70E45014FEFAF32834381>. Acesso em 09 de janeiro de 2017.

[73] "Quando o valor de liquidação é determinado através de compensação, diz-se que a liquidação é líquida - liquidação bilateral líquida ou liquidação multilateral líquida, respectivamente, conforme tratar-se de compensação bilateral ou multilateral; não havendo qualquer compensação, as obrigações são liquidadas uma a uma, e a liquidação é denominada bruta". *BOLSA DE VALORES, MERCADORIAS E FUTUROS* DE SÃO PAULO. *Manual de procedimentos operacionais da câmara de derivativos*: segmento BM&F. Disponível em: <http://www. bmfbovespa.com.br/pt-br/regulacao/download/MPO-Camara-Derivativos-110318-Em-vigor. pdf>. Acesso em 30 de agosto de 2011.

[74] "[...] é denominada diferida quando realizada em momento posterior ao momento de aceitação das operações que dão origem às correspondentes obrigações, e liquidação em tempo real, caso contrário". *BOLSA DE VALORES, MERCADORIAS E FUTUROS* DE SÃO PAULO. *Manual de procedimentos operacionais da câmara de derivativos*: segmento BM&F. Disponível em: <http://www.bmfbovespa.com.br/pt-br/regulacao/download/MPO-Camara- -Derivativos-110318-Em-vigor.pdf>. Acesso em 30 de agosto de 2011.

se encontram em ambiente de importância sistêmica, assim classificados pelo Banco Central do Brasil, assumem função de "parte contratante" nas operações.[75]

Diz-se que, nessa condição, a câmara de compensação toma para si todos os compromissos financeiros e se transforma no comprador para o vendedor e no vendedor para o comprador. "Quando se diz que as operações estão garantidas pela *clearing* é preciso observar que o risco de contraparte passa a ser o risco da própria *clearing*".[76] Tal função é comumente referida como a de contraparte central.

O Banco Central do Brasil conceitua as *clearing houses* como entidades centrais ou mecanismo "de processamento central por meio do qual as instituições financeiras acordam trocar instruções de pagamento ou outras obrigações financeiras (Ex., valores mobiliários)".[77]

Para Luiz Carlos Sturzenegger, as "Câmaras de Compensação e Liquidação Financeira são órgãos privados que compõem o Sistema de Pagamentos Brasileiro (SPB), criados com o fito de diminuir os riscos à solidez e ao normal funcionamento do Sistema Financeiro Nacional".[78] Teriam por função "garantir a finalização das operações, com a transferência dos valores para quem de direito e a redução dos riscos para os participantes de seu sistema".[79]

---

[75] Lei n. 10.214/01, art. 4º: "Nos sistemas em que o volume e a natureza dos negócios, a critério do Banco Central do Brasil, forem capazes de oferecer risco à solidez e ao normal funcionamento do sistema financeiro, as câmaras e os prestadores de serviços de compensação e de liquidação assumirão, sem prejuízo de obrigações decorrentes de lei, regulamento ou contrato, em relação a cada participante, a posição de parte contratante, para fins de liquidação das obrigações, realizada por intermédio da câmara ou prestador de serviços".

[76] BESSADA, Octavio; BARBEDO, Cláudio; ARAÚJO, Gustavo. *Mercado de derivativos no Brasil*. Rio de Janeiro: Record, 2005, p. 30.

[77] BANCO CENTRAL DO BRASIL. *Glossário* – câmara de compensação. Disponível em: <http://www.bcb.gov.br/glossario.asp?Definicao=719&idioma=P&idpai=GLOSSARIO>. Acesso em 02 de setembro de 2011.

[78] SADDI, Jairo. In: CORRÊA-LIMA, Osmar Brina; CORRÊA LIMA, Sérgio Mourão (coord.). *Comentários à nova lei de falências e recuperação de empresas*. Rio de Janeiro: Forense, 2009, p. 1.273.

[79] STURZENEGGER, Luiz Carlos. *A doutrina do "patrimônio de afetação" e o novo sistema de pagamentos brasileiro*. In: *Revista de direito bancário, do mercado de capitais e da arbitragem*, ano 4, n. 2, p. 234, janeiro-março de 2001.

As operações a cargo das *clearing houses* estão predefinidas no art. 2º da Lei n. 10.214/01,[80] que as enuncia como compensação de cheques e outros papéis; compensação e liquidação de ordens eletrônicas de débito e de crédito; transferência de fundos e de outros ativos financeiros; compensação e liquidação de operações com títulos e valores mobiliários; compensação e liquidação de operações realizadas em bolsas de mercadorias e de futuros; e outras, inclusive envolvendo operações com derivativos financeiros, devidamente autorizadas.

A cada uma dessas operações corresponde uma câmara de registro, compensação e liquidação.[81]

A compensação, em resumo, funcionaria como "uma forma de diminuição do risco de não cumprimento (ou risco de contrapartida), ao reduzir o eventual prejuízo decorrente da falta de realização da prestação por qualquer das partes",[82] inclusive, em situação de quebra, quando se instaura a possibilidade de se negar o cumprimento do contrato, com respaldo no interesse coletivo reconhecido à massa falida.[83]

---

[80] Lei n. 10.214/01, art. 2º: "O sistema de pagamentos brasileiro de que trata esta Lei compreende as entidades, os sistemas e os procedimentos relacionados com a transferência de fundos e de outros ativos financeiros, ou com o processamento, a compensação e a liquidação de pagamentos em qualquer de suas formas.

Parágrafo único. Integram o sistema de pagamentos brasileiro, além do serviço de compensação de cheques e outros papéis, os seguintes sistemas, na forma de autorização concedida às respectivas câmaras ou prestadores de serviços de compensação e de liquidação, pelo Banco Central do Brasil ou pela Comissão de Valores Mobiliários, em suas áreas de competência:

I - de compensação e liquidação de ordens eletrônicas de débito e de crédito;

II - de transferência de fundos e de outros ativos financeiros;

III - de compensação e de liquidação de operações com títulos e valores mobiliários;

IV - de compensação e de liquidação de operações realizadas em bolsas de mercadorias e de futuros; e

V - outros, inclusive envolvendo operações com derivativos financeiros, cujas câmaras ou prestadores de serviços tenham sido autorizados na forma deste artigo".

[81] Nomeadamente: SITRAF, SILOC, BM&FBovespa Derivativos, BM&FBovespa Ativos, BM&FBovespa Câmbio, SELIC, Compe, Tecban, Cetip, CBLC, STR, RSFN.

[82] CALHEIROS, Maria Clara. *O contrato de swap*. Coimbra: Coimbra Editora, 2000, p. 42.

[83] No ordenamento brasileiro, Lei n. 11.101/05, art. 117: "Os contratos bilaterais não se resolvem pela falência e podem ser cumpridos pelo administrador judicial se o cumprimento reduzir ou evitar o aumento do passivo da massa falida ou for necessário à manutenção e preservação de seus ativos, mediante autorização do Comitê".

Maria Clara Calheiros sustenta que a compensação seria "um dos poucos meios de defesa de que cada parte pode dispor, quando a outra se apresenta à falência, no decurso da execução

Eduardo Fortuna ilustra o seu funcionamento com simplicidade:

O conceito do LDL simplifica o processo operacional e reduz a necessidade do comprometimento prévio de um maior volume de reservas, para atender às liquidações, como ocorre no caso de utilização do conceito LBTR. Para exemplificar o conceito LDL, ou *netting*, baseado no resultado líquido: [s]uponha que uma instituição financeira tenha comprado R$ 1 milhão e vendido R$ 1,5 milhão em ativos ao longo de um dia. O resultado líquido de suas operações, ou seja, R$ 0,5 milhão, é que sensibilizará, via STR, a sua conta de reservas bancárias junto ao BC.[84]

Nesses termos, serve a compensação ao objetivo de reduzir o volume de ativos financeiros em circulação, reduzindo os espaços e oportunidades para que os agentes do mercado venham a inadimplir.

Por fim, interessa ressaltar exercerem as câmaras também a função de registro,[85] pela qual organizam as informações relevantes ao monitoramento do mercado[86].

---

do *contrato*. O objectivo é evitar a verificação de um fenómeno, habitualmente designado por *cherry picking*, que traduz o comportamento de um gestor judicial que decide escolher manter em vigor contratos lucrativos, mas se abstem de cumprir aqueles cuja execução seria economicamente desvantajosa para a empresa falida". CALHEIROS, Maria Clara. *O contrato de swap*. Coimbra: Coimbra Editora, 2000, p. 42.

[84] FORTUNA, Eduardo. *Mercado financeiro: produtos e serviços*. Rio de Janeiro: Qualitymark, 2011, p. 947.

[85] Instrução CVM n. 387/03, art. 2º: "Considera-se, para os efeitos desta Instrução: [...] VIII - Câmara de Compensação e de Liquidação: câmara ou prestador de serviços de registro, compensação e liquidação de operações com valores mobiliários, integrante do Sistema de Pagamentos Brasileiro – SPB".

[86] "O operador do sistema deve desenvolver e utilizar procedimentos operacionais e técnicos abrangentes, rigorosos e bem documentados. Isso compreende a inclusão de procedimentos de registro, relato e análise de todos os incidentes operacionais. Depois de cada ruptura significativa no sistema de pagamento, o operador e, se for o caso, os participantes devem realizar um exame 'post mortem' para identificar as causas e os aperfeiçoamentos necessários à operação normal e às disposições referentes à continuidade dos negócios". BANK FOR INTERNATIONAL SETTLEMENTS. *Princípios fundamentais para sistemas de pagamento sistemicamente importantes*. Traduzido por Jorge R. Carvalheira. Disponível em: <http://www.bcb.gov.br/htms/spb/Principios_Fundamentais_Sistemas_Pagamentos_Sistemicamente_Importantes.pdf>. Acesso em 07 de abril de 2012.

2. DERIVATIVOS

O direito norte-americano não é claro e unívoco ao disciplinar o marco regulatório dos derivativos.[87] Os *swaps*, por exemplo, após a Lei Dodd-Frank, que veiculou a reforma do mercado financeiro no pós-crise de 2008, podem ser fiscalizados e normatizados pela SEC (*Securities and Exchange Comission*), o que sugere uma aproximação do regime de valores mobiliários; ou pela CFTC (*Commodity Futures Trading Commission*), agência que lida, especificamente, com contratos futuros e opções, operações também derivativas.[88]

---

[87] "Nos Estados Unidos, há grande discussão sobre o status legal dos derivativos, principalmente daqueles transacionados diretamente entre particulares, que, sendo negociados privadamente, não necessitam de recurso a bolsas ou a qualquer tipo de intermediação (os chamados over-the-counter derivatives – OTC), que não se enquadram integralmente em qualquer das áreas objeto de regulação do mercado financeiro: sistema bancário; commodities; e securities. Daí decorrem certas 'zonas cinzentas' na regulação dos mercados de derivativos, entre a competência da Securities and Exchange Comission (SEC), encarregada da fiscalização do mercado de capitais, e a da Commodities Futures Trading Comission (CFTC), que fiscaliza os mercados futuros". EIZIRIK, Nelson; GAAL, Ariádna B.; PARENTE; Flávia; HENRIQUES, Marcus de Freitas. *Mercado de capitais – regime jurídico*. Rio de Janeiro: Renovar, 2008, p. 113-114.

[88] "The Dodd-Frank Act divides regulatory authority over swap agreements between the CFTC and SEC (though the prudential regulators, such as the Federal Reserve Board, also have an important role in setting capital and margin for swap entities that are banks). The SEC has regulatory authority over 'security-based *swaps*', which are defined as *swaps* based on a single security or loan or a narrow-based group or index of securities (including any interest therein or the value thereof), or events relating to a single issuer or issuers of securities in a narrow-based security index. Security-based *swaps* are included within the definition of 'security' under the Securities Exchange Act of 1934 and the Securities Act of 1933. The CFTC has primary regulatory authority over all other *swaps*, such as energy and agricultural *swaps*. The CFTC and SEC share authority over 'mixed *swaps*,' which are security-based *swaps* that also have a commodity component. In addition, the SEC has anti-fraud enforcement authority over *swaps* that are related to securities but that do not come within the definition

O direito comum europeu, embora distinga os derivativos dos chamados *securities* transferíveis,[89] atribui-lhes o mesmo gênero, a saber, a dos instrumentos financeiros,[90] além de um mesmo estatuto regulatório.[91]

of 'security-based swap.' These are called 'security-based swap agreements.' The Dodd-Frank Act provides the SEC with access to information relating to security-based swap agreement in the possession of the CFTC and certain CFTC-regulated entities, such as derivatives clearing organizations, designated contract markets, and swap data repositories". SECURITIES AND EXCHANGE COMISSION. *Derivatives.* Disponível em: <http://www.sec.gov/spotlight/dodd-frank/derivatives.shtml>. Acesso em 30 de junho de 2012.

[89] Diretiva 2004/39/EC do Parlamento Europeu e do Conselho de 21 de abril de 2004, artigo 4: "18) 'Transferable securities' means those classes of securities which are negotiable on the capital market, with the exception of instruments of payment, such as: (a) shares in companies and other securities equivalent to shares in companies, partnerships or other entities, and depositary receipts in respect of shares; (b) bonds or other forms of securitised debt, including depositary receipts in respect of such securities; (c) any other securities giving the right to acquire or sell any such transferable securities or giving rise to a cash settlement determined by reference to transferable securities,currencies, interest rates or yields, commodities or other indices or measures".

[90] Diretiva 2004/39/EC do Parlamento Europeu e do Conselho de 21 de abril de 2004, Seção C, Instrumentos Financeiros ("Financial Instruments"): " (1) Transferable securities; (2) Money-market instruments; (3) Units in collective investment undertakings; (4) Options, futures, *swaps*, forward rate agreements and any other derivative contracts relating to securities, currencies, interest rates or yields, or other derivatives instruments, financial indices or financial measures which may be settled physically or in cash; (5) Options, futures, *swaps*, forward rate agreements and any other derivative contracts relating to commodities that must be settled in cash or may be settled in cash at the option of one of the parties (otherwise than by reason of a default or other termination event); L 145/42 EN Official Journal of the European Union 30.4.2004 (6) Options, futures, *swaps*, and any other derivative contract relating to commodities that can be physically settled provided that they are traded on a regulated market and/or an MTF; (7) Options, futures, *swaps*, forwards and any other derivative contracts relating to commodities, that can be physically settled not otherwise mentioned in C.6 and not being for commercial purposes, which have the characteristics of other derivative financial instruments, having regard to whether, inter alia, they are cleared and settled through recognised clearing houses or are subject to regular margin calls; (8) Derivative instruments for the transfer of credit risk; (9) Financial contracts for differences; (10) Options, futures, *swaps*, forward rate agreements and any other derivative contracts relating to climatic variables, freight rates, emission allowances or inflation rates or other official economic statistics that must be settled in cash or may be settled in cash at the option of one of the parties (otherwise than by reason of a default or other termination event), as well as any other derivative contracts relating to assets, rights, obligations, indices and measures not otherwise mentioned in this Section, which have the characteristics of other derivative financial instruments, having regard to whether, inter alia, they are traded on a regulated market or an MTF, are cleared and settled through recognised clearing houses or are subject to regular margin calls".

[91] Diretiva 2004/39/EC do Parlamento Europeu e do Conselho de 21 de abril de 2004, artigo 40: "1. Member States shall require that regulated markets have clear and transparent rules

No Brasil, são valores mobiliários radicados em mercado próprio – o mercado de derivativos, subespécie ou segmento do mercado de valores mobiliários.[92]

Em decorrência, têm as suas operações fiscalizadas, coordenadamente, pela CVM e pelo BACEN.[93]

A alcunha derivativos procede de uma de suas características marcantes, qual seja, o cálculo de proveitos conforme a oscilação dos mercados presente e futuro.[94] Diz-se, pois, que os benefícios da operação derivam de variações de preços e outros indicadores econômicos ao longo de sua vigência. Para José Engrácia Antunes, são "os instrumentos financeiros resultantes de contratos a prazo celebrados e valorados por referência a um determinado activo subjacente".[95]

Outros contratos praticados fora do mercado de valores mobiliários possuem características semelhantes. São exemplos a compra e venda a termo de uma obra de arte, ou a opção sobre bem imóvel – todos negócios jurídi-

---

regarding the admission of financial instruments to trading. Those rules shall ensure that any financial instruments admitted to trading in a regulated market are capable of being traded in a fair, orderly and efficient manner and, in the case of transferable securities, are freely negotiable".

[92] Instrução CVM n. 283/98, artigo 1º: "São regulados pelas disposições da presente Instrução os mercados de liquidação futura.

Parágrafo único. Mercado de liquidação futura, para os fins desta Instrução, é o mercado a termo, a futuro, de opções, ou qualquer outro que mantenha pregão ou sistema eletrônico para a negociação de valores mobiliários com liquidação em prazo superior ao estabelecido para os negócios no mercado à vista, sob a supervisão e fiscalização de entidade auto reguladora".

[93] Lei n. 6.385/76, art. 3º: "Compete ao Conselho Monetário Nacional: [...] IV - definir as atividades da Comissão de Valores Mobiliários que devem ser exercidas em coordenação com o Banco Central do Brasil; [...] Parágrafo único. Ressalvado o disposto nesta Lei, a fiscalização do mercado financeiro e de capitais continuará a ser exercida, nos termos da legislação em vigor, pelo Banco Central do Brasil".

"Os incisos VII e VIII [do artigo 2º] consideram como valores mobiliários todos os contratos derivativos, quer os ativos que 'derivem' sejam valores mobiliários ou não. Assim, tanto um contrato de opção de compra de ações como um contrato futuro de câmbio são tidos como valores mobiliários". EIZIRIK, Nelson; GAAL, Ariádna B.; PARENTE; Flávia; HENRIQUES, Marcus de Freitas. *Mercado de capitais – regime jurídico*. Rio de Janeiro: Renovar, 2008, p. 114.

[94] "Derivativos são todos os contratos negociados cujo valor resulta, total ou parcialmente, do valor de outro ativo, financeiro ou não. Com efeito, o valor de tal contrato deriva de outro contrato, ativo ou índice, refletindo as variações diárias destes, daí o seu nome". EIZIRIK, Nelson; GAAL, Ariádna B.; PARENTE; Flávia; HENRIQUES, Marcus de Freitas. *Mercado de capitais – regime jurídico*. Rio de Janeiro: Renovar, 2008, p. 221.

[95] ANTUNES, José Engrácia. *Os instrumentos financeiros*. Coimbra: Almedina, 2009, p. 119.

cos vinculados a valores e execução futuros, tal como os derivativos. Mas esta denominação, no atual estado da legislação e da percepção dos agentes econômicos, deve ser reservada àqueles contratos praticados nos limites do mercado de valores mobiliários, em bolsa, balcão organizado ou não organizado, e não a todo e qualquer contrato de conteúdo jurídico similar.

Suspeita-se que o elemento econômico fundamental dos derivativos, isto é, a realização de operações a futuro, caracterizadas pelo diferimento na entrega dos produtos, preços e demais vantagens prometidas à outra parte, tenha surgido na antiguidade.[96]

No século XII, quando das grandes feiras europeias de comércio, o instrumento conhecido como *lettre de faire*, para Rachel Sztajn, já materializava "um contrato a termo que previa a entrega dos bens adquiridos na feira em data futura".[97]

Entretanto, há indícios de que as atuais feições dos derivativos só começaram a ser desenvolvidas no século XVII, no Japão, na era Tokugawa:[98]

> Com a finalidade de cobrir suas despesas, tais nobres [os *shoguns*] emitiam certificados de depósitos de mercadorias de que dispunham em estoque, recebendo, então, empréstimos pelos quais pagariam juros posteriormente. Ocorre que tais certificados eram adquiridos por atacadistas e varejistas da classe mercantil os quais, assim, garantiam um preço a ser pago pelos produtos que comercializariam mais tarde, antevendo a cobertura de acordo com suas necessidades.[99]

---

[96] "Há indícios dos princípios de transação a futuro desde 2.000 a.C., na região das Índias orientais, quando mercadores recebiam bens em consignação para posterior permuta. Na Grécia e Roma antigas, já se pode encontrar a origem de locais destinados para a prática formalizada de comercialização de mercadorias para a entrega futura. O Ágora em Atenas e o Fórum em Roma eram grandes entrepostos de atividade mercantil". GORGA, Érica Cristina Rocha. *A importância dos contratos a futuro para a economia de mercado.* In: *Revista de Direito Mercantil, Industrial, Econômico e Financeiro.* Rio de Janeiro, Malheiros, vol. 112, out-dez 1998, p. 162.

[97] SZTAJN, Rachel. *Futuros e swaps: uma visão jurídica.* São Paulo: Cultura Paulista, 1998, p. 157.

[98] "Diz-se que os primeiros reais contratos futuros foram celebrados no Japão, no século XVII". SZTAJN, Rachel. *Futuros e swaps: uma visão jurídica.* São Paulo: Cultura Paulista, 1998, p. 159.

[99] GORGA, Érica Cristina Rocha. *A importância dos contratos a futuro para a economia de mercado.* In: *Revista de Direito Mercantil, Industrial, Econômico e Financeiro.* Rio de Janeiro, vol. 112, out-dez 1998, p. 165.

Tais certificados, "designados *bilhetes de arroz,* circulavam como moeda"[100] e, a partir da década de 1650, concentraram-se na "grande bolsa de arroz organizada por iniciativa dos mercadores",[101] em Osaka.

Curiosamente, apesar de se relacionar a um bem de alta liquidez como o arroz, e, de certa maneira, prestar-se a assegurar um preço de aquisição ao produto, o mercado japonês não admitiu a entrega física da mercadoria ao titular do bilhete. Diz-se que o fato "contribuiu para as grandes disparidades entre os preços futuros e à vista dos cereais na fase de desordem econômica sucedida após o final daquele regime".[102]

Érica Gorga vê nas negociações desenvolvidas no Japão feudal os seguintes atributos:

> a) padronização dos contratos; b) a classificação dos tipos de arroz conforme sua qualidade específica; c) o obstamento à entrega física da mercadoria para liquidação durante o período de duração do contrato; d) os contratos deviam ser compensados e as diferenças em valor liquidadas à vista antes ou durante o último dia previsto para negociação; e) a compensação que se dava por meio de uma *clearing house* – casa de liquidação, a qual se responsabilizava por eventuais inadimplementos, sendo que os negociantes obrigavam-se a abrir uma linha de crédito junto a ela; f) possíveis divergências eram solucionadas por um comitê de arbitragem.[103]

Rachel Sztajn afirma que tais predicados se aproximam daqueles verificados nos atuais mercados futuros.[104]

---

[100] SZTAJN, Rachel. *Futuros e swaps: uma visão jurídica.* São Paulo: Cultura Paulista, 1998, p. 159.

[101] GORGA, Érica Cristina Rocha. *A importância dos contratos a futuro para a economia de mercado.* In: *Revista de Direito Mercantil, Industrial, Econômico e Financeiro.* Rio de Janeiro, vol. 112, out-dez 1998, p. 164.

[102] GORGA, Érica Cristina Rocha. *A importância dos contratos a futuro para a economia de mercado.* In: *Revista de Direito Mercantil, Industrial, Econômico e Financeiro.* Rio de Janeiro, vol. 112, out-dez 1998, p. 164.

[103] GORGA, Érica Cristina Rocha. *A importância dos contratos a futuro para a economia de mercado.* In: *Revista de Direito Mercantil, Industrial, Econômico e Financeiro.* Rio de Janeiro, vol. 112, out-dez 1998, p.164.

[104] "Em 1730, o Shogunato Tokugawa reconheceu o mercado escritural ou mercado de livro de arroz, cujas regras aproximam-se muito das atuais regras dos mercados futuros, entre elas o prazo do contrato, sua padronização, a proibição de novar o contrato por outro período,

Estrutura similar à japonesa foi organizada nos Estados Unidos da América, em 1848, com a criação da *Chicago Board of Trade* (CBOT), "local de encontro para as práticas negociais e promoção do comércio de grãos".[105] "Em poucos anos, o primeiro contrato futuro foi desenvolvido, sendo denominado *contract to arrive* [mercadoria a entregar]".[106] Ao contrário do mercado japonês, o norte-americano se pautava, principalmente, pela entrega dos grãos negociados, tendo estimulado "a comercialização das safras durante o ano todo, amenizando seu caráter sazonal de venda e contribuindo, consequentemente, para a melhor alocação de recursos, precificação mais equilibrada, regulação de estoques, nos períodos de entressafra".[107]

A estreita ligação dos derivativos com a atividade rural[108] é justificada. Surgem num cenário de parco desenvolvimento econômico e tecnológico, no qual os maiores riscos associados à atividade produtiva, de fato, eram as intempéries, cuja influência afigurava-se, então, determinante para a qualidade das safras e, via de consequência, para a formação dos preços futuros de produtos agrícolas.[109]

---

o acordo quanto à qualidade básica do produto para cada contrato e, finalmente, o sistema de liquidação de obrigações, por intermédio de uma câmara de compensações, ou clearing houses, nas quais cada operador tinha de manter uma linha de crédito. Não se previa a entrega física do arroz assim negociado até 1871". SZTAJN, Rachel. *Futuros e swaps: uma visão jurídica.* São Paulo: Cultura Paulista, 1998, p. 159-160.

[105] GORGA, Érica Cristina Rocha. *A importância dos contratos a futuro para a economia de mercado.* In: *Revista de Direito Mercantil, Industrial, Econômico e Financeiro.* Rio de Janeiro, vol. 112, out-dez 1998, p. 165.

[106] HULL, John C. *Fundamentos dos mercados futuros e de opções.* São Paulo: BM&FBOVESPA – Bolsa de Valores, Mercadorias e Futuros de São Paulo, 2009, p. 3.

[107] GORGA, Érica Cristina Rocha. *A importância dos contratos a futuro para a economia de mercado.* In: *Revista de direito mercantil, industrial, econômico e financeiro,* Rio de Janeiro, vol. 112, out-dez 1998, p. 166.

[108] "Com o tempo, passaram a ser transacionados outros tipos de produtos como algodão, ovos, manteiga, café, cacau, metais preciosos, certos manufaturados, etc.". GORGA, Érica Cristina Rocha. *A importância dos contratos a futuro para a economia de mercado.* In: *Revista de Direito Mercantil, Industrial, Econômico e Financeiro. Rio de Janeiro, Malheiros,* vol. 112, out-dez 1998, p. 166.

[109] "Origem dos contratos futuros, como se viu, é a atividade agrícola. A ligação é facilmente explicável, pois, nesse setor, o resultado da atividade está sujeito, mais do que em outros, à influência de fatores externos, climáticos, o que pode alterar, substancialmente, o resultado esperado da produção. Assim, é normal que, até o momento da safra, o preço do produto flutue, varie, conforme expectativas do mercado em relação à quantidade a ser ofertada e à

Afirma-se, assim, emergirem os derivativos como uma reação dos comerciantes e produtores rurais aos riscos particulares de seu ramo de negócio. Propunham-se a abrandar as incertezas e imprevisibilidades da atividade com o respaldo de técnica jurídica, apta a contornar os efeitos de cataclismos, outros desastres naturais, ou, simplesmente, condições desfavoráveis à produtividade desejada.

Enfatizamos o caráter jurídico da técnica, pois é de sua essência vincular ambas as partes à execução futura de um negócio em bases econômicas predeterminadas. A princípio, não importa se, por vicissitudes do mercado, o preço estabelecido, ao tempo da entrega do produto, revela-se aquém ou além das expectativas das partes[110]; o pacto será observado,

---

demanda; portanto, natural que varie o preço do produto a data futura de entrega". SZTAJN, Rachel. *Futuros e swaps: uma visão jurídica*. São Paulo: Cultura Paulista, 1998, p. 160.

[110] Tema complexo, e que não deve ser negligenciado, é o da aplicação da teoria da imprevisão aos contratos derivativos, a fim de lhe infligir revisão ou resolução. O posicionamento dominante da doutrina tem sido o de que "A aplicação de teorias jurídicas como da excessiva onerosidade ou da imprevisão que possibilitem a revisão ou resolução dos contratos, se relacionadas aos derivativos, ocasionariam um verdadeiro colapso no mercado financeiro do país". ARRUDA, Daniel Sivieri. *Os contratos de derivativos e a inaplicabilidade da revisão ou resolução por excessiva onerosidade*. Disponível em:

<http://www.cvm.gov.br/port/Public/publ/Xconc_monografias/Anna.zip>. Acesso em 20 de outubro de 2011. No mesmo sentido, sobre os derivativos relacionados a riscos de câmbio: "Concluindo, a desvalorização do real de 2008 não acarreta o direito dos contratantes de derivativos cambiais, na posição de *hedgeado*, à revisão das cláusulas e condições dos negócios celebrados além da necessidade de blindagem da empresa, por três razões: 1) o desvirtuamento da função originária da proteção contra a variação na taxa de câmbio e sua decorrente configuração como investimento de alto risco, devendo o investidor suportar as perdas a que se expôs; 2) descabimento da caracterização do evento como extraordinário e imprevisível em razão da vigência do regime de câmbio flutuante; 3) impossibilidade de o empresário alegar desconhecimento das exatas implicações obrigacionais da inovação financeira contratada, quando excedida a necessidade de proteção. Em relação aos consumidores, como por *definição* eles não desenvolvem atividade econômica que reclama proteção contra as oscilações cambiais, o contrato de derivativo tem invariavelmente a natureza de investimento de alto risco. Das perdas inerentes à arriscada opção de investimento feita não podem ser poupados os consumidores; da mesma maneira que não podem ser poupados qualquer outro investimento com igual perfil, sob pena de suprimir elemento essencial da alternativa escolhida, que é exatamente o elevadíssimo grau de risco assumido pelo investidor". COELHO, Fábio Ulhoa. *Os derivativos e a desvalorização do real em 2008*. In: *Revista de Direito Bancário e do Mercado de Capitais*, São Paulo, ano 12, n. 44, p. 88-89, abril-junho de 2009.

"Dada a sua natureza aleatória, os contratos derivativos não são passíveis de revisão judicial por onerosidade excessiva ou por imprevisão, haja vista que o evento futuro e incerto é intrínseco à sua qualidade, bem como o risco, objeto contratual". GONÇALVES, Fernando;

sob pena de sanção. Significa dizer: no futuro, as obrigações haverão de ser cumpridas conforme cotação atribuída no momento da celebração do contrato – e não com base em real valor de mercado.

Exemplifica-se:

> Considere a posição de um produtor, em abril de determinado ano, que está para colher certa quantidade de grãos em junho. Existe incerteza acerca do preço que receberá pela sua mercadoria. Em anos de escassez, possivelmente obterá preços relativamente altos – especialmente se a venda não for realizada de forma imediata. Por outro lado, em anos de excesso de oferta, o grão provavelmente será vendido a preços muito baixos. O produtor e sua família estarão claramente expostos a grandes riscos. Considere, agora, uma companhia que necessite do grão. Assim como o produtor, esta também está exposta ao risco de preço. Em alguns anos, o excesso de oferta pode criar preços favoráveis; em outros, a escassez pode fazer que os preços sejam exorbitantes. Diante dessa situação, faz bastante sentido, para o fazendeiro e a companhia, marcarem um encontro em abril (ou até mais cedo) e acertarem o preço para a produção que será colhida em junho. Em outras palavras, é sensato, para esses dois agentes de mercado, a negociação de um tipo de contrato futuro, que proporcionará um meio de eliminar o risco ao qual estão expostos por conta da incerteza do preço futuro do grão.[111]

De tais peculiaridades pode-se extrair a função histórica dos derivativos: a de conferir proteção (*"hedge"*) a um ou a ambos os contratantes. "Quem procura o mercado futuro para se prevenir de um determinado risco, ou seja, assume posições contratuais visando a reduzir risco com o qual se defronta, está realizando 'hedge' ou proteção de posição".[112]

MOURÃO, Gustavo César de Souza. *Os contratos derivativos e a impossibilidade de revisão por onerosidade excessiva ou imprevisão*. In: *Sociedades anônimas e mercado de capitais: homenagem ao prof. Osmar Brina Corrêa-Lima*. São Paulo: Quartier Latin, 2011, p. 180.

[111] HULL, John C. *Fundamentos dos mercados futuros e de opções*. São Paulo: BM&FBOVESPA – *Bolsa de Valores, Mercadorias e Futuros* de São Paulo, 2009, p. 02-03.

[112] SOUZA JUNIOR, Francisco Satiro de. *Regime jurídico das opções negociadas em bolsas de valores*, 2002. 185 fls. Tese (Doutorado em Direito). Universidade de São Paulo, Faculdade de Direito, São Paulo. Orientador: Waldírio Bulgarelli. P. 13.

A técnica permite aos interessados preconizar com acuidade os custos e proveitos da operação no mercado futuro. Previsão essa que, de outro modo, não poderiam realizar com exatidão. O negócio, pois, guarda-os contra a incerteza, quanto à possibilidade de que as oscilações de preços lhes sejam prejudiciais – muito embora não "garanta resultado melhor em relação à situação em que o *hedge* não é feito",[113] já que a livre variação de preços poderia favorecer a vendedora, se elevados a patamar superior ao que seria contratado pelas partes; ou a compradora, caso inferiores àqueles que fixariam em contrato. Em outras palavras: troca-se a possibilidade de um resultado melhor pela estabilidade do preço.

O *hedge* também pode ser produzido de maneira mais complexa, em situações nas quais, a exemplo daqueles praticados na era Tokugawa, os derivativos não são operados com transferência de mercadorias e pagamento de preço. Executam-se em duas etapas.

Na primeira, procede-se ao cálculo da diferença entre o valor do preço originalmente estipulado no contrato e o valor do preço de mercado do bem, à época da execução. Se a variação favorecer a pessoa vinculada à venda da mercadoria ("vendedora"), com a superação do preço contratado pelas partes, a vendedora receberá pagamento; caso contrário, sendo o preço da época da execução inferior ao estabelecido no contrato, o pagamento tocará à parte vinculada à compra da mercadoria ("compradora").

Na segunda etapa, após determinado a quem se deve pagar, e quanto, entrega-se a soma em dinheiro à parte beneficiada pela oscilação do preço.

Nessa hipótese, a operação serve à apuração de um resultado, com transferência de dinheiro a uma das partes; e confere proteção na medida em que uma compra e venda à vista é realizada de forma simultânea à execução do derivativo:

> Suponhamos que um fazendeiro que esteja em agosto e tenha condições de planejar a estrutura de preços de sua safra a ser plantada ainda no curso desse mesmo ano para colher em março/abril do ano seguinte. Verificando as cotações, esse fazendeiro conclui que os preços atuais pelos quais estão sendo negociados os contratos para entrega da mercadoria em diferentes meses do próximo ano são bas-

[113] HULL, John C. *Fundamentos dos mercados futuros e de opções*. São Paulo: BM&FBOVESPA – *Bolsa de Valores, Mercadorias e Futuros* de São Paulo, 2009, p. 10.

tante interessantes. Ele toma então em agosto a decisão de vender um contrato para vencimento em julho seguinte, ao preço de 9 reais e 3 centavos por 27,22 quilos (1 *bushel*). Chegando o mês de abril o fazendeiro está em condições de vender a sua colheita, mas os preços do mercado disponível estão bem mais baixos: digamos, a 5 reais e 50 centavos pelos mesmos 27,22 quilos. Vendendo a mercadoria à vista o fazendeiro obtém esse preço, mas liquidando a sua produção no mercado futuro obtém um ganho (diferença entre o preço pelo qual vendeu: 9 reais e 3 centavos – e o preço pelo qual comprou um contrato para saldar seu compromisso anterior da venda: 5 reais e 89 centavos). O lucro obtido no contrato futuro compensa a queda nas cotações da mercadoria no mercado à vista, permitindo, assim, que o preço final obtido seja mais ou menos igual às cotações na época em que o fazendeiro *vendeu* no mercado futuro. A esta operação conjunta que objetiva salvaguardar uma posição de risco por outra equivalente, mas de sentido contrário, chama-se *hedging* (que significa proteger).[114]

No exemplo citado, portanto, o fazendeiro recebe, fora do mercado futuro, R$ 5,50 pela venda de 27,22 kg de seu produto; e ganha, no mesmo momento, no mercado futuro, como pagamento à sua posição no derivativo, R$ 3,53 a mais, com base na mesma quantidade de mercadoria (R$ 9,03 – R$ 5,50, i.e., a diferença entre o preço de referência previamente atribuído ao contrato e o preço à vista apurado no momento de sua execução).

Com tal manobra, o fazendeiro aufere então os mesmos R$ 9,03 por 27,22 kg que obteria se o derivativo fosse executado pela transferência da mercadoria.

O quadro a seguir estabelece comparação entre o *hedge* produzido mediante entrega da mercadoria ao comprador e aquele engendrado por simples transferência do resultado ao produtor:

---

[114] GORGA, Érica Cristina Rocha. *A importância dos contratos a futuro para a economia de mercado*. In: *Revista de Direito Mercantil, Industrial, Econômico e Financeiro*, Rio de Janeiro, vol. 112, out-dez 1998, p. 174.

Quadro 1 – Duas possibilidades de *hedge* com derivativos.

	Contratação do derivativo **Agosto de 2010** Preço estimado: R$9,03/27,22 kg	Execução do derivativo **Abril de 2011** Preço apurado: R$5,50/27,22 kg	Compra e venda à vista **Abril de 2011**	Resultado final das operações **Abril de 2011**
Transferência de mercadoria	O fazendeiro se obriga a transferir à outra parte certa quantidade do produto, em abril de 2011, pelo preço de R$9,03/27,22 kg.	O fazendeiro recebe R$9,03 contra a entrega de 27,22 kg do produto.	Não há; todo o produto é transferido quando da execução do derivativo.	R$9,03/27,22 kg
Transferência do resultado	O fazendeiro e a sua contraparte se obrigam a transferir o resultado da diferença entre o preço estimado e o preço apurado em abril de 2011.	O fazendeiro recebe R$3,53 e não entrega o produto.	O fazendeiro vende sua mercadoria, à vista, pelo preço apurado, i.e., R$5,50/27,22 kg.	R$9,03/27,22 kg (R$3,53 + R$5,50)

O *hedge*, porém, não confere proteção perfeita a seus operadores[115]. A regra, aliás, é a de que as despesas e prejuízos temidos pelas partes não sejam integralmente absorvidos pelos ganhos, por motivos diversos.[116] Sua utilidade, portanto, está na minoração dos riscos, e não em sua eliminação.

Os derivativos podem ainda ser utilizados para finalidade diversa do *hedge*. Além dos *hedgers*, são personagens do mercado de derivativos o especulador e o arbitrador.

---

[115] "Também não se pode concordar com o argumento de que o hedging elimina riscos; os economistas afirmam, após minudentes estudos e discussões, que não há hedging perfeito. O que se faz, como no seguro, é buscar recompor, tanto quanto possível, o patrimônio sujeito a risco". SZTAJN, Rachel. *Futuros e swaps: uma visão jurídica*. São Paulo: Cultura Paulista, 1998, p. 195.

[116] "Na prática, há diversas situações que não permitem um hedge perfeito, isto é, um hedge em que as perdas em uma posição (por exemplo, posição à vista) são totalmente compensadas pelo ganho na outra posição (posição no futuro). Dentre estas, destacam-se:

- O fechamento das operações não coincide com o vencimento dos contratos futuros;
- O número de contratos necessários para o hedge não é inteiro;
- Desconhecimento da data de encerramento da operação, implicando a necessidade de rolagem do hedge ou encerramento preliminar.
- A necessidade de se fazer um cross hedge, isto é, um hedge com outro produto, para travar o preço de um ativo que não é negociado na bolsa". BESSADA, Octavio; BARBEDO, Cláudio; ARAÚJO, Gustavo. *Mercado de derivativos no Brasil*. Rio de Janeiro: Record, 2005, p. 24.

O especulador busca "ficar posicionado no mercado, apostando em alta ou queda de preços";[117] ou seja, "não produzem nem consomem o bem subjacente ao contrato, mas [...] veem nas operações a futuro forma de obter ganhos com a volatilidade dos preços e que, por isso, desejam assumir o risco de sua variação[118]". Dizem-se indispensáveis ao mercado, "pois são eles quem se dispõem a assumir o risco dos *hedgers*".[119] Os arbitradores aproveitam-se de oportunidades nas quais "o preço futuro do ativo perde a paridade com seu preço à vista".[120] Retiram seu ganho "através da compra do bem, no mercado onde ele está mais barato, e a sua venda, naquele onde ele está mais caro".[121] Por exemplo, compram uma *commodity* no mercado brasileiro, via derivativo, para venda de idêntico produto no mercado europeu.[122]

Percebe-se, assim, que um mesmo instrumento financeiro pode ser empregado para, pelo menos, três desígnios diversos: reduzir riscos; incrementar riscos; e explorar assimetrias do mercado. Juridicamente, pode-se entender que um negócio jurídico com idêntica estrutura e finalidade típica pode ser concebido por diferentes motivos.

Por fim, cumpre salientar que, a despeito de as diversas modalidades de operações derivativas obedecerem a uma lógica econômica e financeira similar, exprimida, concisamente, nesta seção, faz-se necessária a identificação de suas principais espécies, a fim de introduzirmos, com maior

---

[117] HULL, John C. *Fundamentos dos mercados futuros e de opções*. São Paulo: BM&FBOVESPA – *Bolsa de Valores, Mercadorias e Futuros* de São Paulo, 2009, p. 11.

[118] SZTAJN, Rachel. *Futuros e swaps: uma visão jurídica*. São Paulo: Cultura Paulista, 1998, p. 201.

[119] BESSADA, Octavio; BARBEDO, Cláudio; ARAÚJO, Gustavo. *Mercado de derivativos no Brasil*. Rio de Janeiro: Record, 2005, p. 24.

[120] HULL, John C. *Fundamentos dos mercados futuros e de opções*. São Paulo: BM&FBOVESPA – *Bolsa de Valores, Mercadorias e Futuros* de São Paulo, 2009, p. 14.

[121] BESSADA, Octavio; BARBEDO, Cláudio; ARAÚJO, Gustavo. *Mercado de derivativos no Brasil*. Rio de Janeiro: Record, 2005, p. 26.

[122] "Considere uma ação negociada na New York Stock Exchange (www.nyse.com) e na London Stock Exchange (www.stockex.com.uk). Suponha que seu preço seja de US$ 172 em Nova Iorque e £100 em Londres, sendo a taxa de câmbio igual a US$ 1,7500 por libra. O arbitrador pode, simultaneamente, comprar 100 ações em Nova Iorque e vendê-las em Londres de forma a obter lucro sem risco de: 100 x [(US$1,75 x 100) – US$172]. Ou seja, o lucro, sem considerar os custos operacionais, será igual a US$300. [...] Com isso, essa oportunidade de arbitragem seria considerada altamente atrativa, o que levaria a tirar a máxima vantagem possível". HULL, John C. *Fundamentos dos mercados futuros e de opções*. São Paulo: BM&FBOVESPA – *Bolsa de Valores, Mercadorias e Futuros* de São Paulo, 2009, p. 15.

precisão, os caracteres e notas distintivas dos *swaps*, tal como exposto no capítulo subsequente.

A taxinomia clássica dos derivativos ocupa-se de quatro modalidades recorrentes:[123] os contratos a termo (*"forwards"*), sua espécie mais antiga, intimamente vinculada à origem do gênero; os contratos futuros (*"futures"*), estruturalmente próximos aos contratos a termo, mas praticados em ambientes distintos (a bolsa de valores), de forma massificada; as opções (*"options"*), que conferem a seus titulares uma oportunidade de negócio ainda a se consolidar; e a troca de fluxos de caixa (*"swaps"*), a qual, em síntese, permite às partes modificar riscos aos quais se vinculam, distorcendo os efeitos econômicos de índices atrelados a seus respectivos patrimônios, ou transferindo os riscos da cessação do fluxo de caixa a outrem, por meio de pagamentos recíprocos.

Esquematicamente:

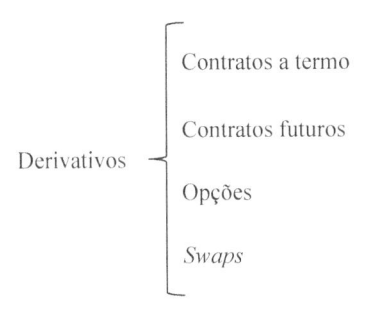

Derivativos
- Contratos a termo
- Contratos futuros
- Opções
- *Swaps*

A análise dos *swaps* será desenvolvida de forma individualizada, nos capítulos seguintes. Primeiramente, quanto aos seus aspectos contratuais fundamentais, no capítulo terceiro; e, posteriormente, quanto à cadeia de contratos na qual deve se inserir, no capítulo quarto.

---

[123] "Os futuros, opções e '*swaps*' são assim comumente qualificados na doutrina como os 'arquétipos', 'grupos', 'formas', ou 'categorias' essenciais d*os derivados*. Estas espécies de derivados – também por vezes designados 'core derivatives' (Henry HU) – são relevantes na medida em que fornecem a base estrutural fundamental de todos os produt*os derivados*, sendo as demais espécies e subespécies resultantes da respectiva combinação ou articulação". ANTUNES, José A. Engrácia. *Os derivados*. In: *Cadernos do Mercado dos Valores Mobiliários*, nº. 30, agosto de 2008, p.103. Disponível em: <http://www.cmvm.pt/CMVM/Publicacoes/Cadernos/Documents/C30Artigo4.pdf>. Acesso em 10 de novembro de 2011.

2.1 Contratos a termo ("*forwards*")

Os contratos a termo são comumente descritos como simples operações de compra e venda com execução diferida.[124]Quando da celebração do pacto, são ajustados preço, qualidade e quantidade do bem vendido; mas a efetiva prestação das partes ocorre apenas em data futura. O *forward*, assim, "pode ser contrastado com o contrato à vista, que é um contrato para compra e venda no mesmo dia".[125]

Sua estrutura pouco difere daquela verificada nos primeiros derivativos; balizam-se sobre determinados bens submetidos a riscos de mercado (como os produtos agropecuários, ou, atualmente, produtos financeiros, como moeda estrangeira e valores mobiliários), a fim de que, contratualmente, estabilizem-se preços futuros, com o propósito de proteger, especular ou arbitrar.

Os contratos a termo se notabilizam ainda pela flexibilidade de suas cláusulas e condições, as quais, embora possam convergir sob certas expectativas de mercado, tendem a se adaptar melhor a necessidades específicas das partes.[126] São negociados, por isso, "no mercado de balcão, geralmente, entre duas instituições financeiras ou entre uma instituição financeira e um de seus clientes".[127]

---

[124] "Un «forward» es un acuerdo entre un comprador (y un vendedor) para realizar una compra (venta) en el futuro a un precio fijado hoy. Dicho de otro modo, es un contrato que obliga a su poseedor (el comprador) a comprar una determinada cantidad de cierto activo, en una fecha futura especificada, pagando una cantidad prefijada. El vendedor del «forward» queda obligado a vender el activo en las condiciones establecidas en el contrato". FERNÁNDEZ, Pablo. *Conceptos basicos sobre derivados*: opciones, «forwards» y futuros. Disponível em: <http://ssrn.com/abstract=1159047>. Acesso em 12 de novembro de 2011.

[125] Tradução livre, a partir do excerto: "It can be contrasted with a spot contract, which is an agreement to buy or sell an asset today". HULL, John C. *Options, futures and other derivatives.* New Jersey: Pretice Hall, 2002, p. 2.

[126] "Um contrato a termo pode ser conceituado como uma espécie de promessa de compra e venda, em que as partes contratantes especificam o bem objeto do contrato e o seu volume, estipulam o preço assim como estabelecem a data de sua entrega, que coincide com a do pagamento". BESSADA, Octavio; BARBEDO, Cláudio; ARAÚJO, Gustavo. *Mercado de derivativos no Brasil.* Rio de Janeiro: Record, 2005, p. 36.

[127] "A forward contract is traded in the over-the-counter market – usually between two financial institutions or between a financial institution and one of its clients". HULL, John C. *Options, futures and other derivatives.* New Jersey: Pretice Hall, 2002, p. 2.

São características dos *forwards*: "a) inexistência de mercado secundário onde essa promessa de compra e venda possa ser negociada; b) dificuldade de que compradores e vendedores com necessidades identicamente opostas se encontrem; c) risco de que uma ou outra parte não venha a cumprir, na data do vencimento, o compromisso assumido".[128]

Rachel Sztajn pondera faltarem aos contratos a termo "padronização de bens, quantidade, datas e locais de entrega".[129]Aduz, ainda, ser obrigatória a liquidação física da operação, com a efetiva tradição do ativo subjacente ao negócio[130] - o que é contestado por John C. Hull.[131]

Com efeito, se, por um lado, os contratos a termo oferecem maior liberdade para a disciplina de cláusulas e condições do negócio, por outro, carecem de maior segurança e liquidez, se comparados a outras espécies derivativas.

2.2 Contratos futuros ("*futures*")

As aludidas limitações dos contratos a termo, num cenário de crescente complexidade das operações a futuro, induziram a criação dos *futures* ou *contratos futuros*.[132]

---

[128] BESSADA, Octavio; BARBEDO, Cláudio; ARAÚJO, Gustavo. *Mercado de derivativos no Brasil*. Rio de Janeiro: Record, 2005, p. 36.

[129] SZTAJN, Rachel. *Futuros e swaps: uma visão jurídica*. São Paulo, Cultura Paulista, 1998, p. 164.

[130] "Afora o fato de que, mesmo quando se admite, como é o caso do direito norte-americano, que os forward contracts podem ser negociados diversas vezes antes do termo da efetiva entrega de bens, não se prevê obrigação alternativa no termo do contrato, sendo, a entrega física dos bens na data e forma aprazadas, obrigatória". SZTAJN, Rachel. *Futuros e swaps: uma visão jurídica*. São Paulo, Cultura Paulista, 1998, p. 164.

[131] "O contrato a termo não é ajustado ou liquidado antes da sua data de vencimento e grande parte desses contratos realmente é liquidada por meio da entrega física do ativo-objeto ou mesmo financeiramente, nessa data" (g.n.). HULL, John C. *Fundamentos dos mercados futuros e de opções*. São Paulo: BM&FBOVESPA – Bolsa de Valores, Mercadorias e Futuros de São Paulo, 2009, p. 44.

[132] "Os forward contracts, ou contratos a termo, sem dúvida, formam a base dos negócios futuros, os denominados contratos a futuro, ou, simplesmente, futuros". SZTAJN, Rachel. *Futuros e swaps: uma visão jurídica*. São Paulo: Cultura Paulista, 1998, p. 166.
"O mercado futuro é uma sofisticação moderna do mercado a termo, o mercado pioneiro de preço preestabelecido no futuro". BESSADA, Octavio; BARBEDO, Cláudio; ARAÚJO, Gustavo. *Mercado de derivativos no Brasil*. Rio de Janeiro: Record, 2005, p. 35.

As diferenças entre as duas modalidades se dão, essencialmente, pelo ambiente em que são negociadas. Enquanto os contratos a termo estão situados no mercado de balcão, os contratos futuros ocorrem, tipicamente, em bolsas de valores. Mas ambas as operações podem ser caracterizadas, em seu cerne, como uma compra e venda com execução diferida.

Sabe-se que a função primária da atividade bursátil é a de facilitar o intercâmbio de riquezas. Para tanto, historicamente, seus operadores têm se utilizado de intenso controle sobre os negócios, restringindo acesso de participantes à bolsa; uniformizando práticas e procedimentos; e fornecendo garantias ao adimplemento dos contratos. Tais métodos prosperam ainda hoje.[133]

Por conseguinte, os contratos futuros, fiéis aos caracteres dos valores negociados em bolsa, são dotados de alta padronização e agilidade,[134] munindo-se, outrossim, de mecanismos de segurança e garantia que favoreçam a solvabilidade dos agentes de mercado e o adimplemento das obrigações.[135]

---

[133] "Diante desses fatos, decidiram alguns comerciantes estabelecer, próximo de onde se realizavam as feiras, locais em que poderiam ser negociadas certas mercadorias pelo gênero, com qualidade padronizada. Esses locais, que nas diversas cidades receberam nomes diferentes [Praça de Câmbios em Lion, Loje em Marselha, Lonja em Valência, Colégio dos Mercadores nas cidades hanseáticas (BRAUDEL, 1998, p. 79)], possuíam as características básicas daquilo que no século XV seria comumente conhecido por Bolsa: tratava-se de um local criado, organizado e financiado por um grupo restrito de comerciantes, sem qualquer participação estatal, cuja principal finalidade era viabilizar a negociação de certas mercadorias com qualidade padronizada, o que dispensava sua presença no momento do negócio, e em que só podiam operar os comerciantes fundadores ou expressamente admitidos, que, assim, garantiam entre si que quem comprasse receberia a mercadoria e quem vendesse receberia o preço. Essas características das bolsas permanecem em sua substância até os dias atuais." SOUZA JUNIOR, Francisco Satiro de. *Derivativos e mercado de bolsa.* In: Revista Jurídica Logos – Ano I, n. 1, jan./dez.2005. São Paulo: Faculdade de Direito Prof. Damásio de Jesus, 2005, p. 193-194.

[134] "Dois são os modelos de compra e venda para execução diferida, e esses modelos não se confundem, como se vê: 1)   contratos a termos negociados nas bolsas, em que a liberdade contratual é mais ampla, permitindo-se que os produtores/consumidores escolham as datas de entregas das mercadorias, fixando-as em certos dias ou intervalos de tempo, dessa forma, atendendo às suas necessidades ou disponibilidades; 2)   negócios futuros em que a liberdade contratual quase inexiste, pois a quantidade de bem por contrato, a especificação de quantidade de bem por contrato, a especificação de qualidade, data de execução (liquidação), local de entrega e meses de negociação são predeterminados pelas bolsas, não cabendo às partes mais do que submeter-se a essas determinações". SZTAJN, Rachel. *Futuros e swaps: uma visão jurídica.* São Paulo: Cultura Paulista, 1998, p. 164.

[135] "Se dois investidores entrarem em contato e decidirem negociar diretamente entre eles um contrato futuro de determinado ativo por certo preço, haverá obviamente riscos envol-

Nessa perspectiva, o mercado de derivativos, internacionalmente, tem se apoiado em sistemas de margens ("*margins*"), isto é, contas correntes para depósito de quantias calculadas conforme oscilações de mercado:

> Margens são aspectos importantes dos mercados futuros. Um investidor mantém ganhos ou perdas e, de tempos em tempos, o corretor pode requerer que essa conta seja nivelada se movimentos adversos de preços ocorrerem. O corretor pode ser membro da *clearing* ou manter uma conta com um membro da *clearinghouse*. Cada membro da *clearing* deve manter uma conta de margem com a *clearinghouse*. O saldo dessa conta é ajustado diariamente para refletir os ganhos e as perdas nas posições pelas quais o membro de compensação é responsável.[136]

No Brasil, a BM&FBOVESPA admite como participantes da operação, tão somente, aqueles que tenham se habilitado administrativamente a operar no mercado, ou as pessoas que atuem por intermédio destes. [137]Outrossim, dá direção às negociações ao selecionar, com rigor, os bens

---

vidos. Um dos investidores pode arrepender-se do negócio e tentar voltar atrás, ou pode simplesmente não ter capacidade financeira para honrar os pagamentos. Um dos papéis da bolsa é organizar as negociações de forma que inadimplências sejam evitadas". HULL, John C. *Fundamentos dos mercados futuros e de opções*. São Paulo: BM&FBOVESPA – *Bolsa de Valores, Mercadorias e Futuros* de São Paulo, 2009, p. 24.

[136] HULL, John C. *Fundamentos dos mercados futuros e de opções*. São Paulo: BM&FBOVESPA – *Bolsa de Valores, Mercadorias e Futuros* de São Paulo, 2009, p. 44.

[137] Podem gozar do direito de negociação sobre derivativos, em nome próprio ou de terceiros, as pessoa jurídica autorizadas, ou pessoa física maior de 21 anos, com capital de giro próprio mínimo, na forma do Ofício Circular 078/2008-DP da BM&FBOVESPA:"3. Condições gerais para concessão de autorização de acesso – DN. 3.1. Poderão candidatar-se à obtenção de DN irrestritos ou de DN restritos vinculados a Contratos Derivativos: i. Pessoas jurídicas regularmente constituídas no Brasil, devidamente autorizadas a realizar a intermediação de operações, para si ou para clientes, nos termos da regulamentação em vigor e, nomeadamente, da Instrução CVM nº 402/04; e ii. Pessoas físicas brasileiras maiores de 21 anos de idade, exceto DN restrito Derivativos de Balcão. 3.2. Poderão candidatar-se à obtenção de DN restrito de Moeda Estrangeira para Entrega: i. Instituições bancárias regularmente autorizadas a participar do mercado interbancário de câmbio pronto; e ii. Instituições regularmente autorizadas a intermediar operações do mercado interbancário de câmbio pronto. 3.3. Poderão candidatar-se à obtenção de DN restrito de Títulos Públicos Federais: i. Instituições bancárias regularmente autorizadas a realizar operações com títulos públicos federais; ii. Instituições financeiras regularmente constituídas no Brasil, devidamente autorizadas a realizar operações com títulos públicos federais, para si ou para clientes, nos termos da legislação em vigor; e iii.

que poderão ser vinculados a derivativos,[138] bem como ao impor a padronização dos instrumentos contratuais, contratos de adesão, cujas feições são as de simples formulários.[139]

A BM&FBOVESPA exige, ainda, garantia para o cumprimento das obrigações; depósitos em dinheiro, ou em outros ativos,[140] que indiciem

Fundos de investimento, entidades abertas de previdência, entidades fechadas de previdência, sociedades seguradoras e resseguradoras locais, assim como os responsáveis pela gestão dos recursos dessas entidades, devidamente credenciados nos órgãos competentes [...] 3.5.1. Capital de Giro Próprio Mínimo: Os participantes detentores de DN vinculados a contratos derivativos deverão apresentar capital de giro próprio mínimo conforme os valores apresentados na tabela a seguir. A manutenção e a comprovação dos níveis de capital de giro próprio mínimo exigido é condição necessária à concessão e manutenção do DN.

Direito de Negociação	Capital de Giro Próprio Mínimo
Irrestrito	R$3.750.000,00
Taxa de Juro, Taxa de Câmbio e Índice de Ações	R$3.000.000,00
Demais DN Vinculados a Contratos Derivativos	R$1.000.000,00

[138] "Os mercados da BM&FBOVESPA abrangem a negociação de títulos e valores mobiliários, de renda variável e renda fixa, nos mercados de bolsa e de balcão organizado. Títulos e Valores Mobiliários: Ações; Certificados de depósito sobre ações (BDR); Cotas de fundos de investimentos; Debêntures; Recibos de ações; Derivativos agropecuários: Açúcar cristal; Algodão; Bezerro; Boi gordo; Café arábica; Café robusta conillon; Etanol; Milho; Soja; Derivativos financeiros: Ouro; Índices de ações (Ibovespa, IBrX-50); Índices de inflação (IGP-M, INPC, IPCA); Taxas de câmbio; Taxas de juro; Títulos da dívida soberana; Minicontratos: Boi gordo; Café; Dólar; Ibovespa; [...] Dólar pronto: Com liquidação em D+0, D+1 e D+2; Títulos públicos federais: Pós-fixados, prefixados e indexados a taxas de inflação e de câmbio". Disponível em: <http://www.bmfbovespa.com.br/portugues/Produtos.asp> . Acesso em 21 de junho de 2009.
[139] Disponíveis em <http://www.bmfbovespa.com.br/shared/iframe. aspx?altura=900&idioma=pt-br&url=www.bmf.com.br/bmfbovespa/pages/contratos1/ Contratos1_2011.asp/>. Acesso em 11 de novembro de 2011.
[140] "O depósito de Garantias na Clearing de Derivativos deve ser efetuado em espécie - em dólares americanos, para investidores não-residentes, nos termos da Resolução 2.687, do CMN, e em moeda nacional para os demais participantes – podendo ser substituído pelo depósito de outros ativos / instrumentos, a critério da Câmara. O rol de ativos passíveis de aceitação em substituição à moeda é composto por: Títulos públicos federais nacionais; Títulos privados nacionais; Ouro ativo financeiro; Ações de empresas listadas na Bovespa e custodiadas na CBLC; Cotas de fundos de investimento selecionados; Cartas de fiança bancária; Títulos de emissão do Tesouro norte americano; e outros ativos ou instrumentos financeiros. Apenas os participantes investidores não residentes 2.687 estão autorizados a constituir garantias em moeda estrangeira e títulos de emissão do Tesouro norte-americano, sendo estas as únicas formas disponíveis a estes investidores." Disponível em: < http://www.bmf.com.br/bmfbovespa/pages/boletim1/garantias_aceitas_derivativos.asp>. Acesso em: 01 de maio de 2017

a capacidade de pagar e sirvam à recomposição de prejuízos em eventual inadimplemento. É obrigação acessória, que não se confunde ou interfere com as principais.[141]

A prestação também é intitulada *margem*, dividindo-se, quanto às condições de sua execução, entre margens *iniciais* e *adicionais*. As primeiras devem ser depositadas por qualquer pessoa que seja parte no contrato, na data subsequente à da contratação, e correspondem a percentuais predeterminados pela BM&FBOVESPA. As segundas, também direcionadas a quaisquer dos contratantes, só se exige, a critério da Bolsa, com base em eventual alteração das condições de mercado, e em proporção que atenda a essa nova conjuntura.[142]

O volume de margens exigido por contrato, contudo, não é suficiente para acobertar todo o risco do negócio. Estima-se corresponderem de 4% a 15% dos valores praticados, o que, ao viabilizar "o controle de elevadas posições contratuais com relativamente pouco capital a ser imobilizado inicialmente",[143] torna o mercado altamente alavancado (i.e., sujeito à inadimplência daqueles que negociam sem patrimônio ou liquidez suficientes para fazer face às suas obrigações).

---

[141] "As margens servem para constituir garantia em favor da bolsa de que posições desvantajosas que se verifiquem em relação a um investidor, dia a dia até a data final da liquidação de um contrato futuro, sejam compensadas por depósitos". SALOMÃO NETO, Eduardo. *Direito bancário*. São Paulo: Atlas, 2007, p. 346.

[142] "Margem de garantia. Valor por contrato, com redução de 20% para hedgers, alterável a qualquer momento, a critério da Bolsa. A margem será devida no dia útil subsequente ao de abertura da posição. No caso de clientes não-residentes, se o dia útil subsequente for feriado bancário em Nova Iorque, a margem será devida no primeiro dia, após o de abertura da posição, em que não for feriado bancário naquela praça. Quando a atendimento da exigência de margem for feito em dinheiro, deverá ser observado, no que couber, o disposto no item 19" (cláusula extraída do formulário de compra e venda de açúcar cristal especial, mas comum, com poucas alterações, a todas as espécies de 'contrato futuro' conforme pesquisados nesta data. Disponível em: <http://www.bmf.com.br/bmfbovespa/pages/Contratos1/Agropecuarios/pdf/Acucar_futuro_24-04.pdf>. Acesso em 11 de novembro de 2011.
"Essa margem pode ser aumentada ou reduzida pelas câmaras de compensação, dependendo das condições do mercado e do seu grau de risco. É calculada sempre em função das características de cada contrato". BESSADA, Octavio; BARBEDO, Cláudio; ARAÚJO, Gustavo. *Mercado de derivativos no Brasil*. Rio de Janeiro: Record, 2005, p. 32.

[143] GORGA, Érica Cristina Rocha. *A importância dos contratos a futuro para a economia de mercado*. In: *Revista de Direito Mercantil, Industrial, Econômico e Financeiro*. Rio de Janeiro, Malheiros, vol. 112, out-dez 1998, p. 176.

Outro mecanismo de segurança utilizado pela BM&FBOVESPA é o de "ajuste diário", de natureza jurídica controversa. Para alguns, consiste em sucessivos adiantamentos de preço,[144] realizados com base em cotações diárias do ativo subjacente. Para outros, é uma segunda garantia, implementada mediante depósito irregular, que não se distinguiria, ontologicamente, das margens.[145]

O ajuste diário visa a suavizar o impacto das prestações, prevenindo que o reflexo de todo o acúmulo de oscilações do período seja suportado, de uma só vez, quando da execução do derivativo, com aumento significativo dos riscos de inadimplência.[146] Assim, "[s]e os preços sobem, os que possuem posições vendidas pagam suas perdas e os comprados recebem seus ganhos, sempre em D+1 (no dia seguinte). [Cabe à] câmara de compensação pagar o ajuste

---

[144] "Quanto aos ajustes diários, podemos afirmar que sua natureza é, sem dúvida, a de pagamento de preço. E talvez aí residisse a única atipicidade do negócio, se é que assim caberia dizer. Por se tratar de negócio de bolsa, o preço pactuado na celebração contratual é atualizado diariamente pelo 'preço do fechamento do dia anterior. Assim, as partes recebem ou pagam diferenciais entre o preço que o ativo-objeto é avaliado em determinado dia e o preço que estipularam no momento da contratação. Tanto consistem em pagamento de preço que, quando do pagamento da obrigação pela entrega da mercadoria, o valor que rezará o compromisso será consoante às cotações do dia anterior de entrega. Não se leva em conta mais o preço inicial pactuado no contrato porque este já fora ajustado diariamente, estando em conformidade com a precificação atual do bem. Da mesma forma, se o pagamento se suceder por compensação, o saldo remanescente a ser honrado acordará com o valor de tal ajuste". GORGA, Érica Cristina Rocha. *A importância dos contratos a futuro para a economia de mercado.* In: *Revista de Direito Mercantil, Industrial, Econômico e Financeiro*, Rio de Janeiro, vol. 112, out-dez 1998, p. 196.

[145] "Os ajustes diários suscitam a ideia de execução sucessiva. Contudo, apesar de diariamente haver essa apuração da diferença de valores, permanece entre os contratantes a intenção de se manterem acordados, caracterizada pelo depósito na BM&F da diferença ajustada. Assim, os valores pagos ou recebidos em virtude do ajuste diário tem a finalidade de garantir execução futura e não antecipar a execução, tendo, portanto, a natureza jurídica de depósito irregular". SANTOS, Cleidiane Alves. *Natureza jurídica dos contratos no mercado de futuro*, 2011. 95 fls. Dissertação (Mestrado). Universidade Federal de Minas Gerais, Programa de Pós-Graduação em Direito, Belo Horizonte. Orientador: Sérgio Mourão Correa Lima. P. 76.

[146] "Com este mecanismo as bolsas conseguiram diluir o risco de longo prazo no curto prazo, ou seja, no dia-a-dia, evitando que uma posição perdedora fosse acumulando prejuízo ao longo do tempo, diminuindo enormemente os riscos de liquidação dos contratos futuros". BESSADA, Octavio; BARBEDO, Cláudio; ARAÚJO, Gustavo. *Mercado de derivativos no Brasil.* Rio de Janeiro: Record, 2005, p. 32.

a quem tem a receber e cobrar o ajuste de quem tem a pagar".[147] Opera-se o ajuste, desta feita, como se o contrato fosse de trato sucessivo, com termos (vencimentos) diários, até que sobrevenha a sua extinção.

Nesse cenário, "[c]om a padronização dos termos contratuais, a fungibilidade dos ativos e o ajuste diário que mantém o contrato sempre próximo do valor de mercado do ativo objeto, fica mais fácil ao investidor encontrar uma contraparte disposta a assumir uma posição semelhante à sua e, por via de consequência, livrá-lo do contrato".[148]

Com efeito, diz-se que as posições assumidas em operações da bolsa possuem alta liquidez, ou melhor, têm grande receptividade e acolhida no mercado. Por isso, sempre que conveniente, podem os contratantes ceder seus direitos e obrigações com relativa facilidade, livrando-se da avença antes mesmo do implemento de seu termo.

Uma forma comum de se desobrigarem envolve procedimento intrincado, ao qual os agentes econômicos normalmente se referem como "intercambialidade de posições".[149]

Juridicamente, dá-se a "intercambialização" quando a parte interessada, por meio de novo negócio, se torna credora de prestação idêntica àquela que deve no contrato primitivo. Com o expediente, o interessado passa a reunir direitos e deveres afins. Isto é, se antes só lhe tocava direito ao preço, imputando-se-lhe a obrigação de entregar a coisa, com o novo negócio, contrai a obrigação de pagar o preço e o direito de receber a coisa.[150] Apresenta-se perante o mercado, pois, como comprador e vendedor,

---

[147] BESSADA, Octavio; BARBEDO, Cláudio; ARAÚJO, Gustavo. *Mercado de derivativos no Brasil*. Rio de Janeiro: Record, 2005, p. 31.

[148] SOUZA JUNIOR, Francisco Satiro de. *Derivativos e mercado de bolsa*. In: Revista Jurídica Logos – Ano I, n. 1, jan./dez.2005 – São Paulo: Faculdade de Direito Prof. Damásio de Jesus, 2005, p. 203.

[149] Na descrição tecnicamente imprecisa do mercado: "o compromisso assumido com uma contraparte poderá ser encerrado com outra operação com qualquer contraparte, sem a imposição de vínculo bilateral". *PORTAL DO INVESTIDOR*. Estrutura e funcionamento da BM&F - características. Disponível em: <http://www.portaldoinvestidor.gov.br/Acad%C3%AAmico/EntendendooMercadodeValoresMobili%C3%A1rios/EstruturaefuncionamentodaBMF/tabid/93/Default.aspx>. Acesso em 10 de novembro de 2011.

[150] "O fechamento da posição no mercado futuro se dá por meio da operação inversa à original, a qualquer momento até o último dia de negociação do *contrato*. Se o investidor entrou comprando, ele sai vendendo. Se o investidor entrou vendendo, ele sai comprando. Por exemplo, se na data zero o investidor abriu posição vendendo 20 contratos futuros de dólar com vencimento em fevereiro de 2001, para fechar a posição, ele deve comprar 20 contratos

simultaneamente, habilitando-se a compensar as suas posições credoras e devedoras.[151]

A intercambialidade é uma consequência direta do caráter impessoal do mercado bursátil. Funda-se na centralização imposta pela bolsa de valores e por suas câmaras de compensação. É por meio dessa estrutura que se produz o fenômeno econômico vulgarmente conhecido como *compensação multilateral.*

Juridicamente, a compensação multilateral se viabiliza, em suma, por uma extensa rede de contratos, movimentada, inicialmente, por ordens diretas dos investidores às corretoras de valores mobiliários, que são executadas, em última instância, perante a BM&FBOVESPA, responsável pelos serviços de compensação e pagamento nessa esfera, por meio de sua Câmara de Derivativos.[152]

---

futuros com vencimento em fevereiro de 2001". FIGUEIREDO, Antonio Carlos. *Introdução aos derivativos.* São Paulo: Thomson Learning, 2006.

[151] "A Padronização contratual imposta pelas bolsas aos contratos futuros admitidos à negociação em seus recintos torna-os econômica e juridicamente fungíveis, e facilita eventual cessão de toda ou parte da posição contratual (pois, como ocorre com as ações, títulos de massa, ações emitidas pela companhia, as da mesma classe e espécie garantem aos titulares iguais direitos), dessa forma, permitindo que, a qualquer momento, seja possível adquirir (vender) a mesma coisa na mesma quantidade, facilitando a compensação das posições credor/devedor (liquidação por diferença)". SZTAJN, Rachel. *Futuros e swaps: uma visão jurídica.* São Paulo: Cultura Paulista, 1998, p. 167.

[152] A compensação multilateral, sob uma perspectiva jurídica, não lida com créditos e débitos de todos os participantes, isto é, não abarca um número indefinido de credores e devedores, como sugere a sua designação. Limita-se a extinguir obrigações entre participantes diretos do mercado (câmara de compensação e liquidação de derivativos e seus membros de compensação), de forma bilateral, nos moldes tradicionalmente conhecidos pelo Direito. É processada, basicamente, em duas etapas. Na primeira, busca-se a consolidação das posições dos participantes do mercado, calculando-se o valor exato de seus créditos e débitos, ajustados pelas margens de garantia e despesas administrativas cobradas pela BM&F, entre outras parcelas. Na segunda, há efetiva compensação, mediante encontro de contas; os créditos de um dado membro de compensação se extinguem com créditos da Câmara de Derivativos, até onde se compensarem, criando condições para que a fase de liquidação financeira da operação se inicie. Dadas as características do sistema de liquidação, repita-se, fundado em contraparte central e compensação multilateral, as obrigações a serem quitadas, num primeiro momento, serão aquelas havidas, exclusivamente, entre membros de compensação e Câmara de Derivativos. O sistema não assegura imediata transferência de créditos ao destinatário final da operação – os investidores.

Nesse sentido: "Em todas as operações realizadas na BM&F, baseadas em seus contrato-tipo, e também naquelas transações realizadas em balcão em que as partes optem pela 'garantia'

Em termos práticos, diz-se que a BM&FBOVESPA assume "em relação a cada participante, a posição de parte contratante, para fins de liquidação [i.e., pagamento] das obrigações".[153] Mas a situação jurídica é tecnicamente distinta. O contrato derivativo não é plurilateral. Além disso, a BM&FBOVESPA não contrata derivativos em massa, de forma indiscriminada, e nem mesmo os celebra com todos os participantes habilitados em seu mercado.

Quando investidores, pessoas físicas ou jurídicas quaisquer, não qualificadas como participantes diretos da BM&FBOVESPA, assumem uma "posição contrária" em outro derivativo, não o fazem a partir da seleção de uma entre milhares de partes interessadas no negócio, mas sim por meio da reprodução da operação econômica que resultou em sua "posição original" – ou seja, normalmente, por meio de uma corretora ou distribuidora de valores mobiliários, com o concurso de outros participantes do mercado, como os membros de compensação, mas sempre, ao fim, perante a mesma pessoa, que é a BM&FBOVESPA.

Em outras palavras, as principais obrigações produzidas pela primeira cadeia de contratos, originadas pelo contrato derivativo de futuro, são redesenhadas numa segunda cadeia contratual, de forma a torná-las equivalentes e compensáveis entre si.

Daí incidir a compensação de créditos e débitos de mesma origem, havidos entre as mesmas pessoas, liberando o investidor de suas obrigações.

---

da bolsa, a BM&F assume a posição de contraparte da operação. [...] Em todos esses casos, é a BM&F que contrata e se obriga, com cada uma das partes. [...] Como a BM&F centraliza as posições, será possível compensar débitos e créditos de contraparte insolvente para com a BM&F, uns contra os outros. Isso não seria possível se a parte insolvente contratasse diretamente as operações de derivativos com várias contrapartes diferentes, pois nesse caso a identidade entre credor e devedor que é requisito para a compensação não estaria presente". SALOMÃO NETO, Eduardo. *Direito bancário*. São Paulo: Atlas, 2007, p. 342.

Cf. *BOLSA DE VALORES, MERCADORIAS E FUTUROS DE SÃO PAULO. Manual de procedimentos operacionais da câmara de derivativos*: segmento BM&F. Disponível em: <http://www.bmfbovespa.com.br/pt-br/regulacao/download/MPO-Camara-Derivativos-110318-Em-vigor.pdf>. Acesso em 30 de agosto de 2011.

[153] Lei n. 10.214/01, art. 4º: "Nos sistemas em que o volume e a natureza dos negócios, a critério do Banco Central do Brasil, forem capazes de oferecer risco à solidez e ao normal funcionamento do sistema financeiro, as câmaras e os prestadores de serviços de compensação e de liquidação assumirão, sem prejuízo de obrigações decorrentes de lei, regulamento ou contrato, em relação a cada participante, a posição de parte contratante, para fins de liquidação das obrigações, realizada por intermédio da câmara ou prestador de serviços".

Outro aspecto relevante dos contratos futuros é o de sua reconhecida propensão à não transferência de ativos. Em aproximadamente 98% das operações dessa estirpe, não há tradição de mercadorias, moeda, títulos ou valores mobiliários.[154] De fato, "[m]uito embora exista a possibilidade de os contratos futuros serem liquidados [i.e., cumpridos] nas datas de seus vencimentos, mediante a entrega física dos correspondentes ativos [bens, mercadorias], normalmente, a liquidação [i.e., extinção de obrigações] desses contratos se dá *por diferença*, isto é, pela compensação das posições credoras e devedoras assumidas".[155]

A sistemática, em essência, já era conhecida pelo mercado japonês da era Tokugawa, como explicitado anteriormente.

Em suma, se a oscilação dos preços de mercado favorece o suposto "comprador", o que ocorreria com a superação do preço que se obrigou a pagar em data futura ("preço contratado"), pelo preço cotado no mercado à vista, nessa mesma data ("preço futuro"), não há tradição da coisa ou pagamento de preço; o pretenso "vendedor" se torna o único devedor, competindo a ele, exclusivamente, o pagamento de determinado valor em espécie, calculado pela diferença entre o preço contratado e o preço futuro. Por seu turno, favorecendo a oscilação ao pretenso vendedor, o que ocorreria com a superação do preço futuro pelo preço contratado, também não há tradição da coisa, mas mero pagamento do saldo de compensação; o "comprador" assume a condição de devedor exclusivo, obrigando-se a pagá-lo em dinheiro.

Observe-se que, num ou noutro caso, o pagamento se dá sempre de forma isolada, unilateralmente, pela diferença resultante da compensação.

Logo, em que pesem as judiciosas opiniões em contrário, como a de Grunhut,[156] não classificamos tal negócio jurídico como um contrato de

---

[154] "Menos de 2% de todos os contratos futuros são liquidados pela entrega efetiva de seus objetos. Em alguns contratos futuros, como o futuro de índice de ações, a entrega física é apenas uma alternativa teórica que nunca foi utilizada pelos agentes do mercado". BESSADA, Octavio; BARBEDO, Cláudio; ARAÚJO, Gustavo. *Mercado de derivativos no Brasil*. Rio de Janeiro: Record, 2005, p. 36.

[155] MATOS, Gustavo Martini de. *Aspectos tributários das operações em mercados futuros – o regime diferenciados das instituições financeiras*. In: MOSQUERA, Roberto Quiroga (org.). *O direito tributário e o mercado financeiro e de capitais*. São Paulo: Dialética, 2009, p. 180.

[156] Para o autor, o contrato diferencial seria uma "compra e venda, com pacto adjeto de recompra e de revenda, mediante compensação preestabelecida, até que reste diferença a atribuir-se ao comprador ou ao vendedor". Apud SILVA, Américo Luís Martins da. *Contratos comerciais*. Rio de Janeiro: Forense, 2004, p. 244.

compra e venda, pois lhe falta a função translativa de domínio – o contrato não se presta a transferir a propriedade do bem em questão, o que é essencial à compra e venda.

A Serpa Lopes, não obstante, parecia-lhe que, não havendo real intenção de se transferir a propriedade de determinado bem a uma das partes, tais contratos, na verdade, seriam simulações destinadas a encobrir contratos de jogo ou aposta.[157]

Os contratos futuros liquidados por diferença parecem-nos melhor classificados como *contratos diferenciais*, categoria imprevista em nossa legislação e, portanto, atípica.[158]

A nomenclatura refere-se ao método de cumprimento da obrigação, que consiste na apuração da diferença havida entre duas grandezas, calculadas pela oscilação de preços ou de índices econômicos num dado período – como visto, o método empregado em contratos futuros, quando liquidados pela diferença.[159]

Mas o problema da sua natureza jurídica é complexo e reclama aprofundamento:

[157] "Ao contrário, o primeiro – contratos diferenciais – tal intenção [de efetuar, no vencimento do termo, a entrega efetiva dos títulos ou valores] é excluída; as partes não visam mais do que regular diferenças, sem haver qualquer entrega efetiva de títulos. Trata-se então de uma operação fictícia, mascarando, na realidade, um simples jogo ou aposta". LOPES, Miguel Maria de Serpa. *Curso de direito civil*. Vol. IV: fonte das obrigações - *contratos*. Rio de Janeiro: Freitas Bastos, 1989, p. 452.

[158] Em sua acepção tradicional, cf. GOMES, Orlando. *Contratos*. Rio de Janeiro: Forense, 2009, p. 119-120. Não obstante, os contratos diferenciais também pode ser analisados sob os preceitos da tipicidade social, na lição de Betti, por reunir elementos suficientes para uma clara determinação de sua serventia socioeconômica: "Então, para o lugar da rígida tipicidade legislativa, baseada num número limitado de denominações, entra uma outra tipicidade, que desempenha também sempre a função de limitar e orientar a autonomia privada, mas que, em comparação com aquela, é muito mais elástica na configuração dos tipos, e, na medida em que se realiza, remetendo para as valorações econômicas ou éticas da consciência social, poderia chamar-se-lhe tipicidade social". BETTI, Emilio. *Teoria geral do negócio jurídico*. Tomo I. Coimbra: Coimbra, 1969, p. 373-374.

[159] "Estaremos perante um contrato diferencial sempre que as partes num contrato de compra e venda ou num outro com prestações correspectivas, convencionem não cumprir as obrigações assumidas – a entrega das coisas e o pagamento do preço – mas simplesmente pagar uma à outra a diferença do preço verificado entre o preço originalmente estabelecido à data da conclusão do contrato e o preço de mercado ou bolsa ao tempo da prevista, mas não efectuada, entrega dos bens". CALHEIROS, Maria Clara. *O contrato de swap*. Coimbra: Coimbra Editora, 2000, p. 107.

Aqui, um dos problemas a serem enfrentados nas operações com futuros. A primeira questão é: trata-se de negócio legítimo ou aposta? Alguns sistemas jurídicos admitem contratos que embutam apostas ou jogos, desde que não afetem políticas de bem-estar. Mas a maioria dos ordenamentos encara com reservas esse tipo de ajuste, em que se especula com variação de preço ou valor de bens (ou outros instrumentos), porque tenderiam a estimular comportamentos imorais.[160]

Observa-se que os contratos diferenciais, os jogos e apostas, em razão de suas semelhanças, e embora refiram-se a negócios tecnicamente distintos, não raro,[161] são tratados com proximidade pela lei.

Nessa perspectiva, previa o Código Civil de 1916 que seriam "equiparados ao jogo, submetendo-se, como tais, ao disposto nos artigos antecedentes, os contratos sobre títulos de bolsa, mercadorias ou valores, em que se estipule a liquidação exclusivamente pela diferença entre o preço ajustado e a cotação que eles tiverem, no vencimento do ajuste" (artigo 1.479).

Tal equiparação, contudo, não era respeitada na prática: sempre foram tratados os contratos diferenciais – em especial, nos ambientes organizados do mercado de títulos e valores mobiliários – como se realmente obrigassem ao pagamento.[162]

---

[160] SZTAJN, Rachel. *Futuros e swaps: uma visão jurídica.* São Paulo: Cultura Paulista, 1998, p.168-169.

[161] Jogo e aposta têm por objeto o pagamento de determinada quantia em função de resultado de um evento futuro e incerto. Entretanto, no jogo, as partes concorrem para a consecução do resultado, ao passo que, na aposta, não interferem. O jogo envolve engenho, estratégia e esforço; a aposta, simples opinião. Cf. PEREIRA, Caio Mário da Silva. *Instituições de Direito Civil.* Vol. II. Rio de Janeiro: Forense, 2005, p. 483.

[162] "A orientação é diametralmente oposta à do Código de 1916, que equiparava o contrato diferencial ao jogo, e que desafiava a generalizada prática dessa modalidade de negócios, em que avulta a especulação tendo por objeto a oscilação do mercado, que é um fenômeno econômico atual". PEREIRA, Caio Mário da Silva. *Instituições de Direito Civil.* Vol. III, 12ª ed. atual por Regis Fichtner. Rio de Janeiro, Forense: 2005, p. 487.
"Entre nós, a doutrina vem considerando derrogado o art. 1.479 do CC pelos usos e costumes comerciais, impondo-se a supressão de disposição semelhante do Projeto de Código Civil, em tramitação no Congresso Nacional, conforme já tivemos a oportunidade de comentar, com o intuito de se evitar qualquer controvérsia a respeito, no futuro". EIZIRIK, Nelson. *Negócio*

Atualmente, o Código Civil reconhece que "não se aplicam aos contratos sobre títulos de bolsa, mercadorias ou valores, em que se estipulem a liquidação exclusivamente pela diferença entre o preço ajustado e a cotação que eles tiverem no vencimento do ajuste" as disposições atinentes aos contratos de jogo e aposta (art. 816).[163]

Tal opção política já era tendência e via-se fortemente encampada em países como a Alemanha.[164]

Nessa esteira, prevalece hoje a visão segundo a qual não se poderia "confundir a agiotagem ou jogo com a verdadeira especulação com títulos de bolsa, mercadorias ou valores, cujo fim é diverso".[165]

De fato, os negócios jurídicos praticados no âmbito do SFN não têm função lúdica, como a dos jogos e apostas:

> "[N]ão se pode ignorar a diferença entre o caso de dois jogadores que apostam uma certa soma de dinheiro numa partida de dados e de dois investidores que, com vista a prevenir perdas ou incrementar lucros, acordam pagar a diferença entre o valor de partida e de chegada de uma taxa de juro, de uma divisa, de um índice de acções, ou qualquer outro activo subjacente com base numa análise geral macro e microeconómica".[166]

---

jurídico de "hedging". In: *Revista de direito mercantil, industrial, econômico e financeiro*, São Paulo, n. 90, p.17-18, abril-junho de 1993.

[163] Note-se que, conquanto se referindo a lei brasileira a "preço ajustado" e cotação de "títulos de bolsa, mercadorias ou valores", decerto, pretende abarcar, além da tradicional imitação de compra e venda, também todo e qualquer contrato liquidado por diferença, sejam quais forem as operações por ele espelhadas.

[164] "Esta, ao disciplinar as operações de Bolsa a termo, exclui expressamente no §53, para aquelas operações autorizadas pelos órgãos da Bolsa, a possibilidade de fazer valer a Differenzeinwand, i.e., a excepção de jogo aplicada ao contrato diferencial". CALHEIROS, Maria Clara. *O contrato de swap*. Coimbra: Coimbra Editora, 2000, p. 108.
"Apesar da regra do §764 do BGB [que determina a aplicação do regime de inexigibilidade a jogos e apostas], o entendimento atual da jurisprudência alemã é a de que, aos contratos a termo (futuros) celebrados em bolsa, aplicam-se os §§50-70 da Lei de Bolsas, de 7 de maio de 1908, e dessa forma, impede-se a aplicação dos §§762-764 do BGB, já que, entre comerciantes, os negócios vinculam plenamente". SZTAJN, Rachel. *Futuros e swaps: uma visão jurídica*. São Paulo, Cultura Paulista, 1998, p. 149.

[165] SILVA, Américo Luís Martins da. *Contratos comerciais*. Rio de Janeiro: Forense, 2004, p. 246.

[166] ANTUNES, José Engrácia. *Os instrumentos financeiros*. Coimbra: Almedina, 2009, p.183-184.

Os contratos diferenciais têm por causa a assunção profissional, metódica, de riscos financeiros, e não uma especulação despretensiosa, amadora, emulativa, típicas de jogadores e apostadores.

A aposta e o jogo, por outro lado, são fins em si próprios, possuem caráter lúdico, não são governados por princípios estratégicos ou organizacionais que favoreçam a consecução do lucro. O proveito econômico, portanto, apesar de inafastável, é secundário; é uma "prenda" pela diversão, tem por função principal demarcar o resultado.

Preocupam-se o jogador e o apostador, enfim, mais com a sua titulação como vencedor, com o seu reconhecimento como parte prevalente, do que, a rigor, com os benefícios econômicos em perspectiva.

Não nos parece tecnicamente correto, portanto, conferir tratamento uniforme a contratos diferenciais, jogos e apostas.

Nesses termos, os contratos futuros liquidados pela diferença devem ser considerados contratos diferenciais, e como tais, atípicos, bilaterais, onerosos, consensuais, não solenes e aleatórios.[167]

2.3 Opções ("*options*")

As opções, a exemplo das demais figuras apresentadas, assemelham-se a contratos celebrados em outros segmentos econômicos. Compartilham uma estrutura comum à de outros mercados não organizados, com especial destaque para o ramo imobiliário.[168]

As opções, enquanto instrumentos derivativos, aderem ao mercado de bolsa e ao mercado de balcão, indistintamente,[169] neles exercendo idên-

---

[167] Conclusão semelhante foi alcançada por Cleidiane Alves Santos, em estudo jurídico dirigido à identificação da cadeia contratual do mercado brasileiro de futuros: "[a]ssim, caso a forma de execução do contrato [seja] por meio da entrega da mercadoria ('liquidação física'), esse contrato celebrado entre o membro de compensação e a BM&F será assemelhado à compra e venda de execução futura. Entretanto, caso a execução seja por meio da 'liquidação financeira', está-se diante de contrato atípico". SANTOS, Cleidiane Alves. *Natureza jurídica dos contratos no mercado de futuro*, 2011. 95 fls. Dissertação (Mestrado). Universidade Federal de Minas Gerais, Programa de Pós-Graduação em Direito, Belo Horizonte. Orientador: Sérgio Mourão Correa Lima. P. 79.

[168] PEREIRA, Caio Mário da Silva. *Instituições de Direito Civil*. Vol. III, 12ª ed. atual por Regis Fichtner. Rio de Janeiro, Forense: 2005, p. 196.

[169] "Os mercados de opções são operados e regulados igualmente pelas bolsas de futuros e pelas bolsas de valores (no caso de opções de ações), mas esses contratos podem ser também

tica função: a de dar "a seu comprador (o titular) um *direito* futuro sobre algo, mas não uma obrigação; e, a seu vendedor (o lançador), uma *obrigação* futura, caso o comprador da opção [o titular] exerça seu direito".[170]

John C. Hull esclarece que:

> [...] uma opção garante ao titular um direito, não sendo necessário que esse direito seja exercido. Esse fato distingue as opções dos contratos futuros (ou a termo). O detentor de posição comprada em futuros tem o compromisso de comprar o ativo a certo preço em determinada data no futuro. Por outro lado, o titular das opções de compra possui o direito de comprar o ativo a certo preço em determinada data no futuro.[171]

No contrato de opção, pois, a obrigação da parte vinculada à contratação futura – o lançador – se referirá a uma compra ou a uma venda, conforme o caso. A vinculação do outorgante a uma venda dá origem a uma *opção de compra* (internacionalmente, *"call"* – em tradução livre, chamar, invocar); a sua vinculação a uma compra, a seu turno, dá lugar a uma *opção de venda* (internacionalmente, *"put"* – em tradução livre, pôr, colocar).[172]

Diz-se, assim, que a contraparte do lançador é titular de uma opção de compra, caso possa constrangê-lo a lhe vender um bem; ou, ao contrário, titular de uma opção de venda, caso possa constrangê-lo a lhe comprar algo.

A operação vigora por prazo certo: sujeita-se a uma data de vencimento, que demarca o prazo máximo de exercício do direito de compra ou venda; findo o prazo, extingue-se o direito. Nas opções conhecidas como "ame-

---

operados no mercado de balcão". BESSADA, Octavio; BARBEDO, Cláudio; ARAÚJO, Gustavo. *Mercado de derivativos no Brasil*. Rio de Janeiro: Record, 2005, p. 179.

[170] BESSADA, Octavio; BARBEDO, Cláudio; ARAÚJO, Gustavo. *Mercado de derivativos no Brasil*. Rio de Janeiro: Record, 2005, p. 179.

[171] HULL, John C. *Fundamentos dos mercados futuros e de opções*. São Paulo: BM&FBOVESPA – *Bolsa de Valores, Mercadorias e Futuros* de São Paulo, 2009, p. 6.

[172] "Existem dois tipos básicos de opções: opções de compra [calls] e opções de venda [puts]. Uma opção de compra dá a seu detentor (chamado de titular da opção) o direito de comprar um ativo por certo preço em determinada data". HULL, John C. *Fundamentos dos mercados futuros e de opções*. São Paulo: BM&FBOVESPA – *Bolsa de Valores, Mercadorias e Futuros* de São Paulo, 2009, p. 5.

ricanas", a prestação pode ser exigida a qualquer tempo. Nas "europeias", apenas na data do advento do termo.[173]

Em geral, as opções proporcionam a seus titulares o benefício de, com custos inferiores ao de um contrato futuro ou a termo, assegurar uma oportunidade de negócio, a preço predeterminado, e à vista,[174] sem, contudo, vinculá-los à sua execução; à outra parte ("lançador" ou, como preferimos, "outorgante"), em contrapartida, garante-se remuneração ("prêmio"), ainda que o titular não exerça a sua prerrogativa.[175]

Na lição de Nelson Eizirik *et alli*, a "vantagem da opção de compra é a de adquirir um ativo, que neste intervalo de tempo sofreu uma valorização, por preço menor ao negociado no mercado. [...] A vantagem da opção de venda está na alienação do ativo por preço superior ao de mercado".[176]

As opções são geralmente percebidas pela literatura de quatro maneiras distintas: (i) como *contratos definitivos*, gravados, porém, com uma cláusula

---

[173] "As opções podem ser classificadas em estilo americano e estilo europeu no que concerne à data de exercício do direito do titular. Nas opções do tipo americano o titular pode exercer seu direito a qualquer momento, até a data do vencimento. Nas opções do tipo europeu, por sua vez, o exercício só se dá na data prevista para tanto". SOUZA JUNIOR, Francisco Satiro de. *Derivativos e mercado de bolsa*. In: Revista Jurídica Logos – Ano I, n. 1, p.202, janeiro-dezembro de 2005.

[174] "Assim, nas opções de venda, cabe ao comprador da opção pagar à vista o prêmio, adquirindo o direito de vender, na data de vencimento fixada, o ativo-objeto pelo preço de exercício. Ao vendedor, da opção, por outro lado, cumpre receber o prêmio e obrigar-se a comprar o ativo-objeto, pelo preço de exercício fixado, na data de vencimento, se o comprador das opções de venda optar por vendê-lo". EIZIRIK, Nelson; GAAL, Ariádna B.; PARENTE; Flávia; HENRIQUES, Marcus de Freitas. *Mercado de capitais – regime jurídico*. Rio de Janeiro: Renovar, 2008, p. 220.

[175] "Em tal hipótese, o comprador tem a vantagem de, havendo baixado de cotação os títulos contratados, não sofrer grandes prejuízos, perdendo apenas o prêmio, que serve de indenização pela rescisão do contrato. Ao vendedor igualmente fica assegurado um lucro certo, pois, havendo desistência por parte do comprador, aquele receberá o prêmio ajustado no momento em que o contrato se aperfeiçoou". MARTINS, Fran. *Contratos e obrigações comerciais*. Rio de Janeiro: Forense, 2000, p. 149.

"Alternativamente, as opções podem ter finalidade de hedge, permitindo ao adquirente da opção a segurança de comprar um ativo de que necessita por preço predeterminado, preço este de que sabe dispor, ou ao adquirente de opção de venda a segurança de que receberá um valor determinado por suas mercadorias ou ativos, valor este com que poderá contar no futuro". SALOMÃO NETO, Eduardo. *Direito bancário*. São Paulo: Atlas, 2007, p. 337.

[176] EIZIRIK, Nelson; GAAL, Ariádna B.; PARENTE; Flávia; HENRIQUES, Marcus de Freitas. *Mercado de capitais – regime jurídico*. Rio de Janeiro: Renovar, 2008, p. 112-113.

de arrependimento;[177] (ii) como *negócios jurídicos unilaterais,* distintos dos contratos celebrados com o exercício da opção; (iii) como *contratos preliminares,* preparatórios a uma segunda contratação, na qual, efetivamente, se procederia à transferência do ativo; e (iv) como *contratos atípicos,* com características singulares, que os afastaria de outros contratos nomeados em lei.

Não parece adequada a primeira hipótese, pois, fosse assim, as partes já seriam compradoras e vendedoras desde a outorga da opção, o que não corresponde à função socioeconômica do contrato, eminentemente preparatória, diversa, portanto, da causa translativa da compra e venda.[178]

A segunda hipótese é defendida por Rachel Sztajn, para quem o negócio jurídico conteria cláusula meramente potestativa, e, portanto, seria impossível reconhecer-lhe a natureza contratual, sob pena de o expor a nulidade.[179]

---

[177] "As vendas a prêmio ou por opção, isto é, aquelas em que o comprador, contratando com vendedor a aquisição de títulos por um preço certo, se reserva o direito de, no prazo fixado para a liquidação ou execução do contrato, em vez de manter o contrato, desfazê-lo mediante o pagamento de uma quantia, ou o prêmio previamente combinado (Dec.- Lei nº 2.475, de 13.03.1897, arts. 103 a 105)". MARTINS, Fran. *Contratos e obrigações comerciais.* Rio de Janeiro: Forense, 2000, p. 149.
"Assim, Caballero (2000, p. 412 e ss.) destaca que, usualmente, se caracterizaria a opção como: 'compromisso de compra e venda em que o titular teria o direito de eximir-se de ingressar na relação principal'". YAZBEK, Otavio. *Regulação do mercado financeiro e de capitais.* Rio de Janeiro: Elsevier, 2007, p. 123.
[178] "É fora de dúvida que, havendo opção de compra e, em seguida, venda, realizam as partes, sucessivamente, dois contratos, não se podendo admitir a absorção de um pelo outro, dada a diversidade de causa. Da circunstância de participar, pela criação de vínculo peculiar, da formação de futuro contrato de venda, não se segue senão que a opção de venda é negócio precursor de outro negócio distinto". GOMES, Orlando. *Contratos.* Rio de Janeiro: Forense, 2009, p. 289.
"Ainda que se admita que uma das partes já expressou sua válida manifestação de vontade sobre a conclusão do negócio (lançador), a outra (titular) não o fez – e nem sabe se o fará. Como não se confunde com o negócio que dará origem (a compra e venda, por exemplo) a opção gera plenos efeitos desde o momento de sua celebração". SOUZA JUNIOR, Francisco Satiro de. *Regime jurídico das opções negociadas em bolsas de valores,* 2002. Tese (Doutorado em Direito). 185 fls. Universidade de São Paulo, Programa de Pós-Graduação em Direito, São Paulo. Orientador: Waldírio Bulgarelli, p. 56.
[179] "De que o principal exemplo talvez resida na análise de Sztajn (1997, p. 53 e ss.), que, partindo do reconhecimento da existência de uma condição potestativa no contrato de opção, nega a tal relação a natureza de contrato. [...] Para fugir à nulidade que eivaria a relação contratual em caso de existência de condição potestativa, a referida autora (1997, p. 69), trata tal modalidade como 'declaração unilateral e não contrato, com vinculação do declarante e

Parece-nos que *condição potestativa* não há. *Condição* é elemento acidental do negócio jurídico, que o subordina, em seus efeitos, a evento futuro e incerto – o que não se confunde, tecnicamente, com o *direito ao exercício da opção de compra ou venda.*

Nota-se que, com a outorga da opção, o lançador se sujeita a sofrer os efeitos da criação de uma nova relação jurídica contratual, distinta daquela inaugurada pelo contrato de opção, se assim lhe exigir a sua contraparte, o titular do direito.

Ora, ínsita à caracterização do *direito potestativo* é o *poder* de se criar uma nova situação jurídica, de modo unilateral.[180] Conforme Felipe Iglesias, "parece unânime a ideia subjacente de que existe [nas opções] um *poder jurídico autônomo, contemplado como direito subjetivo em sentido lato,* em favor do beneficiário de criar, alterar ou extinguir, de forma unilateral, uma

---

garantindo ao destinatário o privilégio, o direto formativo gerador, de livremente decidir o que melhor lhe convenha". YAZBEK, Otavio. *Regulação do mercado financeiro e de capitais.* Rio de Janeiro: Elsevier, 2007, p. 124.

Sztajn reafirmou seu posicionamento: "[j]á as opções são declarações unilaterais que criam para o titular um direito formativo gerador, a ser exercido se desejar no termo, se do tipo europeu, ou até o termo, se do tipo americano". SZTAJN, Rachel. *Sistema financeiro: entre a estabilidade e o risco.* Rio de Janeiro: Elsevier, 2011, p. 109.

[180] "A categoria de direitos potestativos contrapõe-se nitidamente à anterior [a dos direitos subjetivos], porque carece completamente daquilo que é característico dos direitos a uma prestação, ou seja, precisamente a obrigação de uma pessoa de realizar uma prestação. Em muitos casos, a lei concede a alguém o poder de influir, com a sua manifestação de vontade, sobre a condição jurídica de outro, sem o concurso da vontade deste: a) fazendo cessar um direito ou um estado jurídico existente; b) ou produzindo um novo direito, ou estado, ou efeito jurídico. Assim, a lei liberaliza, por certos motivos, ao cônjuge o poder de requerer a separação pessoal; ao contraente o poder de impugnar o contrato, ou denunciá-lo; ao mandante e ao doador o poder de revogar o mandato e a doação; ao vendedor o poder de resgatar o fundo ou pleitear a rescisão por lesão; ao condômino e ao sócio o poder de obter a divisão e a cessão da comunhão, a dissolução da sociedade [...]. Esses poderes atuam mediante simples declaração de vontade, mas, em alguns casos, com a necessária intervenção do juiz (sentença constitutiva). Têm todos de comum o fato de tenderem à produção de um efeito jurídico a favor de um sujeito e em desvantagem de outro, o qual nada deve fazer, mas nem por isso pode esquivar-se àquele efeito, permanecendo sujeito à sua produção. A sujeição é um estado jurídico que dispensa o concurso da vontade do sujeito, ou qualquer atitude dele. [...] o poder de fazer cessar um direito nada tem a ver com qualquer outro direito, e o poder de constituir um direito não se confunde com um direito ainda não existente". CAHALI, Yussef Said. *Prescrição e decadência.* São Paulo: Editora Revista dos Tribunais, 2012, p.30.

relação jurídica de compra e venda optativa".[181] Sem direito potestativo não há, tipicamente, *opção*.

A *condição meramente potestativa*, por outro lado, caracterizada pela "completa ausência de ligação da decisão do titular do direito potestativo com qualquer evento externo independente",[182] funciona de modo diverso: por se pretender condição, possui caráter secundário, não essencial, sendo, assim, incapaz de afetar a essência do negócio jurídico, ou de desvirtuar os seus efeitos típicos; e a sua potestividade insere-se no rol de decisões tipicamente arbitrárias, de foro íntimo, desconectadas da função socioeconômica do contrato.

Não há aqui, portanto, uma *condição*, mas um *poder* voluntariamente conferido por uma parte à outra, constituindo a verdadeira essência do negócio jurídico optativo.

Ademais, ainda que condição houvesse, conforme observa Francisco Satiro de Souza Junior, "a influência direta da variação de cotações no implemento da condição, fenômeno autônomo e independente da vontade do titular da opção de bolsa, elimina[ria] qualquer indício de potestatividade pura. As circunstâncias normais de mercado são absolutamente incompatíveis com o exercício de um direito por 'mero capricho'".[183]

Logo, considerando-se a opção eficaz até certa data, a situação se assemelha mais à de uma decadência convencional do direito potestativo,[184] do que, propriamente, a uma condição suspensiva meramente potestativa.

Não nos parece adequado, pois, negar a natureza contratual das opções.[185] "De modo geral, pode-se dizer que os autores ressaltam como

---

[181] IGLESIAS, Felipe Campana Padin. *Opção de compra ou venda de ações no direito brasileiro*: natureza jurídica e tutela executiva judicial. 2011. Dissertação (Mestrado em Direito). 329 fls. Faculdade de Direito, Universidade de São Paulo, São Paulo, 2011, p.174.

[182] SOUZA JUNIOR, Francisco Satiro de. *Regime jurídico das opções negociadas em bolsas de valores*, 2002. Tese (Doutorado em Direito). 185 fls. Universidade de São Paulo, Programa de Pós-Graduação em Direito, São Paulo. Orientador: Waldírio Bulgarelli, p. 47.

[183] SOUZA JUNIOR, Francisco Satiro de. *Regime jurídico das opções negociadas em bolsas de valores*, 2002. Tese (Doutorado em Direito). 185 fls. Universidade de São Paulo, Programa de Pós-Graduação em Direito, São Paulo. Orientador: Waldírio Bulgarelli, p. 49.

[184] "A decadência convencional é de cunho privado. Instituída pelos interessados, a benefício de um deles, pode ser alegada em qualquer fase do processo, tal qual a prescrição (art. 193), e do mesmo modo que a decadência legal". PEREIRA, Caio Mário da Silva. *Instituições de direito civil*. Vol. I. Rio de Janeiro: Forense, 2004, p. 691.

[185] "A natureza contratual das opções, especialmente as negociadas em bolsa, ainda que não pacífica, parece ser a que melhor responde às peculiaridades do instituto em análise". SOUZA

traços marcantes do negócio aqui estudado (a) seu caráter contratual; (b) o *direito potestativo* (*lato sensu*); e (c) a sua função de preparar [..] um contrato ulterior".[186]

Melhor hipótese, mas ainda assim imperfeita, seria a do contrato preliminar, esposada por Salomão Neto:

> Uma segunda visão alternativa da mesma questão é que a opção é um contrato autônomo, de natureza preliminar, cujo objeto é uma obrigação de fazer, a celebração de outro contrato futuro. Esse contrato seria sinalagmático e bilateral, implicando para quem se obriga a negócio futuro o recebimento de remuneração chamada prêmio como contraprestação. Aceito isso, há que se destacar que as opções se diferenciariam de um contrato a termo porque este é desde logo um instrumento de compra e venda tendo por objeto coisas a serem compradas e vendidas, enquanto as opções têm por objeto apenas as obrigações de fazer que constatamos: são contratos prevendo obrigações de fazer.[187]

O contrato preliminar pode ser classificado como um contrato de atividade, por regular um comportamento futuro, constituindo obrigação de fazer. Sua função pode ser descrita, em termos mais genéricos, como a de assegurar uma oportunidade de negócio futura a uma ou a ambas as partes.[188]

JUNIOR, Francisco Satiro de. *Regime jurídico das opções negociadas em bolsas de valores*, 2002. Tese (Doutorado em Direito). 185 fls. Universidade de São Paulo, Programa de Pós-Graduação em Direito, São Paulo. Orientador: Waldírio Bulgarelli, p. 55.

[186] IGLESIAS, Felipe Campana Padin. *Opção de compra ou venda de ações no direito brasileiro*: natureza jurídica e tutela executiva judicial. 2011. Dissertação (Mestrado em Direito). 329 fls. Faculdade de Direito, Universidade de São Paulo, São Paulo, 2011, p.109.

[187] SALOMÃO NETO, Eduardo. *Direito bancário*. São Paulo: Atlas, 2007, p. 337-338.

[188] "Na vida negocial muitas das vezes, seja por questões estratégicas, seja porque o objeto do contrato principal não está totalmente apto (acabado, livre ou desembaraçado) para ser negociado, o contrato preliminar é um meio eficaz de tornarem as partes obrigadas desde já, dando certeza e segurança aos empresários contratantes. De um lado aquele que já sabe haver comprador para seu produto ou serviço, de outro aquele que já conhece o produto ou serviço a ser adquirido, e o respectivo fornecedor". TEIXEIRA, Tarcísio. *Obrigações e contratos empresariais no novo código civil: o contrato preliminar e o contrato com pessoa a declarar*. In: *Revista de direito mercantil, industrial, econômico e financeiro*, São Paulo, n. 137, p. 262, janeiro-março de 2005.

Embora o contrato preliminar, com maior visibilidade, possa se destinar a uma contratação futura, também atende a outras finalidades. Tem por conteúdo, na verdade, a emissão de uma declaração de vontade, uma obrigação de fazer,[189] e não, tão-só, a celebração de um contrato.[190] Exemplo clássico de sua abrangência é o acordo de acionistas, nos quais "ocorre sempre um contrato preliminar, cujo objeto é a obrigação de celebrar um contrato definitivo de compra e venda, ou de emitir uma declaração de vontade, correspondente ao voto nas assembleias".[191]

Para que o contrato preliminar se perfaça, é necessário reunir todos os elementos essenciais do contrato ou do ato principal a que se refere (art. 462, Código Civil). Ou seja, não há contrato preliminar de compra e venda sem que as partes consintam sobre o objeto material e o preço; e não há acordo de voto se não decidem sobre a matéria e os critérios para a unificação dos votos.

Nesses termos, a classificação das opções como contratos preliminares respeitaria a função socioeconômica preparatória do negócio e adequar-se-ia à base de obrigações queridas pelos agentes. Explicaria, assim, o pagamento de remuneração contra a emissão de uma promessa unilateral de contratar, a qual se encontraria sujeita a prazo decadencial convencionado para o exercício do direito de crédito.

Mas a admitir significaria, por prescrição legal,[192] exigir a repetição da manifestação de vontade das partes contratantes para a constituição do novo contrato desejado, algo incompatível com a sistemática das opções:

---

[189] "Há, portanto, um direito de crédito da contraparte que pode, a qualquer momento, exigir a satisfação da obrigação de fazer consistente na celebração do negócio principal". SOUZA JUNIOR, Francisco Satiro de. *Regime jurídico das opções negociadas em bolsas de valores*, 2002. Tese (Doutorado em Direito). 185 fls. Universidade de São Paulo, Programa de Pós-Graduação em Direito, São Paulo. Orientador: Waldírio Bulgarelli, p. 59.

[190] "Estes atos não consistem, necessariamente, em 'celebrar mais tarde outro contrato'. No caso específico da promessa ou compromisso de compra e venda, é certo que as partes se obrigam a celebrar, posteriormente, o contrato definitivo. Contudo, em outra espécie de contrato preliminar, os acordos de acionistas, as partes se obrigam à prática de determinados atos próprios de sócios, diversos da celebração de contratos". CORRÊA LIMA, Sérgio Mourão. Contratos no novo código civil. In: RODRIGUES, Frederico Viana (org.). *Direito de empresa no novo código civil*. Rio de Janeiro: Forense, 2004, p. 519.

[191] BARBI FILHO, Celso. *Acordo de acionistas*. Belo Horizonte: Del Rey, 1993, p. 76.

[192] Código Civil, art. 463: "Concluído o contrato preliminar, com observância do disposto no artigo antecedente, e desde que dele não conste cláusula de arrependimento, qualquer

A solução dada para os contratos-promessa, ou compromissos de contrato, passa pela necessária celebração de um novo contrato. [...] Se a manifestação de vontade do lançador/concedentes já está exarada, não há justificativa na sua repetição para a formação do negócio final. Nesse sentido, BRITZ já concluiu que, se no caso dos compromissos de contrato o descumprimento dá causa a sentença constitutiva, ou seja, o Juiz substituirá a manifestação de vontade da parte inadimplente para que se constitua o contrato principal, quanto às opções, a inadimplência do lançador após o exercício do direito potestativo pelo titular (sua obrigação é, não de celebrar o um contrato, mas de cumprir suas obrigações no negócio final) dará razão a sentença declaratória condenatória – ou mesmo execução, se for o caso.[193]

Ao contrário do que ocorre com relação às promessas de contratar, a opção não constitui *débito* contra o lançador. Não há *crédito* do qual decorra direito a uma *prestação* em favor do titular. "O negócio final não é fruto de uma nova celebração, mas surge, perfeito e acabado, após o singelo exercício do direito do titular".[194] Trata-se, como visto, de *direito* potestativo, apto a inovar a situação jurídica por si só, independentemente do comportamento da contraparte; e não de direito subjetivo, que reclamaria o cumprimento de obrigação de fazer do devedor (a declaração de vontade), ou sua substituição por sentença, para tornar o negócio jurídico pretendido existente, válido e eficaz. Por essa razão, inclusive, reconhece-se a desnecessidade (e consequente inaplicabilidade/impossibilidade) de execução específica do direito de exercício da opção,[195] o que lhe seria inerente, caso o regime jurídico do contrato preliminar lhe fosse aplicável.

---

das partes terá o direito de exigir a celebração do definitivo, assinando prazo à outra para que o efetive".

[193] SOUZA JUNIOR, Francisco Satiro de. *Regime jurídico das opções negociadas em bolsas de valores*, 2002. Tese (Doutorado em Direito). 185 fls. Universidade de São Paulo, Programa de Pós-Graduação em Direito, São Paulo. Orientador: Waldírio Bulgarelli, p.. 60.

[194] SOUZA JUNIOR, Francisco Satiro de. *Regime jurídico das opções negociadas em bolsas de valores*, 2002. Tese (Doutorado em Direito). 185 fls. Universidade de São Paulo, Programa de Pós-Graduação em Direito, São Paulo. Orientador: Waldírio Bulgarelli, p. 61.

[195] "Prosseguindo no estudo, pode-se dizer que o contrato de opção, por ser instrumental, preparatório e neutro não comporta sua tutela específica do seu efeito principal, que é criar um direito formativo gerador quanto ao contrato optativo predisposto em todos os seus ter-

Para Satiro Junior, "o que temos são as partes utilizando-se de sua autonomia privada para criar uma figura jurídica 'sui generis', nova, diversa de qualquer outro contrato típico".[196]

Felipe Iglesias, após distinguir, com o rigor da técnica, entre o "negócio outorgativo da opção" (o contrato de opção) e a "relação jurídica optativa" (o contrato formado a partir do exercício da opção); reconhece a atipicidade do contrato e contribui, decisivamente, para a correta compreensão jurídica dos fenômenos que o cercam:

> A especificidade do negócio outorgativo de opção está na sucessão das fases que antecedem a sua formação, bem como naquela que determina, ao mesmo tempo, a formação da relação jurídica optativa. Referida sucessão mostra-se peculiar ao negócio em questão. Flexibiliza-se aquele momento que se vulgarizou chamar de *encontro entre oferta e aceitação* (na verdade, *consenso* decorrente da chamada *solda* entre os negócios jurídicos unilaterais da oferta e aceitação). O contrato optativo não se forma, apenas, mediante o encontro entre vontades (proposta e aceitação). No *iter informativo do consenso* incluem-se outros elementos, resultado da vontade prévia das partes, representados pelo próprio contrato de opção e o exercício unilateral por parte do beneficiário. Ao amparo da autonomia negocial, as partes, que são livres para formar negócios jurídicos não tipificados, também o são para alterar o *modo de formação* de contratos típicos. Mediante o mútuo acordo esposado, ela[s] aceitam e toleram que o *negócio de opção* e o *exercício do direito formativo gerador* passem a integrar o modo de conclusão do contrato optativo, o que rende ao negócio os atributos da particularidade e individualidade no âmbito jurídico. O *procedimento* de formação do contrato optativo pressupõe três fases

mos. Esse posicionamento, que tem sido endossado por grande parte da doutrina nacional e estrangeira, está intimamente ligado à natureza do direito formativo gerador, posto inexistir, tipicamente, uma prestação por parte do outorgante, o qual remanesce apenas sujeito aos efeitos do exercício daquele pelo beneficiário. Falta, assim, a prestação a ser sujeita à *tutela específica*". IGLESIAS, Felipe Campana Padin. *Opção de compra ou venda de ações no direito brasileiro*: natureza jurídica e tutela executiva judicial. 2011. Dissertação (Mestrado em Direito). 329 fls. Faculdade de Direito, Universidade de São Paulo, São Paulo, 2011, p. 274-275.

[196] SOUZA JUNIOR, Francisco Satiro de. *Regime jurídico das opções negociadas em bolsas de valores*, 2002. Tese (Doutorado em Direito). 185 fls. Universidade de São Paulo, Programa de Pós-Graduação em Direito, São Paulo. Orientador: Waldírio Bulgarelli, p. 63.

distintas: (a) relação vinculativa em que se busca a formação do *consenso* quanto ao negócio outorgativo de opção, mediante o encontro de proposta e aceitação das partes; (b) *relação que gera (efeito)* a situação de sujeição do outorgante frente ao direito formativo gerador do beneficiário; (c) nascimento da relação jurídica contratual optativa, previamente acordada em todos os seus termos, por meio do *exercício* do direito formativo gerador pelo beneficiário.[197]

Desse modo, adotamos como premissa serem as opções, em perspectiva legal, contratos atípicos, de função preparatória, em regra aleatórios, bilaterais, e onerosos.[198]

Finalmente, registramos que a forma, e outros mecanismos acessórios às operações dessa natureza, tais quais o depósito de margens e a possibilidade de se "intercambiar posições", variam de acordo com o âmbito em que a opção é outorgada.

Em bolsa, incorporarão vantagens e desvantagens de sua rígida disciplina, nos moldes impingidos a contratos futuros. Em balcão, será ela instrumentada e executada em atenção ao seu regime específico, com todos os seus percalços e benefícios, tal quais os contratos a termo.[199]

---

[197] IGLESIAS, Felipe Campana Padin. *Opção de compra ou venda de ações no direito brasileiro*: natureza jurídica e tutela executiva judicial. 2011. Dissertação (Mestrado em Direito). 329 fls. Faculdade de Direito, Universidade de São Paulo, São Paulo, 2011, p.135-136.

[198] IGLESIAS, Felipe Campana Padin. *Opção de compra ou venda de ações no direito brasileiro*: natureza jurídica e tutela executiva judicial. 2011. Dissertação (Mestrado em Direito). 329 fls. Faculdade de Direito, Universidade de São Paulo, São Paulo, 2011, p.135-136.

[199] "Também as opções são negócios passíveis de padronização, motivo pelo qual elas podem ser objeto de negociação em bolsa. [...] Por outro lado, para relações mais específicas, nada impede a negociação em mercado de balcão, sob forma de 'opções flexíveis' (ou meramente 'opções não padronizadas', na dicção da citada Resolução CMN nº. 2.873/2011)". YAZBEK, Otavio. *Regulação do mercado financeiro e de capitais*. Rio de Janeiro: Elsevier, 2007, p. 123.

3. CONTRATOS DE SWAP

3.1 Histórico

Os *swaps* foram criados no contexto da crise monetária internacional de 1973, deflagrada pelo rompimento dos tratados de Bretton Woods (1944), que impingiam padrão fixo de conversibilidade ouro-dólar em relações externas.

Na vigência do sistema de Bretton Woods, "[t]odas as taxas cambiais poderiam ser corrigidas [...], menos o dólar, cuja paridade com as demais moedas e cujo preço em ouro eram também fixados".[200]

Na leitura de Maria Clara Calheiros:

> As bases do sistema estavam reguladas por normas específicas sobre a paridade das moedas, regras respeitantes à sua modificação (desvalorizações e valorizações) e especificações quanto ao controlo monetário. A preservação de tal paridade – o que implicava a aspiração de manter um câmbio praticamente fixo – comportava ainda a obrigação de adaptar e aplicar medidas para sustentá-lo efetivamente. Toda alteração da paridade estabelecida, por desvaloriza-

---

[200] SAYAD, João. *O dólar*. São Paulo: Publifolha, 2008, p. 43. Balanço de pagamentos, segundo o autor, é o "registro contábil de todos os pagamentos e recebimentos feitos em moeda estrangeira" (p. 19).

ção ou valorização, deveria ajustar-se a certos requisitos, sempre mediante prévia consulta ao Fundo Monetário Internacional.[201]

A tônica da época, portanto, era a de estabilidade. Não se cambiavam divisas, ou o ouro, em parâmetros espontaneamente ditados pelo mercado; a prática obedecia a regulação incisiva, uniforme e coesa, governada por entidades supranacionais, com ênfase na figura do Fundo Monetário Internacional ("FMI").

Com efeito, as operações econômicas lastreadas em moeda estrangeira sujeitavam-se a um grau controlado de riscos, dotando-se, de conseguinte, de grande previsibilidade.

O sistema monetário de Bretton Woods iniciou a sua derrocada ao fim da década de sessenta. Rachel Sztajn atribui a causa do colapso a uma manobra política francesa:

> O abandono do padrão ouro deve-se à política do governo francês. Embora a França fosse signatária do Acordo de Bretton Woods, o governo de Gaulle, apelando para o nacionalismo, manipulou a taxa de câmbio, concedeu subsídios aos produtores e, com isso, atingiu posição no comércio internacional que lhe permitiu acumular grande reserva em ouro. Em novo lance do jogo político, o governo francês pleiteou para o país o papel até então desempenhado pelos Estados Unidos da América no comércio internacional, no qual a até então predominância da moeda norte-americana era inconteste. Ante a ameaça da França, o governo norte-americano adota, em 1968, decisão radical de abandonar a paridade entre o dólar norte-americano e o ouro, e transforma sua moeda em reserva do tesouro.[202]

Ademais, Calheiros afirma que a segunda metade da década de sessenta foi marcada por gastos extraordinários com as campanhas bélicas no Vietnã, o que pressionou o déficit da balança de pagamentos dos Estados Unidos, com forte desvalorização do dólar; e que os primeiros anos da década de setenta vieram acompanhados de grave crise do setor ener-

---

[201] CALHEIROS, Maria Clara. *O contrato de swap*. Coimbra: Coimbra Editora, 2000, p. 14.
[202] SZTAJN, Rachel. *Sistema financeiro: entre a estabilidade e o risco*. Rio de Janeiro: Elsevier, 2011, p. 27.

gético, provocada pela Organização dos Países Exportadores de Petróleo ("OPEP"), com a triplicação do preço do barril de petróleo.[203]

Segue-se, então, em 14 de novembro de 1973, a formalização do rompimento com o padrão dólar-ouro, "permitindo aos Bancos Centrais liquidar as suas reservas metálicas a preço livre, sem qualquer espécie de restrição".[204] O resultado foi a instituição de regimes cambiais e monetários livres e flutuantes, autodeterminados nacionalmente. A perda do lastro em ouro favoreceu, inclusive, descontrole sobre a produção monetária doméstica, o que determinou o recrudescimento do fenômeno inflacionário pelo mundo, bem como a quebra da confiança no poder aquisitivo da moeda.[205]

A antiga estabilidade via-se, assim, perturbada, com reflexos importantes sobre as taxas de câmbio e de juros.[206]

Por força das circunstâncias, também se modificou o comportamento dos agentes do mercado, instados a conceber soluções criativas para suas dificuldades:

---

[203] "EM 15 de Agosto de 1971, o Presidente Nixon decide suspender formalmente a conversibilidade do dólar em ouro, reconhecendo, implicitamente a crise monetária derivada da forte expansão do deficit da balança de pagamentos dos EUA. Este teve origem, essencialmente, nas extraordinárias despesas militares ocasionadas pela guerra do Vietname e pelo forte investimento de capitais no estrangeiro por parte de empresas multinacionais norte-americanas. [...] Paralelamente, as sucessivas desvalorizações do dólar, a partir de 1971, dão lugar a uma progressiva tomada de consciência por parte dos produtores de petróleo, no seio da OPEP (organização criada em 1960), do seu próprio poder. Em Outubro de 1973, o preço do barril de crude triplica colocando-se, no período de 1979-1981 (o segundo choque petrolífero), em 34 dólares o barril". CALHEIROS, Maria Clara. *O contrato de swap*. Coimbra: Coimbra Editora, 2000, p. 15.

[204] CALHEIROS, Maria Clara. *O contrato de swap*. Coimbra: Coimbra Editora, 2000, p. 14.

[205] "A continuidade da pressão contra a moeda norte-americana levou ao desabamento do sistema, e, em 1971, o controle da quantidade de moeda deixa de ser o lastro em ouro. Mesma decisão adotada por outros países ensejou, como se sabe, a eclosão do processo inflacionário resultante de emissão descontrolada de moeda com a consequente perda da confiança no poder de compra dessa moeda sem lastro". SZTAJN, Rachel. *Sistema financeiro: entre a estabilidade e o risco*. Rio de Janeiro: Elsevier, 2011, p. 27.

[206] "Em resumo, o abandono da livre convertibilidade do dólar em ouro, os choques petrolíferos, os desequilíbrios crescentes das balanças de pagamentos, alimentaram a cada vez maior incerteza nos mercados internacionais de capitais. Este fenómeno traduziu-se, em particular, numa acrescida instabilidade dos mercados de câmbios e de taxas de juros". CALHEIROS, Maria Clara. *O contrato de swap*. Coimbra: Coimbra Editora, 2000, p. 15.

Consequentemente, intensifica-se a concorrência e, simultaneamente, a clientela dos bancos modifica o seu comportamento: os particulares mostram-se cada vez menos passivos na negociação das suas relações de crédito ou de débito, exigindo uma remuneração real da sua poupança, constituindo desta forma um incontornável repto à criatividade daqueles e à sua capacidade de fornecer produtos financeiros aptos a satisfazer as crescentes exigências da procura. Agora a importância e natureza dos riscos inerentes às operações internacionais obrigam as empresas e os bancos a um esforço de gestão da instabilidade e da incerteza.[207]

Esse o contexto no qual começaram a se desenvolver os *swaps*,[208] a partir de operações conhecidas como *empréstimos paralelos ("parallel loans")* e *empréstimos cruzados ("back-to-back loans")*,[209] hoje em desuso.[210]

Os empréstimos paralelos funcionavam como subterfúgios ao rígido controle tributário praticado pela Grã-Bretanha sobre o mercado de câmbio, face ao receio de "fuga de capitais para o estrangeiro".[211] Envolviam empréstimos recíprocos, entre duas partes, em moedas diferentes, mas em idênticas condições de mercado (prazos, taxas de juros, etc.).

[207] CALHEIROS, Maria Clara. *O contrato de swap*. Coimbra: Coimbra Editora, 2000, p. 16.
[208] "Estimulado pelas novas exigências dos operadores do mercado – consequência directa da nova conjuntura económica internacional – e viabilizado pela evolução tecnológica e pelos beneplácitos governamentais, *o contrato de swap* aparece então como uma resposta dos profissionais da área financeira à generalizada situação de crise no panorama internacional". CALHEIROS, Maria Clara. *O contrato de swap*. Coimbra: Coimbra Editora, 2000, p. 18.
[209] "Historically, the forerunner of long-term currency *swaps* was the back-to-back loan, or parallel loan, in which the counterparties, typically firms each with access to a currency desired by the other, made loans to each other, each borrowing offsetting the other. The first such arrangements were between the U.S. dollar and U.K. sterling markets, and arose from the difficulties which foreign entities had at certain times in raising fixed-rate, long-term debt in these respective markets. The legal status of the firms' obligations to each other was that of a debt issue". BOCK, David; WALLICH, Christine I. *Currency Swaps - a borrowing technique in a public policy context*. In: *World bank staff working papers*, n. 640, p. 09, 1984. Disponível em: <http://www-wds.worldbank.org/external/default/WDSContentServer/WDSP/IB/2003/0 8/08/000178830_9810190342262/Rendered/PDF/multi0page.pdf>.
[210] "Embora estes mecanismos já não sejam utilizados hoje em dia, para além do interesse histórico que seu estudo pode apresentar, este permite-nos ainda e sobretudo compreender o mecanismo económico que subjaz ao *contrato de swap*". CALHEIROS, Maria Clara. *O contrato de swap*. Coimbra: Coimbra Editora, 2000, p. 22.
[211] CALHEIROS, Maria Clara. *O contrato de swap*. Coimbra: Coimbra Editora, 2000, p. 22.

CONTRATOS DE SWAP
A título ilustrativo, imaginemos, com Maria Clara Calheiros,[212] quatro pessoas jurídicas distintas, distribuídas em dois grupos econômicos diferentes. De um lado, o Grupo "A", formado pela sociedade controladora inglesa *London A Ltd.* e sua subsidiária norte-americana, *New York A Inc.*; de outro, o Grupo "B", integrado pela *holding* norte-americana, *New York B Inc.*, e sua subsidiária inglesa, *London B Ltd.*
Para viabilizar suas atividades nos Estados Unidos, o Grupo A deseja obter financiamento bancário em dólares norte-americanos, nas melhores condições disponibilizadas ao mercado. Pretensão equivalente possui o Grupo B, quanto ao recebimento de libras, para atuação na Inglaterra.
Seus objetivos poderiam ser alcançados, ordinariamente, de forma isolada. Bastaria que cada uma das subsidiárias contratasse mútuo junto a instituições bancárias nos países em que se instalaram. Mas pode ser que os custos com tal alternativa sejam elevados. Consideremos, assim, que as subsidiárias enfrentem dificuldade em análise de risco de crédito, obtendo-o, quando muito, com custos muito superiores ao que conseguiriam outras sociedades já estabelecidas e consolidadas no país, em igual oportunidade;
[212] "Para ilustrar a utilização dos empréstimos paralelos, coloquemo-nos na época em que o controlo de câmbios estava em vigor e imaginemos que uma empresa norte-americana fictícia (a New York Inc.) possuía uma filial no Reino Unido. Suponhamos igualmente que esta filial tinha necessidade de obter financiamento em libras e que, simultaneamente, uma filial de uma empresa britânica, igualmente fictícia (a London Ltd.), necessitava de financiamento em dólares. Se não existisse controlo de câmbios, a solução seria simples: as duas casas-mãe contrairiam empréstimos nos seus mercados nacionais, respectivamente, em dólares e libras, para mais tarde cambiarem os montantes assim obtidos, respectivamente, por libras e dólares, emprestando-os ulteriormente às suas filias. Actuando desta forma beneficiariam de taxas de juros relativamente baixas graças à notoriedade que cada uma, de per se, gozava nos seus mercados de capitais domésticos. Tais operações tornavam-se, evidentemente, mais dispendiosas, mesmo impossíveis, em resultado do controlo de câmbios destinado a impedir, no caso, a London Ltd. de adquiri dólares e os emprestar no estrangeiro, mesmo tratando-se de sua própria filial americana. É claro que empréstimos contraídos pelas filiais no seu país de residência poderiam, em princípio, substituir os das casas-mãe. Todavia, as filiais, consideradas em geral como detentoras de maior factor de risco, teriam de pagar taxas de juros mais elevadas que agravariam consideravelmente os custos de financiamento. Ora, o pagamento destas taxas de juros poder-se-ia evitar se as duas filiais quisessem financiar-se em quantias equivalentes (avaliadas à taxa de câmbio de momento) e por prazos iguais. As duas casas-mãe podem, então, contrair empréstimos nos seus mercados domésticos e, ulteriormente, emprestar as somas obtidas, à taxa de mercada, cada uma à filial da outra". CALHEIROS, Maria Clara. *O contrato de swap*. Coimbra: Coimbra Editora, 2000, p. 23-24.

mas que as suas controladoras, em seus respectivos países de origem, não sofram restrições semelhantes.

Desta feita, o Grupo A não poderá, sozinho, acessar recursos em dólares sem arcar com sacrifícios extraordinários; e o Grupo B, igualmente, não poderia, por seus próprios esforços, obter libras a custo razoável.

Diante de tais entraves, a solução pela via do empréstimo paralelo prega a aproximação dos Grupos A e B, visando ao suprimento de carências similares, mas contrapostas. Dá-se em quatro atos, a saber: (i) a obtenção de empréstimo em libras, pela controladora inglesa do Grupo A, *London A Ltd.*, no mercado bancário londrino, em condições ideais; (ii) o empréstimo em libras, da controladora inglesa do Grupo A, *London A Ltd.*, à subsidiária inglesa do Grupo B, *London B Ltd.*, em condições que reproduzam, fielmente, as características do mútuo bancário contratado pela controladora inglesa do Grupo A, *London A Ltd.*; (iii) a obtenção de empréstimo em dólares, em condições ideais, pela controladora norte-americana do Grupo B, *New York B Inc.*, no mercado bancário dos Estados Unidos; (iv) o empréstimo em dólares, da controladora norte-americana do Grupo B, *New York B Inc.*, à subsidiária norte-americana do Grupo A, *London A Ltd.*, em condições que reproduzam, fielmente, as características do mútuo bancário contratado pela controladora norte-americana do Grupo B, *New York B Inc.*[213]

A vantagem "provém do facto de cada filial [subsidiária] poder obter o financiamento de que necessita em melhores condições do que as disponíveis para si no mercado se negociasse aí o empréstimo directamente".[214]

O empréstimo cruzado ocorre de forma semelhante à do empréstimo paralelo. Diferenciam-se pela transferência internacional de recursos financeiros; isto é, enquanto o empréstimo paralelo se conclui com atos domésticos, de modo simultâneo, em dois países diferentes, o empréstimo cruzado estabelece vínculos transnacionais.

Com as mesmas personagens e pretensões do exemplo anterior, o empréstimo cruzado funcionaria em seis etapas: de um lado, ocorreriam (i) a obtenção de empréstimo em libras, pela controladora inglesa do Grupo A, *London A Ltd.*, no mercado bancário londrino, em condições ideais; (ii)

---

[213] Não nos parece descaracterizar a operação a eventual transferência de recursos à subsidiária a qualquer outro título, como, por exemplo, o pagamento do preço de emissão de novas ações em aumento de capital.

[214] exemplo, o pagamento do preço de emissão de novas ações em aumento de capital.

o empréstimo em libras, da controladora inglesa do Grupo A, *London A Ltd.*, à controladora norte-americana do Grupo B, *New York B Inc.*, em condições que reproduzam, fielmente, as características do mútuo bancário contratado pela controladora inglesa do Grupo A, *London A Ltd.*; (iii) o empréstimo em libras, também nas mesmas condições, da controladora norte-americana do Grupo B, *New York B Inc.*, à sua subsidiária inglesa, *London B Ltd.*; e de outro, simultaneamente, (iv) a obtenção de empréstimo em dólares, pela controladora norte-americana do Grupo B, *New York B Inc.*, no mercado bancário de Nova Iorque, em condições ideais; (v) o empréstimo em dólares, controladora norte-americana do Grupo B, *New York B Inc.*, à controladora inglesa do Grupo A, *London A Ltd.*, em condições que reproduzam, fielmente, as características do mútuo bancário contratado pela controladora norte-americana do Grupo B, *New York B Ltd.*; (vi) o empréstimo em dólares, também nas mesmas condições, da controladora inglesa do Grupo A, *London A Ltd.*, à sua subsidiária norte--americana, *New York A Inc.*.

Os empréstimos cruzados, para Maria Clara Calheiros, "sugerem ser possível reduzir os custos e reforçar a segurança de um financiamento, beneficiando das vantagens de um outro operador sobre um dado mercado e tornando ainda este financiamento externo indirecto equivalente a um acesso directo ao mercado de origem".[215]

A complexa estrutura dos empréstimos paralelos e cruzados favoreceram a criação dos *swaps*, vistos pelo mercado como uma alternativa de efeitos similares e mecanismos simplificados.

O primeiro *swap* praticado com notoriedade data de agosto de 1981.[216] Desenvolveu-se entre a IBM, companhia de alta reputação, expoente da tecnologia da informação, e o Banco Mundial, órgão do Sistema Finan-

---

[215] CALHEIROS, Maria Clara. *O contrato de swap*. Coimbra: Coimbra Editora, 2000, p. 27.

[216] "A well-known and very early example of the use of *swaps* is the one conducted between the World Bank and IBM in August 1981 [...]. This swap has the reputation of kick-starting the swap market because it was performed by two extremely prestigious organizations, and received a lot of publicity which attracted many other end-users to come into the market. It was the first long-term swap done by the World Bank, which is now one of the biggest users of the *swaps* market". FLAVELL, Richard. *Swaps and other derivatives*. West Sussex: John Wiley & Sons, 2002, p. 04.

ceiro Internacional, em soma de, aproximadamente, duzentos e noventa milhões de dólares.[217]

As notícias[218] dão conta de que a IBM, no ano anterior ao da estruturação do *swap*, havia captado recursos em marcos alemães e francos suíços, remetendo-os, ato contínuo, aos Estados Unidos da América, por meio de conversão em dólares. A IBM, incorrendo em débito, portanto, obrigou-se a devolver as divisas a seus financiadores, em certa data, acrescidas de juros.

Naquele ano, a moeda norte-americana, valorizara-se significativamente em relação ao marco e ao franco. A IBM pretendia, então, estabilizar seus ganhos em divisas e os riscos de oscilação do câmbio.

O Banco Mundial, paralelamente, visando a manter-se como um "grande financiador",[219] buscava marcos alemães e francos suíços, a custos menores que os de mercado, para compor reservas de financiamento. À época, o Banco Mundial também se encontrava em vias de alcançar os limites dos quais poderia dispor de empréstimos nos mercados e divisas nacionais alemães e suíços.[220]

As partes se aproximaram por intermédio do banco de investimentos Salomon Brothers, sediado nos Estados Unidos, o qual, em suma, "suge-

---

[217] "*O contrato de swap* IBM/Banco Mundial, envolvendo a soma de 290 milhões de dólares, constitui ponto de referência incontornável em qualquer estudo de *swaps*, na medida em que, tendo sido largamente difundido pela imprensa, obteve grande impacto junto da opinião pública. Apesar de já anteriormente se terem realizados contratos de swap envolvendo até empresas de vultos tais como a Banque Paribas ou a Morgan Guaranty, o referido contrato veio dinamizar o mercado de *swaps* de divisas, revelando ao grande público, a todas as empresas e a todos os profissionais da alta finança, as vantagens que se poderiam retirar deste novo instrumento. Podemos dizer sem pejo que se tratou de um verdadeiro catalizador do mercado". CALHEIROS, Maria Clara. *O contrato de swap*. Coimbra: Coimbra Editora, 2000, p. 29.

[218] "Details of the transaction have never been published in full". WAMSLEY, Julian. *New financial instruments*. West Sussex: John Wiley & Sons, 1998, p. 120.

[219] "The World Bank had a policy of raising money in hard currency; namely, DEM, CHF and YEN. It was a prolific borrower, and in 1981 was finding that its costs of funds in these currencies was rising simply through an excess supply of WB paper. Its objective, as always, was to raise cheap funds". FLAVELL, Richard. *Swaps and other derivatives*. West Sussex: John Wiley & Sons, 2002, p. 04.

[220] "The program was started at a time when the Bank was borrowing amounts of Swiss francs and other non-dollar currencies that were approaching the capacities of those markets and the Bank's official access limits". BOCK, David; WALLICH, Christine I. *Currency Swaps - a borrowing technique in a public policy context*. In: *World bank staff working papers*, n. 640, p. 10, 1984. Disponível em: <http://www-wds.worldbank.org/external/default/WDSContentServer/WDSP/IB/2003/08/08/000178830_9810190342262/Rendered/PDF/multi0page.pdf>.

riu então às duas entidades a montagem de uma operação swap, pela qual o Banco Mundial emitiria obrigações em dólares sobre o mercado americano",[221] sendo que um dos títulos, avaliado em 210 milhões de dólares, reproduziria o valor do principal e dos demais termos atribuídos aos débitos da IBM em marcos alemães; e o segundo título, avaliado em 80 milhões de dólares, adotaria as mesmas características de dívidas por ela assumidas em francos suíços.[222]

A estrutura adotada pelas partes, utilizada de forma recorrente pelo Banco Mundial na década de 80, pode ser ilustrada, em linhas gerais, da seguinte forma:

Figura 1 – *Swaps* de moedas praticados pelo Banco Mundial
(BOCK, David, WALLICH, Christine; 1984)[223]

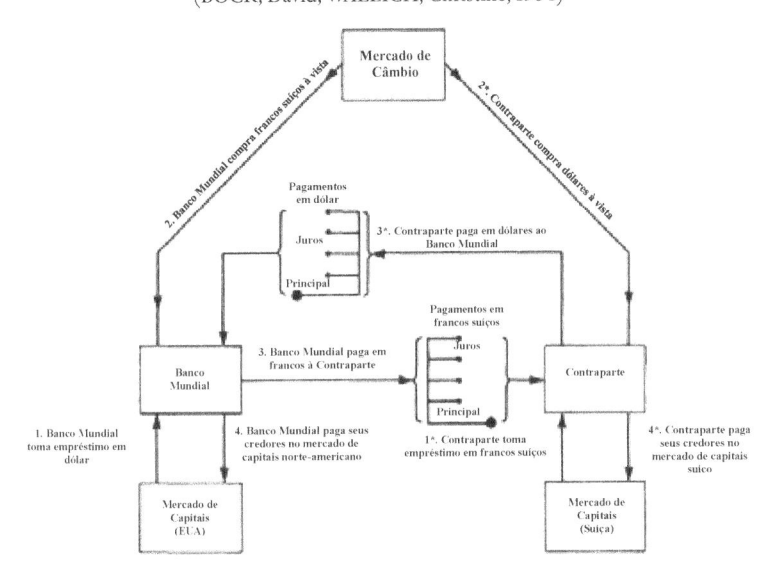

[221] CALHEIROS, Maria Clara. *O contrato de swap.* Coimbra: Coimbra Editora, 2000, p. 29.

[222] "Salomon Brothers suggested the following transactions: (a) The WB [World Bank] could still raise USD [U.S. Dollars] at relatively cheap rates, therefore it should issue two Eurodollar bonds: one matched to the principal and maturity of IBM's DEM [Deutsche Mark] liabilities equivalent to $210 million; the other matched to IBM's Swiss Franc liabilities equivalent to $80 million". FLAVELL, Richard. *Swaps and other derivatives.* West Sussex: John Wiley & Sons, 2002, p. 04.

[223] BOCK, David; WALLICH, Christine I. *Currency Swaps - a borrowing technique in a public policy context.* In: *World bank staff working papers,* n. 640, p. 10, 1984. Disponível em: <http://www-wds.worldbank.org/external/default/WDSContentServer/WDSP/IB/2003/0 8/08/000178830_9810190342262/Rendered/PDF/multi0page.pdf>.

Banco Mundial	Contraparte
1. O Banco Mundial toma dólares emprestados no mercado de capitais norte-americano.	1*. A contraparte toma francos suíços emprestados no mercado de capitais suíço.
2. O Banco Mundial compra francos suíços no mercado à vista de câmbio.	2*. A contraparte compra dólares no mercado à vista de câmbio.
3. O Banco Mundial faz pagamentos em francos suíços à contraparte.	3*. A contraparte faz pagamento em dólares ao Banco Mundial.
4. O Banco Mundial paga seus credores no mercado de capitais norte-americano.	4*. A contraparte paga seus credores no mercado de capitais suíço.

Financeiramente, a operação teve efeitos equivalentes aos de um contrato a termo de moedas estrangeiras contra dólar,[224] mas com uma diferença: "cada parte, no contrato de swap, assumia o encargo financeiro inerente à dívida contraída pela outra, sem deixar de ser juridicamente responsável pela sua própria";[225] i.e., "os montantes em divisas fornecidos reciprocamente pelas duas partes não eram calculados a partir da taxa de longo prazo fornecida pelo mercado de cada uma das divisas, mas correspondia exatamente aos montantes e prazos de reembolso do empréstimo contraído pelo Banco Mundial, por um lado, e do empréstimo inicial em marcos [e francos suíços] da IBM, por outro lado".[226]

O cumprimento das obrigações impostas ao Banco Mundial, nessa sistemática, deu-se mediante a efetiva transferência de marcos alemães e francos suíços à IBM.[227]

---

[224] "Em termos de fluxos financeiros este swap correspondia a uma venda a prazo de marcos alemães contra dólares pelo Banco Mundial à IBM, ou uma venda a prazo de dólares contra marcos alemães pela IBM ao Banco Mundial, ou ainda a um empréstimo cruzado dólar/marco entre o Banco Mundial e a IBM". CALHEIROS, Maria Clara. O contrato de swap. Coimbra: Coimbra Editora, 2000, p. 30.

[225] CALHEIROS, Maria Clara. O contrato de swap. Coimbra: Coimbra Editora, 2000, p. 30.

[226] CALHEIROS, Maria Clara. O contrato de swap. Coimbra: Coimbra Editora, 2000, p. 30.

[227] "Using the currency swap technique, the Bank could thus acquire Swiss francs and other non-dollar currencies through the spot foreign exchange market (or directly from the counterparty) without having to draw upon the domestic capital markets of Switzerland, etc. The currency swap was an alternative method of borrowing for the Bank whereby it could make use of its more extensive access to US dollars and still end
up with the preferred liability". BOCK, David; WALLICH, Christine I. Currency Swaps - a borrowing technique in a public policy context. In: World bank staff working papers, n. 640, p. 11, 1984. Disponível em:
<http://www-wds.worldbank.org/external/default/WDSContentServer/WDSP/IB/2003/0
8/08/000178830_9810190342262/Rendered/PDF/multi0page.pdf>.

Assim, as remessas de recursos financeiros de parte a parte, eram estimadas (i) em favor da IBM, conforme as variações sofridas pelas obrigações em marcos alemães e francos suíços, e mediante remessa dessas divisas, a fim de que pudesse fazer face às suas obrigações nos mercados alemão e suíço; e (ii) em favor do Banco Mundial, conforme as variações sofridas pelas obrigações em dólar, com idêntico objetivo.

Há, portanto, uma modificação de riscos. A IBM assume frente ao Banco Mundial os *resultados* advindos das obrigações cotadas em dólares, como se as tivesse assumido perante terceiros; e o Banco Mundial assume junto à IBM os *resultados* apurados em obrigações cotadas em marcos alemães e francos suíços, como se a sua titularidade, à ótica do mercado, houvesse lhe sido transferida.

Economicamente, a *modificação dos riscos*, ou *troca de fluxos de caixa*, ocorre (i) com o cálculo das variações de taxas de câmbio e juros acumuladas até a data do acerto entre as partes; e, no momento oportuno, (ii) a transferência recíproca de recursos, até que os efeitos sobre o patrimônio de cada qual se ajustem ao novo risco assumido.

Nesses termos, suponhamos que em 30 de março de 1982, data do primeiro acerto entre IBM e Banco Mundial, a variação acumulada para o marco alemão, nos 215 primeiros dias de vigência da operação, mais os juros, tenham somado, positivamente, 3,59%; para o franco suíço, no mesmo período, 3,88%; e para o dólar, 3,97%.

Considerando-se tão somente o valor do principal e juros, corrigidos cambialmente, desprezados, para fins meramente ilustrativos, os demais custos dos financiamentos, temos que (i) o Banco Mundial teria recebido os 11.513.000,00 dólares correspondentes às suas obrigações em dólar; e (ii) a IBM teria recebido, em marcos alemães e francos suíços, o equivalente a 10.643.000,00 dólares, valor suficiente para fazer face às suas obrigações nessas divisas.

Quadro 2 – Síntese didática de uma das etapas do *swap* IBM – Banco Mundial.

Obrigações	Variação Março/1982	Principal*	Pagamentos à IBM**	Pagamentos ao Banco Mundial
Marco alemão	+3,59%	$210,000,000.00	$7,539,000.00	0
Franco suíço	+3,88%	$80,000,000.00	$3,104,000.00	0
Dólar	+3,97%	$290,000,000.00	0	$11,513,000.00
		Total	$10,643,000.00	$11,513,000.00

* Estipulado exclusivamente em dólares para que o cálculo fosse simplificado.
**Realizados mediante transferência de marcos alemães e francos suíços.

A lógica da operação IBM – Banco Mundial, portanto, pode ser reduzida, vulgarmente, à de um *pagamento cruzado*: pago à outra parte o equivalente à sua dívida para que, em contrapartida, dela possa receber o equivalente a meus débitos – substituindo assim, *abstratamente*, o credor primitivo pela outra parte da operação de *swap*.

Assim, após as transferências recíprocas, e, novamente consideradas as condições simplificadas de nosso exemplo, o Banco Mundial teria condições de suportar os 11.513.000,00 dólares que seriam exigidos como primeiro pagamento por seus credores, enquanto dispenderia, apenas, o equivalente a 10.643.000,00 dólares com o *swap* – o que representaria um ganho, nas divisas desejadas, equivalente a 870.000,00 dólares. A IBM, por outro lado, arcaria, no *swap*, com 11.513.000 de dólares, recebendo de sua contraparte apenas 10.643.000,00 dólares – o que representaria uma perda de 870.000,00 dólares.

A troca de riscos e resultados neste exemplo, portanto, embora aproveite ao Banco Mundial e cause prejuízo à IBM, atende, fielmente, ao objetivo de ambas as partes, a saber, a modificação do risco cambial, aliada à obtenção de moeda estrangeira a baixo custo.

A partir deste episódio, outras operações de *swap* prosperaram, com lógica e sistemática semelhantes, resguardadas as suas particularidades. Nos itens seguintes, abordamos os principais modelos de *swap* hoje praticados, nacional e internacionalmente, não sem antes aprofundar a análise de suas semelhanças.

3.2 Nomenclatura

Traduções literais para o verbo *to swap* são *trocar, permutar, negociar*.[228] Daí o mercado brasileiro, alinhando-se às práticas e costumes internacionais, referir-se à operação como "contratos a termo de troca de

---

[228] "n. troca, permuta. Vt. trocar, permutar, negociar". WEISZFLOG, Walter (ed.). Michaelis moderno dicionário Inglês & Português. Melhoramentos. Disponível em: <http://michaelis. uol.com.br/moderno/ingles/index.php?lingua=ingles-portugues&palavra=swap>. Acesso em 15 de novembro de 2011.

rentabilidade"[229](BM&FBOVESPA); "troca de resultados financeiros"[230] (CMN, BACEN); ou "troca de fluxos de caixa" (Bessada *et ali*;[231] John C. Hull;[232] Rachel Sztajn;[233] entre outros).

O conceito de "fluxo de caixa" tem origem nas ciências contábeis e é utilizado para se referir "ao pagamento ou recebimento efetivo de dinheiro por uma empresa ou instituição governamental".[234]

O fluxo de caixa pode ser entendido como "1. O movimento de dinheiro provocado pelo negócio, como uma medida de lucratividade ou liquidez. 2. O dinheiro gerado por um negócio ou por uma transação. 3. Receitas com dinheiro menos despesas com dinheiro por um determinado período".[235] Para Rachel Sztajn, "[f]luxo de caixa, tradução da expressão cash flow, indica o movimento de entrada e saída de recursos em períodos determinados de tempo".[236]

A Lei de Sociedades por Ações sintetiza o seu conceito contábil como "as alterações ocorridas, durante o exercício, no saldo de caixa e equivalentes

---

[229] *BOLSA DE VALORES, MERCADORIAS E FUTUROS* DE SÃO PAULO. *Contrato a termo de troca de rentabilidade (swaps).* Disponível em: <http://www.bmf.com.br/bmfbovespa/pages/contratos1/Balcao/PDF/Termo_TrocaRentabilidade.pdf>. Acesso em 11 de março de 2012.

[230] Resolução CMN n. 2.873/01 (hoje revogada); Circular BACEN n. 3.099/02.

[231] "De um modo geral, swap é um contrato entre duas partes para troca de fluxos de caixa em determinado período, na mesma ou em diferentes moedas". BESSADA, Octavio; BARBEDO, Cláudio; ARAÚJO, Gustavo. *Mercado de derivativos no Brasil.* Rio de Janeiro: Record, 2005, p. 147.

[232] "Swap é um acordo entre duas companhias para trocar fluxos de caixa no futuro". HULL, John C. *Fundamentos dos mercados futuros e de opções.* São Paulo: BM&FBOVESPA – *Bolsa de Valores, Mercadorias e Futuros* de São Paulo, 2009, p. 167.

[233] "Define-se swap como o contrato pelo qual as partes ajustam a permuta de fluxos de caixa futuros, de acordo com fórmula predeterminada". SZTAJN, Rachel. *Futuros e swaps: uma visão jurídica.* São Paulo, Cultura Paulista, 1998, p. 215.

[234] SANDRONI, Paulo (Org.). *Novíssimo dicionário de economia.* São Paulo: Best Seller, 1999, p. 246. Acresce: "Na medida em que tais fluxos não coincidem necessariamente com os momentos nos quais os bens ou serviços são adquiridos, se não houver um planejamento financeiro adequado uma empresa pode encontrar-se em dificuldades para saldar seus compromissos, mesmo que esteja numa posição economicamente sólida".

[235] "1. The movement of cash through a business, as a measure of profitability or liquidity. 2. The cash generated from a business or transaction. 3. Cash receipts minus cash disbursements for a given period". GARNER, Bryan A. (ed.). *Black's Law Dictionary.* St. Paul: West Group, 2004, p. 647.

[236] SZTAJN, Rachel. *Futuros e swaps: uma visão jurídica.* São Paulo, Cultura Paulista, 1998, p. 220.

de caixa"[237] provocados, principalmente, pelo exercício da empresa ("operação"), mútuos ("financiamentos") e créditos variados ("investimentos").[238]

A utilidade das demonstrações de fluxos de caixa, pois, está na apuração do movimento de entrada e saída de *disponibilidades* (dinheiro e créditos) da sociedade, num dado lapso de tempo.[239]

A expressão "resultado financeiro", empregada pelo Conselho Monetário Nacional e o Banco Central, parece[240] reportar-se à conta "Apuração de Resultados", disciplinada pelo Plano Contábil das Instituições Finan-

---

[237] "A definição de equivalentes de caixa do Pronunciamento Técnico CPC 03 - Demonstração dos Fluxos de Caixa assemelha-se a adotada pelo IASB e FASB. Para reconhecer um investimento como um equivalente de caixa, e necessário o atendimento cumulativo de três requisitos: ser de curto prazo, ser de alta liquidez e presentar insignificante risco de mudança de valor. Quanto ao entendimento de curto prazo, 0 Pronunciamento Técnico CPC 03 - Demonstração dos Fluxos de Caixa não menciona o limite mas usa, como exemplo, os equivalentes de caixa que tenham vencimento de até três meses de sua aquisição. A definição apresentada do IASB e praticamente igual a usada pelos norte-americanos. Consideramos que apenas os investimentos resgatáveis em ate três meses em relação à sua aquisição enquadram-se na definição de equivalentes de caixa". GELBCKE, Ernesto Rubens; IUDÍCIBUS, Sérgio de; MARINS, Eliseu; SANTOS, Ariosvaldo dos. *Manual de contabilidade societária*. São Paulo: Atlas, 2010, p. 568.

[238] Lei n. 6.404/76, art. 188: "As demonstrações referidas nos incisos IV e V do caput do art. 176 desta Lei indicarão, no mínimo:
I – demonstração dos fluxos de caixa – as alterações ocorridas, durante o exercício, no saldo de caixa e equivalentes de caixa, segregando-se essas alterações em, no mínimo, 3 (três) fluxos:
a) das operações;
b) dos financiamentos; e
c) dos investimentos;
II – demonstração do valor adicionado – o valor da riqueza gerada pela companhia, a sua distribuição entre os elementos que contribuíram para a geração dessa riqueza, tais como empregados, financiadores, acionistas, governo e outros, bem como a parcela da riqueza não distribuída".

[239] "O objetivo das demonstrações de fluxos de caixa é prover informações relevantes sobre os pagamentos e recebimentos, em dinheiro, de uma empresa, ocorridos durante um determinado período, e com isso ajudar os usuários das demonstrações contábeis na analise da capacidade da entidade de gerar caixa e equivalentes de caixa, bem como suas necessidades para utilizar esses fluxos de caixa". GELBCKE, Ernesto Rubens; IUDÍCIBUS, Sérgio de; MARINS, Eliseu; SANTOS, Ariosvaldo dos. *Manual de contabilidade societária*. São Paulo: Atlas, 2010, p. 567.

[240] Os normativos não definem "resultado financeiro".

ceiras ("COSIF"), instituído pelo Banco Central por meio da Circular n. 1.273/87, em consonância com o art. 187 da Lei de Sociedades por Ações.[241]

A conta tem por função "[r]egistrar, no dia do balanço, a apuração do resultado financeiro da instituição no período balanceado", sendo debitada "a) pelo valor das despesas, perdas e prejuízos; b) pelo saldo devedor de correção monetária; c) pela transferência do saldo credor final que apresentar para LUCROS OU PREJUÍZOS ACUMULADOS, representando o lucro líquido do período" e creditada "a) pelo valor das receitas, ganhos e lucros; b) pelo saldo credor de correção monetária; e c) pela transferência do saldo devedor final que apresentar para LUCROS OU PREJUÍZOS ACUMULADOS, representando o prejuízo do período".[242]

Abrange, principalmente, o confronto de "receitas de juros sobre aplicações financeiras e títulos públicos, despesas com juros sobre financiamentos, ganhos e perdas com avaliação a valor justo de acordo com a classificação do título, além das variações cambiais e monetárias líquidas"[243] ("*resultado financeiro líquido*"[244]).

Rentabilidade, por fim, é o "[g]rau de rendimento proporcionado por determinado investimento. Pode ser expressa pela porcentagem de lucro em relação ao investimento total".[245]

A nomenclatura que melhor traduz a sistemática clássica dos *swaps*, em termos econômico-contábeis, pensamos, é a troca de fluxos de caixa, dada a sua maior amplitude e precisão. Adiante-se que as operações de *swap*

---

[241] Lei n. 6.404/76, art. 187: "A demonstração do resultado do exercício discriminará: [...] III - as despesas com as vendas, *as despesas financeiras, deduzidas das receitas*, as despesas gerais e administrativas, e outras despesas operacionais" (g.n.).

[242] Disponível em: <http://www.bcb.gov.br/pre/normativos/circ/1987/pdf/circ_1273.pdf>. Acesso em 29 de janeiro de 2012.

[243] PETROBRAS S.A. *Sumário das principais políticas contábeis*. Disponível em: <http://www.petrobras.com.br/rs2010/pt/analise-financeira-e-demonstracoes-contabeis/notas-explicativas-demonstracoes-contabeis/sumario-das-principais-politicas-contabeis/>. Acesso em 29 de janeiro de 2012.

[244] "A Lei das Sociedades por Ações, em seu art. 187, define a apresentação desta rubrica [resultados financeiros líquidos] como '*as despesas financeiras deduzidas das receitas*'. [...] Nesse título [receitas e despesas financeiras], são incluídos os juros, o desconto e a atualização monetária prefixada, além de outros tipos de receitas ou despesas, como as oriundas de aplicações temporárias em títulos". GELBCKE, Ernesto Rubens; IUDÍCIBUS, Sérgio de; MARINS, Eliseu; SANTOS, Ariosvaldo dos. *Manual de contabilidade societária*. São Paulo: Atlas, 2010, p. 514.

[245] SANDRONI, Paulo (Org.). *Novíssimo dicionário de economia*. São Paulo: Best Seller, 1999, p. 525.

não contemplam apenas rendimentos; podem se referir também a passivos. Também não se limitam a resultados havidos com produtos financeiros, eis que possível a troca de outros *resultados operacionais* (gênero), que compõem o fluxo de caixa ao lado dos resultados financeiros (espécie),[246] lidando com resultados de compras e vendas ou prestação de serviços que impliquem eventos de crédito (inadimplemento, insolvência, falência, etc.).

Saliente-se que as trocas não se dão com relação a todo o fluxo de caixa das partes, como, à primeira vista, se poderia entender. Não se calcula o fluxo de caixa da companhia "A" e da companhia "B" para, ato contínuo, se proceder aos pagamentos, atribuindo-se o fluxo de caixa de uma à outra, reciprocamente. Calculam-se, sim, fluxos de caixa específicos, atrelados a determinados riscos econômicos, como, por exemplo, os fluxos negativos provocados por um débito de R\$1.000.000,00, remunerado à taxa prefixada de 6% ao ano, ou os positivos ocasionados por um crédito de mesmo valor, remunerado pela taxa CDI.

Traduzida a termos técnico-jurídicos, a expressão "troca de fluxos de caixa" é melhor trabalhada como um "ajuste de fluxos de caixa".[247] A nosso ver, tem a vantagem de não induzir o intérprete a erro – já que, como se demonstrará, não há troca em sentido jurídico – e, ao mesmo tempo, respeita a finalidade socioeconômica de cada um dos contratos analisados. Neste relatório de pesquisa, reservaremos o termo "troca" às operações econômicas e "ajuste" aos contratos que as guarnecem.

No que tange aos *credit default swaps* (em tradução livre, algo como "trocas relativas a inadimplemento de crédito", comumente traduzida, de forma

---

[246] "[...] estamos nos mantendo alinhados com a legislação brasileira em vigor, a qual manda que se classifique como componentes do resultado operacional, além do produto das vendas dos bens e serviços comercializados pela empresa, os dividendos recebidos de coligadas e subsidiárias e o resultado financeiro líquido, assim compreendido como o resultado líquido dos juros recebidos e pagos em consequência das operações e aplicações financeiras". SÁ, Carlos Alexandre. *Liquidez e fluxo de caixa*: um estudo teórico sobre alguns elementos que atuam no processo de formação do caixa e na determinação do nível de liquidez de empresas privadas não financeiras. 74 fls. Dissertação (Mestrado em Finanças e Economia Empresarial) – Escola de Pós-Graduação em Economia, Fundação Getúlio Vargas, Rio de Janeiro, 2004, p. 20.

[247] "Uma das principais funções dos *swaps*, explicou-se, é modificar os fluxos de caixa produzidos pelos bens subjacentes. Um swap de certo ativo transforma-o em outro ativo, contribuindo, de forma muito interessante, no ajuste de carteiras de valores mobiliários ou de imóveis, quando da venda puder resultar prejuízo". SZTAJN, Rachel. *Futuros e swaps: uma visão jurídica*. São Paulo, Cultura Paulista, 1998, p. 224.

parcial, como "*swap* de crédito") nem mesmo em termos contábeis, financeiros ou pragmáticos se configuraria uma troca, efetiva ou abstrata, entre as partes. Por esse motivo, em momento oportuno, problematizaremos a sua inserção na mesma categoria de derivativos a que pertencem as demais modalidades de *swap* investigadas, concluindo, ao fim, pela sua reclassificação, caso se confirme a necessidade.

Preservamos, entretanto, a denominação "*swap* de crédito" em nossas referências à operação econômica, a fim de alinhá-las à prática de mercado, evidenciando, em seção própria, a designação jurídica que julgamos mais adequada.

Nota-se, assim, que a nomenclatura e, em especial, o campo semântico associado ao *swap*, de fato, não são de fácil compreensão ou definição. Daí nossos esclarecimentos preliminares.

Ari Cordeiro Filho, a propósito, narra episódio curioso no qual o então Ministro da Fazenda, Oswaldo Aranha (1953-1954), às voltas com as baixas reservas de divisas do país, mencionou o termo *swap* para se referir, canhestramente, a operações semelhantes a contratos a termo ("*forwards*"), que lhes ajudariam a equacionar o problema.[248]

Segundo o autor, "[t]estemunhos levam a crer que as menções expressas na lei fiscal da época ('*swaps* e *reports*') e na lei de reforma do sistema financeiro, Lei n. 4.595/64, ("*swaps*"), dirigiam-se a esta configuração do instituto [contratos a termo]"[249] – que, a bem da verdade, como se verá, não guarda relação direta com o objeto de nosso estudo.

---

[248] "Na década dos 50, preocupações já povoavam reuniões com o Ministro da Fazenda brasileiro, quanto à escassez de divisas para saldar compromissos externos. O Ministro tranquilizava que a solução estava nos *swaps*, no pressuposto de 'ça va sans dire'. Animaram-se alguns interlocutores a indagar ao Ministro o que seriam os tais *swaps* salvadores. Respondeu ele, simplesmente: 'Ora, *swaps* são *swaps*!'. Forçada assim a pesquisa, constatou-se que multinacionais depositavam dólares no Banco do Brasil, os quais, depois, eram 'trocados', nos registros oficiais, pelos débitos relativos a mercadorias exportadas pelo País (café, milho, algodão, minério), compensando-se com fórmulas variáveis. Pelas variações que comportava, esta 'troca' poderia ser conceituada hoje como uma compra e venda a termo (um forward), ou um adiantamento por conta". CORDEIRO FILHO, Ari. *Swaps – aspectos jurídicos*. In: *Revista de direito bancário, do mercado de capitais e da arbitragem*, ano 4, n. 2, p. 69, janeiro-março de 2001.
[249] CORDEIRO FILHO, Ari. *Swaps – aspectos jurídicos*. In: *Revista de direito bancário, do mercado de capitais e da arbitragem*, ano 4, n. 2, p. 69, janeiro-março de 2001.

3.3 Motivações econômicas

Os *swaps* "podem dizer respeito a fluxos pecuniários negativos ou positivos – consoante tais fluxos são gerados por passivos financeiros (*'liability swaps'*) ou decorrentes de juros vencidos por activos das partes (*'asset swaps'*)".250

O exemplo de Maria Clara Calheiros, adaptado a partir de Gillot e Pion, [251] ajuda-nos a esclarecer as razões básicas pelas quais os *swaps* são realizados:

> imaginemos que duas pessoas, o João e o Joaquim, têm por hábito frequentar sempre os mesmos bares; o João, grande consumidor de cerveja, o bar especializado A, e o Joaquim, que só bebe vodka, o bar B possuidor das melhores marcas dessa bebida. Os nossos dois amigos pagam a crédito. Chega um dia em que, nem o bar A, nem o bar B querem continuar a servi-los, pois os respectivos 'calotes' eram demasiado grandes. Que fazer, então, para que cada um possa continuar a satisfazer a sua paixão, respectivamente por cerveja e por vodka? O João e Joaquim vão simplesmente alterar o lugar de consumo. O João irá ao bar frequentado pelo Joaquim (onde ele não é conhecido) comprar vodka e, inversamente, o Joaquim irá ao bar João comprar cerveja. Os *barmen* ficarão muito contentes por acolher estes dois novos clientes e lhes abrir a conta. Quanto aos nossos dois compadres, estes efectuarão a troca das bebidas num local combinado antecipadamente, à revelia dos *barmen*. No cômputo global, os quatro protagonistas desta história puderam continuar as suas actividades respectivas, sem entravar, no entanto, o funcionamento geral do sistema.[252]

É o que a literatura econômica nomeia *vantagem comparativa*. As oportunidades de negócio são, por vezes, assimétricas; nem todos os agentes econômicos acessam recursos de modo uniforme. Determinada pessoa pode gozar dos melhores juros em empréstimos a taxa fixa enquanto outra extrai os melhores proveitos a taxas variáveis; uma companhia sediada nos

---

[250] ANTUNES, José Engrácia. *Os instrumentos financeiros*. Coimbra: Almedina, 2009, p. 173.
[251] Le Nouveau Cambisme, Eska, 1993.
[252] CALHEIROS, Maria Clara. *O contrato de swap*. Coimbra: Coimbra Editora, 2000, p. 31-32.

Estados Unidos pode captar ienes a custos proibitivos, ao passo que outra, sediada no Japão, o faria com módico sacrifício.

O *swap* foi concebido, justamente, para o intercâmbio dessas vantagens. Uma "companhia pode tomar empréstimos a taxas fixas quando deseja empréstimos a taxas flutuantes ou o contrário. O swap é utilizado [por exemplo] para transformar o empréstimo a taxas fixas em empréstimos a taxas flutuantes e vice-versa".[253]

Raquel Sztajn, no mesmo sentido, afirma que a "razão mais frequente para justificar tais contratos é vantagem comparativa; cada uma das partes obtém maior vantagem com a troca do que em outras operações para chegar a igual resultado econômico".[254] Mas alerta:

> Crítica a esse argumento é que, por tratar-se de contratos de exe-cução periódica, qualquer alteração na avaliação do crédito das par-tes pode provocar desequilíbrio que se reflita na vantagem buscada. (Nos contratos de mútuo celebrados com taxa de juros variável, a classificação de crédito do devedor pode levar a aumento da taxa ou até aumento do *spread* na repactuação do mútuo). As motivações para o uso de *swaps* são redução de risco e redução de custo financeiro.[255]

A estratégia de troca de vantagens comparativas é considerada uma técnica de arbitragem.[256]

---

[253] HULL, John C. *Fundamentos dos mercados futuros e de opções*. São Paulo: BM&FBOVESPA – *Bolsa de Valores, Mercadorias e Futuros* de São Paulo, 2009, p. 175.

[254] SZTAJN, Rachel. *Futuros e swaps: uma visão jurídica*. São Paulo, Cultura Paulista, 1998, p. 225.

[255] SZTAJN, Rachel. *Futuros e swaps: uma visão jurídica*. São Paulo, Cultura Paulista, 1998, p. 225.

[256] "No domínio dos *swaps*, a arbitragem opera, normalmente, de duas maneiras. Por um lado, a celebração de um contrato pode permitir a ambas as partes obter um ganho derivado da repartição entre elas, através do contrato, da vantagem absoluta que uma detenha sobre determinado mercado em razão da sua maior credibilidade; por outro lado, o swap pode construir, para as partes, uma forma de aceder a um mercado mais atractivo, que de outra forma não lhe estaria disponível. [...] Em resumo: 'a motivação das partes ao celebrarem um swap de arbitragem é, portanto, tirar um proveito imediato e facilmente quantificável me-diante a exploração inteligente dos diferenciais de todas as naturezas existentes nos mercados financeiros, em razão da ineficiência destes últimos'". CALHEIROS, Maria Clara. *O contrato de swap*. Coimbra: Coimbra Editora, 2000, p. 70.

"More likely however is when the parties have asymmetric advantages, for example different access to markets. It is frequently argued that such arbitrages will disappear as markets be-come more efficient. However there are many sources that consistently distort markets, such

Tal quais outros derivativos, o *swap* permite ainda sua operação com propósito de proteção e especulação.[257]

Dá-se a proteção, *verbi gratia*, no "caso do exportador que quer ver garantidas as suas receitas em divisas, do importador que deseja assegurar-se do custo final das suas aquisições no estrangeiro".[258] Simplificadamente, ocorre mediante o ajuste das possibilidades de ganho, dentro da operação de *swap*, com as possíveis perdas na relação jurídica subjacente, a fim de que o *hedger* assuma outros riscos econômicos que repute mais vantajosos.

Quer dizer, se a situação do *hedger*, no *swap*, se agrava – por exemplo, pela elevação da taxa de câmbio ou de uma das variáveis do cálculo de juros, que constituem a base de cálculo de sua obrigação no derivativo – no contrato externo ao *swap*, do qual o *hedger* visa a se proteger – atrelado aos mesmos índices do *swap* – sua posição melhora na mesma proporção, tendendo a anular, financeiramente, os efeitos da oscilação de mercado.

Estabelece-se, primeiramente, uma lógica de ação-reação; aos créditos constituídos pelo *swap* correspondem os débitos na relação contratual externa, e vice-versa. O que se obriga a parte a pagar no *swap*, deve receber no contrato subjacente; e o que tem direito a receber no contrato subjacente, obriga-se a pagar no *swap*.

Num segundo momento, com o cálculo da diferença, o saldo pago a uma das partes equilibra, financeiramente, os três contratos em questão (o *swap* e os dois contratos subjacentes, considerando-se a possibilidade de que ambas as partes contratem o derivativo com finalidade de *hedge*).

Exemplifiquemos: se "A" deverá pagar $6 de juros a seu mutuante na relação jurídica subjacente, no *swap*, tem crédito de $6 contra "B"; se "B", a seu turno, deverá pagar juros de $10 a seu próprio mutuante, tem crédito

---

as governments with asymmetric taxation and cheap subsidization, investors with arbitrary credit limits, capital regulations on banks with existing exposures, different perceptions of credit pricing, and so on, that suggest the arbitrages will continue". FLAVELL, Richard. *Swaps and other derivatives*. West Sussex: John Wiley & Sons, 2002, p. 39.

[257] "*Os instrumentos financeiros* voltados à proteção, do ponto de vista jurídico, não guardam, nem devem guardar, qualquer referência ou relação com o negócio ou o contrato original que devem proteger, exceto sua aplicação nessa finalidade. Por essa razão, efetuam-se operações financeiras com a finalidade de hedge e não operações de hedge, embora o mercado a elas assim se refira". BIFANO, Elidie Palma. *A tributação dos derivativos: conceito, dedutibilidade e discussões mais recentes*. In: *O direito tributário e o mercado financeiro e de capitais*. São Paulo: Dialética, 2009, p. 130.

[258] CALHEIROS, Maria Clara. *O contrato de swap*. Coimbra: Coimbra Editora, 2000, p. 66.

de \$10 contra "A". Calculadas as diferenças pelo *swap*, tem-se que o saldo, \$4, será pago por "A" a "B". Isso significa que (i) "A" terá pago \$6 em sua relação jurídica subjacente mais \$4 no *swap*, no total de \$10, valor exato que suportaria caso seu mútuo fosse corrigido pelo mesmo parâmetro de "B"; (ii) "B" terá recebido \$4 no *swap* e pago \$10 em seu contrato subjacente, o que resulta em uma perda de apenas \$6, valor exato que suportaria caso seu mútuo fosse corrigido pelo mesmo parâmetro de "A".

Essa é a apenas uma das possibilidades mais simples de *hedge* permitidas pelos *swaps*. Outras estratégias são possíveis.

Na prática, contudo, a proteção não elimina riscos por completo; num *swap* de ativos, o risco de crédito frente a terceiro ainda subsiste; e, em *swap* de passivos, ao mesmo tempo em que a parte assegura pagamento a dívida subjacente, como visto, assume um novo risco em relação à sua contraparte.

Anote-se ainda que a proteção em *credit default swaps* se opera de maneira peculiar, como demonstraremos; basta que o crédito depreciado seja de efetiva titularidade da parte protegida, ou que ela esteja atrelada a riscos de crédito muito similares, para que, com o pagamento a ser efetuado pela contraparte, os efeitos de uma perda temida sejam repelidos ou, no mínimo, abrandados.

A especulação "torna-se evidente quando uma das partes celebra um contrato de swap numa espécie de vácuo financeiro, i.e., sem possuir uma situação financeira subjacente dependente da particular variável econômica em causa no swap".[259] Conforme Ari Cordeiro Filho, "[n]este caso, não haveria itens ativos ou passivos a contrabalancear ou a proteger".[260]

Mas há situações em que o intuito especulativo não se manifesta com clareza. Nestes casos, a doutrina tem aplicado um critério de subsidiariedade, considerando especulativas as operações de *swap* alheias à estrutura de *hedge*.[261]

---

[259] CALHEIROS, Maria Clara. *O contrato de swap*. Coimbra: Coimbra Editora, 2000, p. 73.

[260] CORDEIRO FILHO, Ari. *Swaps: aspectos jurídicos, operacionais e administrativos*. Rio de Janeiro: Forense Universitária, 2000, p. 39.

[261] "Nos casos de mais difícil distinção, um critério aproximativo da finalidade das partes será encara a especulação como uma categoria residual da finalidade de cobertura de risco, i.e., todos os contratos que não possam ser classificados como tendo sido motivados por um desejo de cobertura de risco, devem ser considerados como obedecendo a uma intenção especulativa". CALHEIROS, Maria Clara. *O contrato de swap*. Coimbra: Coimbra Editora, 2000, p. 73.

No Brasil, alguns estudos, apesar de restritos, sugerem ter sido predominante a especulação em determinadas operações de *swaps* – notadamente, em momentos de instabilidade econômica.[262]

O pesquisador Leonardo Burlá[263] conclui que, mesmo após a edição da Deliberação CVM n. 550/08,[264] a qual obriga companhias abertas a divulgar suas posições em operações de derivativos, aumentaram as especulações com taxas de juros. Todavia, os dados colhidos indicam movimento contrário quanto às taxas de câmbio, com diminuição das especulações após a introdução do novo normativo.

Estratégias especulativas podem ter seu risco agravado em função de alavancagem ("*leverage*") e descompasso entre os vencimentos de suas obrigações ("*maturity mismatch*").

---

[262] "Os dados mostram, porém, que várias empresas de capital aberto demandaram *swaps* em 2002 para fins especulativos. De 93 empresas com posições abertas em *swaps* cambiais ao final de 2002, 51 especularam. Destas, 18 especularam aumentando o risco de suas exposições cambiais operacionais. As outras 33 especularam sem ter exposição cambial operacional. Constatamos também que firmas com maiores receitas de exportação são mais prováveis de especular. Em resumo, este trabalho sugere que em períodos de grande volatilidade do câmbio – como no ano de 2002 – a existência de dívida em dólar é a principal determinante da demanda por hedge cambial, e que a demanda das empresas por derivativos de câmbio está fortemente relacionada a motivos especulativos. Este último resultado sugere a seguinte pergunta: será que o Banco Central brasileiro deve ofertar instrumentos de câmbio que alimentam demandas especulativas como aconteceu em 2002?". OLIVEIRA, Fernando Nascimento de; NOVAES FILHO, Walter. *Demanda de derivativos de câmbio no Brasil*: hedge ou especulação? Disponível em: <http://bibliotecadigital.fgv.br/ocs/index.php/ebf/5EBF/paper/viewFile/1411/530>. Acesso em 11 de dezembro de 2011.

[263] "A evidência empírica deste estudo sugere que a resolução CVM 550 desencoraja as empresas tanto especuladoras quando hedgers a usar derivativos, com exceção dos derivativos relacionados à taxa de juros. Estes parecem ter aumentado para as empresas especuladoras enquanto que diminuíram para as empresas hedgers. Isto traduz a condição imposta pela norma de divulgar as posições de derivativos das empresas a cada final de trimestre. Consequentemente, empresas que utilizavam derivativos de forma ineficiente tenderiam a diminuir este uso, já que passaram a divulgar suas posições para o mercado". BURLÁ, Leonardo Andrade de Almeida. *Gestão de risco e os impactos da instrução normativa CVM n. 550* – análise empírica, 2009. 62 fls. Dissertação (Mestrado em Finanças e Economia Empresarial) – Escola de Pós-Graduação em Economia, Fundação Getúlio Vargas, Rio de Janeiro, p. 46.

[264] Deliberação CVM n. 550/08, art. 1º: "As companhias abertas devem divulgar, em nota explicativa específica, informações qualitativas e quantitativas sobre todos os seus instrumentos financeiros derivativos, reconhecidos ou não como ativo ou passivo em seu balanço patrimonial".

A alavancagem perfaz-se pela assunção de obrigações sem a disponibilidade de recursos para o imediato pagamento do débito. O especulador pode se valer do financiamento de terceiros ou aproveitar-se de operações nas quais não são exigidas liquidez ou garantias integrais, suficientes para o adimplemento da totalidade da obrigação. É o caso das operações derivativas deflagradas em bolsa.[265]

O descompasso entre vencimentos decorre da vinculação de uma mesma pessoa a débitos e créditos subordinados a termos distintos, organizados de forma a provocar a reunião de "mais passivos de curto prazo do que ativos de curto prazo e mais ativos do que passivos para obrigações de médio e longo prazo",[266] com repercussão direta sobre a liquidez da empresa. A situação é largamente estudada na administração bancária.[267]

---

[265] "Alavancagem: os derivativos têm grande poder de alavancagem, já que a negociação com esses instrumentos exige menos capital do que a compra do ativo à vista. Assim, ao adicionar posições de derivativos a seus investimentos, você pode aumentar a rentabilidade total deles a um custo menor". *BOLSA DE VALORES, MERCADORIAS E FUTUROS DE SÃO PAULO. O que são derivativos.* Disponível em: <http://www.bmfbovespa.com.br/pt-br/educacional/iniciantes/mercados-de-derivativos/o-que-sao-derivativos/o-que-sao-derivativos.aspx?idioma=pt-br>. Acesso em 26 de dezembro de 2011.

[266] "Definition of '*Maturity Mismatch*'. The tendency of a business to mismatch its balance sheet by possessing more short-term liabilities than short-term assets and having more assets than liabilities for medium- and long-term obligations. How a company organizes the maturity of its assets and liabilities can give details into the liquidity of its position.
Investopedia explains '*Maturity Mismatch*'. Changes in a company's maturity profile can also be useful in learning more about the status of a company because it indicates a company's ability to borrow. Using the *maturity mismatch*ing structure of a company along with additional information can help investors to assess the company's liquidity position. INVESTOPEDIA. *Maturity mismatch.* Disponível em: <http://www.investopedia.com/terms/m/maturitymismatch.asp#ixzz1hfVsncCv>. Acesso em 26 de dezembro de 2011.

[267] "Um motivo é o de que o descompasso entre os vencimentos pode se revelar um negócio muito lucrativo envolvendo uma arbitragem com juros. Normalmente, taxas de juros de longo prazo são maiores do que as correspondentes taxas de curto prazo. Um banco que vende taxas de curto prazo (empresta dinheiro a curto prazo), enquanto compra taxas de longo prazo (investe dinheiro a longo prazo) podem lucrar com a diferença (o 'spread') entre as taxas de curto e longo prazo. Embora o descompasso de vencimentos possa se revelar lucrativo, ele também é muito arriscado, porque os débitos de curto prazo requerem reinvestimento contínuo (isto é, deve haver uma 'rolagem' contínua). O caso mais extremo de descompasso nos vencimentos é o da expansão do crédito bancário, quando depósitos (i.e., débito de vencimento à vista) são usados para conceder crédito (i.e., ativos de vencimento mais demorado). Em grande parte de sua história, a atividade bancária observou uma 'regra de ouro' ainda hoje aludida mas raramente seguida: o prazo de vencimento dos ativos dos bancos deve corresponder ao

O descompasso assume particular importância para a análise dos riscos provocados por um *swap* – mesmo porque a sua estruturação mais comum se centra na figura do banco, como se verá.

No *swap*, economicamente, "[o]s riscos de descasamento ['descompasso'] podem referir-se ao montante nocional, às datas de mudança nas taxas variáveis (*reset*), às datas de pagamento, à data do vencimento, às datas dos pagamentos fixos *versus* os variáveis. Nestes casos, surgem riscos adicionais, que são também riscos de crédito, mas que podem resultar agravados".[268]

Os descasamentos, em maior ou menor grau, ocorrem com frequência:

> É mercadologicamente inviável casar todas as operações. Procura-se casar as operações mais importantes e o grosso da carteira em pares de *swaps* e em *swaps* protegidos por outros instrumentos. Numa grande carteira, os casamentos acontecem naturalmente e os riscos acabam por se diversificar em pólos opostos, e é possível detectar as descoberturas de prazos que possam sensibilizar mais acentuadamente os controles.[269]

Com efeito, as operações de troca de fluxos de caixa podem provocar agravamento de riscos.

3.4. Legislação

Relacionamos, nos itens seguintes, as principais normas legais e infralegais aplicáveis às operações de troca de fluxos de caixa.

Omitimos, propositadamente, normas constitucionais, complementares, tributárias, civis, penais, administrativas, entre outras que, não

---

de seus passivos. Qualquer incongruência colocará o banco sob risco em caso de crises de liquidez. Essa regra de ouro pode ser retraída, pelo menos, a Otto Hübner, quem escreveu que, 'Se um banco quer evitar o risco de que não seja capaz de cumprir suas obrigações, o crédito que concede deve corresponder ao crédito que recebe, não apenas quantitativamente como também qualitativamente'". BAGGUS, Philip; HOWDEN, David. *Deep freeze – Iceland's economic collapse*. Alabama: Ludwig von Mises Institute, 2011, p. 07-08. Tradução livre do autor.

[268] CORDEIRO FILHO, Ari. *Swaps: aspectos jurídicos, operacionais e administrativos*. Rio de Janeiro: Forense Universitária, 2000, p. 79..

[269] CORDEIRO FILHO, Ari. *Swaps: aspectos jurídicos, operacionais e administrativos*. Rio de Janeiro: Forense Universitária, 2000, p. 80.

obstante relacionadas às operações em análise, reputamos, pelo grau de generalidade, ou por excederem as delimitações desta pesquisa, dispensáveis à análise da estrutura contratual e obrigacional das trocas de fluxos de caixa em ambiente doméstico.

3.4.1 Leis

A Lei n. 4.595/64, que institui o Sistema Financeiro Nacional, diz competir "ao Conselho Monetário Nacional, segundo diretrizes estabelecidas pelo Presidente da República: [...] XXXI - Baixar normas que regulem as operações de câmbio, inclusive swaps, fixando limites, taxas, prazos e outras condições" (art. 4º).

Viu-se que os *swaps* remontam à década de oitenta, motivo pelo qual não poderia a lei, em seu texto original, supracitado, ter se referido, exatamente, às operações das quais nos ocupamos.

Não obstante, a competência normativa do CMN para regular os derivativos parece-nos surgir em dispositivos genéricos da lei, que lhe conferem responsabilidade sobre a estabilidade do mercado financeiro e sobre as instituições que dele participam.[270]

O Banco Central, de mesmo modo, é genericamente contemplado pela Lei n. 4.595/64 em seu artigo 11, VII, que lhe atribui o poder para "[e]xercer permanente vigilância nos mercados financeiros e de capitais sobre

---

[270] Lei n. 4.595/64, art. 3º: "A política do Conselho Monetário Nacional objetivará:
[...]
III – Regular o valor externo da moeda e o equilíbrio no balanço de pagamento do País, tendo em vista a melhor utilização dos recursos em moeda estrangeira;
[...]
V - Propiciar o aperfeiçoamento das instituições e *dos instrumentos financeiros*, com vistas à maior eficiência do sistema de pagamentos e de mobilização de recursos".
 Lei n. 4.595/64, art. 4º: "Compete ao Conselho Monetário Nacional, segundo diretrizes estabelecidas pelo Presidente da República:
[...]
V - Fixar as diretrizes e normas da política cambial, inclusive quanto a compra e venda de ouro e quaisquer operações em Direitos Especiais de Saque e em moeda estrangeira;
[...]
VI - Disciplinar o crédito em todas as suas modalidades e as operações creditícias em todas as suas formas, inclusive aceites, avais e prestações de quaisquer garantias por parte das instituições financeiras;
[...]

empresas que, direta ou indiretamente, interfiram nesses mercados e em relação às modalidades ou processos operacionais que utilizem".

Regulação mais precisa, porém, decorre da lei do mercado de títulos e valores mobiliários, Lei n. 6.385/76, a qual, expressamente, trata dos derivativos em seus arts. 1º, incisos III, V; e 2º, incisos VII e VII.[271]

Dela resulta a competência da CVM para regular e fiscalizar os *swaps*, quando negociados pelo sistema de intermediação, e os ambientes nos quais são negociados, respeitadas as atribuições do CMN e do Banco Central, a serem exercidas, sempre que possível, de forma coordenada.[272]

---

[271] Lei n. 6.385/76, art. 1º: "Serão disciplinadas e fiscalizadas de acordo com esta Lei as seguintes atividades:
[...]
III - a negociação e intermediação no mercado de derivativos;
[...]
V - a organização, o funcionamento e as operações das Bolsas de Mercadorias e Futuros".
Lei n. 6.385/76, art. 2º: "São valores mobiliários sujeitos ao regime desta Lei:
[...]
VII - os contratos futuros, de opções e outros derivativos, cujos ativos subjacentes sejam valores mobiliários;
[...]
VIII - outros contratos derivativos, independentemente dos ativos subjacentes".
 Lei n. 6.385/76, art.3º: "Compete ao Conselho Monetário Nacional:
[...]
III - fixar, a orientação geral a ser observada pela Comissão de Valores Mobiliários no exercício de suas atribuições".
[272] Lei n. 6.385/76, art. 8º: "Compete à Comissão de Valores Mobiliários:
 I - regulamentar, com observância da política definida pelo Conselho Monetário Nacional, as matérias expressamente previstas nesta Lei e na lei de sociedades por ações;
II - administrar os registros instituídos por esta Lei;
III - fiscalizar permanentemente as atividades e os serviços do mercado de valores mobiliários, de que trata o Art. 1º, bem como a veiculação de informações relativas ao mercado, às pessoas que dele participem, e aos valores nele negociados;
IV - propor ao Conselho Monetário Nacional a eventual fixação de limites máximos de preço, comissões, emolumentos e quaisquer outras vantagens cobradas pelos intermediários do mercado".
Lei n. 6.385/76, art. 10-A: "A Comissão de Valores Mobiliários, o Banco Central do Brasil e demais órgãos e agências reguladoras poderão celebrar convênio com entidade que tenha por objeto o estudo e a divulgação de princípios, normas e padrões de contabilidade e de auditoria, podendo, no exercício de suas atribuições regulamentares, adotar, no todo ou em parte, os pronunciamentos e demais orientações técnicas emitidas".
Em 05 de julho de 2002, a CVM e BACEN firmaram convênio tendo por objeto as seguintes medidas:

Reportando-se à crise financeira de 2008 e a uma suposta inespecificidade da lei brasileira,[273] o governo Dilma Rousseff, em 26 de julho de 2011, editou a Medida Provisória n. 539, a qual teve por objeto, principalmente, a atribuição de expressa competência ao CMN para regular operações derivativas; tornar as câmaras de compensação responsáveis pelo recolhimento dos impostos incidentes em operações nelas registradas; e condicionar a validade dos contratos derivativos ao registro nas câmaras de compensação e liquidação.[274]

"a) manifestação prévia do Bacen a respeito de normas a serem editadas pela CVM, sempre que relacionadas às regras prudenciais aplicáveis aos mercados de derivativos, às bolsas de mercadorias e de futuros, às entidades de compensação e liquidação de operações com valores mobiliários e aos fundos de investimento financeiro, fundos de aplicação em quotas de fundos de investimento e fundos de investimento no exterior, que tenham reflexos na condução das políticas monetária, cambial e creditícia ou na atuação das instituições financeiras e demais instituições por ele autorizadas a funcionar;
b) manifestação prévia da CVM a respeito de normas a serem editadas pelo Bacen e que tenham reflexos no mercado de valores mobiliários e na atuação das instituições do sistema de distribuição de valores mobiliários;
c) intercâmbio de informações entre a CVM e o Bacen, referentes às atividades desempenhadas nos mercados financeiro e de capitais, inclusive às operações realizadas nas bolsas de mercadorias e de futuros e em entidades de compensação e liquidação de operações com valores mobiliários;
d) acesso recíproco a sistemas de informação administrados pela CVM e pelo Bacen". Disponível em:
<http://www.cvm.gov.br/port/public/publ/convenio.asp>. Acesso em 17 de maio de 2012.
[273] Na exposição de motivos que acompanhou a minuta da medida provisória, subscrita pelo Ministro da Fazenda, Guido Mantega: "[...] 2. Como é do conhecimento de V. Exa., os contratos de derivativos tiveram importante papel no desenvolvimento e na amplificação dos efeitos causados pela última crise financeira internacional. No caso específico do Brasil, além da forte restrição das linhas de captações externas, parte importante da internalização dos efeitos da crise adveio do contágio de grandes grupos econômicos às consequências do exercício de cláusulas existentes em contratos de derivativos. [...] 5. Embora tenhamos um marco legal que incentive ou mesmo obrigue o registro das operações com contratos derivativos, em especial daquelas que contam com instituição financeira como contraparte, e que tenhamos regras que estabeleçam a apresentação de informações sobre derivativos nas informações trimestrais das sociedades anônimas, é importante que consolidemos estas competências, em grande parte esparsas e não necessariamente explícitas, num novo texto legal". Disponível em: <http://www.planalto.gov.br/CCIVIL_03/_Ato2011-2014/2011/Exm/EM-107-MF-Mpv539.htm>. Acesso em 16 de maio de 2012.
[274] Medida Provisória n. 539/11, art. 1º: "Fica o Conselho Monetário Nacional, para fins da política monetária e cambial, autorizado a estabelecer condições específicas para negociação de contratos de derivativos, independentemente da natureza do investidor, podendo inclusive:

Em 08 de dezembro de 2011, converteu-se a Medida Provisória n. 539 na Lei n. 12.543/11, sem alterações significativas, dando nova redação à Lei n. 6.385/76.[275]

Por fim, a lei do Sistema de Pagamentos Brasileiro, Lei n. 10.214/01, disciplina "a atuação das câmaras e dos prestadores de serviços de compensação e de liquidação" (art. 1º), prevendo que "as câmaras e os prestadores de serviços de compensação e de liquidação assumirão, sem prejuízo de obrigações decorrentes de lei, regulamento ou contrato, em relação a cada participante, a posição de parte contratante, para fins de liquidação das obrigações" (art. 4º), outorgando, entrementes, competência ao CMN, ao

I - determinar depósitos sobre os valores nocionais dos contratos; e
II - fixar limites, prazos e outras condições sobre as negociações dos contratos".
Medida Provisória n. 539/11, art. 2º: "O art. 3o do Decreto-Lei no 1.783, de 18 de abril de 1980, passa a vigorar com a seguinte redação:
'Art. 3o ....
....
IV - nas operações relativas a títulos ou valores mobiliários, as instituições autorizadas a operar na compra e venda de títulos e valores mobiliários e, nas operações de contratos de derivativos, as entidades autorizadas a registrar os referidos contratos'".
Medida Provisória n. 539/11, art. 4º: "É condição de validade dos contratos de derivativos celebrados a partir da entrada em vigor desta Medida Provisória o registro em câmaras ou prestadores de serviço de compensação, liquidação e de registro autorizados pelo Banco Central do Brasil ou pela Comissão de Valores Mobiliários".
[275] Nova redação dada ao art. 2º da Lei n. 6.385/76, quando da conversão da MP n. 539/11 na Lei n. 12.543/11:
[...]
§4º. É condição de validade dos contratos derivativos, de que tratam os incisos VII e VIII do caput, celebrados a partir da entrada em vigor da Medida Provisória no 539, de 26 de julho de 2011, o registro em câmaras ou prestadores de serviço de compensação, de liquidação e de registro autorizados pelo Banco Central do Brasil ou pela Comissão de Valores Mobiliários".
Nova redação dada ao art. 3º da Lei n. 6.385/76, quando da conversão da MP n. 539/11 na Lei n. 12.543/11: "Compete ao Conselho Monetário Nacional:
[...]
VI - estabelecer, para fins da política monetária e cambial, condições específicas para negociação de contratos derivativos, independentemente da natureza do investidor, podendo, inclusive:
a) determinar depósitos sobre os valores nocionais dos contratos; e
b) fixar limites, prazos e outras condições sobre as negociações dos contratos derivativos.
§ 1º. Ressalvado o disposto nesta Lei, a fiscalização do mercado financeiro e de capitais continuará a ser exercida, nos termos da legislação em vigor, pelo Banco Central do Brasil.
§ 2º. As condições específicas de que trata o inciso VI do caput deste artigo não poderão ser exigidas para as operações em aberto na data de publicação do ato que as estabelecer".

BACEN e à CVM para baixarem "as normas e instruções necessárias ao cumprimento desta Lei" (art. 10).

3.4.1.1 Inaplicabilidade do Código de Defesa do Consumidor

Questão que também tem desafiado a doutrina e a jurisprudência é a aplicabilidade da Lei n. 8.078/90, o Código de Defesa do Consumidor ("CDC"), às operações bancárias. Parte expressiva das operações de *swaps* são atualmente estruturadas com a intermediação ou participação de bancos, motivo pelo qual trataremos da matéria, ainda que brevemente.

A jurisprudência do STJ tem se orientado pela não incidência do CDC em contratos que, em primeiro lugar, se prestem a incrementar ou viabilizar a atividade empresária e, por isso, não perfaçam destinação final de um produto ou do serviço, requisito imposto pelo art. 2º do CDC;[276] e, em segundo lugar, que a parte que contrata com o banco não demonstre a vulnerabilidade típica do consumidor.[277-278]

A posição da corte federal se justifica pela teoria que informa o conceito jurídico de consumidor, cujo cerne, vê-se, está na lógica de

[276] Código de Defesa do Consumidor, art. 2º: "Consumidor é toda pessoa física ou jurídica que adquire ou utiliza produto ou serviço como destinatário final".

[277] "O recente acórdão da Quarta Turma do STJ [Recurso especial 661.145-ES, DJU 28.03.2005] consolida a jurisprudência do tribunal no sentido de reconhecer a não-incidência do Código de Defesa do Consumidor nas relações entre empresas, especialmente quando o produto ou serviço é insumo e a pessoa que o recebe ou a quem é prestado não é hipossuficiente". WALD, Arnoldo. *Relações entre empresas. Não incidência do Código de Defesa do Consumidor*. In: *Revista de direito bancário e do mercado de capitais*, ano 8, n. 28, p. 231, abril-junho de 2005.

[278] "1. A jurisprudência do STJ se encontra consolidada no sentido de que a determinação da qualidade de consumidor deve, em regra, ser feita mediante aplicação da teoria finalista, que, numa exegese restritiva do art. 2º do CDC, considera destinatário final tão somente o destinatário fático e econômico do bem ou serviço, seja ele pessoa física ou jurídica. 3. A jurisprudência do STJ, tomando por base o conceito de consumidor por equiparação previsto no art. 29 do CDC, tem evoluído para uma aplicação temperada da teoria finalista frente às pessoas jurídicas, num processo que a doutrina vem denominando finalismo aprofundado, consistente em se admitir que, em determinadas hipóteses, a pessoa jurídica adquirente de um produto ou serviço pode ser equiparada à condição de consumidora, por apresentar frente ao fornecedor alguma vulnerabilidade, que constitui o princípio-motor da política nacional das relações de consumo, premissa expressamente fixada no art. 4º, I, do CDC, que legitima toda a proteção conferida ao consumidor." SUPERIOR TRIBUNAL DE JUSTIÇA, Terceira Turma, Recurso especial 1195642/RJ, Rel. Ministra Nancy Andrighi, julgado em 13/11/2012, CJ 21/11/2012.

vulnerabilidade,[279-280] ausente em contratações de alta sofisticação e risco, mormente quando figuram como partes duas sociedades empresárias, ainda que uma delas não exerça atividade financeira.

Esses critérios que configuram a relação de consumo não estão presentes nas operações de *swaps*. Para Fábio Ulhoa Coelho:

> Em princípio, os derivativos cambiais correspondem a negócio jurídico celebrado entre o especulador e empresários, já que sua função é a de proteger estes últimos dos efeitos da variação da taxa de câmbio que impacta a atividade econômica explorada. É realmente estranho vislumbrar pessoa não-empresária necessitada da proteção conferida por esse específico instrumento financeiro. A relação contratual correspondente ao derivativo cambial seria, assim, sempre disciplinada pelo direito comercial, não se sujeitando, em razão da qualidade de seus contratantes usuais, ao Código de Defesa do Consumidor.[281]

No mesmo sentido, o parecer de Judith Martins-Costa: "[p]retender-se negar o caráter empresarial de tais ajustes [*Swap Target Accrual Redemption Forward*] implica em desconhecer a 'lógica peculiar' das operações reali-

---

[279] "O traço marcante da conceituação de 'consumidor', no nosso entender, está na perspectiva que se deve adotar, ou seja, no sentido de se o considerar como vulnerável". FILOMENO, José Geraldo Brito. Disposições gerais. In: PELLEGRINI, Grinover et ali (org.). *Código brasileiro de defesa do consumidor*: comentado pelos autores do anteprojeto. Rio de Janeiro: Forense Universitária, 2005, p. 31.

[280] "A doutrina tradicionalmente aponta a existência de três modalidades de vulnerabilidade: **técnica** (ausência de conhecimento específico acerca do produto ou serviço objeto de consumo), **jurídica** (falta de conhecimento jurídico, contábil ou econômico e de seus reflexos na relação de consumo) e **fática** (situações em que a insuficiência econômica, física ou até mesmo psicológica do consumidor o coloca em pé de desigualdade frente ao fornecedor). Mais recentemente, tem se incluído também a vulnerabilidade **informacional** (dados insuficientes sobre o produto ou serviço capazes de influenciar no processo decisório de compra)". SUPERIOR TRIBUNAL DE JUSTIÇA. Terceira Turma, Recurso especial 1195642/RJ, Rel. Ministra Nancy Andrighi, julgado em 13/11/2012, DJ 21/11/2012. (grifos nossos)

[281] COELHO, Fabio Ulhoa. *Os derivativos e a desvalorização do real em 2008*. In: *Revista de direito bancário e do mercado de capitais*, ano 12, n. 44, p. 85, abril-junho de 2012.

zadas entre empresas [...]. Essa realidade não é a do 'consumidor', mas do empresário que a desenvolve".[282]

É o que, aliás, também tem entendido o Tribunal de Justiça do Estado de São Paulo sobre *swaps* que lhe são postos a exame.[283]

Logo, a nosso ver, os contratos de troca de fluxos de caixa, por si só, não induzem relação de consumo.

Realmente, a modificação de riscos ajustada pelas partes não pode ser considerada um fim em si mesmo, um ato de consumação (critério da "destinação final"), visto servir, sempre, a incrementar os resultados de empresa, protegendo-a contra oscilações indesejadas de ativos ou passivos; tornando-a mais eficiente com a arbitragem; ou alavancando seus fluxos de caixa com base em especulação.

Por outro lado, as partes que buscam um instrumento financeiro como este, reconhecidamente aleatório, não podem se equiparar à pessoa natural que contrai mútuo para saldar dívidas domésticas, ou que toma financia-

---

[282] MARTINS-COSTA, Judith. *Contratos derivativos cambiais. Contratos aleatórios. Abuso de direito e abusividade contratual. Boa-fé objetiva. Dever de informar e ônus de se informar. Teoria da imprevisão. Excessiva onerosidade superveniente.* In: *Revista de direito bancário e do mercado de capitais*, ano 15, n. 55, p. 335, janeiro-março de 2012.

[283] "Ementa: Ação de revisão e rescisão de contrato de 'swap'. Contrato bilateral de natureza aleatória. Inexistência de relação de consumo entre as partes, nem resquício de vulnerabilidade da autora. Autora que não era mutuaria, mas sim investidora em mercado de risco. Operações de 'swap' que podem ter duas funções distintas: de proteção (hedge), ou especulativa. Cunho eminentemente especulativo, no caso concreto. Inexistência de elementos que permitam nesse complexo jogo econômico de probabilidades de ganhos de acordo com a expectativa então reinante, versus limitação das partes para uma das partes a R$100.000,00, a ocorrência de desequilíbrio grave que viole princípios cogentes e exija a integração do negócio. Inaplicabilidade também da teoria da imprevisão, ou onerosidade excessiva. Álea própria do negócio. Sentença mantida. Recurso improvido". TRIBUNAL DE JUSTIÇA DO ESTADO DE SÃO PAULO. Apelação nº. 0105673-27.2010.8.26.0100. Relator: Francisco Loureiro. Comarca: São Paulo. Órgão julgador: 37ª Câmara de Direito Privado. Data do julgamento: 24/11/2011. Data de registro: 07/12/2011.
"Além do mais, à toda evidência, a atividade bancária e contratual desenvolvida entre as partes, muitas vezes não pode ser singelamente tratada como relação de consumo. Não é porque a súmula 297 do STJ, ou mesma a Adin 2591 do STF, tenham reconhecido a incidência do CDC às instituições financeiras, que toda e qualquer transação por elas praticadas possa ser equiparada". TRIBUNAL DE JUSTIÇA DO ESTADO DE SÃO PAULO. Agravo de Instrumento nº. 0063392-02.2009.8.26.0000. Relator: Antônio Benedito Ribeiro Pinto. Comarca: Cotia. Órgão julgador: 24ª Câmara de Direito Privado. Data do julgamento: 26/03/2009. Data de registro: 25/05/2009.

mento para aquisição da casa própria, incapaz de compreender ou negociar, por sua fragilidade técnica, fórmulas complexas para cálculos de juros
e outros encargos contratuais (critério da vulnerabilidade).[284]

Destarte, nesta pesquisa, adotamos leitura submetida ao direito comum,
não aplicando, sob qualquer aspecto, princípios ou regras próprios do
direito consumerista aos contratos de ajuste de fluxos de caixa.

Ressalvamos, todavia, a possibilidade de que se venha aplicar o CDC a
contratos de outra estirpe que circundem os de troca de fluxos de caixa, tais
quais os de corretagem, conta corrente, comissão, prestação de serviços,
entre outros aqui mencionados, se, eventualmente, presentes a vulnerabilidade de uma das partes[285] e a destinação final do produto ou serviço.[286]

---

[284] "Em 2008, não é um consumidor procurando acesso a um sonhado bem de consumo (que
lhe proporciona, aliás, mais qualidade de vida); e sim, alguém buscando um ganho financeiro
num investimento arriscado. São situações bem diversas, que não podem receber igual tratamento". COELHO, Fabio Ulhoa. *Os derivativos e a desvalorização do real em 2008*. In: *Revista de
direito bancário e do mercado de capitais*, ano 12, n. 44, p. 85, abril-junho de 2012.

[285] "Todavia, cumpre consignar a existência de certo abrandamento na interpretação finalista, na medida em que se admite, excepcionalmente, desde que demonstrada, in concreto,
a vulnerabilidade técnica, jurídica ou econômica, a aplicação das normas do CDC. Quer
dizer, não se deixa de perquirir acerca do uso, profissional ou não, do bem ou serviço; apenas,
como exceção e à vista da hipossuficiência concreta de determinado adquirente ou tente, não
obstante seja um profissional, passa-se a considerá-lo consumidor". SUPERIOR TRIBUNAL
DE JUSTIÇA. Recurso especial 661145/ES, Rel. Ministro Jorge Scartezzini, Quarta Turma,
julgado em 22/02/2005, DJ 28/03/2005, p. 286.

[286] Nesse sentido, embora não distinga tecnicamente a cadeia de contratos que envolvem os
derivativos: "A questão [da aplicação do CDC ao derivativo cambial], contudo, não se exaure
nessa formulação simplista. Nos meses que antecederam a desvalorização do real de 2008,
inúmeros consumidores foram procurados pelos gerentes de bancos (em que tinham algum
investimento) com a oferta de produtos referenciados em derivativos cambiais. Na mesma
oportunidade, aliás, foram também oferecidas alternativas de investimentos referenciadas nos
índices da Bovespa, que também sofreram acentuada queda com a crise. A contratação desses
investimentos, quando feitos por não-empresários, pode estar sujeita à regência da legislação
consumerista.[...] Até que ponto os consumidores tinham condições de compreender o ele-
vado risco do investimento que estavam contratando é questão de difícil equacionamento.
Certamente haverá entre eles os totalmente ignorantes das implicações do negócio praticado,
em condição de extrema vulnerabilidade; assim como haverá, também, os que compreendiam
a extensão do risco assumido e resolveram conscientemente apostar na permanência da
trajetória descendente da moeda norte-americana". COELHO, Fabio Ulhoa. *Os derivativos e
a desvalorização do real em 2008*. In: *Revista de direito bancário e do mercado de capitais*, ano 12, n.
44, p. 85-86, abril-junho de 2012.

3.4.2 Normas do Conselho Monetário Nacional

A Resolução n. 1.190/86, com parte de sua redação alterada pela Resolução n. 2.873/01, disciplina a submissão de modelos contratuais do mercado BM&FBOVESPA à prévia aprovação da CVM e do BACEN, impondo ainda, a comunicação a estas entidades sobre anormalidades que influenciem a formação dos preços e da concorrência. De forma expressa, atribui à CVM e ao BACEN poderes para editar normas sobre tais matérias.

A Resolução n. 2.939/02 autoriza o BACEN a realizar operações de *swap* referenciadas em taxas de juros e variação cambial, operando "nos ambientes específicos daqueles mercados, inclusive submetendo-se às suas regras próprias" (art. 1º, parágrafo único).

A Resolução n. 2.933/02 autoriza e disciplina a realização de operações de derivativos de crédito por parte das instituições que especifica.

A Resolução n. 3.312/05 dispõe sobre operações de proteção (*hedge*) realizadas com instituições financeiras do exterior ou em bolsas estrangeiras, autorizando a transferência internacional de recursos a esse título por qualquer membro autorizado a funcionar no mercado de câmbio. A Resolução n. 3.833/10 a alterou, de forma a instituir obrigatoriedade de registro das operações, alinhando-se ao disposto na Resolução n. 3.824/09, mencionada adiante.

A Resolução n. 3.505/07 dispõe sobre a realização, no País, de operações de derivativos no mercado de balcão pelas instituições financeiras e demais instituições autorizadas a funcionar pelo BACEN. Os bancos múltiplos, os bancos comerciais, as caixas econômicas, os bancos de investimento, os bancos de câmbio, as sociedades corretoras de títulos e valores mobiliários e as sociedades distribuidoras de títulos e valores mobiliários estão autorizadas pelo art. 1º a operar *swaps* por conta própria ou de terceiros. "As instituições financeiras e demais instituições autorizadas a funcionar pelo Banco Central do Brasil não mencionadas no art. 1º somente podem realizar as operações de que trata esta resolução por conta própria" (art. 2º).

A Resolução n. 3.824/09, visando a obter maior transparência e controle sobre operações transnacionais, dispõe sobre o registro, em câmaras de registro, compensação e liquidação, de instrumentos financeiros derivativos contratados por instituições financeiras no exterior.

3.4.3 Normas do Banco Central do Brasil

O Comunicado n. 3.687/94 cientificou a CETIP de que deveria passar a acolher registro das operações de swap.

A Circular n. 2.951/99 conceitua a intermediação de *swap* e estabelece procedimentos para o seu registro contábil.

O Comunicado n. 9.253/02 esclarece ser permitida a realização de operações de *swap* no mercado de balcão quando referenciados em títulos públicos federais.

A Circular n. 3.099/02 dispõe sobre operações de swap a serem realizadas pelo BACEN, nos termos da Resolução CMN n. 2.939/02. Estabelece, principalmente, que "serão contratadas por meio de oferta pública, a ser apurada pelo Sistema Oferta Pública Formal Eletrônica (Ofpub), previsto no Regulamento do Sistema Especial de Liquidação e de Custódia ("SELIC"), aprovado pela circular nº 2.727, de 14 de novembro de 1996" (art. 2º).

A Circular n. 3.082/02 estabelece e consolida critérios para registro e avaliação contábil de instrumentos financeiros derivativos, disciplinando, inclusive, os lançamentos passíveis de serem classificados como *hedge*. Impõe ainda a obrigatoriedade de divulgação dos valores líquido e global em operações de swap nas demonstrações contábeis mensais das instituições financeiras, substituindo, neste quesito, a Circular n. 2.583/95, que já a estabelecia. Segundo o normativo, na contabilização dos *swaps*, é "registrado o diferencial a receber ou a pagar na adequada conta de ativo ou passivo, devendo ser [apropriado] como receita ou despesa, no mínimo, por ocasião dos balancetes mensais e balanços" (art. 1º, IV).

A Circular n. 3.106/02 dispõe sobre a realização de operações de derivativos de crédito de que trata a Resolução CMN n. 2.933/02.

A Circular n. 3.360/07 estabelecia os procedimentos para o cálculo da parcela do Patrimônio de Referência Exigido ("PRE") referente às exposições ponderadas por fator de risco ("PEPR"), provocada, entre outras operações, pelos derivativos Referida Circular foi totalmente revogada pela Circular n. 3.664/13, a qual passou a tratar da matéria como o "cálculo da parcela dos ativos ponderados pelo risco (RWA) referentes às exposições ao risco de crédito sujeitas ao cálculo do requerimento de capital mediante abordagem padronizada" (art. 1º), abordando também os efeitos emergentes dos derivativos.[287]

---

[287] Parâmetros para controle do risco financeiro de que tratava a Resolução n. 3.490/07, totalmente revogada pela Resolução n. 4.193/13.

A Circular n. 3.474/09 dispõe sobre o registro de instrumentos financeiros derivativos vinculados a empréstimos entre residentes ou domiciliados no País e residentes ou domiciliados no exterior.

A Circular n. 3.477/09 dispunha sobre a divulgação de informações sobre gestão de riscos e PRE, com periodicidade anual e trimestral (art. 14). Entre os dados que deveriam ser divulgados, estavam o "percentual das exposições a risco de crédito coberto pelo valor nocional dos hedges efetuados por meio de derivativos de crédito" (art. 8º, VIII); "valor nocional de derivativos de crédito segregado por tipo de operação" (art. 8º, IX); "o total da exposição a instrumentos financeiros derivativos por categoria de fator de risco de mercado, segmentado entre posições compradas e vendidas" (art. 12). A Circular n. 3.477/09 foi totalmente revogada e substituída pela Circular n. 3.678/13, a qual possui disposições semelhantes quanto à divulgação anual e trimestral de informações (art. 17), incluindo exposições em hedges com derivativos (art. 9º, IX) e derivativos de crédito (art. 9º, X) e o total da exposição a derivativos (art. 15).

3.4.4 Normas da Comissão de Valores Mobiliários

A Instrução n. 467/08 dispõe sobre a prévia aprovação, pela CVM, de contratos derivativos a serem admitidos à negociação ou registrados nos mercados organizados de valores mobiliários. Há, porém, uma exceção: "contratos derivativos que não tenham sido negociados em mercado organizado, mas levados a registro em tal mercado, serão aprovados pela entidade administradora do mercado em que forem registrados, estando dispensados de aprovação na CVM" (art. 3º).

Sendo as operações de *swap* tipicamente de balcão, com simples possibilidade de registro em ambiente organizado, requerem, então, aprovação do modelo contratual, tão somente, pela entidade administradora do mercado respectivo (BM&FBOVESPA ou CETIP).[288]

A Deliberação n. 550/08, por sua vez, determina que as "companhias abertas devem divulgar, em nota explicativa específica, informações qualitativas e quantitativas sobre todos os seus instrumentos financeiros derivativos, reconhecidos ou não como ativo ou passivo em seu balanço patrimonial" (art. 1º). As informações devem abarcar, v.g., "a política de

---

[288] Hoje unificados sob a B3 S.A. – Brasil, Bolsa e Balcão.

utilização de instrumentos financeiros derivativos" (art. 3º, I); "objetivos e estratégias de gerenciamento de riscos, particularmente, a política de proteção patrimonial (hedge)" (art. 3º, II); o valor justo dos derivativos contratados e os critérios de determinação (art. 3º, IV); "ganhos e perdas no período, agrupados pelas principais categorias de riscos assumidos" (art. 3º, VII); "valor e tipo de margens dadas em garantia" (art. 3º, X).[289]

3.5 Registro obrigatório

Inovou a Medida Provisória n. 539/11, em seu art. 4º, ao dispor ser "condição de validade dos contratos de derivativos celebrados a partir da entrada em

[289] Exemplo de "análise de sensibilidade", a partir de um *non-deliverable forward*, trazido pelo Anexo II da Deliberação 550/08: "**2. NDF.** A empresa está comprada em dólares (NDF) para entrega em 90 dias pelo preço de R$ 2,00/US$ com valor nocional de US$ 10.000,00. A administração estima (com base nas cotações da BM&FBOVESPA) que o dólar provável para o período ou vencimento seja de R$ 2,10/US$. O cenário negativo possível é o dólar a R$ 1,60/US$ e o negativo remoto é o dólar a R$ 1,10/US$. No cenário provável a empresa terá ganhado R$ 1.000,00. Nos cenários possível e remoto a empresa terá perdas de R$ 4.000,00 e R$ 9.000,00, respectivamente".

Exemplo prático: "Petrobras International Finance Company (PIFCo). Em setembro de 2006, a Companhia, por meio de sua subsidiária PIFCo, contratou uma operação de proteção patrimonial hedge denominada cross currency swap para cobertura dos Bonds emitidos em ienes de forma a fixar em dólares os custos da Companhia nesta operação. No cross currency swap ocorre uma troca de taxas de juros em diferentes moedas. A taxa de câmbio do iene para dólar norte americano é fixada no início da transação e permanece fixa durante sua existência. A Companhia não tem intenção de liquidar tais contratos antes do prazo de vencimento. Para essa relação entre o derivativo e o empréstimo, a Companhia adotou a metodologia de contabilização de operações de hedge (hedge accounting).

DERIVATIVOS DE MOEDA ESTRANGEIRA	RISCO	CENÁRIO PROVÁVEL EM 31.12.2010	CONSOLIDADO		
			CENÁRIO POSSÍVEL (Δ DE 25%)	CENÁRIO REMOTO (Δ DE 50%)	
Cross Currency Swap	Desvalorização do Iene frente ao Dólar	192	36	(69)	

PETROBRAS S.A. Instrumentos financeiros derivativos, proteção patrimonial, hedge e atividades de gerenciamento de risco (notas explicativas às demonstrações contábeis de 2010). Disponível em: <http://www.petrobras.com.br/rs2010/pt/analise-financeira-e-demonstracoes-contabeis/notas-explicativas-demonstracoes-contabeis/instrumentos-financeiros-derivativos-protecao-patrimonial-hedge-atividades/>. Acesso em 17 de maio de 2012.

vigor desta Medida Provisória [27 de julho de 2011] o registro em câmaras ou prestadores de serviço de compensação, liquidação e de registro autorizados pelo Banco Central do Brasil ou pela Comissão de Valores Mobiliários". As previsões de registro feitas pelas Resoluções CMN n. 3.824/09 e n. 3.833/10, bem como pela Circular BACEN n. 3.474/09, limitavam-se a operações voltadas ao mercado estrangeiro, e tinham destinação expressa às instituições financeiras e a outras entidades subordinadas ao BACEN.

Com a conversão da medida provisória, fez-se inserir na Lei n. 6.385/76 o §4º do artigo 2º, pelo qual, com a mesma veemência, veio a se tornar "condição de validade dos contratos derivativos, de que tratam os incisos VII e VIII do caput, celebrados a partir da entrada em vigor da Medida Provisória n. 539, de 26 de julho de 2011, o registro em câmaras ou prestadores de serviço de compensação, de liquidação e de registro autorizados pelo Banco Central do Brasil ou pela Comissão de Valores Mobiliários".

Extrai-se da literalidade do novo dispositivo legal: (i) permanecerem válidos, ainda que, na constância da lei nova, sejam executados sem registro, os derivativos celebrados antes de 27 de julho de 2012 – o que está de acordo com a tutela constitucional do ato jurídico perfeito;[290] e que (ii) tratando-se de solenidade reputada essencial à validade do negócio jurí-

---

[290] Constituição da República Federativa do Brasil, art. 5º, XXXVI: "a lei não prejudicará o direito adquirido, o ato jurídico perfeito e a coisa julgada".
[E] M E N T A: AGRAVO DE INSTRUMENTO - CADERNETA DE POUPANÇA - CONTRATO DE DEPÓSITO VALIDAMENTE CELEBRADO - ATO JURÍDICO PERFEITO - INTANGIBILIDADE CONSTITUCIONAL - CF/88, ART. 5º, XXXVI - INAPLICABILIDADE DE LEI SUPERVENIENTE À DATA DA CELEBRAÇÃO DO CONTRATO DE DEPÓSITO, MESMO QUANTO AOS EFEITOS FUTUROS DECORRENTES DO AJUSTE NEGOCIAL - RECURSO IMPROVIDO. - Os contratos submetem-se, quanto ao seu estatuto de regência, ao ordenamento normativo vigente à época de sua celebração. Mesmo os efeitos futuros oriundos de contratos anteriormente celebrados não se expõem ao domínio normativo de leis supervenientes. As consequências jurídicas que emergem de um ajuste negocial válido são regidas pela legislação em vigor no momento de sua pactuação. Os contratos - que se qualificam como atos jurídicos perfeitos (RT 547/215) - acham-se protegidos, em sua integralidade, inclusive quanto aos efeitos futuros, pela norma de salvaguarda constante do art. 5o, XXXVI, da Constituição da República. Doutrina e precedentes. - A incidência imediata da lei nova sobre os efeitos futuros de um contrato preexistente, precisamente por afetar a própria causa geradora do ajuste negocial, reveste-se de caráter retroativo (retroatividade injusta de grau mínimo), achando-se desautorizada pela cláusula constitucional que tutela a intangibilidade das situações jurídicas definitivamente consolidadas. Precedentes. SUPREMO TRIBUNAL FEDERAL. Agravo de Instrumento 363159 em Agravo Regimental. Relator: Min. Celso de Mello, Segunda Turma, julgado em 16/08/2005, DJ 03-02-2006.

dico, a sanção pela ausência de registro em contratos celebrados a partir de 27 de julho de 2012 (inclusive) é a de nulidade, consoante art. 166, V, do Código Civil.[291]

Desta feita, não mais se contratam *swaps*, validamente, fora de um ambiente organizado. Antes do registro, podem as partes *prometer*, por meio de contrato preliminar, mas, jamais, implementar o contrato principal planejado.

Discutiremos adiante, quando da análise das operações registradas em mercados organizados, como se encadeiam os contratos preliminares e principais de *swap*.

3.6 Contrato Global de Derivativos

A contratação dos *swaps* (ou da promessa de contratá-los) pode ser precedida pelo Contrato Global de Derivativos ("CGD").[292] O CGD disciplina as cláusulas não essenciais ao contrato de *swap*, tais como (i) a forma pela qual as partes, futuramente, contratarão o *swap* ou promessa de *swap* (telefonema, com confirmação por fac-símile ou processo semelhante, na forma da cláusula V, item 5.1.[293]); (ii) o ambiente organizado no qual o *swap* será

---

[291] Código Civil, art. 166: "É nulo o negócio jurídico quando: [...] V - for preterida alguma solenidade que a lei considere essencial para a sua validade".

[292] Disponível em:
<http://www.febraban.org.br/p5a_52gt34++5cv8_4466+ff145afbb52ffrtg33fe36455li5411p p+e/sitefebraban/CGD_10.03_Port_289446_2.pdf>. Acesso em 02 de maio de 2012.
"CGD: Contrato Global de Derivativos. Elaborado a partir de um grupo de trabalho coordenado pela CAAR – Câmara para Administração de Assuntos de Risco com representantes da Cetip e de diversas associações do mercado financeiro, em conjunto com o Escritório Pinheiro Neto Advogados, tendo por objetivo o desenvolvimento de um modelo de contrato para operações de derivativos de balcão reconhecido pelo ISDA – International *Swaps* and *Derivatives* Association. O modelo do contrato pode ser obtido no site da Cetip (www.cetip.com.br)".
CETIP. *Manual de normas swap*. Disponível em: <http://www.cetip.com.br/informacao_tecnica/regulamento_e_manuais/manuais_de_normas/pdf/Manual_de_Normas_SWAP.pdf>. Acesso em 20 de fevereiro de 2012.

[293] "5.1. - Os procedimentos a serem observados pelas Partes para a contratação de uma Operação de Derivativo são os seguintes:
(a) as Partes ajustarão de forma expressa ou verbal, por meio de telefonema gravado eletronicamente ou por meio de fita magnética, a modalidade e os termos e condições de uma Operação de Derivativo, registros esses que servirão de meio de prova das contratações realizadas;
(b) a Parte responsável pelo envio da Confirmação deverá enviar à outra Parte, na forma e prazo indicados no Apêndice, uma Confirmação via fac-símile ou outro meio acordado entre as

obrigatoriamente registrado (e.g., BM&FBOVESPA ou CETIP, conforme cláusula VI, item 6.1.[294]); (iii) os parâmetros para o cálculo das obrigações (e.g., taxas e índices divulgados pela CETIP, conforme cláusula VII, item 7.3.[295]); (iv) compensação das obrigações (conforme cláusula VIII, item 8.1., alínea "a"[296]); (v) a forma do pagamento (e.g., depósito em conta corrente, conforme cláusula VIII, item 8.2.[297]); (vi) penalidades (juros e multa livremente pactuados, conforme cláusula IX, item 9.2. e apêndice[298]); e (vii) efeitos do inadimplemento de qualquer dos contratos derivativos celebrados

Partes, devidamente preenchida e assinada por seus representantes autorizados, confirmando a contratação e também os termos e condições da Operação de Derivativo.

5.2. - As Partes concordam que a Operação de Derivativo poderá também ser entre elas contratada por meio de sistemas eletrônicos disponíveis no sistema ou câmara de custódia e liquidação financeira de valores mobiliários autorizado pelo Banco Central ou pela CVM. Nesses casos, as disposições da cláusula 5.1 serão aplicáveis somente na medida permitida pelas normas e regulamentos de tal sistema ou câmara de compensação".

[294] "6.1. - **Local do Registro.** As Partes, neste ato, declaram estar cientes e concordam que uma das Partes efetuará o registro de todas e quaisquer Operações de Derivativos que venham a ser contratadas com base neste Contrato ou na CETIP, ou na BM&F ou em qualquer outro sistema ou câmara de custódia e liquidação financeira de valores mobiliários autorizado pelo Banco Central ou pela CVM, conforme estabelecido na regulamentação vigente".

[295] "7.3. - **Apuração de Valores Devidos**. Fica acordado pelas Partes que as taxas, índices e/ou preços divulgados pela CETIP, pela BM&F ou por outra fonte de divulgação pública, conforme indicada na Confirmação, serão utilizados pelo Agente de Cálculo para fins de determinação dos resultados financeiros de cada Confirmação, exceto na hipótese contemplada na Cláusula 7.4 abaixo".

[296] "8.1. - As Partes neste ato comprometem-se a efetuar os pagamentos e/ou entregas especificados na Confirmação de cada uma das Operações de Derivativos e detalhados nas Fichas de Liquidação, observando ainda que:

(a) se, na Data de Vencimento, Data de Vencimento Antecipado, Data de Rescisão ou qualquer outra data em que quaisquer montantes sejam devidos em relação às Operações de Derivativos, o montante a ser pago por uma parte for superior ao montante a ser pago pela outra Parte, as obrigações das Partes serão automaticamente compensadas, restando a obrigação de se efetuar o pagamento do saldo remanescente pela Parte que ainda restar como devedora, observando o disposto na Cláusula 9.1".

[297] "8.2. - **Pagamento em Conta**. Os pagamentos devidos pelas Partes, quando de natureza pecuniária, serão efetuados por meio de depósitos nas contas bancárias estabelecidas na Confirmação e na respectiva Ficha de Liquidação em fundos disponíveis. As Partes poderão modificar tais contas bancárias desde que notifiquem a outra Parte em até 5 (cinco) Dias Úteis da realização de algum pagamento previsto na Confirmação, e que seja de mesma titularidade bem como a outra Parte não se oponha, por motivo relevante, dentro de prazo razoável".

[298] "9.2. - **Penalidades e Juros de Mora.** A Parte Inadimplente ficará sujeita ao pagamento de juros e demais encargos conforme indicados no Apêndice".

sob a sua regência (e.g., o vencimento antecipado de todas as obrigações contratadas em operações derivativas, conforme cláusula XI, item 11.1.[299]).

Embora ausentes as definições essenciais à contratação do ajuste de fluxos de caixa ou dos *swaps* de crédito, as partes declaram que todas as estipulações feitas no CGD serão dotadas de efeito vinculante,[300] o que tem sido aceito pela doutrina, inobstante sua natureza jurídica não tenha sido ainda placidamente delineada.[301]

O modelo brasileiro é uma adaptação do *master agreement* comercializado pela ISDA em 2002.[302] Recebeu aprovação desta entidade, por observar os padrões por ela prescritos.[303]

---

[299] "11.1. - Eventos de Inadimplemento. Se, a qualquer época, um Evento de Inadimplemento tenha ocorrido e persista em relação à Parte Inadimplente, a Parte Inocente poderá declarar o vencimento antecipado de todas as obrigações decorrentes deste Contrato, por meio de comunicado da Parte Inocente, enviado por fac-símile ou qualquer outro meio válido à Parte Inocente, a qual deverá especificar o Evento de Inadimplemento que se tenha verificado. A Parte Inocente determinará, ainda, no comunicado, a Data de Vencimento Antecipado das obrigações, a qual deverá ser, no mínimo 5 (cinco) dias corridos após o recebimento do comunicado.

Se, no entanto, o Apêndice especificar que um Vencimento Antecipado Automático aplicar-se--á ao Evento de Inadimplemento de uma Parte, então será aplicado o vencimento antecipado automático e imediato de todas as obrigações previstas neste Contrato ou em cada Confirmação, independentemente de comunicado ou aviso judicial ou extrajudicial".

[300] Cláusula IV, item 4.1. , (f), do CGD: **"Obrigações Vinculativas.** As obrigações de cada uma das Partes neste Contrato constituem obrigações legais, válidas e vinculativas, exequíveis de acordo com seus próprios termos".

[301] "No atual estado do debate – que subsiste – quer quanto à natureza jurídica dos master utilizados no swap, quer até quando à do próprio contrato quadro, é difícil ser-se conclusivo. [...] Todavia, não nos parece poder pôr-se em causa o seu valor contratual, uma vez que o acordo das partes incide sobre um certo número de estipulações, das quais as mais significativas versam sobre certas informações mútuas de índole jurídica e financeira, sobre os trâmites formais que devem seguir as operações ulteriores, se estas tiverem lugar, e, sobretudo, as consequências do incumprimento do contrato, ao nível da eventual resolução do contrato". CALHEIROS, Maria Clara. *O contrato de swap.* Coimbra: Coimbra Editora, 2000, p. 153.

[302] PINHEIRO NETO ADVOGADOS. Opinião legal disponível em: <http://www.febraban.org.br/p5a_52gt34++5cv8_4466+ff145afbb52ffrtg33fe36455li5411p p+e/sitefebraban/PNLO_Port_290114_1.pdf>. Acesso em 15 de maio de 2012.

[303] "1.Encontra-se disponível na página da FEBRABAN na internet - www.febraban.org.br, em 'Arquivos Disponíveis - Operações de Tesouraria' - o padrão do Contrato Global de Derivativos (CGD), nas versões em português e inglês, assim como parecer legal do Escritório Pinheiro Neto Advogados, também em português e inglês, além do Caderno de Confirmações, em português. 2. O CGD teve a aprovação da ISDA (International Swap and *Derivatives* Association). 3. O CGD objetiva padronizar o relacionamento inerente às operações de *swaps* e

Judith Martins-Costa destaca uma das características do *master agreement*, também verificada no CGD: servir como uma base segura e estável para a celebração dos contratos, sem, contudo, impedir a futura negociação dos elementos centrais de cada uma das operações.[304]

Acresce Ari Cordeiro Filho:

> Quando as partes realizam muitos acordos de derivativos entre si, apresenta-se como conveniente a utilização de um só contrato-mãe, tomando este termo no sentido de um contrato genérico, que define o sentido dos termos, das obrigações e direitos assumidos, que contém a capacidade de incorporar a si dois ou mais contratos de derivativos, entre as mesmas partes, especificadores dos compromissos econômicos assumidos. Estes contratos incorporados só são celebrados porque podem incorporar-se ao contrato-mãe (ou contrato-mestre) e contêm previsão de poderem compensarem-se na sua liquidação.[305]

derivativos celebradas entre os bancos e seus clientes e tem o apoio dos principais bancos que operam no mercado em questão". FEDERAÇÃO BRASILEIRA DE BANCOS. Comunicado FB-106/2004. Disponível em: <http://www.febraban.org.br/Arquivo/Destaques/Comunicado106.asp>. Acesso em 17 de maio de 2012.

[304] "Conforme ressaltado na documentação produzida pela Isda, as definições apresentadas têm o objetivo de agilizar a negociação privada entre as partes de um contrato derivativo, as quais, no entanto, têm o ônus de complementar, ajustar ou mesmo substituir as definições 'padrão' de forma a torná-las consistentes com os termos e condições especificamente acordados à luz da finalidade econômica que busca, no caso concreto, alcançar. Sendo assim, os modelos de Master Agreement produzidos e divulgados pela Isda não implicam, para os participantes deste mercado, num decréscimo de sua liberdade (e responsabilidade) de negociação das concretas definições que se aplicam às operações firmadas bilateralmente, servindo antes como uma base mais segura e estável para esta mesma negociação". MARTINS-COSTA, Judith. *Contratos derivativos cambiais. Contratos aleatórios. Abuso de direito e abusividade contratual. Boa-fé objetiva. Dever de informar e ônus de se informar. Teoria da imprevisão. Excessiva onerosidade superveniente*. In: *Revista de direito bancário e do mercado de capitais*, ano 15, n. 55, p. 339, janeiro-março de 2012.

[305] CORDEIRO FILHO, Ari. *Swaps: aspectos jurídicos, operacionais e administrativos*. Rio de Janeiro: Forense Universitária, 2000, p. 111.

A efetiva contratação do *swap*, ou de sua promessa, se dá com uma "confirmação", instrumentada nos termos do "caderno de confirmações",[306] que, a rigor, serve à definição dos elementos essenciais do contrato *por ambas as partes*. São eles: (i) a modalidade (*swap* de índices, em suas diversas variações, ou *swap* de crédito); (ii) índices ou, no caso do *swap* de crédito, eventos de crédito e valor do prêmio; (iii) valor nocional (o "tamanho" do contato, a base de cálculo na qual se aplicarão os índices ou a indenização por evento de crédito); (iv) data ou datas de pagamento.

O CGD possui, assim, os caracteres fundamentais dos contratos-quadro – categoria cuja função foi definida por Fernando de Miranda Granzotti, metaforicamente, como a de conjugar "estrutura contratual flexível e relação contratual estável".[307] Flexível porque, economicamente, vistas as operações como um todo, posterga a fixação de seus elementos essenciais, conforme a conveniência das partes;[308] estável pois, desde a sua celebração, estão definidas as cláusulas marginais e operacionais dos negócios que irão se seguir.

O contrato-quadro diferencia-se dos acordos parciais (como o protocolo de intenções) por engendrar efeitos vinculantes, aos quais se submetem os contratos de aplicação;[309] as partes disciplinam as matérias do contrato-quadro não de forma *precária*, com a intenção de reprisá-las adiante, mas com intuito de torná-las definitivas. O contrato-quadro reflete questões negocialmente superadas. As obrigações encontram-se, assim, devidamente constituídas, embora a sua eficácia dependa da ulterior celebração

---

[306] Disponível em:
<http://www.febraban.org.br/p5a_52gt34++5cv8_4466+ff145afbb52ffrtg33fe36455li5411 pp+e/sitefebraban/caderno_confirmacoes_289680_2.pdf>. Acesso em 02 de maio de 2012.
[307] GRANZOTTI, Fernando de Miranda. *O abuso de estado de dependência econômica no contrato de distribuição*, 2005. 101 fls. Dissertação (Mestrado). Pontifícia Universidade Católica do Paraná, Centro de Ciências Jurídicas e Sociais – Programa de Pós Graduação em Direito Econômico e Social, Curitiba. Orientador: Roberto Catalano Botelho Ferraz. P. 26.
[308] "O contrato quadro garante uma fase intermediária na avaliação do risco da parte que contrata em série. Esta última pode ajustar os seus cálculos de rentabilidade em dois momentos. Primeiro, logo na assinatura do contrato base; segundo, por altura da celebração dos contratos de aplicação, cujas condições poderão ser modeladas em função da situação prevalecente à data". CALHEIROS, Maria Clara. *O contrato de swap*. Coimbra: Coimbra Editora, 2000, p. 145.
[309] "Uma primeira e evidente diferença resulta da forma como o contrato quadro exerce a sua função de estandardização. Com efeito, este gera uma relação hierárquica particular que submete o conjunto de contratos de aplicação ao mesmo contrato base". CALHEIROS, Maria Clara. *O contrato de swap*. Coimbra: Coimbra Editora, 2000, p. 144.

de um ou mais contratos de aplicação, sem os quais os contratos-quadro careceriam de contexto e sentido.

Ainda, quando comparado o contrato-quadro ao contrato preliminar, deste se afasta por não veicular todos os elementos essenciais do contrato de aplicação, não podendo, como visto, sofrer execução específica. É um contrato juridicamente completo, fonte de obrigações, mas que não abarca a integralidade do plano econômico.[310]

Pela mesma incompletude, e com maior razão, não se pode cogitar de um contrato economicamente perfeito, como um contrato de *fornecimento*, modalidade de compra e venda, a despeito de assemelharem-se pela continuidade de seus efeitos no tempo.[311]

Questão intricada, todavia, e que poderia afetar a sua classificação – e a dos contratos que coordena – tem sido a descrição dos vínculos jurídicos estabelecidos entre o *swap* (ou contrato preliminar de *swap*) e o CGD, marcados por indiscutível proximidade e interdependência. Não há consenso em perspectiva.

A propósito, estabelece o CGD que "[n]os termos do Código Civil Brasileiro, as Partes acordam desde já, em caráter irrevogável, irretratável e

---

[310] "É possível comparar a incompletude jurídica com a econômica? A existência de lacunas jurídicas não se confunde com a decisão, voluntária, de não dispor sobre contingências econômicas. A incompletude econômica pressupõe incapacidade fisiológica do contrato e dos contratantes de lidar com todas as modificações de circunstâncias posteriores à sua conclusão. A jurídica pressupõe que eventuais lacunas, mesmo as involuntárias, serão completadas por normas supletivas, princípios gerais de direito, interpretação, e integração, razão pela qual o contrato incompleto o é enquanto não interpretado ou integrado". SZTAJN, Rachel. *Supply chain e incompletude contratual*. In: *Systemas: revista de ciências jurídicas e econômicas*, Campo Grande: 2009, v. 01, p. 25-26. Disponível em: < http://cepejus.libertar.org/index.php/systemas/article/view/10/11>. Acesso em 01 de maio de 2012.

[311] "Referindo-se ao que entende ser contrato econômica e juridicamente incompleto, Fici exemplifica com a venda sem indicação de preço ou da quantidade do bem, ou seja, um contrato de compra e venda que não contém os elementos essenciais em seu bojo. Tratar-se-á de compra e venda ou de contrato quadro ou pré-contrato? A compra e venda está perfeita e acabada quando as partes se põem de acordo sobre res et pretium. Ainda que este possa ser determinável segundo critério estipulado no instrumento, o contrato contempla os elementos essenciais. Entretanto, coisa não determinada, salvo se no quesito quantidade – que variará dentro de limites máximo e mínimo – ou preço sem previsão de critério de fixação, não se ajustam à previsão normativa e mesmo social, de um contrato de compra e venda". SZTAJN, Rachel. *Supply chain e incompletude contratual*. In: *Systemas: revista de ciências jurídicas e econômicas*, Campo Grande: 2009, v. 01, p. 25. Disponível em: < http://cepejus.libertar.org/index.php/systemas/article/view/10/11>. Acesso em 01 de maio de 2012.

incondicional, que todas e quaisquer Operações de Derivativos contratadas entre elas constituirão uma só e única avença entre as Partes". A disposição é inserida no item 2.3. da cláusula II, a qual leva o título "Interpretação".[312]

Para Ari Cordeiro Filho, dois são os entendimentos possíveis:

> *Ou* se consideram o *master agreement* e as *confirmations* como constitutivos de um só contrato entre as partes, de implementação sucessiva e em aberto, conforme sucede num contrato de conta corrente, por exemplo; [o]u cada *confirmation* é um contrato apartado e o *master agreement* é uma matriz de suprimento do significado de termos e condições para as avenças nucleares de cada contrato.[313]

E decreta: "o *master agreement* [...] é indissociável dos acordos posteriores. Estes são parte integrante daquele. Processa-se uma implementação continuada".[314]

Maria Clara Calheiros,[315] em revisão da literatura europeia, aponta divisão semelhante. De um lado, estariam aqueles que tratam o *master agreement* como "um contrato quadro sujeito a uma condição suspensiva, através do qual as partes se obrigariam a respeitar as modalidades convencionadas se, e, na medida em que, viessem a concluir efetivamente contratos de swap". De outro, a "concepção adoptada pela prática profissional", segundo a qual "[o contrato-quadro] constituiria, em conjunto com os contratos de aplicação que dele resultassem, um único contrato, fazendo desaparecer, desde a sua conclusão, aqueles contratos individuais de swap".

A Sofia Santos Machado "nada parece obstar a que, ao abrigo do princípio da liberdade de estipulação do conteúdo contratual (expressamente prevista no artigo 405.° do Código Civil [Português]), as partes sujeitem a validade do contrato à condição de todas as transacções sobre instrumen-

---

[312] Não há disposição no Código Civil que trate especificamente da questão, pelo que sua invocação soa-nos vazia, não contribuindo para uma solução interpretativa.

[313] CORDEIRO FILHO, Ari. *Swaps: aspectos jurídicos, operacionais e administrativos*. Rio de Janeiro: Forense Universitária, 2000, p. 118.

[314] CORDEIRO FILHO, Ari. *Swaps: aspectos jurídicos, operacionais e administrativos*. Rio de Janeiro: Forense Universitária, 2000, p. 112.

[315] CALHEIROS, Maria Clara. *O contrato de swap*. Coimbra: Coimbra Editora, 2000, p. 151.

tos financeiros entre si celebradas (no âmbito do *ISDA Master Agreement*) se entenderem consolidadas num único negócio jurídico".[316]

O debate, pragmaticamente, se funda em duas preocupações importantes.

A primeira, a possibilidade de que, sendo múltiplos os contratos derivativos, não se possa aplicar resolução por inadimplemento ou o vencimento antecipado, com efeito geral e irrestrito entre as partes, apenas em função de parte dos negócios pactuados, o que incrementaria os riscos de crédito da parte adimplente, eis que cada contrato haveria de ser resolvido ou antecipado individualmente, conforme constatado ou não, caso a caso, o descumprimento de suas respectivas obrigações.[317]

A segunda diz respeito a eventual concurso de credores, no qual o administrador da massa, nos termos do art. 117 da Lei n. 11.101/05,[318] ou norma semelhante, possa optar pelo cumprimento, apenas, da parte dos derivativos que lhe sejam interessantes, resolvendo aqueles que aproveitem à sua contraparte, em procedimento conhecido pelo mercado como *"cherry picking"*.[319]

---

[316] MACHADO, Sofia Santos. Close-out netting e set-off – *da validade e eficácia das cláusulas de close-out netting e set-off nos contratos sobre instrumentos financeiros*. In: *Cadernos do Mercado dos Valores Mobiliários, nº. 17, agosto de 2003*, p.11. Disponível em: <http://www.cmvm.pt/CMVM/Publicacoes/Cadernos/Documents/ce3065e-0432d4ff888e1e6e7BACEN12f0cSofiaSMachado.pdf>. Acesso em 10 de maio de 2012.

[317] MACHADO, Sofia Santos. Close-out netting e set-off – *da validade e eficácia das cláusulas de* close-out netting e set-off *nos contratos sobre instrumentos financeiros*. In: *Cadernos do Mercado dos Valores Mobiliários, nº. 17, agosto de 2003*, p.11. Disponível em: <http://www.cmvm.pt/CMVM/Publicacoes/Cadernos/Documents/ce3065e-0432d4ff888e1e6e7BACEN12f0cSofiaSMachado.pdf>. Acesso em 10 de maio de 2012.

[318] Lei n. 11.101/05, art. 117: "Os contratos bilaterais não se resolvem pela falência e podem ser cumpridos pelo administrador judicial se o cumprimento reduzir ou evitar o aumento do passivo da massa falida ou for necessário à manutenção e preservação de seus ativos, mediante autorização do Comitê.

§1º. O contratante pode interpelar o administrador judicial, no prazo de até 90 (noventa) dias, contado da assinatura do termo de sua nomeação, para que, dentro de 10 (dez) dias, declare se cumpre ou não *o contrato*.

§ 2º. A declaração negativa ou o silêncio do administrador judicial confere ao contraente o direito à indenização, cujo valor, apurado em processo ordinário, constituirá crédito quirografário".

[319] "A ratio desta condição é clara. Numa situação de falência, diversas ordens jurídicas conferem ao liquidatário o poder de optar pelo cumprimento ou não dos contratos bilaterais celebrados pelo falido em momento anterior à falência. O liquidatário, poderia optar assim

As preocupações procedem, são razoáveis, e devem ser enfrentadas. Afinal, no contexto em que surgem, pautado por uma crescente demanda por padronização, segurança e previsibilidade, podem ser juridicamente descritas como motivos determinantes à celebração de um CGD.

Ocorre que, em que pesem bem fundamentados, tais argumentos podem ser igualmente contemplados em situação jurídica na qual se reconheça a multiplicidade dos contratos – desde que, como o constatamos, admita-se a força vinculante do contrato-quadro.

Ora, o CGD, cujas cláusulas devem ser observadas em todas as contratações que o sucederem, como se as houvessem escrito as partes no caderno de confirmações, dispõe, textualmente, que o descumprimento "de qualquer termo, avença, acordo ou obrigação estipulados neste Contrato e nas Confirmações ou em qualquer outro contrato, acordo ou instrumento que a Parte tenha firmado com a outra Parte" (cláusula X, 10.1, "b") poderá implicar "o vencimento antecipado automático e imediato de todas as obrigações previstas neste Contrato ou em cada Confirmação, independentemente de comunicado ou aviso judicial ou extrajudicial" (cláusula XI, 11.1); e que podem as partes disciplinar "[q]ualquer outro evento de rescisão adicional descrito no Apêndice" (cláusula X, 10.2, "c").

As referidas disposições de vencimento antecipado são conjugadas a típicas cláusulas de 'cross-default'. Têm por escopo impor à parte uma "situação de falha (*default*) no contrato em questão toda vez que deixar de cumprir quaisquer outras obrigações em outros contratos".[320] São muito frequentes no mercado financeiro.[321]

pelo cumprimento das transacções nas quais o falido estivesse in -the-money (i.e. tivesse montantes a receber) e pela resolução dos contratos nos quais o falido estivesse out of-the-money (i.e. resolvendo as transacções no âmbito das quais as quantias a pagar pelo falido, superariam as obrigações de pagamento da contraparte), num fenómeno conhecido por cherry-picking". MACHADO, Sofia Santos. Close-out netting e set-off – *da validade e eficácia das cláusulas de close-out netting e set-off nos contratos sobre instrumentos financeiros.* In: *Cadernos do Mercado dos Valores Mobiliários, nº. 17, agosto de 2003*, p.10. Disponível em: <http://www.cmvm.pt/CMVM/Publicacoes/Cadernos/Documents/ce3065e-0432d4ff888e1e6e7BACEN12f0cSofiaSMachado.pdf>. Acesso em 10 de maio de 2012. A expressão "cherry picking" significa, literalmente, "seleção de cerejas"; metaforicamente, uma seleção cuidadosa, apurada.

[320] GIFFONI, Adriana de Oliveira. *As cláusulas 'cross default' em contratos financeiros.* In: *Revista de direito mercantil, industrial, econômico e financeiro,* São Paulo, n. 121, p. 148, janeiro-março de 2001.

[321] GIFFONI, Adriana de Oliveira. *As cláusulas 'cross default' em contratos financeiros.* In: *Revista de direito mercantil, industrial, econômico e financeiro,* São Paulo, n. 121, p. 148-149, janeiro-março de 2001.

No caso, tendo em vista a sua bilateralidade, e a já mencionada justificativa para sua inclusão, não fere a ordem pública ou impinge desequilíbrio às partes, motivo pelo qual não questionamos a sua validade.[322]

Com efeito, mesmo na dinâmica existente entre contrato-quadro (CGD) e contratos de aplicação (*swaps* ou promessas de *swaps*), é possível acelerar o vencimento de todos os derivativos em questão, por meio da cláusula de inadimplemento cruzado, inscrita, repita-se, em todos os contratos coligados ao CGD, por ser este seu efeito naturalmente vinculante.

No que tange à resolução, a cláusula resolutiva pode ter o conteúdo que as partes autonomamente escolherem, respeitados os parâmetros impostos pela ordem pública; e, a bem da verdade, "a parte que lhe sofre os efeitos [não] tem motivos de queixar-se de seu rigor, pois que foi ajustada expressamente, e aceita livremente a sua consequência".[323]

Destarte, nada impede que disponham, no espaço aberto pelo CGD, ou em cada *swap* individualmente, se preferirem, que a resolução de um *swap* implicará a resolução dos demais.

Nem mesmo a opção legalmente conferida ao administrador da falência seria empecilho à aplicabilidade da cláusula, visto inclinarem-se doutrina e jurisprudência pela validade da resolução em caso de quebra.[324]

Logo, desde que contratem corretamente, as partes de um CGD poderão elidir todos efeitos indesejados, sem recurso à tese do contrato único.

Aliás, deve-se ressaltar que a mesma classe de profissionais interessada na unidade dos vínculos a tem rejeitado em situações específicas, quando

---

[322] "Logo, para que o juiz anulasse determinado dispositivo contratual necessário seria provar que o mesmo estivesse ferindo a ordem pública, ou então, que uma parte estivesse auferindo vantagem excessiva para si, em detrimento ou prejuízo relevante à outra". GIFFONI, Adriana de Oliveira. *As cláusulas 'cross default' em contratos financeiros*. In: *Revista de direito mercantil, industrial, econômico e financeiro*, São Paulo, n. 121, p. 149, janeiro-março de 2001.

[323] PEREIRA, Caio Mário da Silva. *Instituições de direito civil*. Vol. III. Rio de Janeiro: Forense, 2005, p. 158.

[324] "Mesmo os contratos bilaterais podem ser resolvidos pela falência, quando o Síndico deixa de executá-los, especialmente se há cláusula resolutiva expressa". SUPERIOR TRIBUNAL DE JUSTIÇA. Recurso especial 846.462/SP, Rel. Ministro Humberto Gomes de Barros, Terceira Turma, julgado em 15/05/2007, DJ 04/06/2007, p. 350.

"Não há proibição de os contratantes estipularem, para o caso da superveniência da falência, a rescisão do contrato, antes de cumprido inteiramente. Não se dá ofensa a princípio algum de ordem pública". MENDONÇA, J.X. Carvalho de. Apud BRAGA NETTO, Felipe Peixoto. Arts. (115 a 118). In: CORRÊA-LIMA, Osmar Brina; CORRÊA LIMA, Sérgio Mourão (coord.). *Comentários à nova lei de falências e recuperação de empresas*. Rio de Janeiro: Forense, 2009, p. 861.

se interessam, por exemplo, pela cessão da posição contratual de apenas parte dos derivativos,[325] o que nos sugere ser a multiplicidade compatível com seus anseios.

Ante o exposto, pensamos, o argumento decisivo para o problema se encontra no conjunto formado pelo objeto e causa dos negócios jurídicos, e não nos motivos que os animam.

O CGD, enquanto contrato-quadro, não se fusiona aos *swaps* ou promessas de *swaps*; pelo CGD, as partes se obrigam a observar certas cláusulas e condições quando da contratação de derivativos, com a finalidade típica de padronizá-la, e, em especial, interligá-los. Não interfere, porém, sobre a funcionalidade intrínseca aos derivativos: não torna um especulador mais propenso a auferir lucros, ou um *hedger* mais eficiente em sua proteção. Tampouco dita novos métodos para que ambas as partes troquem riscos, digamos, combinando técnicas próprias de contratos futuros, opções e *swaps*, de tal forma que, quanto ao cerne das operações econômicas, nos permita reputá-lo inventivo, impondo sentido único aos negócios.

Entendemos a cláusula de "contrato único", portanto, como uma simples orientação interpretativa, como, a propósito, classifica-a expressamente o contrato. Os contratos devem ser lidos e compreendidos em sua interdependência, o que não significa que, ontologicamente, criem vínculos negociais indivisos.

---

[325] "É de se assinalar, contudo, que em certos casos os profissionais mostram-se favoráveis à consideração de cada contrato individual de swap celebrado em conexão com um master agreement como um contrato autónomo, incorporando algumas cláusulas previamente especificadas neste último. Esta concepção é particularmente preferida por aqueles que desejam poder, na medida em que lhes fôr contratualmente possível, proceder à "venda" de alguns dos contratos, i.e., ceder a sua posição contratual neles". CALHEIROS, Maria Clara. *O contrato de swap*. Coimbra: Coimbra Editora, 2000, p. 151-152.

Por esses fundamentos, percebemos os contratos derivativos e o CGD como entidades juridicamente separadas, embora admitamos a sua união por dependência, própria dos contratos coligados – reciprocamente condicionados, mas inconfundíveis.

Classificamos o CGD, assim, como atípico, por silente a lei;[326] bilateral, pois implica obrigações a ambas as partes; oneroso, já que não corresponde a simples liberalidade; comutativo, visto não se sujeitar a risco as prestações marginais e operacionais do negócio; consensual e não solene, por se formar por simples acordo de vontades; e de duração, por alongar os seus efeitos, de forma contínua, no tempo.[327] Podem ou não ser de adesão.[328]

Acresça-se, por fim, que o CGC, como outros contratos-quadro, é fundamentalmente coligado aos contratos de aplicação que o seguem, eis que, economicamente, completam-se em suas respectivas funções, guardando relação de forte dependência, embora de forma coordenada.[329]

---

[326] Ou socialmente típico, por sua recorrência e difusão no mercado, não obstante omissa a legislação nacional.

[327] "A ausência de disciplina torna os contratos incompletos e, como se trata de eventos futuros, evidente que o tema esta relacionado com a celebração de contratos de longo prazo – de execução continuada ou diferida – não
interessando àqueles negócios de execução instantânea". SZTAJN, Rachel. *Supply chain e incompletude contratual*. In: *Sistemas: revista de ciências jurídicas e econômicas*, Campo Grande: 2009, v. 01, p. 02. Disponível em: < http://cepejus.libertar.org/index.php/systemas/article/view/10/11>. Acesso em 01 de maio de 2012.

[328] "Finalmente, quando a tudo isto vem juntar um desequilíbrio na posição econômica relativa das partes, que permite a uma delas impor à outra, sem negociação possível, as suas próprias condições contratuais, o contrato quadro aparecerá como contrato de adesão". CALHEIROS, Maria Clara. *O contrato de swap*. Coimbra: Coimbra Editora, 2000, p. 145.

[329] "Bastante interessante também é a relação de coligação que se verifica entre o chamado contrato quadro ou contrato base e os contratos dele são derivados. [...] [O] contrato quadro ou base serve ao propósito de estabelecer certas regras estáveis que deverão ser observadas nas futuras contratações entre as partes". ENEI, José Virgilio Lopes. Contratos coligados. In: *Revista de direito mercantil, industrial, econômico e financeiro*, São Paulo, n. 132, p. 121, outubro-dezembro de 2003.

3.7 Principais modalidades

Em que pesem a nomenclatura e origem comuns, os *swaps* hoje praticados podem apresentar diferenças significativas que justifiquem a sua separação em modalidades especiais.

Observa Otávio Yazbek que "[a]lguns desses instrumentos envolvem a efetiva troca de ativos, enquanto outros, hoje a maioria, envolvem apenas a troca de fluxos financeiros. Trata-se, na verdade, de operações bastante distintas, que não raro têm em comum apenas o nome que se lhes pespegou".[330] Nessa esteira, a lição atribuída a Bourlat e Chabert por Maria Clara Calheiros, que situa os *swaps* como uma *família de contratos*.[331]

A melhor amostragem das operações, portanto, não deve se resumir a uma ou outra variante dos *swaps*; deve respeitar individualidades, quando significativas, sob pena de negligenciarmos traços que lhes poderiam atribuir natureza contratual diversa.

Com tal preocupação, separamos e analisamos os *swaps* em três categorias de maior relevo, a saber: (i) o *swap* de moeda ou, como os designamos, contrato de ajuste de fluxos de caixa sobre moedas (examinado por sua importância histórica e por implicar efetiva transferência de moeda estrangeira entre as partes); (ii) o *swap* de índices, aqui chamado contrato de ajuste de fluxos de caixa sobre índices (examinado pela sua predominância no mercado brasileiro e por se destacar pelos pagamentos periódicos calculados sobre índices econômicos quaisquer); e (iii) os *swaps* de crédito e de retorno total, para os quais adotamos duas nomenclaturas diferentes – opção de cessão de crédito ou contratação diferencial; e contrato de ajuste de fluxos de caixa sobre créditos – de modo a refletir as diferenças jurídicas identificadas (analisados por sua larga difusão nos mercados, pela significativa participação na crise financeira mundial de 2008, e pelas peculiaridades que os distanciam das demais operações).

Assim organizamos, graficamente, as operações e contratos examinados, conforme a nossa interpretação:

---

[330] YAZBEK, Otavio. *Regulação do mercado financeiro e de capitais*. Rio de Janeiro: Elsevier, 2007, p. 118.

[331] "Analisando detalhadamente o conceito apresentado, verificamos que a afirmação 'os *swaps* são uma família de contratos' faz referência ao facto de que sendo *o contrato de swap* caracterizado pela sua flexibilidade e adaptabilidade, este possui inúmeras variantes". CALHEIROS, Maria Clara. *O contrato de swap*. Coimbra: Coimbra Editora, 2000, p. 127.

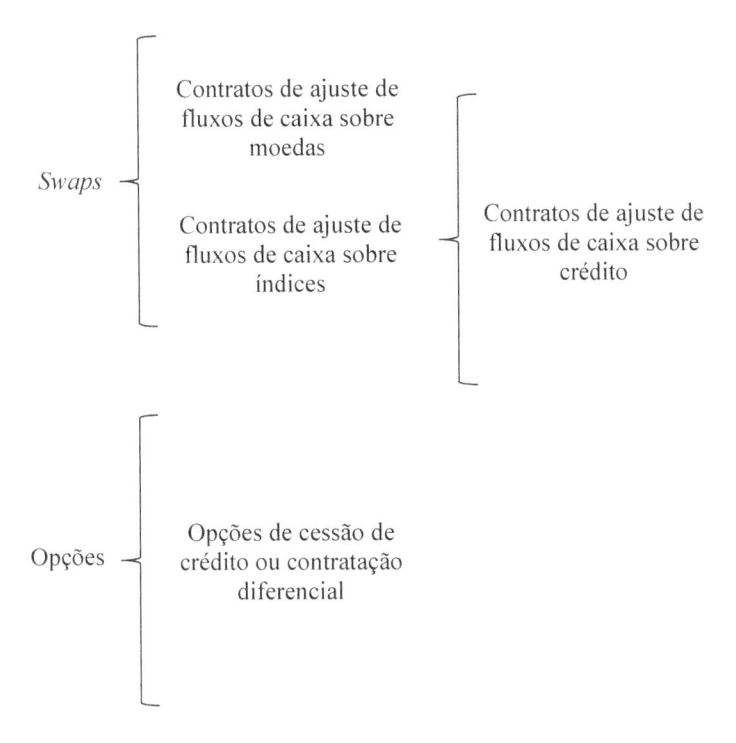

3.7.1 Contrato de ajuste de fluxos de caixa sobre moedas ("swap de moedas"; "swap de divisas" ou "swap cambial"; "simple currency swap" ou "currency swap")

3.7.1.1 Sistemática

A primeira modalidade a se consolidar no mercado internacional foi a do *swap* de moedas,[332] como bem ilustra o caso IBM/Banco Mundial, aos quais nos reportamos. As demais são consideradas variantes ou evoluções de seus preceitos.

"Todavia, actualmente, o número de contrato de swap de divisas celebrados, quer na sua forma mais simples, quer com estrutura mais com-

---

[332] "Os contratos de swap de divisas antecederam, historicamente, os de taxa de juro, a outra grande modalidade que o contrato pode assumir". CALHEIROS, Maria Clara. *O contrato de swap*. Coimbra: Coimbra Editora, 2000, p. 34.

plexa é muito inferior ao de swap de taxa de juro".[333] O mercado brasileiro interno organizado (CETIP e BM&FBOVESPA), por exemplo, não pratica a modalidade;[334] são mais comuns em negócios transnacionais, sendo recorrente entre Bancos Centrais, como instrumento de política econômica e cambial, como no caso do Brasil e Estados Unidos.[335]

Dividem-se os contratos dessa modalidade, como preferimos nomeá-los, em contratos de ajuste de fluxos de caixa sobre moedas com execução diferida (*swaps* "cambistas", em Portugal, *"simple currency swaps"*, internacionalmente) e contratos de ajuste de fluxos de caixa sobre moedas com execução periódica (*swaps* "de divisas", em Portugal, *"currency swaps"*, internacionalmente).

No primeiro "não existe troca de quantias periódicas a título de juros vencidos, como é o caso no swap de divisas"; após a primeira troca de moedas. No segundo, há pagamentos sucessivos, referenciados como "juros".[336]

Admitem, portanto, pagamentos ao início e ao final da operação, ou durante toda a sua vigência, de forma periódica e habitual (como, por exemplo, o pagamento de determinada quantia em "juros", aos 15 de julho

---

[333] CALHEIROS, Maria Clara. *O contrato de swap*. Coimbra: Coimbra Editora, 2000, p. 34-35.

[334] Com informações obtidas em consulta, por telefone, à CETIP, em 29 de dezembro de 2011; e pelo sítio eletrônico da BM&F <www.bmfbovespa.com.br>. Acesso em 29 de dezembro de 2011. Em nenhuma hipótese admitem a liquidação de derivativos mediante transferência de moeda estrangeira. Os *swaps* relacionados a divisas podem ser descritos como "híbridos".
"Como a moeda nacional não é conversível nos mercados internacionais, os contratos de swap no mercado brasileiro não podem ser sobre diferentes moedas e consistem apenas na troca de indexadores". BESSADA, Octavio; BARBEDO, Cláudio; ARAÚJO, Gustavo. *Mercado de derivativos no Brasil*. Rio de Janeiro: Record, 2005, p. 147.

[335] Medida Provisória n. 443/08, art. 6º: "Fica o Banco Central do Brasil autorizado a realizar operações de swap de moedas com bancos centrais de outros países, nos limites e condições fixados pelo Conselho Monetário Nacional".
"O Banco Central do Brasil e o Federal Reserve anunciam o estabelecimento de uma linha de swap de dólares americanos por reais no montante de US$30 bilhões, válida até 30 de abril de 2009. Esta linha não implica condicionalidades de política econômica e será utilizada para incrementar os fundos disponíveis para as operações de provisão de liquidez em dólares pelo BC". BANCO CENTRAL DO BRASIL. BC e FED *estabelecem linha de swap de moedas*. Disponível em:
< http://www.bcb.gov.br/textonoticia.asp?codigo=1905&idpai=NOTICIAS>. Acesso em 23 de julho de 2011.

[336] CALHEIROS, Maria Clara. *O contrato de swap*. Coimbra: Coimbra Editora, 2000, p. 35.

de cada ano).[337] "Os montantes de principal são normalmente trocados no começo e no fim da vida do *swap*. Em geral, os valores de principal são determinados de forma a serem iguais nas duas moedas com base na taxa de câmbio do momento em que o swap é iniciado".[338]

Os *swaps* de moedas são essencialmente operados para a troca de fluxos de caixa havidos com duas moedas distintas, importando, sempre, obrigações mútuas de se transferirem divisas, e, eventualmente, a obrigação de trocarem "juros".[339]

Os "juros" trocados, porém, assim como as quantias referentes ao "principal", normalmente não são alvo de compensação entre as partes, pois lhes interessam a apropriação de divisas[340]

O *Federal Reserve*, dos Estados Unidos, assim o descreve, em operações das quais participa:

> Em geral, esses *swaps* envolvem duas transações. Quando um banco central estrangeiro retira o dinheiro de sua linha de *swap* com o *Federal Reserve*, o banco central estrangeiro vende uma quan-

---

[337] "Considere *o contrato de swap* de moeda hipotético de cinco anos [...]. Os pagamentos de juros são feitos uma vez por ano". HULL, John C. *Fundamentos dos mercados futuros e de opções*. São Paulo: BM&FBOVESPA – *Bolsa de Valores, Mercadorias e Futuros* de São Paulo, 2009, p. 186.

[338] HULL, John C. *Fundamentos dos mercados futuros e de opções*. São Paulo: BM&FBOVESPA – *Bolsa de Valores, Mercadorias e Futuros* de São Paulo, 2009, p. 187.

[339] "Assim, as partes trocam montantes equivalentes de duas divisas diferentes, à taxa de câmbio do momento. Estes montantes serão de novo trocados, em sentido inverso, no final da vigência do *contrato*. No decurso do tempo que medeia entre o início e o final do contrato, as partes trocam pagamentos recíprocos de juros calculados sobre as divisas recebidas, segundo o contratualmente estipulado". CALHEIROS, Maria Clara. *O contrato de swap*. Coimbra: Coimbra Editora, 2000, p. 35.
"Em sua forma mais simples, esse swap envolve a troca de principal e juros em uma moeda por principal mais juros em outra moeda" HULL, John C. *Fundamentos dos mercados futuros e de opções*. São Paulo: BM&FBOVESPA – *Bolsa de Valores, Mercadorias e Futuros* de São Paulo, 2009, p.186.
"As moedas trocam de mão, inicialmente, mas se acerta a reversão da operação em data futura". CORDEIRO FILHO, Ari. *Swaps: aspectos jurídicos, operacionais e administrativos*. Rio de Janeiro: Forense Universitária, 2000, p. 23.

[340] "Exchange of gross amounts instead of the better-known procedure of net exchange is the rule with currency *swaps*. Nevertheless, exchange of gross amounts is not a necessary restriction for the model to work". USMEN, Nilufer. Currency *Swaps*, Financial Arbitrage, and Default Risk. In: Financial Management, vol. 23, nº. 2, p. 48, verão de 1994. Disponível em: <http://www.jstor.org/stable/3665738>. Acesso em 20 de maio de 2012.

tia específica de sua própria moeda para o *Federal Reserve* em troca de dólares pela taxa cambial de mercado vigente. O *Federal Reserve* se torna titular da moeda estrangeira em depósito no banco central estrangeiro. Os dólares fornecidos pelo *Federal Reserve* são depositados numa conta que o banco central estrangeiro mantenha no *Federal Reserve Bank of New York*. Simultaneamente, o *Federal Reserve* e o banco central estrangeiro contratam uma segunda transação que obriga o banco central estrangeiro a recomprar a sua própria moeda numa data futura específica, pela mesma taxa de câmbio. A segunda transação contrabalança a primeira. Com a conclusão da segunda transação, o banco central estrangeiro paga juros, pela taxa vigente de mercado, ao *Federal Reserve*.[341]

Os *swaps* de moedas podem ser úteis à modificação dos riscos de um passivo ou de um ativo. Modificando um passivo, as partes, financeiramente, "substituem" os pagamentos a terceiros pelo pagamento à sua contraparte, na moeda e nas condições disciplinadas pelo *swap*.[342] Modificando um ativo, "substituem" os rendimentos obtidos junto a terceiros pela renda prestada por sua contraparte, tal como estipulado no *swap*.[343]

---

[341] "Exchange of gross amounts instead of the better-known procedure of net exchange is the rule with currency *swaps*. Nevertheless, exchange of gross amounts is not a necessary restriction for the model to work". USMEN, Nilufer. Currency *Swaps*, Financial Arbitrage, and Default Risk. In: Financial Management, vol. 23, nº. 2, p. 48, verão de 1994. Disponível em: <http://www.jstor.org/stable/3665738>. Acesso em 20 de maio de 2012.

[342] "Em circunstâncias tais, a solução ideal para ambas as empresas seria a sincronização de seus esforços financeiros, o que permitiria que cada uma se financiasse junto do mercado em que detinha melhores condições. Bastaria que a empresa americana contraísse um empréstimo em dólares nos Estados Unidos e que, em simultâneo, a empresa belga tomasse de empréstimo o contra-valor em francos belgas no seu mercado de capitais doméstico. Paralelamente, as duas empresas celebrariam um contrato de swap, através do qual cada uma das partes transferiria para a outra o capital tomado de empréstimo na sua divisa nacional, assegurando ainda periodicamente o fornecimento das quantias necessárias ao pagamento pela outra parte dos juros que forem vencendo". CALHEIROS, Maria Clara. *O contrato de swap*. Coimbra: Coimbra Editora, 2000, p. 37.

[343] "O swap também pode ser usado para transformar a natureza dos ativos. Suponha que a IBM possa investir £ 10 milhões no Reino Unido com rentabilidade de 11% ao ano para os próximos cinco anos, mas sente que a moeda norte-americana vai se fortalecer com relação à libra e prefere investimento denominado em dólares. O swap tem por efeito de transformar o investimento realizado no Reino Unido em investimento de US$ 15 milhões nos Estados

Tal "substituição" dá-se em abstrato; o vínculo estabelecido pelo *swap* não interfere em negócios praticados com terceiros. Quando muito, estes interferem sobre aquele, *em fase pré-contratual*, ditando a reprodução de algumas de suas cláusulas e condições.

Oferecemos dois breves exemplos que ilustram essas funções.

Uma sociedade brasileira, obrigada a arcar com os custos de um financiamento em dólar, cujo principal se estipulou em US$15.000.000,00, a uma taxa de juros de 6% ao ano, contrata *swap* com um sociedade inglesa, por sua vez, obrigada a suportar um financiamento de £10.000.000,00, a uma taxa anual de 8%.

Inicialmente, então, a sociedade inglesa transfere à brasileira £10.000.000,00 e, em sentido contrário, a sociedade brasileira transfere à inglesa US$15.000.000,00. No primeiro aniversário da operação, a sociedade brasileira pagará à sociedade inglesa os juros vencidos em desfavor desta, a saber, £800.000,00 (8% sobre £10.000.000,00). A sociedade inglesa, com o acréscimo sobre o seu fluxo de caixa, disporá de recursos suficientes para arcar com seu financiamento perante terceiro. Na mesma oportunidade, a sociedade inglesa transferirá à brasileira US$900.000,00 (6% sobre US$15.000.000,00), que, igualmente, impactará sobre o fluxo de caixa desta, habilitando-a a pagar os juros de seu próprio financiamento.

Assim, o efeito prático do *swap* é o de fazer com que a sociedade inglesa arque com os ônus do financiamento em dólares e a brasileira com os do financiamento em libras.

Imaginemos, agora, que as mesmas sociedades não queiram ajustar fluxos de caixa negativos, oriundos de passivos, mas fluxos positivos, atrelados a ativos. A sociedade inglesa, titular de *bonds* no valor de £10.000.000,00, que lhe rendem 8% de juros ao ano, quer trocá-las, financeiramente, por outro título que soma US$10.000.000,00, de juros fixados em 9% ao ano, pertencentes à sociedade brasileira.

Promove-se, então, a troca inicial do capital, com a transferência de £10.000.000,00 à sociedade brasileira e a de US$10.000.000,00 à inglesa; e, ao fim do primeiro ano, a sociedade inglesa paga à brasileira os rendimentos em libra; e a brasileira paga à inglesa os rendimentos em dólar.

Unidos, rendendo 8%". HULL, John C. *Fundamentos dos mercados futuros e de opções*. São Paulo: BM&FBOVESPA – *Bolsa de Valores, Mercadorias e Futuros* de São Paulo, 2009, p. 187..

Consequentemente, os rendimentos percebidos na moeda de origem são inteiramente repassados à contraparte.

Em ambos o casos, quando da execução final do *swap*, as partes transferem, reciprocamente, valor equivalente ao que foi inicialmente trocado, como se devolvessem o que receberam da sua contraparte.

Quadro 3 – Cronologia de um contrato sobre moeda.

Momento 1 *Celebração*	Acordam as partes sobre: (i) o gênero das moedas que irão negociar; (ii) a quantidade de moeda que irão negociar; (iii) se farão pagamentos periodicamente; (iv) quando a entrega das moedas ocorrerá.
Momento 2 *Execução*	(i) uma parte providencia transferência de moeda estrangeira à outra, no gênero, quantidade e prazo acordados; e (ii) se acordados, as partes fazem pagamentos periódicos calculados sobre a quantidade de moeda estrangeira recebida.
Momento 3 *Extinção*	(i) Uma parte providencia transferência de moeda estrangeira à outra, no mesmo gênero e quantidade que receberam no Momento 2; (ii) pagam-se as últimas parcelas dos pagamentos periódicos, se houver; (iii) extingue-se o contrato.

3.7.1.2 Natureza jurídica

Diante de tal arranjo, podem ser suscitadas duas hipóteses verossímeis de configuração do *swap* de moedas como contratos típicos já conhecidos.[344] Tais hipóteses compreendem a sua explicação como (i) compras e vendas ou permutas; e (ii) mútuos cruzados.

Enfrentaremos, adiante, cada uma dessas possibilidades.

David K. Eiteman *et alli* dizem que "[n]os Estado Unidos os contadores tratam o *swap* de moedas como uma transação de câmbio, em vez de tratá-lo como uma dívida, e tratam a obrigação de reverter o *swap* como um contrato de câmbio a termo".[345] A ISDA, no mesmo sentido, descreve os *swaps cambiais* como "uma transação de câmbio à vista que irá ser revertida numa determinada data com a compensação de um contrato a termo; as duas organizadas como uma única transação".[346]

Maria Clara Calheiros classifica esta como a "primeira tentativa séria de inserir o swap numa categoria contratual tipificada".[347]

A hipótese aproxima o *swap* de um *reporte*:

> Entende-se por reporte a operação segundo a qual uma pessoa compra, mediante pagamento à vista, certa quantidade de títulos

---

[344] Há outras mas, a nosso ver, pouco significativas: "a doutrina numa apressada análise do swap deu origem a várias tentativas de assimilação dos *swaps* a categorias contratuais conhecidas, como por exemplo, o contrato de garantia, o depósito, a venda a retro, a sub-rogação e o contrato de compra e venda". CALHEIROS, Maria Clara. *O contrato de swap*. Coimbra: Coimbra Editora, 2000, p. 117.

[345] EITEMAN, David K.; MOFFETT, Michael H; STONEHILL, Arthur I. *Administração financeira internacional*. São Paulo: Artmed, 2001, p. 176.

[346] "24. Product description: Cross-currency *swaps*. A cross-currency swap is an interest rate swap in which the cash flows are in different currencies. Upon initiation of a cross-currency swap, the counterparties make an initial exchange of notional principals in the two currencies. During the life of the swap, each party pays interest (in the currency of the principal received) to the other. And at the maturity of the swap, the parties make a final exchange of the initial principal amounts, reversing the initial exchange at the same spot rate. A cross-currency swap is sometimes confused with a traditional FX swap, which is simply a spot currency transaction that will be reversed at a predetermined date with an offsetting forward transaction; the two are arranged as a single transaction". INTERNATIONAL *Swaps* AND DERIVATIVES ASSOCIATION. *Product descriptions and frequently asked questions*. Disponível em: <http://www.isda.org/educat/faqs.html#22>. Acesso em 29 de dezembro de 2011.

[347] CALHEIROS, Maria Clara. *O contrato de swap*. Coimbra: Coimbra Editora, 2000, p. 118.

e, no mesmo momento, vende, por preço determinado, à mesma pessoa a quem comprou os títulos, certa quantidade de títulos da mesma espécie, para entregar em data futura. Há, assim, no *reporte* duas compras e duas vendas simultâneas, às mesmas pessoas, sendo uma compra e venda à vista e uma outra a termo, isto é, para entrega dos títulos e pagamento do preço em época futura.[348]

Com efeito, poder-se-ia, em princípio, pensar o *swap* como uma compra e venda à vista de moeda estrangeira, com simultânea compra e venda de execução diferida, sobre uma mesma moeda, mas subordinada a termo:

> Uma segunda forma de estruturação das operações de *swap* seria através de negócio chamado pela doutrina de reporte. [...] Tal figura pode ser usada em *swaps* de taxas cambiais, através da alienação por uma parte dos valores de empréstimo tomado em moeda de um país contra o recebimento de outra moeda, recebendo o alienante ainda a promessa de retrocessão por preço determinado nesta outra moeda.[349]

A descrição das operações como contratações de câmbios à vista e a termo, embora útil à compreensão de seu funcionamento,[350] não merece prevalecer.

Inicialmente, atentando-se ao complexo de obrigações do *swap*, percebe-se que "tal hipótese só lograria explicar o contrato de divisa estrangeira contra moeda nacional, deixando todas as outras modalidades de fora".[351]

De fato, para que haja compra e venda, há que se operar pagamento de um preço contra a entrega de bem; e, no *swap*, tal situação só ocorreria quando se conjugassem transferências de moeda nacional (preço) e

---

[348] MARTINS, Fran. *Contratos e obrigações comerciais*. Rio de Janeiro: Forense, 2000, p. 150.

[349] SALOMÃO NETO, Eduardo. *Direito bancário*. São Paulo: Atlas, 2007, p. 327.

[350] "Uma alternativa é decompor o swap de moedas em uma série de contratos forward. [...] Cada uma dessas trocas representa um contrato a termo. [...] Essa é uma maneira conveniente de apreçar os contratos forward subjacentes ao *contrato de swap*". HULL, John C. *Fundamentos dos mercados futuros e de opções*. São Paulo: BM&FBOVESPA – *Bolsa de Valores, Mercadorias e Futuros* de São Paulo, 2009, p. 191.

[351] CALHEIROS, Maria Clara. *O contrato de swap*. Coimbra: Coimbra Editora, 2000, p. 118.

estrangeira (bem móvel). Havendo transferências de moeda estrangeira contra moeda estrangeira, não há, propriamente, *pagamento de preço* mas *permuta de bens móveis*, já que ambas as moedas não possuiriam curso forçado no país.[352]

O conteúdo do *swap* refletiria, assim, ora a estrutura obrigacional de uma compra e venda, ora a de uma permuta.[353] Dada a notória afinidade das duas figuras, tratamo-las aqui em conjunto.

O primeiro obstáculo à classificação como compra e venda (ou permuta) se encontra nos pagamentos trocados ao longo da vigência do *swap*, ou como no caso do *Federal Reserve*, supracitado, computados e pagos como "juros" quando da execução do suposto segundo contrato de compra e venda.

Questiona-se: se as prestações e contraprestações se realizam pela entrega de moeda estrangeira contra um preço (compra e venda) ou contra outra moeda estrangeira (permuta), no início e ao fim do *swap*, a que título seriam trocados outros pagamentos?

Ressalte-se que, com a compra e venda ou permuta de moedas operadas à vista, estaria extinto o contrato, de imediato, pelo implemento de seu objeto; e, até que o segundo contrato alcançasse o seu termo, passando a produzir efeitos, nenhuma outra obrigação seria exigível.

---

[352] "De fato, a moeda estrangeira, sem curso forçado no Brasil, não pode ser aqui considerada moeda em sentido próprio. Não o sendo, é simples bem móvel dotado de valor, passível de ser objeto de compra e venda mercantil. Essa tese encontra larga aceitação doutrinária, pronunciando-se em seu favor Fábio Konder Comparato e Pontes de Miranda". SALOMÃO NETO, Eduardo. *Direito bancário*. São Paulo: Atlas, 2007, p. 118.
"O objetivo principal do contrato de câmbio é a compra e venda de moeda estrangeira, cuja entrega de moeda corresponde à liquidação do *contrato*. [...] O contrato de câmbio é, portanto, um ato bilateral e oneroso, pelo qual o vendedor (exportador) vende ao banco (comprador) as divisas estrangeiras, cuja entrega poderá ser à vista ou a prazo". FORTUNA, Eduardo. *Mercado financeiro: produtos e serviços*. Rio de Janeiro: Qualitymark, 2011, p. 497.
"1. O que é câmbio? Câmbio é a operação de troca de moeda de um país pela moeda de outro país. Por exemplo, quando um turista brasileiro vai viajar para o exterior e precisa de moeda estrangeira, o agente autorizado pelo Banco Central a operar no mercado de câmbio recebe do turista brasileiro a moeda nacional e lhe entrega (vende) a moeda estrangeira. Já quando um turista estrangeiro quer converter moeda estrangeira em reais, o agente autorizado a operar no mercado de câmbio compra a moeda estrangeira do turista estrangeiro, entregando-lhe os reais correspondentes". BANCO CENTRAL DO BRASIL. Mercado de câmbio – definições. Disponível em: <http://www.bcb.gov.br/?MERCCAMFAQ>. Acesso em 11 de maio de 2012.
[353] Quando assim permitisse a legislação cambial.

Mesmo se pagos os juros a um só tempo, à época da "recompra" da moeda estrangeira, persistiria a indagação: o que essa parcela estaria remunerando, já que, repita-se, o primeiro contrato de câmbio extinguiu-se de forma instantânea e o segundo só passou a produzir efeitos com o advento do termo?

Por fim, como explicar a estreita correspondência das taxas de juros do *swap* de moedas às taxas praticadas em contratos celebrados perante terceiros, como se reproduzisse condições negociais estranhas ao *swap* pactuado?

As hipóteses de compra e venda e permuta não respondem tais questionamentos.

Perguntas similares se têm feito à configuração do *swap* de moedas como uma compra e venda com cláusula de retrovenda. Além dos argumentos já trazidos, acresça-se ainda que o exercício da recompra "é um direito e não um dever, logo só se opera se o vendedor assim o entender; no swap a restituição dos montantes inicialmente transferidos é obrigatória".[354]

Outra hipótese comumente discutida sugere aproximar-se o *swap* de moedas do mútuo.

Conformando-se a sua estrutura operacional à teoria jurídica, temos, de fato, que o *swap* de moedas institui obrigações recíprocas de (i) entrega de um bem fungível – as moedas de um determinado gênero e quantidade; com (ii) o pagamento periódico de parcelas denominadas "juros", se contratados; aliado (iii) à posterior devolução de moedas do mesmo gênero e quantidade.[355]

Cogita-se, assim, de dois contratos de mútuo colaterais e simultâneos, por meio dos quais cada uma das partes receberia da outra certa quanti-

---

[354] CALHEIROS, Maria Clara. *O contrato de swap*. Coimbra: Coimbra Editora, 2000, p. 118.

[355] "Em tais circunstâncias, a solução ideal para ambas as empresas seria a sincronização de seus esforços financeiros, o que permitiria que cada uma se financiasse junto do mercado em que detinha melhores condições. Bastaria que a empresa americana contraísse um empréstimo em dólares nos Estados Unidos e que, em simultâneo, a empresa belga tomasse de empréstimo o contra-valor em francos belgas no seu mercado de capitais doméstico. Paralelamente, as duas empresas celebrariam um contrato de swap, através do qual cada uma das partes transferiria para a outra o capital tomado de empréstimo na sua divisa nacional, assegurando ainda periodicamente o fornecimento das quantias necessárias ao pagamento pela outra parte dos juros que se forem vencendo. No termo do contrato ambas as partes restituem reciprocamente o capital recebido". CALHEIROS, Maria Clara. *O contrato de swap*. Coimbra: Coimbra Editora, 2000, p. 37.

dade de moeda (nacional ou estrangeira), obrigando-se a devolvê-la acrescida de juros.

Eduardo Salomão Neto, de forma expressa, defende tal possibilidade:

> Uma terceira forma de estruturação das operações de *swap* é através da realização de mútuos cruzados. Nessa hipótese, duas partes, tendo contraído obrigações de valor semelhante, mas sujeitas a juros fixos no primeiro caso e flutuantes no segundo, e, desejando trocar tais posições, podem reemprestar uma à outra os recursos recebidos, pelas mesmas taxas de juros pelas quais os receberam. O resultado econômico em tal caso será para cada uma das partes passar a ter crédito contra a outra pela mesma taxa da obrigação contraída e débito para com a outra pela taxa desejada. Nada impede que a mesma modalidade operacional seja usada para transferir risco de variação cambial de obrigações contraídas junto a credor estrangeiro.[356]

A questão assume contornos interessantes, notadamente se considerado o peculiar regime jurídico do mútuo, pautado por restrições a juros usurários, que poderiam limitar a extensão das trocas de fluxos de caixa.[357]

A hipótese, a nosso ver, trabalha melhor a estrutura obrigacional dos *swaps* de moedas. Explica, satisfatoriamente, a sua forma diferida (sem prestações periódicas) como um mútuo gratuito; e a periódica (com prestações periódicas) como um mútuo oneroso.

Mas falha pela falta de sistematicidade. As obrigações não devem ser vistas de forma desconexa, como se propõe.

Sabe-se que o contrato de mútuo possui função socioeconômica de "crédito", pautada pela apropriação e consumo de bem fungível alheio, para posterior devolução do equivalente. Seria esta a finalidade típica a atrair as partes de um *swap*? Seria ele simples variante para o aproveitamento da moeda estrangeira?

Maria Clara Calheiros, embora tratando da generalidade dos *swaps*, pondera, oportunamente, que "admitir tal hipótese seria um contrassenso,

---

[356] SALOMÃO NETO, Eduardo. *Direito bancário*. São Paulo: Atlas, 2007, p. 327.
[357] "De qualquer forma, uma eventual classificação do swap como contrato de mútuo seria perigosa para a sobrevivência do contrato, já que se lhe aplicariam as regras relativas à usura". CALHEIROS, Maria Clara. *O contrato de swap*. Coimbra: Coimbra Editora, 2000, p. 117.

se recordarmos que os swaps foram criados como resposta às dificuldades que se colocavam à realização de empréstimos cruzados e paralelos".[358]

Alinhamo-nos às razões históricas de Calheiros, reconhecendo, em decorrência, uma evolução dos contratos anteriormente coligados, hábil a determinar, hoje, uma vinculação *indivisa*, da qual decorre a concertação de obrigações e, especialmente, *objetivos.*

Tal *unidade indissociável* revela-se incompatível com as hipóteses em análise.

A imagem proposta por Ascarelli,[359] centrada na inércia do direito, parece-nos explicar acuradamente o fenômeno. Com ela, reconhecemos, inicialmente, a interação entre causa, motivos, e execução dos negócios jurídicos como uma fonte de distorção da sua finalidade típica, apta a produzir negócios jurídicos indiretos; e, em segundo lugar, compreendemos que tal distorção, quando reiterada e difundida, pode resultar em nova figura contratual, à qual a anormalidade de outrora se integre como a própria finalidade típica.

Processo similar enfrentaram o arrendamento mercantil, a partir da coligação de compra e venda, locação e prestação de serviços; a franquia, da coligação de licença da marca, cessão de tecnologia e distribuição; e a faturização, da coligação de cessão de crédito, mandato e locação de serviços.

Nessa perspectiva, natural que o *swap* apresente características semelhantes às do mútuo. São vestígios de seu processo evolutivo, resquícios de suas vestes jurídicas originárias, ora consolidados sob nova roupagem, própria e independente.

De fato, com a difusão dos *swaps*, as partes não mais estão submetidas à tensão entre o sentido prático das operações econômicas e a finalidade típica do mútuo; onde conflitavam os objetivos típicos de negociação sobre riscos cambiais e o uso e consumo de divisas, hoje prevalece apenas o primeiro, obrigando as partes a redistribuírem riscos cambiais por meio do pagamento de quantias em moeda estrangeira.

---

[358] CALHEIROS, Maria Clara. *O contrato de swap*. Coimbra: Coimbra Editora, 2000, p. 117.

[359] "O direito envolve, às vêzes, lenta, mas continuamente; os novos institutos não surgem de improviso, mas se destacam, às vêzes, aos poucos, do tronco de velhos institutos que, sem cessar, se renovam, preenchendo novas funções. É através dessa contínua adaptação de velhos institutos a novas funções que o direito, às vêzes, se vai desenvolvendo; não raro, ostentando, então a história do seu passado, nas formas, que permanecem idênticas, a despeito da renovação das funções". ASCARELLI, Tullio. *Problemas das sociedades anônimas e direito comparado*. São Paulo: Saraiva, 1969, p. 91.

Há, assim, uma lógica inovadora, que escapa à sistemática originária de tais operações.

A propósito, para que nos apercebamos da diferença, basta tomarmos o exemplo de uma sociedade não financeira, interessada em ajustar fluxos de caixa correspondentes a empréstimo em moeda estrangeira, vinculado a uma taxa fixa estipulada acima da admitida pela lei de usura – pois obtido o empréstimo junto a instituição financeira, não sujeita à limitação legal – por fluxos de caixa correspondentes a empréstimo a taxas variáveis, aplicadas sobre outra moeda, de comportamento, crê-se, mais estável.

Para que, nesse cenário, a troca de riscos se produzisse com perfeição, a sociedade não financeira haveria que reemprestar o capital sob as mesmas taxas pelas quais o recebeu – o que não seria possível, por expressa vedação legal, já que usurárias. O objetivo econômico das operações, portanto, restaria frustrado, já que uma das partes não obteria o fluxo de caixa inicialmente planejado.

Entendemos que a situação regulada pela lei de usura, a rigor, sequer coincide com aquela acima exemplificada. Trata-se de uma negociação sobre riscos, e não sobre uma disponibilidade de recursos financeiros, para a qual a ordem pública reclame a proteção dos interesses do mutuário.

Acusamos, assim, diferenças significativas entre as duas estruturas, as quais, reafirmamos, permitem-nos concluir por uma relação de precedência e evolução entre ambas.

Em suma: passa-se de (i) uma *coligação de contratos de mútuo*, organizada, por *conveniência*, com o objetivo de se alterar a utilidade dos empréstimos, conferindo-lhes, em conjunto, feições de negócios jurídicos indiretos sobre *riscos cambiais*, a (ii) um *contrato atípico misto*, que reúne obrigações similares às da coligação de efeitos indiretos, mas de tal maneira reconfiguradas ao ponto de tornar natural a troca de riscos cambiais, consubstanciando figura *essencialmente unitária*.

Consequentemente, pelo *swap* de moedas (ou como preferimos, tecnicamente, pelo contrato de ajuste de fluxos de caixa sobre moedas), ambas as partes se obrigam a modificar os riscos cambiais a que se encontram sujeitas, mediante troca de determinadas quantias em divisas distintas, ao início e ao fim da vigência do contrato, ou, se pactuado, também ao longo de sua vigência, com pagamentos periódicos, calculados com base em percentuais sobre a quantidade de moeda transferida.

Observe-se que, a rigor, os pagamentos periódicos não podem ser classificados como *juros*, visto não se destinarem a *remunerar capital alheio*, e sim a *ajustar fluxos de caixa* aos riscos assumidos pelas partes. Se contratado o *swap* com intuito de *hedge*, pode ser que os pagamentos periódicos correspondam, exatamente, aos juros suportados ou recebidos em relação contratual com terceiro, mas, entre as partes do *swap*, os pagamentos são feitos a título de adequação dos fluxos de caixa aos riscos cambiais assumidos.

Desta feita, o *swap* de moedas, contrato atípico, deve ser classificado como bilateral e oneroso, já que ambas as partes assumem, no mínimo, obrigações de transferirem divisas à sua contraparte; simplesmente consensual, pois, dada a ausência de regulação específica, não há norma que afaste a incidência do princípio da consensualidade; solene, nos termos da Lei n. 12.543/11; e aleatório, porque ambas as partes assumem o risco de oscilação cambial.

Não se amoldam à figura dos contratos diferenciais, por, em regra, não determinarem apuração e pagamento unilateral, de uma parte à outra, de diferenças sobre câmbio.

O contrato de ajuste de fluxos de caixa sobre moedas, como já o dissemos, pode ser avençado com execução diferida (caso não se pactuem juros sobre a moeda estrangeira transferida) ou contínua (caso sejam pactuadas prestações periódicas até o fim da vigência do contrato).

3.7.2 Contrato de ajuste de fluxos de caixa sobre índices ("swap de índices"; "swap de taxas de juros"; "interest rate swap"; "commodity swap")

3.7.2.1 Sistemática

A modalidade começou a se difundir em 1982, tendo por escopo a "troca de fluxos de juros em diversos vencimentos, cada um deles referido ao mesmo valor nocional".[360]

Valor nocional é o valor único, definido de comum acordo pelas partes, sobre o qual incidirá a aplicação dos índices contratados. Pode corresponder aos débitos ou créditos das partes junto a terceiros, caso pactuado em

---

[360] "O contrato de troca de taxas de juros apareceu em 1982 e o de commodities, em 1987, sendo as maiores novidades os *swaps* de valores mobiliários que se baseiam em índices e podem assumir formas complexas e os de imóveis". SZTAJN, Rachel. *Futuros e swaps: uma visão jurídica*. São Paulo: Cultura Paulista, 1998, p. 218.

hedge ou arbitragem; ou não guardar relação alguma com outros contratos, quando especulativo.

Os contratos sobre índices, ao contrário dos contratos sobre moeda, não comportam troca de moeda estrangeira, ou mesmo prestações cuja base de cálculo seja a integralidade do valor nocional do contrato.[361]

"Juros" significa o "percentual que o tomador de um empréstimo em dinheiro deve pagar ao emprestador como retribuição ao uso do dinheiro, normalmente exprimido por um percentual sobre o principal exigível pelo período de um ano".[362] Segundo Orlando Gomes,[363] é a retribuição ao "uso do capital alheio", "proporcional a seu valor e ao tempo de utilização".

Mas não são apenas juros que informam os cálculos e obrigações deste *swap*. Quaisquer valores de referência encampados pelo mercado estão potencialmente habilitados a compô-lo.

Na CETIP[364] são aceitos como indexadores as cotações do ouro; Taxa Referencial ("TR"); Taxa de Juros de Longo Prazo ("TJLP"); Taxa de Depósitos Interbancários ("DI"); *London Interbank Offered Rate* ("LIBOR"); o índice de liquidação da BM&FBOVESPA ("Ibovespa – liquidação"); entre outros.

---

[361] "Nos *swaps* de taxas de juros, em geral, não há troca de principal, já que ele serve de base, apenas, para os cálculos das taxas diferentes. Há *swaps* de taxas em que o montante nocional é amortizado ou aumentado, ao longo do tempo, ou seja, as trocas de fluxos de juros se fazem sobre montantes nocionais progressivamente menores (*amortizing swaps*) ou maiores (*accreting swaps*), sem que tal fato signifique qualquer pagamento ou recebimento efetivo de principais, em espécie (*actuals*). Da mesma forma, pode-se prever um valor nocional crescente seguido, após certo tempo, de um valor nocional decrescente (*roller-coaster swaps*)". CORDEIRO FILHO, Ari. *Swaps: aspectos jurídicos, operacionais e administrativos*. Rio de Janeiro: Forense Universitária, 2000, p. 16.
"Os fluxos de pagamentos são ambos efectuados na mesma moeda, sendo o cálculo do montante dos juros realizado a partir de um dado valor de capital subjacente, que não chega a ser trocado". CALHEIROS, Maria Clara. *O contrato de swap*. Coimbra: Coimbra Editora, 2000, p. 39. "Não se permuta, necessariamente, o montante do principal, já que permanece constante ao longo do tempo". ". SZTAJN, Rachel. *Futuros e swaps: uma visão jurídica*. São Paulo: Cultura Paulista, 1998, p. 220.
[362] "The percentage that a borrower of money must pay to the lender in return for the use of the money, usu. expressed as a percentage of the principal payable for a one-year period". GARNER, Bryan A. (ed.). *Black's Law Dictionary*. St. Paul: West Group, 2004, p. 2.379.
[363] GOMES, Orlando. *Obrigações*. Rio de Janeiro: Forense, 2004, p.65.
[364] Disponível em:
< http://www.cetipeducacional.com.br/portal/default.asp?dLayout=cetip&Workspace ID=251>. Acesso em 29 de dezembro de 2011.

Na BM&FBOVESPA,[365] o Índice Geral de Preços-Disponibilidade Interna ("IGP-DI"); o Índice de Preços ao Consumidor ("IPC"); o Índice Nacional de Preços ao Consumidor ("INPC"); e o Índice Nacional de Preços ao Consumidor Amplo ("IPCA"); variações dos preços de ações negociadas na Bolsa de Valores de São Paulo, reunidas em carteira (*"stock basket"*); etc.

No mercado internacional, são comuns ainda os *commodity swaps*, por meio dos quais as partes se obrigam a pagar, periodicamente, a diferença apurada entre um preço fixo e outro variável, este calculado pelo índice divulgado no mercado à vista, sobre uma mesma mercadoria ou sobre mercadorias diferentes.[366]

Logo, embora a sua formatação mais comum, apelidada *"plain vanilla"*,[367] envolva, recorrentemente, ajustes com base em taxas de juros fixas e variáveis,[368] a amostragem demonstra a possibilidade de indexação por

---

[365] Anexo I do Ofício Circular 113/00, disponível em: <http://www.bmf.com.br/bmfbovespa/pages/contratos1/Balcao/PDF/Swap_anexo_I.pdf> . Acesso em 29 de dezembro de 2011

[366] "a parte A 'efetiva' pagamentos periódicos à parte B, correspondentes à quantidade, calculados a um preço unitário fixo; a parte B 'efetiva' pagamentos periódicos à parte A, correspondentes à mesma quantidade, a um preço variável por unidade, que se referencia ao preço médio observado periodicamente nas negociações de mercado à vista do produto (mercado spot). O acerto é feito por diferença entre os pagamentos 'efetivados'. A mercadoria pode ser a mesma ou ser diferente. Não há troca de valores nocionais. O *commodity swap* é utilizado pelos produtores, grandes processadores ou consumidores de uma mercadoria, com o objetivo de tornar fixo um preço de mercadoria e, assim, facilitar seu planejamento". CORDEIRO FILHO, Ari. *Swaps: aspectos jurídicos, operacionais e administrativos*. Rio de Janeiro: Forense Universitária, 2000, p. 20-21.
A semelhança com o *forward* liquidado pela diferença é notável, distanciando-se, economicamente, apenas pela duração: "[o] contrato a termo pode ser visto como um exemplo simples de swap. [...] Enquanto os contratos a termo estabelecem a troca de fluxos de caixa em uma única data no futuro, os *swaps* implicam a ocorrência de várias trocas de fluxos de caixa em datas futuras". HULL, John C. *Fundamentos dos mercados futuros e de opções*. São Paulo: BM&FBOVESPA – *Bolsa de Valores, Mercadorias e Futuros* de São Paulo, 2009, p. 168.

[367] Maria Clara Calheiros os nomeia "coupon *swaps*". *O contrato de swap*. Coimbra: Coimbra Editora, 2000, p. 44.

[368] "O tipo de swap mais comum é o swap de taxas de juro 'plain vanilla'. Nesse swap, a companhia concorda pagar fluxos de caixa iguais aos juros calculados a uma taxa de juro fixa sobre determinado principal, durante certo número de anos. Em compensação, a companhia receberá juros a uma taxa de juro flutuante, sobre o mesmo principal e pelo mesmo período de tempo". HULL, John C. *Fundamentos dos mercados futuros e de opções*. São Paulo: BM&FBOVESPA – *Bolsa de Valores, Mercadorias e Futuros* de São Paulo, 2009, p. 167.

todo e qualquer índice que possa ser objetivamente aferido, desde que possua composição e divulgação ilibadas, ressalvada a pré-aprovação e listagem pelas entidades administradoras do ambiente organizado.[369]

Não fica excluída, ainda, a possibilidade de livre prefixação,[370] modificação ou combinação de índices pelas partes,[371] observados os parâmetros e regras impostas pelo ambiente de negociação.[372]

A propósito, a Resolução CMN n. 3.505/07, dirigindo-se às entidades organizadoras do mercado de bolsa e balcão, que disciplina as operações de derivativos no mercado de balcão pelas instituições financeiras e assemelhadas, em seu art. 3º, trata expressamente da matéria:

Art. 3º Na realização das operações de que trata esta resolução deve ser observado, no mínimo, que:

I - os índices de preços, os índices de ações, as taxas de juros e as taxas de câmbio

utilizados como referenciais devem ter série regularmente calculada, bem como ser objeto de divulgação pública;

II - as demais cotações de ativos subjacentes utilizados como referenciais devem:

a) observar os preços divulgados por bolsas de valores, bolsas de mercadorias e de futuros, mercados de balcão organizado ou por entidades de registro, negociação, custódia e liquidação financeira

---

[369] "No sistema eletrônico de registro de contratos da BM&F há um único *contrato de swap* ou contrato de troca de rentabilidade, como formalmente é denominado, com variáveis autorizadas, viabilizando várias alternativas diferentes de negociação, as quais são combinadas duas a duas, sendo, obrigatoriamente, uma variável diferente da outra". BESSADA, Octavio; BARBEDO, Cláudio; ARAÚJO, Gustavo. *Mercado de derivativos no Brasil*. Rio de Janeiro: Record, 2005, p. 148.

[370] Cf., v.g., *BOLSA DE VALORES, MERCADORIAS E FUTUROS DE SÃO PAULO. Anexo III - conceituação das variáveis e definição dos fatores de correção para atualização do valor dos contratos.* Disponível em: <http://www.bmf.com.br/bmfbovespa/pages/contratos1/Balcao/PDF/Swap_anexoIII.pdf>. Acesso em 18 de maio de 2012.

[371] "Por exemplo: LIBOR + certa margem. [...] taxa média do crédito bancário + certa margem". CALHEIROS, Maria Clara. *O contrato de swap*. Coimbra: Coimbra Editora, 2000, p. 45.

[372] Cf., v.g., *BOLSA DE VALORES, MERCADORIAS E FUTUROS DE SÃO PAULO. Combinação das variáveis admitidas à negociação e respectivos códigos* (ofício circular 077/2007-DG, de 28/09/2007). Disponível em: <http://www.bmf.com.br/bmfbovespa/pages/contratos1/Balcao/PDF/Swap_anexo_II.pdf>. Acesso em 19 de maio de 2012.

de ativos autorizadas pelo Banco Central do Brasil ou pela Comissão de Valores Mobiliários, quando disponíveis nesses ambientes; ou

b) ser apurados com base em preços ou metodologias consistentes e passíveis de

verificação, que levem em consideração a independência na coleta de dados em relação aos parâmetros praticados em suas mesas de operação.

Assim, uma nomeação técnica das operações desta natureza, apta a refletir estruturas jurídicas essencialmente idênticas, haveria sempre se valer do vocábulo *índices*, dada a sua maior amplitude,[373] e não *juros*, de incidência mais estreita.

Oportuno esclarecer ainda que, uma vez mais, os pagamentos periódicos não podem ser classificados como *juros*. Na lição de Cordeiro Filho:

> [...] no *swap*, não há concessão de crédito, estipulação de mútuo, financiamento, desconto, adiantamento ou qualquer outro contrato que possa sugerir desembolso de recursos de uma parte com o estabelecimento de contraprestação da outra parte (principal e juros). Há o estabelecimento de obrigações, e os direitos respectivos são

---

[373] "NÚMERO-ÍNDICE. Em seu significado genérico, um número-índice consiste numa média de variações relativas. Se as variações medidas são as correspondentes aos preços, um número-índice de preços deve ser construído, o mesmo acontecendo com outras variáveis, como taxas de câmbio, taxas de juros, salários etc. Se as variações medidas são as correspondentes às quantidades, um número-índice específico deve ser construído: por exemplo, o correspondente ao quantum da produção industrial, da agrícola, das exportações, das importações etc. A utilização dos números-índices remonta à primeira metade do século XIX; na segunda metade deste século,
Stanley Jevons escolheu a denominação, consagrando-a no campo da economia. [...] Na construção de um número-índice, observam-se alguns parâmetros básicos. A amplitude do número-índice indica o tamanho da amostra utilizada e o campo da informação (produção industrial, preços no atacado, nível de emprego etc.); o período-base é o espaço de tempo da variação; o sistema de ponderação de um número-índice é fundamental, por exemplo, num índice de preços ao consumidor, em que cada produto deve ter um peso relativo à quantidade consumida (o chuchu não pode ter o mesmo peso do arroz). A capacidade de um número-índice refletir a variação real de um fenômeno econômico depende não apenas dos cuidados técnicos anteriores como também da eficácia com que as informações foram obtidas, isto é, da sua veracidade". SANDRONI, Paulo (Org.). *Novíssimo dicionário de economia*. São Paulo: Best Seller, 1999, p. 427.

objeto de troca, com compensação. Não há capital desembolsado a ser remunerado, portanto, não há juros a pagar, por mútuo ou financiamento.[374]

Nessa perspectiva, estes *swaps* importariam obrigações recíprocas de pagar quantia certa "basead[a] em diferentes índices, ou de taxa variável/taxa fixa, por certo período de tempo [...], [sendo que] os fluxos de pagamentos são ambos efectuados na mesma moeda, sendo o cálculo do montante dos juros [ou outros índices] realizado a partir de um dado valor de capital subjacente, que não chega a ser trocado".[375]

Os fluxos de caixa ajustados por este *swap* se orientam, pois, pelas oscilações de índices (embora possam se associar à aplicação de percentuais prefixados, "taxa pré"; ou, ainda, de preço fixo atribuído a uma *commodity*), apurados contra um valor nocional.

Uma vez apurados os valores atribuíveis a cada uma das partes, calcula-se a diferença entre eles, a fim de que o saldo seja entregue a quem tenha melhor aproveitado a oscilação das variáveis contratadas.[376]

Ressalte-se não haver aqui, tecnicamente, uma *compensação de obrigações*, na forma do art. 368 e seguintes do Código Civil. Há simples cálculo da diferença entre os índices aos quais as partes se vinculam, de modo a permitir a verificação da condição de eficácia em relação a uma das partes (oscilação desvantajosa do índice respectivo, comparativamente ao índice de sua contraparte) e a liquidação da obrigação de pagar quantia certa, na data de vencimento. Nesses termos, a eficácia da obrigação de uma das partes exclui, necessariamente, a eficácia da obrigação de sua contraparte: não há débitos e créditos recíprocos, mas apenas *um crédito e um débito em vigor*, relativo ao pagamento da diferença, motivo pelo qual não nos parece adequado tratar o fenômeno como uma compensação.

A cronologia pode ser descrita da seguinte maneira, em linhas gerais:

---

[374] CORDEIRO FILHO, Ari. *Swaps: aspectos jurídicos, operacionais e administrativos*. Rio de Janeiro: Forense Universitária, 2000, p. 38.

[375] CALHEIROS, Maria Clara. *O contrato de swap*. Coimbra: Coimbra Editora, 2000, p. 39.

[376] CALHEIROS, Maria Clara. *O contrato de swap*. Coimbra: Coimbra Editora, 2000, p. 39.

Quadro 4 – Cronologia de um contrato sobre índices.

Momento 1 *Celebração*	Acordam as partes sobre: (i) o valor nocional do contrato; (ii) o índice pelo qual será calculado resultado de cada uma das partes; (iii) as datas nas quais os ajustes periódicos serão realizados ("datas de vencimento").
Momento 2 *Execução*	Em cada uma das datas de vencimento: (i) as partes calculam seus respectivos resultados, aplicando os índices contratados sobre o valor nocional do contrato; (ii) a parte que, após a apuração da diferença entre os resultados, restou devedora, paga a diferença apurada à parte credora.
Momento 3 *Extinção*	Na última data de vencimento, repete-se o procedimento descrito no Momento 2, extinguindo-se o contrato.

Os cálculos dos pagamentos se dão, simplificadamente,[377] pelos quadros seguintes, conforme equações adaptadas a partir do padrão BM&FBOVESPA:[378]

---

[377] Omitimos, propositadamente, partes mais complexas dos cálculos, responsáveis, v.g., pela fixação da exata variação do indexador até a data do vencimento.

[378] "VL= (VI x FATOR1) – (VI x FATOR2)". *BOLSA DE VALORES, MERCADORIAS E FUTUROS DE SÃO PAULO. Contrato a termo de troca de rentabilidade (swaps).* Disponível em: <http://www.bmf.com.br/bmfbovespa/pages/contratos1/Balcao/PDF/Termo_TrocaRentabilidade.pdf>. Acesso em 11 de março de 2012.

Quadro 5 – Fórmula simplificada para liquidação da obrigação
em contratos sobre índices (primeira parte).

R1 = VN x (I1+ TP1)

Onde:

R1 – Resultado da primeira parte vinculada ao *swap*

VN– Valor nocional do *swap*

I1 – Variação acumulada do primeiro índice até a data do vencimento

TP1 – Taxa prefixada à primeira parte vinculada ao *swap*, se houver, proporcional ao tempo decorrido

Quadro 6 – Fórmula simplificada para liquidação da obrigação
em contratos sobre índices (segunda parte)

R2 = VN x (I2+ TP2)

Onde:

R2 – Resultado da segunda parte vinculada ao *swap*

VN– Valor nocional do *swap*

I2 – Variação acumulada do segundo índice até a data do vencimento

TP2 – Taxa prefixada à segunda parte vinculada ao *swap*, se houver, proporcional ao tempo decorrido

Na data do pagamento do *swap* ("liquidação financeira"), apenas uma das partes transferirá recursos à outra – aquela de *menor resultado* será *devedora*, e a de *maior resultado, credora*. O cálculo obedecerá, também simplificadamente, a lógica contida na seguinte equação:

Quadro 7 – Fórmula simplificada para liquidação
de obrigações em contratos sobre índices (terceira parte)

VD = |R1 – R2 |

Se R1 > R2, *P2 paga VD a P1;*
Se R1 < R2, *P1 paga VD a P2;*
Se R1 = R2, *não há pagamento.*
Onde:
VD – Valor da diferença a ser paga por uma das partes
R1 – Resultado da primeira parte vinculada ao *swap*
R2 – Resultado da segunda parte vinculada ao *swap*
P1 – Primeira parte vinculada ao *swap*
P2 – Segunda parte vinculada ao *swap*

Cogitemos, assim, de cenário no qual duas sociedades brasileiras, denominadas (*P1*) e (*P2*), iniciem operações de *swap* com valor nocional estipulado em R$3.500.000,00. (*P1*), em sua relação com terceiro, possui uma dívida corrigida pela DI + 8% ao ano; e deseja ajustar seus fluxos de caixa ao financiamento pessoal da (*P2*), avençado à taxa prefixada de 12% ao ano, mas não vinculada a taxa variável.

Suponhamos que de 10 de dezembro de 2010, data do primeiro ajuste realizado pelas partes, a 10 de junho de 2011, data da segunda, a DI tenha variado em +7%. Como se passaram apenas seis meses, as taxas prefixadas se reduzem à metade (de 8% para 4%; e de 12% a 6%).

As obrigações seriam, então, assim calculadas:

Quadro 8 – Cálculo simplificado do resultado de (*P1*).

R1 = R$3.500.000,00 x (7%+ 4%)
R1 = R$3.500.000,00 x 11%
R1 = R$385.000,00

Quadro 9 – Cálculo simplificado do resultado de (*P2*).

> R2 = R$3.500.000,00 x (0+6%)
> R2 = R$3.500.000,00 x 6%
> R2 = R$210.000,00

Apurou-se, assim, o resultado de R$385.000,00 para a primeira parte, a (*P1*); e o resultado de R$210.000,00 à segunda, (*P2*). Exigindo-se o encontro de contas, temos que:

Quadro 10 – Cálculo simplificado da apuração da diferença entre os resultados de (*P1*) e (*P2*)

> VD = |R1 – R2 |
> VD = |R$385.000,00 – R$210.000,00|
> VD = R$175.000,00
> Sendo R1 > R2, a (P2) pagará o VD à (P1)
> Onde:
> VD – Valor da diferença a ser paga por uma das partes
> R1 – Resultado de (P1)
> R2 – Resultado de (P2)

Desse modo, calculada a diferença entre os resultados, (*P1*) disporá, pelo *swap*, da exata *diferença* necessária ao pagamento dos juros fixados em seu financiamento, arcando tão somente com os custos da taxa fixa desejada. Por outro lado, (*P2*), a qual arcaria apenas com os custos da sua taxa fixa caso não houvesse entrado na operação, com o *swap*, teve a sua situação financeira agravada, realizando também os prejuízos pela oscilação desfavorável da DI.

3.7.2.2 Natureza jurídica

A exemplo do que registramos em análise dos contratos de ajuste de fluxos de caixa sobre moeda, são várias as teses levantadas à solução do problema.

Muitas veementemente criticadas, como (i) a de depósitos cruzados, rejeitada por não se submeterem bens quaisquer à guarda dos contratantes;[379] (ii) a de mútuos cruzados, rechaçada porque, não havendo, neste *swap*, a entrega de certa quantia em dinheiro para ulterior devolução do equivalente, não estaria presente o caráter real do contrato,[380] ou a sua finalidade típica; (iii) a de recíproco pagamento de dívida alheia com sub--rogação pessoal, inadequada às operações especulativas, nas quais nada haveria a se pagar em relação externa ao *swap*,[381] e mesmo às não especulativas, já que as partes sequer se aproximam dos credores e devedores externos de seus pares, não havendo qualquer vinculação jurídica entre créditos externos e internos ao *swap*; (iv) a de seguros recíprocos, pois, inobstante a possibilidade de execução do contrato com fim protetivo, as partes não estão necessariamente conectadas a uma massa de pessoas que compartilham do mesmo risco de sua contraparte, o que não atende ao princípio de mutualismo, e não recebem pagamentos fixos com base em cálculos atuariais, o que desqualifica a prestação como prêmio.[382]

A doutrina tende a enfrentar a questão por meio de comparações à figura da compra e venda e, principalmente, da permuta – neste caso, influenciada, certamente, pelo jargão de mercado (*swap*).

---

[379] "Se, na verdade, a intenção das partes é a conservação do objecto depositado, teremos de reconhecer que o swap se distancia inequivocamente desta figura". CALHEIROS, Maria Clara. *O contrato de swap*. Coimbra: Coimbra Editora, 2000, p. 117.

[380] "Esta assimilação, ainda que mais verossímil que as anteriores, defronta, contudo, um obstáculo inultrapassável no facto de o contrato de mútuo ser de natureza real, enquanto que o swap é um contrato consensual". CALHEIROS, Maria Clara. *O contrato de swap*. Coimbra: Coimbra Editora, 2000, p. 117.

[381] "Todavia, se essa tese poderia vingar no caso dos *swaps* que têm passivos financeiros reais subjacentes, aquela perde toda a sua credibilidade nas modalidades de *swaps* que incidem sobre activos que impliquem transferência inicial de divisas ou em que, simplesmente a relação subjacente é fictícia". CALHEIROS, Maria Clara. *O contrato de swap*. Coimbra: Coimbra Editora, 2000, p. 118.

[382] "Duas notas distinguem essencialmente os dois contratos: no *contrato de swap* não existe uma repartição de risco proporcional ao número de dos segurados, nem os pagamentos periódicos a efectuar no swap podem ser assimilados ao pagamento do prémio do seguro, o qual se caracteriza por ser uma quantia fixa". CALHEIROS, Maria Clara. *O contrato de swap*. Coimbra: Coimbra Editora, 2000, p. 119.

Ari Cordeiro Filho,[383] tentando "uma primeira aproximação ao conceito jurídico de *swap*, esperando que tentativas posteriores aperfeiçoem este esforço inicial", separa, preliminarmente, contratos futuros e a termo, quando liquidados pela diferença, dos contratos de *swaps*. Atribui aos primeiros uma *venda de índices* e, aos segundos, uma *troca de índices*. Reconhece, contudo, que a figura da permuta "não esgota o conceito de *swap*", identificando, em decorrência, as suas singularidades:

> [...] costumes observados uniformemente nos âmbitos em que se negociam e também pelas normas especiais [...]; [...] partes legitimadas a realizá-los, com habitualidade, no caso de mercados organizados, de bolsa ou balcão, jurisdicionadas pela ação normativa do CMN e fiscalizadora do Banco Central e da CVM; [a] natureza peculiaríssima do seu objeto; [a] natureza de sua fonte de obrigações.

Prosseguindo, discorre sobre o que entende ser o objeto peculiaríssimo do contrato: "um fluxo ficto de resultados financeiros, o qual a vontade das partes torna real, vinculativo entre elas, como base de cálculo de compensação de obrigações. [...] Há, assim, dois momentos juridicamente subsequentes: o da vontade de criar fluxos financeiros que corporificam obrigações/direitos e o da vontade de trocá-los".

E, por fim, conclui:

> a) o *swap* é um contrato *sui generis*, desenvolvido em suas características fundamentais pela práxis mercantil e sancionado por normas hoje em vigor;
> [...]
> c) *swaps* têm um gênese jurídico-negocial especialíssima, em que a troca mercantil fornece subsídios comparativos, *ex post*, mas não inteiramente caracterizadores;
> [...]
> g) nos *swaps*, um número ficto (nocional), inexistente no mundo das obrigações, serve como referência para a geração de uma obrigação real, de um fluxo de obrigações efetivas. Estas obrigações

---

[383] CORDEIRO FILHO, Ari. *Swaps: aspectos jurídicos, operacionais e administrativos*. Rio de Janeiro: Forense Universitária, 2000, p. 34-39.

efetivas nascem para se compensarem com outras nascidas conco-
mitantemente [...].

Rachel Sztajn também se concentra na figura da permuta, acolhendo-
-a com todas as suas singularidades, descrevendo, inclusive, pagamento
de *torna* à época da "troca de fluxos de caixa", mesmo na ausência de efetiva troca de coisas.[384]

Argumenta que a "troca é de fluxos de caixa relacionados, como em
qualquer negócio derivativo, a bens ou posições subjacentes; não importando a mútua e recíproca transmissão de domínio, é modelo negocial
desejado".[385] Mas repele a aplicação das regras de compra e venda, mesmo
que de forma subsidiária, admitindo para além da autonomia da vontade
das partes, tão somente, a aplicação do regime da conta corrente mercantil, no que toca às compensações recíprocas.[386]

Corroborando, em aspectos fundamentais, Sztajn e Cordeiro Filho,
Judith Martins-Costa classifica os *swaps* como um contrato atípico misto,
próximo à permuta. Defende a recondução dos contratos "dogmatica-
mente, ao modelo jurídico da troca" e, de conseguinte, propõe a aplicação,
por analogia, das regras de troca e, supletivamente, da compra e venda.[387]

Dissentimos, ao lado de Maria Clara Calheiros, daqueles que veem no
swap uma permuta, ainda que *sui generis*:

> Esta tentativa de classificação, por parte dos mais variados auto-
> res, do swap como contrato de permuta dá o flanco a várias críticas,
> pois muito embora haja que reconhecer que o mecanismo económico

---

[384] CORDEIRO FILHO, Ari. *Swaps: aspectos jurídicos, operacionais e administrativos*. Rio de
Janeiro: Forense Universitária, 2000, p. 34-39.

[385] SZTAJN, Rachel. *Futuros e swaps: uma visão jurídica*. São Paulo, Cultura Paulista, 1998, p. 232.

[386] SZTAJN, Rachel. *Futuros e swaps: uma visão jurídica*. São Paulo, Cultura Paulista, 1998, p. 229.

[387] "Em face da regra do art. 425 do CC/2002, c/c a do art. 112 do CC/2002, e da regra hermenêutica da analogia (pela qual, em face de um contrato atípico e de um contrato misto,
aplica-se, supletivamente à vontade declarada das partes, a disciplina do tipo contratual que
lhe é mais próximo) aos contratos de swap se aplicam as regras previstas imediatamente para
a troca e, mediatamente, para a compra e venda (art. 533 do CC/2002)". MARTINS-COSTA,
Judith. *Contratos derivativos cambiais. Contratos aleatórios. Abuso de direito e abusividade contratual.*
Boa-fé objetiva. Dever de informar e ônus de se informar. Teoria da imprevisão. Excessiva onerosidade
superveniente. In: *Revista de direito bancário e do mercado de capitais*, ano 15, n. 55, p. 328, janeiro-
-março de 2012.

do swap faz apelo à noção de troca, a verdade é que a classificação do swap na categoria do contrato de permuta requer elementos que não se encontram presentes neste.

Um dos elementos essenciais para a classificação de um contrato é a análise da intenção das partes. No contrato de swap, como vimos, as partes pretendem transformar, através do contrato, as características dos encargos e dos produtos financeiros a que se encontram submetidos. Em suma, procuram criar uma nova posição.

No contrato de permuta, as partes possuem uma intenção totalmente distinta. O seu objectivo é apropriarem-se de uma coisa propriedade da outra parte, dando em troca um objecto do seu patrimônio de idêntico valor. As noções de equivalência de valor e de equilíbrio patrimonial, bem como a de posse, encontram-se na essência do contrato de permuta.

A realidade do swap é completamente distinta. Este cria uma situação de obrigação de pagamento desequilibrada por natureza. É este mesmo desequilíbrio que as partes buscam, como elemento da alteração das características de certos elementos do seu património. Logo, o grande objectivo não é obter situação do outro, mas modificar sua própria situação financeira.

Assim, conclui-se que a análise da intenção das partes mostra que estas pretendem obrigar-se a pagar e ter o direito a receber montantes específicos e não permutar posições financeiras.

Outra das grandes dificuldades que os defensores da assimilação do swap à permuta parecem defrontar resulta do facto de existirem, ao longo da execução do contrato, diferenças entre os pagamentos realizados por uma e outra parte, com uma ou outra das partes a ser onerada pelo pagamento do diferencial entre as prestações recíprocas. Muito embora a concepção desses pagamentos diferenciais como tornas pudesse parecer uma resposta adequada, não é assim.

A torna consiste numa soma de dinheiro e difere, por natureza, dos bens permutados. Ao considerarmos os pagamentos diferenciais tornas, estamos a admitir que no swap, em que as partes trocam, entre si somas de dinheiro, estas assumiriam uma dupla função jurídica: parte seria o objeto da permuta, parte simples tornas.

[...]

É manifesto que, no caso dos swaps, a moeda é utilizada como meio de pagamento, para satisfazer uma obrigação pecuniária e não como uma mercadoria, ficando assim fora do âmbito das situações em que a jurisprudência e a doutrina admitem que somas de dinheiro possam constituir o objecto de uma permuta.

Aparentemente, a única forma de escapar a tal dilema consistiria em admitir como objecto do swap, enquanto permuta, os "fluxos financeiros".

Todavia, levanta-se aí um novo obstáculo, pois a noção de "fluxos financeiros" é dificilmente assimilável ao conceito de coisas susceptíveis de serem objecto de um contrato de permuta.

Em conclusão, as tentativas de forçar uma classificação do swap como permuta, revelam-se inúteis e ilógicas[388]

A crítica parece-nos irrefutável. De fato, conceber troca sem que as partes possam aproveitar-se do bem supostamente permutado é despir o negócio jurídico de sua função mais elementar.

Ora, "fluxo ficto"[389] não é bem conhecido pelo direito. E, sendo a ficção técnica jurídica visceralmente dependente da lei,[390] o que não se verifica no caso, não há como se atribuir à abstração tal qualidade.

É igualmente inadequado falar-se em troca de espécimes de moeda em curso forçado no país. Em que pese gozarem do *status* de bens móveis, integrando, por conseguinte, o patrimônio de seu titular, são *instrumentos de pagamento*,[391] e não *coisas* sujeitas a troca.

---

[388] CALHEIROS, Maria Clara. *O contrato de swap.* Coimbra: Coimbra Editora, 2000, p. 122-124.

[389] CORDEIRO FILHO, Ari. *Swaps: aspectos jurídicos, operacionais e administrativos.* Rio de Janeiro: Forense Universitária, 2000, p. 34-39.

[390] "Distingue-se da ficção, também processo da técnica jurídica, com o que o direito estabelece que é o que, na verdade, não é, como, por exemplo, a retroatividade nos atos jurídicos, ou a consideração do feto como já nascido (infans conceptus pro iam nato habetur, quotiens de eius commodo agitur)". AMARAL, Francisco. *Direito civil* – introdução. Rio de Janeiro: Renovar, 2003, p. 416.

[391] "Como se sabe, a moeda exerce duas funções básicas: a de medida de valor econômico e a de instrumento de pagamento. Como a moeda é bem fungível por excelência, aquele que substitui economicamente qualquer outro, serve como medida de valor de todo e qualquer bem ou serviço. Por outro lado, como todo e qualquer bemol serviço pode ser medido em termos monetários, a moeda serve também como instrumento universal de pagamento". LEÃES, Luiz Gastão de Barros. *Pareceres.* Vol. I. São Paulo: Singular, 2004, p. 421.

Hipótese mais plausível para o objeto de permuta seria, pensamos, os *créditos* que estão a atrair os pagamentos em moeda. Entretanto, *as partes do* swap *não assumem, e jamais assumirão, propriedade dos créditos de sua contraparte.* As obrigações (ou posições contratuais) subjacentes não são permutadas; podem servir como base de cálculo, se expressamente previsto em contrato, mas nada além disso. Restaria frustrada, pois, também a este ângulo, a finalidade típica de troca.

Nesse cenário, pelas mesmas razões, repulsamos também a hipótese de compra e venda, já que, não sendo a compensação de prestações mero acidente ou possibilidade, mas elemento fundamental; e, consequentemente, não se verificando a função de translação de domínio; não há configuração típica.

Calheiros ainda enfrenta as semelhanças entre *swaps* e contratos diferenciais. Vê como "[u]ma das maiores ameaças para o contrato de swap [...] a possibilidade de que este seja considerado como contrato diferencial face a muitas legislações, de entre as quais [salienta] a alemã".[392] Teme, assim, a aplicabilidade da exceção de jogo e aposta, o que afetaria, diretamente, a exigibilidade e, via de consequência, a utilidade do contrato.[393]

---

[392] CALHEIROS, Maria Clara. *O contrato de swap.* Coimbra: Coimbra Editora, 2000, p. 106.

[393] Timothy E. Lynch, professor da Universidade de Indiana (EUA), procede a análise interessante, classificando os *swaps* (na verdade, todo e qualquer derivativo), quando operados com puro intuito de especulação, como jogos de soma negativa (*"less than zero sum"*) – a menos que sejam avaliados como uma fonte de entretenimento e não, propriamente, um produto financeiro: "PSD contracts are, as between their respective two counterparties, zero-sum transactions, in that there is no net gain or loss of overall monetary wealth between the two. The financial gain of any counterparty will be taken directly from the pocket of the other counterparty. The aggregate economic value generated by a PSD is zero; whatever one party gains, the other loses. There is no consumer or supplier surplus associated with such a derivatives contract. Unlike hedger-hedger derivatives contracts and speculator-hedger derivatives contracts, PSDs do not effectuate risk shifting. Additionally, there is no asset or service being supplied or purchased that would represent consumer and producer surplus. With the exception of possible entertainment utility, which is discussed below, there appears to be absolutely no opportunity for economic gain by either party without a commensurate economic loss from the other party; one party's gain is the other's loss would represent consumer and producer surplus. With the exception of possible entertainment utility, which is discussed below, there appears to be absolutely no opportunity for economic gain by either party without a commensurate economic loss from the other party; one party's gain is the other's loss, i.e., a true zero-sum transaction. We can even go further as this analysis does not take into account transaction costs and opportunity costs incurred by the counterparties. The transaction costs associated with each derivative deal include the costs of any research

Admite, então, uma identidade estrutural, centrada em negociações de diferenças – o que, a seu sentir, justificaria um "risco" de serem assimiladas ambas as figuras. Mas, entendendo ser a causa do *swap* a *modificação de posições financeiras*, e servindo-se de Cavallo Borgia para dizer que "não é para lucrar ou especular sobre tal diferença que o contrato foi estipulado!" – afasta a classificação.[394]

Diante dos graves obstáculos à categorização do *swap* como permuta, e rejeitando a sua identificação com os contratos diferenciais, proclama a autora, então, uma atipicidade pura, atribuindo à figura contratual uma causa própria, não equiparável a qualquer das outras submetidas a análise:

> O swap surge-nos como contrato oneroso, consensual, de execução sucessiva, sinalagmáticos, *intuitu personae* e aleatório que, procurando alterar a posição financeira de cada uma e ambas partes, por referência a certas relações subjacentes, se traduz na cobertura

and informational analysis, the costs of any contract negotiation, the costs of executing the transaction, and the costs associated with monitoring the deal, deciding whether or not to exit the deal prior to the expiration of the contract, and settling upon the expiration. Many of these costs manifest themselves as monetary payments to third parties, such as brokers and researchers; others represent an expenditure of time, energy and other resources. Indeed, the only parties to enjoy any aggregate gain are those who facilitate the execution, monitoring, and settling of these purely speculative transactions, e.g., researchers, brokers, exchanges, clearinghouses, etc.

Each speculator also incurs opportunity costs associated with diverting his resources to playing this zero-sum game, resources that in the alternative could be used for more productive purposes. Given these transaction and opportunity costs, the expected value for any counterparty to a purely speculative derivatives contract is less than zero, and the average frequent speculator can expect that over time his actual net payoffs will be less than zero. The one exception to the claim that PSDs are less than zero-sum transactions as between the counterparties are PSDs that provide entertainment utility to one or both of the counterparties. As I argue elsewhere, agreements which are commonly referred to as gambling or wagering are also derivatives. Gambling can often be a form of entertainment for one or both of the counterparties, and thus, to the extent that a PSD contract provides entertainment utility, it may create value and thus be a positive-sum transaction. As a result, in the context where a PSD provides entertainment, there is no reason to resort to heterogeneous expectations theory to explain why two speculators would rationally enter into such a contract. The issue of PSDs, gambling and entertainment utility is discussed in further detail in Part IV". LYNCH, Timothy E. *Gambling by another name? The challenge of purely speculative derivatives.* Março de 2011. In: *Indiana Legal Studies Research Paper*, n⁰. 188. Disponível em: <http://ssrn.com/abstract=1788219>. Acesso em 04 de fevereiro de 2012.

[394] CALHEIROS, Maria Clara. *O contrato de swap.* Coimbra: Coimbra Editora, 2000, p. 107-109.

de um risco financeiro, na realização de uma arbitragem, ou mesmo uma operação especulativa. [...] É, pois, inegável que o contrato de swap possui uma função económico-social própria, reflectindo-se numa estrutura jurídica privativa. A causa (*hoc sensu*) do contrato de swap é a troca de fluxos financeiros, especificamente calculados, os quais alteram a situação financeira subjacente das partes.[395]

Não obstante, entendemos que o *swap* se amolda perfeitamente à figura socialmente típica dos contratos diferenciais, há muito conhecida pelo direito.

Realmente, a causa *modificação de posição financeira* harmoniza-se, sem qualquer dificuldade, com a estrutura obrigacional eminentemente aleatória dos contratos diferenciais. Não há como assumir novos riscos financeiros, de forma profissional, organizada, metódica, sem que se dê azo à modificação da situação financeira das partes.

E, já o constatamos, mesmo que não tenha sido o contrato concebido com tal *intenção*, a sua formatação jurídica comporta, sim, o intuito de lucro e especulação, depreciado por Cavallo Borgia.

Há firme entendimento doutrinário em favor da identificação das duas figuras.

Yazbek,[396] admitindo a atipicidade dos *swaps* – para ele, "a solução mais coerente com a própria natureza dos processos de inovação financeira e seus frutos" – e pregando a exclusiva aplicação das "regras gerais aplicáveis aos negócios jurídicos e contratos, assim como a disciplina própria eventualmente definida pelo regulador competente",[397] reconhece, a um só tempo, que "[t]odo derivativo, [...] é um 'contrato diferencial'".

Afirma ainda que a movimentação financeira provocada pelo pagamento da diferença, na realidade, é o que *permite a atuação com o propósito*

---

[395] CALHEIROS, Maria Clara. *O contrato de swap*. Coimbra: Coimbra Editora, 2000, p. 124.

[396] YAZBEK, Otavio. *Regulação do mercado financeiro e de capitais*. Rio de Janeiro: Elsevier, 2007, p. 107.

[397] YAZBEK, Otavio. *Regulação do mercado financeiro e de capitais*. Rio de Janeiro: Elsevier, 2007, p. 121.

de hedge, especulação ou arbitragem,[398] e, mais importante, em sede de *swaps*, permite "casar os seus respectivos fluxos de caixa".[399]

Com igual parecer, Engrácia Antunes, ao afirmar que "sector importante dos contratos diferenciais é o dos derivados sobre activos teóricos, nocionais ou virtuais (v.g., [...] 'swaps' e 'forwards' sobre taxas de juros [...])".[400] E Salomão Neto, ao reconhecer que as "operações que caem sob tal descrição [*swaps*] podem ser estruturadas inicialmente como negócios diferenciais".[401]

Mesmo Rachel Sztajn, como se viu, defensora da hipótese da permuta atípica, não rejeita tal classificação.[402]

Em adição, necessário reiterar que a preocupação de Calheiros sobre a possível inexigibilidade dos *swaps* em caso de sua identificação com os contratos diferenciais, embora seja relevante em ordenamentos estrangeiros, não mais se justifica aqui, por força de lei, eis que separados das figuras dos jogos e apostas.[403]

---

[398] "Na maior parte dos instrumentos derivativos, os contratos diferenciais que são, não se efetua a entrega dos ativos negociados a 'futuro', mas apenas o pagamento de valores correspondentes à diferença entre preço pactuado e o preço de mercado na liquidação, como ainda se verá, tratando-se, assim, de operações financeiras puras. O efeito de hedge é dado, assim, por essa movimentação financeira. Essa natureza financeira das operações permite a participação no mercado de outro tipo de agentes, que não necessariamente estejam expostos às condições do mercado físico do ativo subjacente – os especuladores. Em larga medida, o crescimento recente dos mercados de derivativos está relacionado a tais possibilidades de ganhos especulativos". YAZBEK, Otavio. *Regulação do mercado financeiro e de capitais*. Rio de Janeiro: Elsevier, 2007, p. 107-108.

[399] YAZBEK, Otavio. *Regulação do mercado financeiro e de capitais*. Rio de Janeiro: Elsevier, 2007, p. 119.

[400] ANTUNES, José Engrácia. *Os instrumentos financeiros*. Coimbra: Almedina, 2009, p. 186-187

[401] SALOMÃO NETO, Eduardo. *Direito bancário*. São Paulo: Atlas, 2007, p. 326.

[402] "Assim, se são negociados *swaps* sobre títulos, ações mercadorias, câmbio ou valores, incide a regra do art. 1.479 [do Código Civil de 1916]. Um swap cai na regra de compra e venda em que não se cogita de entrega de bens. [...] Duas questões devem, agora, ser enfocadas. Em face do art. 1.164 do Código Civil, como aplicar as regras da compra e venda a essa permuta e, novamente, como enfrentar o art. 1.479 do CC, uma vez que se trata, indubitavelmente, de contratos diferenciais". SZTAJN, Rachel. *Futuros e swaps: uma visão jurídica*. São Paulo, Cultura Paulista, 1998, p. 225; 229.

[403] "A discussão perdeu importância com o advento do novo Código Civil, que, no seu art. 816, excepcionou da regra 'os contratos sobre títulos de bolsa, de mercadorias ou valores, em que se estipulem a liquidação exclusivamente pela diferença entre o preço ajustado e a cotação que eles tiverem no vencimento do ajuste'". YAZBEK, Otavio. *Regulação do mercado financeiro e de capitais*. Rio de Janeiro: Elsevier, 2007, p. 107.

Enfim, pensando o negócio jurídico como uma realidade tridimensional, constituída por seu objeto material, a relação obrigacional, e a sua causa ou função, temos que:[404]

(i) o seu *objeto material* é a moeda corrente nacional;

(ii) seu *complexo obrigacional*, o objeto do contrato, é formado por obrigações *condicionais* pelas quais cada uma das partes se obriga a pagar quantia certa, correspondente à defasagem de seu índice em relação ao índice de sua contraparte, *se tal circunstância se verificar na data de vencimento*; e

(iii) a sua *função socioeconômica* ou causa é a modificação de riscos financeiros por meio de ajustes recíprocos de fluxos de caixa lastreados em índices, os quais, demonstramos, são provocados por sua estrutura de obrigações diferenciais.

Constata-se, assim, a atipicidade do contrato de ajuste de fluxos de caixa sobre índices, *subespécie de contrato diferencial*, pois, a exemplo das demais modalidades do gênero, não possui regime jurídico minimamente regulado em lei.

---

[404] Entendemos que o negócio jurídico pode ser visto, basicamente, em três dimensões conexas, que variam conforme o grau de abstração técnica. Na primeira, *sensível e imediata*, temos o seu objeto material, os bens e atos que interessam às partes; na segunda, *técnica-estrutural*, encontra-se a organização jurídica de tais interesses, sedimentada por relações jurídicas obrigacionais; na terceira, *técnica-funcional*, encerra-se o elemento causa, a utilidade e sentido típico de um determinado negócio jurídico. Sobre a causa: "Confundem-se aqui, evidentemente, dois aspectos diversos que mesmo no negócio a título gratuito se conservam bem distintos: o aspecto da estrutura (conteúdo) e o aspecto da causa atinente à função da autonomia privada: aos quais correspondem duas atitudes subjetivas igualmente diferentes. [...] Também no negócio a título gratuito, a atribuição patrimonial não é fim em si mesma, mas antes meio para um fim, instrumento de um interesse que anima e a vivifica; apenas o interesse que se procura obter como fim da actividade, não é, aqui, uma troca ou compensação (como na noção utilitária da '*consideration*'), mas sim o enriquecimento alheio sem uma compensação. Esse interesse, de caráter objetivo e típico, socialmente reconhecível e apreciável, não deve confundir-se com os simples motivos individuais, que, no caso especial, podem ter determinado a intenção de liberalidade (reconhecimento, [...] caridade, aspiração à benevolência, etc.). Uma confusão entre causa e motivos individuais, é inadmissível no negócio a título gratuito, do mesmo modo que no negócio a título oneroso (em que é irrelevante, por ex., que alguém compre porque precisa da coisa, ou porque quer prestar um serviço ao vendedor". BETTI, Emilio. *Teoria geral do negócio jurídico*. Tomo I. Coimbra: Coimbra, 1969, p. 341-342.

É bilateral e oneroso, pois se funda em lógica de sacrifício recíproco.

No Brasil, há também de ser classificado como solene, dada a obrigatoriedade de registro consolidada pela Lei n. 12.543/11, atualmente em vigor.

Possui caráter aleatório – ainda que uma das partes, inicialmente, se vincule a taxa pré-fixada, e, portanto, seja-lhe previsível o percentual aplicável, pois não pode saber por antecipação qual será o resultado das oscilações e, de conseguinte, o valor da diferença a pagar, ou a quem ela tocará.[405]

Por fim, adota sempre execução continuada, periódica, como forma de se distanciar de um contrato a termo de índices.

3.7.2.3 Contrato de ajuste de fluxos de caixa sobre índices cambiais ("swaps cambiais", "cross currency swaps", "swaps cambiais reversos")

A sistemática dos contratos sobre índices, pudemos constatar, comporta ampla variedade de indexações. Uma das mais relevantes é a indexação cambial.

Os *swaps* de indexação cambial são normalmente designados, na prática, "*swaps* cambiais", nomenclatura que os aproxima dos *swaps* de moedas. Mas as modalidades não se confundem. A exemplo dos demais contratos de ajustes sobre índices, não implicam troca do principal, e, o que é mais importante, não transferem divisas.

Seus mecanismos têm sido explorados pelo Banco Central do Brasil como instrumentos de política cambial e monetária, em âmbito domésti-

---

[405] "Poder-se-ia argumentar que a parte que se compromete a pagar uma taxa fixa sabe desde o início o montante exacto das prestações que lhe caberá realizar, uma vez que o montante de juros a pagar periodicamente não variará durante todo o tempo de duração do *contrato*. Todavia há-de forçosamente reconhecer-se que nos contratos de swap a possibilidade de perda ou de ganho existe e sempre para ambas as partes". CALHEIROS, Maria Clara. *O contrato de swap*. Coimbra: Coimbra Editora, 2000, p. 89.

co.[406] Hoje, são viabilizados mediante leilões públicos, operados pelo sistema eletrônico do BACEN, e registrados na BM&FBOVESPA.[407]

Os contratos sobre índices cambiais são operados, em suma, com pagamentos atrelados a indexadores de juros e taxas de câmbio de moeda estrangeira.[408] Um dos *swaps* de maior liquidez no mercado brasileiro, negociado junto à BM&FBOVESPA, é o que contrapõe os riscos da taxa de juro efetiva de depósitos interfinanceiros divulgada pela CETIP ("DI") aos riscos vinculados ao dólar norte-americano,[409] conforme taxa de câmbio apurada e divulgada pelo BACEN, por intermédio do SISBACEN (tran-

---

[406] Resolução n. 2.939/02, do Conselho Monetário Nacional, art. 1º: "Autorizar o Banco Central do Brasil a realizar, para fins de políticas monetária e cambial, operações de swap referenciadas em taxas de juros e variação cambial.

Parágrafo único. Para efeito do disposto neste artigo, poderá o Banco Central do Brasil operar nos ambientes específicos daqueles mercados, inclusive submetendo-se às suas regras próprias".

[407] "Essas operações são contratadas por meio da realização de leilão em sistema eletrônico do Bacen e registradas na *Bolsa de Valores, Mercadorias e Futuros* – BM&FBovespa, na forma de um contrato padrão negociado naquela Bolsa denominado '*Contrato de Swap Cambial com Ajuste Periódico* – SCC'". BANCO CENTRAL DO BRASIL. Relatório da administração 2011. Disponível em: <http://www.bc.gov.br/pre/Surel/RelAdmBC/2011/relatorio_administracao_2011_parte_4.pdf>. Acesso em 20 de maio de 2012.

O BACEN, nos termos da Resolução CMN n. 2.939/02, parágrafo único, art. 1º, sujeita-se às regras dos ambientes no quais pratica os *swaps*. Não nos competiu analisar, entretanto, os reflexos de eventuais sobreposições de regimes jurídicos privados e públicos em tais atividades.

[408] "Derivativo financeiro que tem por finalidade promover a troca (simultaneamente) de fluxos financeiros entre os agentes econômicos envolvidos, por exemplo: uma empresa possui um ativo financeiro indexado a variação do dólar comercial e deseja trocar a variação deste ativo financeiro (dólar comercial) por uma determinada taxa de juros flutuantes sem se desfazer do ativo financeiro, neste caso ela poderá através de um swap de taxas realizar tal operação". MINISTÉRIO DA FAZENDA. *Glossário*. Disponível em: <http://www.stn.fazenda.gov.br/servicos/glossario/glossario_s.asp>. Acesso em 25 de janeiro de 2011. Exemplificadamente: "Swap cambial: operação de swap registrada na BM&F, na forma de '*contrato de swap cambial com ajuste periódico* – SCC', em que o Bacen compra o contrato (ponta cupom cambial) e as instituições contempladas tomam a posição vendedora em DI". BARBEDO, Cláudio Henrique; GUTIERREZ, Margarida Sarmiento; LION, Octavio Bessada; VIOLA, Alessandra Pasqualina. *Impacto dos swaps cambiais na curva do cupom cambial: uma análise segundo a regressão de componentes principais*. Brasília, Banco Central do Brasil, novembro de 2009, p. 4. Trabalho para discussão nº. 198. Disponível em: <http://www.bcb.gov.br/pec/wps/port/wps198.pdf>. Acesso em 30 de dezembro de 2011.

[409] "No mercado brasileiro, os *swaps* de maio liquidez são os de DI contra Pré e DI contra Dólar". BESSADA, Octavio; BARBEDO, Cláudio; ARAÚJO, Gustavo. *Mercado de derivativos no Brasil*. Rio de Janeiro: Record, 2005, p. 154.

sação "PTAX800", "opção 5", cotação de fechamento, para liquidação em dois dias)[410]

Em âmbito político e econômico, o *swap* cambial é referido como "*swap cambial reverso*" caso o BACEN, na qualidade de parte, venha a se vincular a recebimentos calculados pela variação do dólar, em vez da variação de uma taxa de juros.[411] O apelido *reverso* se origina, pois, da percepção de que a forma usual do *swap* praticado pela autoridade financeira seria a contrária, na qual se assegurasse ao Banco Central o pagamentos vinculados a juros, enquanto às suas contrapartes caberiam os recebimentos influenciados por câmbio.[412]

A título de ilustração, consideremos exemplo que se adequa ao modelo de negociação prescrito pela BM&FBOVESPA, mencionado acima, no qual,

---

"O swap cambial é destacadamente o principal instrumento de derivativo de câmbio utilizado pelas empresas brasileiras, conforme dados disponíveis na Bolsa de Mercadorias e Futuros (BM&F) e na Central de Títulos Públicos Privados (CETIP)". OLIVEIRA, Fernando N. de Oliveira. *O mercado de hedge cambial no Brasil*: reação das instituições financeiras a intervenções do banco central. Brasília, Banco Central do Brasil, novembro de 2004, p.5. Trabalho para discussão nº. 89. Disponível em: <http://www.bcb.gov.br/pec/wps/port/wps89.pdf>. Acesso em 30 de dezembro de 2011.

[410] *BOLSA DE VALORES, MERCADORIAS E FUTUROS DE SÃO PAULO. Contrato de swap cambial com ajuste periódico.* Disponível em:
< http://www.bmf.com.br/bmfbovespa/pages/contratos1/Financeiros/PDF/swapcambial.pdf>. Acesso em 11 de março de 2012

[411] "Nas posições compradas dos referidos contratos, o Bacen está ativo em taxa de juros doméstica, representada pela taxa média dos Depósitos Interfinanceiros – DI de prazo de um dia útil, e passivo em variação cambial mais cupom cambial, sendo et e uma taxa representativa de juros em dólar. Inversamente, nas posições vendidas, o Bacen está ativo em variação cambial mais cupom cambial e passivo em taxa de juros doméstica (DI). Esses contratos têm valor nocional equivalente a US$50.000 e ajuste financeiro diário. O valor das garantias é estipulado pela BM&FBovespa. As operações de compra desses contratos pelo Bacen são denominadas no mercado financeiro como 'swap cambial'; já as operações de venda são identificadas como operações de 'swap cambial reverso'". BANCO CENTRAL DO BRASIL. Relatório da administração 2011. Disponível em: <http://www.bc.gov.br/pre/Surel/RelAdmBC/2011/relatorio_administracao_2011_parte_4.pdf>. Acesso em 20 de maio de 2012.

[412] "Esses títulos são chamados de 'reversos' porque o mais comum é o Banco Central receber uma taxa de juros e pagar a variação do câmbio". FOLHA DE SÃO PAULO. Entenda o que é o "swap cambial reverso". São Paulo, 22 de novembro de 2005. Disponível em: <http://www1.folha.uol.com.br/folha/dinheiro/ult91u102598.shtml>. Acesso em 26 de janeiro de 2011.

visam as partes a negociar "diferencial entre a taxa de juro efetiva [DI] e a variação cambial [dólar]".[413]

Concebamos, assim, um *swap* cambial reverso estabelecido entre o BACEN e uma instituição financeira, subsidiária brasileira de grupo estrangeiro, que deseja substituir parte dos riscos associados a créditos de sua titularidade, cotados em dólar, por riscos ligados ao real, variáveis conforme a taxa DI. O período é de intensa valorização do real frente à moeda estrangeira.

O BACEN, a princípio – pensando o contrato como um instrumento de política cambial e econômica – se interessa por sinalizar ao mercado que os riscos de rendimentos futuros atrelados ao dólar são aceitáveis, e que, portanto, confia na apreciação da taxa de câmbio; a instituição financeira que se posiciona como contraparte, em sentido oposto, temendo os efeitos da persistente apreciação do real, que continuará a lhe tolher os rendimentos de seus créditos, pretende se proteger de novas perdas.

Nesses termos, caso a taxa de câmbio varie em percentual superior à taxa DI, a Instituição Financeira pagará ao BACEN o valor da diferença determinada pela compensação de créditos. Se, ao contrário, a taxa DI acumulada para o período é superior à taxa de câmbio no mesmo ínterim, também após a compensação, o BACEN pagará o valor da diferença à instituição financeira.

A situação criada ilustra uma estratégia de intervenção econômica do BACEN, pela qual se alinham interesses do Estado e dos particulares sujeitos a um mesmo risco – como os exportadores, por exemplo, vitais à manutenção da competitividade do país no mercado internacional. A ideia é devolver confiança aos agentes econômicos. Se a medida tem êxito e, de fato, acaba por estimular a compra de moeda estrangeira pelos particulares, a tendência é a de que, com o aumento da demanda, elevem-se os preços da moeda, e, de conseguinte, seja depreciada a taxa de câmbio.

Não são raros os estudos sobre as intervenções do BACEN. Seus efeitos, bem como sua conveniência, têm sido alvo de questionamentos.

Na Economia, tais incursões são classificadas como *esterilizadas* ou *não esterilizadas*, conforme a sua repercussão sobre a base monetária nacional

---

[413] *BOLSA DE VALORES, MERCADORIAS E FUTUROS* DE SÃO PAULO. *Contrato de swap cambial com ajuste periódico.* Disponível em:
‹ http://www.bmf.com.br/bmfbovespa/pages/contratos1/Financeiros/PDF/swapcambial.pdf›. Acesso em 11 de março de 2012.

As intervenções esterilizadas, classicamente, se organizam em duas etapas, de forma concomitante: na primeira, o BACEN adquire moeda estrangeira contra o pagamento de moeda nacional;[414] na segunda, vende títulos públicos.[415] A primeira etapa reduz a quantidade de moeda estrangeira em circulação e aumenta o curso de moeda nacional, pressionando a taxa de juros básica da economia para baixo.[416] A segunda etapa, visando a neutralizar os efeitos da expansão provocada pela primeira, absorve moeda nacional

[414] "**Base Monetária**. Passivo monetário do Banco Central, também conhecido como emissão primária de moeda. Inclui o total de cédulas e moedas em circulação e os recursos da conta Reservas Bancárias. Corresponde ao montante de dinheiro em circulação no País mais o dinheiro depositado nos bancos comerciais (soma do dinheiro dos caixas, dos depósitos voluntários e compulsórios no Banco Central)". BANCO CENTRAL DO BRASIL. *Glossário*. Disponível em:
<http://www.bcb.gov.br/glossario.asp?Definicao=595&idioma=P&idpai=GLOSSARIO>. Acesso em 22 de maio de 2012.

[415] "O mecanismo para controlar o mercado de câmbio de forma independente da política monetária é a intervenção cambial esterilizada. Através desse procedimento, o Banco Central compra ativos denominados em moeda estrangeira, e os paga em moeda nacional. Isso levaria a uma expansão da base monetária, mas o banco central elimina (esteriliza) essa expansão através da venda de títulos. Logo, a oferta de moeda na economia não muda, e, condicional à manutenção da demanda por moeda, a taxa de juros básica da economia se mantém inalterada". DIÓGENES, Felipe César Dias. *Efeitos sobre o câmbio das intervenções cambiais esterilizadas – o caso brasileiro de 2003 a 2006*. 87 fl. Dissertação (mestrado em economia). Pontifícia Universidade Católica do Rio de Janeiro, Rio de Janeiro, 2007, p. 10. Orientador: Márcio Gomes Pinto Garcia. "Intervenções cambiais esterilizadas são compras ou vendas de divisas estrangeiras pelo BC sem que ocorra alteração no estoque de moeda (nem na taxa de juros). Na sua forma mais simples, uma operação esterilizada de compra de divisas envolve duas operações das mesas do BC. Inicialmente, o BC compra dólares e paga em reais, assim acumulando reservas internacionais e aumentando a base monetária. Simultaneamente, o BC conduz operações de mercado aberto que visam o enxugamento da liquidez adicional gerada pela operação de compra de câmbio: o BC vende títulos públicos de sua carteira, assim fazendo retornar a seu valor inicial a base monetária (e também a taxa de juros)". GARCIA, Marcio Gomes Pinto. *Intervenções cambiais do banco central*. Originalmente publicado no jornal Valor Econômico, edição de 28 de agosto de 2009. Disponível em: <http://www.econ.puc-rio.br/mgarcia/Artigos/Artigos%20Valor/Valor%20090828%20v05.pdf>. Acesso em 20 de janeiro de 2012.

[416] "A expansão da base monetária decorrente da compra de dólares à vista levaria a uma queda da taxa de juros abaixo da meta do Banco Central". DIÓGENES, Felipe César Dias. *Efeitos sobre o câmbio das intervenções cambiais esterilizadas – o caso brasileiro de 2003 a 2006*. 87 fl. Dissertação (mestrado em economia). Pontifícia Universidade Católica do Rio de Janeiro, Rio de Janeiro, 2007, p. 17. Orientador: Márcio Gomes Pinto Garcia.

em troca da transferência de títulos.[417] As intervenções não esterilizadas são aquelas que prescindem da segunda etapa, permitindo a ampliação da base monetária nacional.[418]

Os *swaps* constituiriam intervenções do tipo esterilizadas, pois não pressionariam a oferta ou demanda de moeda nacional.[419]

O pesquisador Felipe Diógenes recorre à teoria do *capital asset pricing model*, que cuida da "correlação entre o retorno do ativo e um risco sistemático"[420] para, nesse particular, explicar a utilidade do *swap* e de outros derivativos cambiais (como os contratos futuros de dólar):

> Logo, comprar um contrato futuro de dólar tem funcionado como comprar um seguro contra parte da incerteza contida na economia brasileira. Quanto maior a incerteza esperada, maior a demanda por seguro cambial. A oferta de seguro cambial é determinada pelo acesso dos residentes nacionais a ativos denominados em moeda estrangeira. Quanto mais ativos em moeda estrangeira na economia, maior a gama de ativos que os agentes podem utilizar como seguro contra a incerteza. Um aumento do saldo em transações correntes

---

[417] Examinadas as operações pelo percurso inverso, curiosamente, equivalem-se a uma captação de recursos para aquisição de moeda estrangeira. Veja-se: (i) captação de recursos em moeda nacional em ambiente doméstico; (ii) compra de moeda estrangeira no mercado de câmbio.

[418] "Ressalte-se a diferença entre intervenções esterilizadas e não-esterilizadas: estas últimas expandem (compra de divisas) ou contraem (venda de divisas) a base monetária, alterando, portanto, a taxa de juros. Não há dúvidas quanto à eficácia de intervenções cambiais não--esterilizadas em mover a taxa de câmbio, pelo menos por algum tempo. Países que têm metas, explícitas ou não, para a taxa de câmbio, recorrem, via de regra, a intervenções não--esterilizadas". GARCIA, Marcio Gomes Pinto. *Intervenções cambiais do banco central*. Originalmente publicado no jornal Valor Econômico, edição de 28 de agosto de 2009. Disponível em: <http://www.econ.puc-rio.br/mgarcia/Artigos/Artigos%20Valor/Valor%20090828%20 v05.pdf>. Acesso em 20 de janeiro de 2012.

[419] "Intervenções no mercado de derivativos e dólar futuro são do tipo esterilizadas, pois não tem impacto sobre a base monetária". DIÓGENES, Felipe César Dias. *Efeitos sobre o câmbio das intervenções cambiais esterilizadas – o caso brasileiro de 2003 a 2006.* 87 fl. Dissertação (mestrado em economia). Pontifícia Universidade Católica do Rio de Janeiro, Rio de Janeiro, 2007, p. 17. Orientador: Márcio Gomes Pinto Garcia.

[420] DIÓGENES, Felipe César Dias. *Efeitos sobre o câmbio das intervenções cambiais esterilizadas – o caso brasileiro de 2003 a 2006.* 87 fl. Dissertação (mestrado em economia). Pontifícia Universidade Católica do Rio de Janeiro, Rio de Janeiro, 2007, p. 19. Orientador: Márcio Gomes Pinto Garcia.

aumenta a oferta de ativos em moeda estrangeira na economia. Isso reduziria o prêmio de risco cambial. Pela paridade coberta de taxa de juros, isso levaria a uma apreciação da taxa de câmbio, se a taxa de câmbio futura esperada se mantivesse constante.[421]

Os economistas, pois, correlacionam instrumentos derivativos indexados a moeda estrangeira e o comportamento da taxa cambial.

De fato, razoável supor que a formação de preços no mercado futuro venha a interferir sobre preços do mercado presente, pois representam, em última análise, uma *expectativa sobre a cotação das divisas*, um parâmetro para assunção de riscos.

O número de *swaps* cambiais vigentes no mercado interno, assim como as variáveis estabelecidas para precificação e pagamento de suas obrigações, podem sinalizar maior ou menor confiança na estabilidade da moeda, influenciando, assim, decisões negociais tomadas no presente – embora haja dúvida sobre a *intensidade* dos impactos de tais operações sobre a formação dos preços de câmbio.[422]

---

[421] DIÓGENES, Felipe César Dias. *Efeitos sobre o câmbio das intervenções cambiais esterilizadas – o caso brasileiro de 2003 a 2006*. 87 fl. Dissertação (mestrado em economia). Pontifícia Universidade Católica do Rio de Janeiro, Rio de Janeiro, 2007, p. 20. Orientador: Márcio Gomes Pinto Garcia.

[422] "Alguns trabalhos acadêmicos investigaram o comportamento dos preços de mercado e da volatilidade por ocasião da atuação do Banco Central através dos *swaps*. Araújo e Goldfajn (2004) analisam o impacto das intervenções sobre a volatilidade da taxa de câmbio no período de janeiro de 2000 a dezembro de 2003. Os autores mostram que as intervenções do Banco Central diminuíram a volatilidade da taxa de câmbio nominal. Segundo os autores, o resultado do trabalho pode permitir afirmar que o Banco Central tem suavizado movimentos na taxa de câmbio, o que ratifica a importância de instrumentos de intervenção cambial para a estabilidade das relações dos agentes exportadores, importadores e das empresas nas transações comerciais e de financiamento. [...] Os resultados comprovam a teoria do portfólio quando se consideram as variáveis de aversão ao risco [...], os *swaps* cambiais se mostram significativos. Já os *swaps* cambiais reversos se mostram significativos para o atributo inclinação e atributo curvatura nas regressões sem a presença do risco país e investidores estrangeiros. Entretanto, como os coeficientes resultantes apresentam o mesmo sinal e a mesma ordem, os efeitos em determinadas partes da estrutura a termo se anulam, não modificando assim o nível geral da curva. Quando a variável de aversão a risco é inserida na equação, os coeficientes dos *swaps* reversos mostram-se não significativos". BARBEDO, Cláudio Henrique; GUTIERREZ, Margarida Sarmiento; LION, Octavio Bessada; VIOLA, Alessandra Pasqualina. *Impacto dos swaps cambiais na curva do cupom cambial: uma análise segundo a regressão de componentes principais*. Brasília, Banco Central do Brasil, novembro de 2009, p. 5-6; 25. Trabalho para discussão nº.

A estreita relação do contrato com as indexações cambiais, como demonstramos, pode trazer ainda certa instabilidade jurídica às operações de *swap*.

Historicamente, o Brasil tem proibido, taxativamente, pagamentos em moeda estrangeira, com o objetivo de assegurar o curso forçado da moeda nacional no país.[423]

Não obstante, a jurisprudência do Superior Tribunal de Justiça[424] vem admitindo, reiteradamente, a estipulação de obrigações nomeadas em

198. Disponível em: < http://www.bcb.gov.br/pec/wps/port/wps198.pdf>. Acesso em 30 de dezembro de 2011.

"Sob essa visão, não é óbvio que um aumento da oferta de hedge pelo Banco Central seja repassado para o setor produtivo. Em épocas de alto risco cambial, um aumento da oferta de hedge pode, em princípio, ser inteiramente absorvido pelas instituições financeiras, fazendo com que a intervenção do Banco Central não atinja o setor real da economia, contrariamente aos argumentos de Mishkin (2001) e Blejer e Shumaker (1997). O impacto das intervenções do Banco Central no mercado de hedge cambial é, portanto, ainda uma pergunta em aberto. [...] Em períodos em que a volatilidade da taxa de câmbio é alta (períodos de crises cambiais), as instituições financeiras demandam os derivativos do Banco Central, mas não repassam essa oferta de hedge para as empresas. O repasse ocorre apenas nos períodos entre crises cambiais. [...] Este resultado sugere que argumentos para que o Banco Central ofereça hedge em tais períodos devem se basear em benefícios associados com uma redução do risco sistêmico do sistema financeiro ou com a redução da volatilidade da taxa de câmbio nominal". OLIVEIRA, Fernando N. de Oliveira. *O mercado de hedge cambial no Brasil*: reação das instituições financeiras a intervenções do banco central. Brasília, Banco Central do Brasil, novembro de 2004, p. 4-5; 19. Trabalho para discussão nº. 89. Disponível em: < http://www.bcb.gov.br/pec/wps/port/wps89.pdf>. Acesso em 30 de dezembro de 2011.

[423] Decreto-lei n. 857/69, art. 1º: "São nulos de pleno direito os contratos, títulos e quaisquer documentos, bem como as obrigações que, exequíveis no Brasil, estipulem pagamento em ouro, em moeda estrangeira, ou, por alguma forma, restrinjam ou recusem, nos seus efeitos, o curso legal do cruzeiro".

[424] "Na prática dos tribunais brasileiros, dúvidas quase não têm surgido a propósito da cobrança dos simples créditos em moeda estrangeira, isto é, desacompanhados de cláusula ouro. Processos executivos, declarações de crédito em falências, ações de cobrança em tais créditos se vêm fazendo como sempre, normalmente realizada a conversão em moeda brasileira, segundo os princípios gerais já expostos do nosso Direito Comercial e Civil". VALADÃO, Haroldo. Apud WALD, Arnoldo. *Dos contratos futuros de taxa cambial. In: Revista de direito mercantil, industrial, econômico e financeiro*, n. 89, p. 38-39, janeiro-março 1993.

"O pagamento de dívidas em moeda estrangeira é tratado de maneira pacífica por este STJ, que já se manifestou reiteradas vezes afirmando ser 'legítimo o contrato de compra e venda celebrado em moeda estrangeira, desde que o pagamento se efetive pela conversão em moeda nacional' (Recurso especial 779.832/PR, 4ª Turma, Rel. Min. João Otávio de Noronha, DJe de 28.04.2008. No mesmo sentido: Recurso especial 194.629/SP, 3ª Turma, Rel. Min. Carlos

moeda estrangeira, desde que, em respeito à lei, o pagamento se dê em moeda nacional.

Hoje, a orientação política se mantém – mas com algumas diferenças.

Nos termos do art. 1º da Lei n. 10.192/01, reputam-se nulas as estipulações de "pagamento expressas em, ou *vinculadas* a ouro ou moeda estrangeira" (g.n.).[425] E, conforme o Código Civil, art. 318, aplica-se sanção de nulidade às cláusulas contratuais que prevejam a compensação pela "diferença entre o valor desta [moeda estrangeira] e o da moeda nacional".[426]

Ora, o contrato sobre índices cambiais está visceralmente relacionado às diferenças de taxa de câmbio. Se a cláusula de ajuste, portanto, é declarada nula, ainda que com o objetivo de substituí-la por outra, com diferente parâmetro de cálculo, seria eliminar também a finalidade típica do negócio, impedindo a assunção de riscos financeiros desejados por uma das partes.

Os riscos associados a tal interpretação já se fazem sentir na jurisprudência. Precedente de lavra da Ministra Nancy Andrighi dita que "as dívidas fixadas em moeda estrangeira não permitem indexação. Sendo assim, havendo previsão de pagamento futuro, tais dívidas deverão, no ato de quitação, ser convertidas para moeda nacional com base na cotação da data

Alberto Menezes Direito, DJ de 22.05.2000; e Recurso especial 848.424/RJ, 4ª Turma, Rel. Min. Fernando Gonçalves, DJe de 18.08.2008). Vale dizer, salvo as exceções previstas no art. 2º do DL 857/69, o devedor somente é liberado da dívida pelo pagamento em moeda corrente nacional, forçando-se, com isso, o curso desta". SUPERIOR TRIBUNAL DE JUSTIÇA. Recurso especial 804791/MG, Rel. Ministra Nancy Andrighi, Terceira Turma, julgado em 03/09/2009, DJe 25/09/2009.

[425] Lei n. 10.192/01, art. 1º: "As estipulações de pagamento de obrigações pecuniárias exequíveis no território nacional deverão ser feitas em Real, pelo seu valor nominal.

Parágrafo único. São vedadas, sob pena de nulidade, quaisquer estipulações de:

I - pagamento expressas em, ou vinculadas a ouro ou moeda estrangeira, ressalvado o disposto nos arts. 2o e 3o do Decreto-Lei no 857, de 11 de setembro de 1969, e na parte final do art. 6o da Lei no 8.880, de 27 de maio de 1994;

II - reajuste ou correção monetária expressas em, ou vinculadas a unidade monetária de conta de qualquer natureza;

III - correção monetária ou de reajuste por índices de preços gerais, setoriais ou que reflitam a variação dos custos de produção ou dos insumos utilizados, ressalvado o disposto no artigo seguinte".

[426] Código Civil, art. 318: "São nulas as convenções de pagamento em ouro ou em moeda estrangeira, bem como para compensar a diferença entre o valor desta e o da moeda nacional, excetuados os casos previstos na legislação especial".

da contratação e, a partir daí, atualizadas com base em índice de correção monetária admitido pela legislação pátria"[427]

Em outras palavras, poder-se-ia aplicar, uma única vez, a taxa de câmbio sobre crédito em moeda estrangeira, a fim de lhe desvendar o valor originário, expresso em moeda nacional; mas a ele não se aplicaria a *variação da taxa de câmbio até a data de seu vencimento.*

O entendimento se contrapõe a interpretações já firmadas sob a égide da lei antiga, tais quais as adotadas por Tullio Ascarelli,[428] Arnoldo Wald[429] e Barros Leães,[430] fundamentadas, em suma, pela ausência de impacto sobre o curso forçado da moeda. Os autores, contudo, não escreveram após o advento do plano real e não se miravam em dispositivo semelhante ao art. 318 do Código Civil, pelo que se justifica a dúvida.[431]

---

[427] SUPERIOR TRIBUNAL DE JUSTIÇA. Recurso especial 804791/MG, Rel. Ministra Nancy Andrighi, Terceira Turma, julgado em 03/09/2009, DJe 25/09/2009

[428] "Por conseguinte, o problema é diverso quando nos achamos não diante de um débito, mas diante do diverso problema de uma 'avaliação', em que a moeda é levada em conta, não como objeto de dívida, mas como uma medida de valor: nesta hipótese não é mais aplicável o princípio do valor nominal e não poderá êste ser invocado para sustentar não serem equivalentes valores, cuja diversidade assenta apenas na diversidade da expressão moedária dêles, à vista da mudança do poder aquisitivo da moeda". ASCARELLI, Tullio. *Problemas das sociedades anônimas e direito comparado.* São Paulo: Saraiva, 1969, p. 180.

[429] "Na realidade, embora tenha sido uma noção obscurecida no tempo, não há, no Direito Monetário vigente, vedação do recurso, pelas partes, à chamada cláusula valor-divisa estrangeira, de acordo a qual o pagamento convencionado deve ser realizado em moeda nacional, aplicando-se a correção cambial. [...] Ora, a cláusula valor-divisa não afeta o curso forçado do cruzeiro, nem importa em recusá-lo, como meio de pagamento, pelo seu valor legal, o que aconteceu ou podia acontecer no passado, quando existia valor legal da moeda nacional em relação ao ouro e/ou às principais divisas estrangeiras". WALD, Arnoldo. *Dos contratos futuros de taxa cambial. In: Revista de direito mercantil, industrial, econômico e financeiro,* n. 89, p. 37-38, janeiro-março 1993.

[430] "Em suma, a eficácia das cláusulas de indexação nada têm a ver com a questão do curso legal e forçado da moeda nacional. Daí a larga difusão das técnicas de correção monetária, consagradas na legislação, doutrina e jurisprudência brasileiras. Se assim é, nenhum motivo existe que impeça se adote a variação da taxa de conversão de moeda estrangeira como índice de correção da prestação pecuniária desde que o pagamento seja efetuado em moeda corrente no país. Pelas regras do curso legal ou forçado, as cláusulas de indexação pressupõem, sempre, que o pagamento se faça em moeda corrente do país, mas não inibe que a moeda estrangeira funcione como um índice referenciador". LEÃES, Luiz Gastão de Barros. *Pareceres.* Vol. I. São Paulo: Singular, 2004, p. 432.

[431] "A vigência do artigo 318 do Código Civil só reforça os argumentos levantados neste item, que declara expressamente a nulidade da estipulação tratada e veda a compensação da diferen-

3.7.3 Opção de cessão onerosa de crédito ou opção de contratação diferencial ("swap de crédito" ou "credit default swap") e contrato de ajuste de fluxos de caixa sobre crédito ("swap de retorno total" ou "total return swap")

Os derivativos relacionados a direitos creditórios (*"derivativos de crédito"*) dividem-se em duas figuras de maior importância:[432] a dos *swaps* de crédito; e a dos *swaps* de retorno total – ambas encampadas e reguladas pela Resolução CMN n. 2.933/02.

Nesta seção, embora identificadas especificidades que permitiriam abordagem distinta, optamos por examinar ambas as figuras em sequência, visto receberem, de forma recorrente, tratamento conjunto pelo mercado, pela literatura econômica e pela regulação brasileira.

37.3.1 Sistemática dos swaps de crédito

Os *swaps* de crédito, mais conhecidos como *credit default swaps* ("CDS"), notabilizam-se por arranjo obrigacional peculiar, que os distanciam das demais operações pesquisadas.

O contrato de *swap* de crédito se perfaz entre um "titular" (ou "outorgado"), vulgarmente apelidado pelo mercado "comprador",[433] que se obriga

---

ça entre o valor da moeda estrangeira e o da moeda nacional. Ora, o cumprimento da obrigação estipulada em contrato desse tipo, mesmo que o pagamento se dê em moeda nacional, implica infração à regra da compensação". SIQUEIRA, Marcelo Sampaio. *Convenção de pagamento em moeda estrangeira no Brasil*. In: *Revista direito GV* [online], vol.4, n.1, pp. 165-186, 2008.

[432] "O FMI aponta que o mercado global de *derivativos de crédito* está dividido, principalmente, por instrumentos entre *swaps* de crédito (42%), *swaps* de retorno total (11%) e notas ligadas ao crédito (12%)".
BADER, Fani Lea C. *Derivativos de crédito – uma introdução*. In: *Notas técnicas do Banco Central do Brasil*, n.20, abr. 2002, p. 19. Disponível em:
<http://www.bcb.gov.br/pec/notastecnicas/port/2002nt20derivativosdecreditop.pdf>. Acesso em 29 de janeiro de 2012.
Para outras categorias, com foco no mercado internacional, cf. BONFIM, Antulio N. *Derivativos de crédito e outros instrumentos*. Rio de Janeiro: Elsevier, 2007.
[433] "The CDS is a contract aimed to transfer a credit exposure on a bond issuer (the "reference entity") in relation to a given nominal value. In very general terms, in exchange for payment of a recurring sum, the buyer of CDS receives a positive payoff in case of a deterioration of the credit quality of the reference entity. The purchase of a CDS therefore may be seen as a short position on the credit risk of the reference entity". AMADEI, L.; DI ROCCO, S.; GENTILE, M.; GRASSO, R.; SICILIANO, G. *Credit default swaps: contract characteristics and interrelations*

conforme a sua expectativa de depreciação de um crédito; e o "outorgante", recorrentemente apelidado "vendedor", que deseja assumir, mediante remuneração, os riscos de depreciação do crédito, manifestando, assim, expectativa contrária à do titular.[434]

No Brasil, "[q]uem mais utiliza o CDS são os bancos, [...] as companhias de seguro, corretoras, hedge funds, fundos de pensão, empresas, fundos mútuos e agências governamentais".[435]

Consoante parágrafo único do art. 1º da Resolução CMN n. 2.933/02, "[s]omente podem atuar na qualidade de contraparte receptora do risco de crédito [i.e., podem assumir a qualidade de parte outorgante] os bancos múltiplos, a Caixa Econômica Federal, os bancos comerciais, os bancos de investimento, as sociedades de crédito, financiamento e investimento, as sociedades de crédito imobiliário e as sociedades de arrendamento mercantil" sendo que estas últimas estão limitadas à negociação sobre créditos oriundos de arrendamento mercantil (art. 1º, §2º).

O perfil dos outorgantes autorizados a atuar, vê-se, é eminentemente bancário. E, curiosamente, embora não haja impedimento para que sociedades seguradoras se protejam por meio de *swap* de crédito,[436] não podem ofertar tal proteção a terceiros.

Antes que possamos prosseguir em nossa análise, cinco definições básicas, a nosso ver, interessam à compreensão de operações dessa natureza. Podem variar conforme procedam as partes com intuito de *hedge* (*operações protetivas*) ou de simples especulação (*operações puramente especulativas*). São elas:

(i) *crédito de referência* – (i.i) em *operações protetivas*, bem subjacente, *crédito efetivo*, de propriedade de uma das partes do *swap*, identificado, juridicamente, como o direito-poder de se constranger a entidade de referência a entregar a prestação prometida; e (i.ii) em *operações puramente especulativas*, a abstração que se presta a simular, matematicamente, a titularidade

---

with bond market. Fevereiro de 2011. Disponível em: <http://ssrn.com/abstract=1905416>. Acesso em 29 de janeiro de 2012

[434] Esclarecemos aludirmos às partes como titulares e outorgantes por serem designações que nos parecem mais apropriadas ao ângulo jurídico das operações.

[435] BANCO CENTRAL DO BRASIL. *Risco-País*. Disponível em: <http://www4.BACEN.gov.br/pec/gci/port/focus/FAQ09-Risco%20Pa%C3%ADs.pdf>. Acesso em 29 de janeiro de 2012.

[436] Para os critérios impostos pelo CNSP às operações de derivativos, cf. Resolução CNSP n. 226/10.

de um crédito, com o objetivo de viabilizar o cálculo e compensação de obrigações de pagar quantia certa, quando da verificação de um evento de crédito;

(ii) *entidade de referência* – (ii.i) em *operações protetivas*, a devedora vinculada e sujeita à execução da obrigação integrada pelo crédito de referência (comumente, a emissora de um título ao mercado); (ii.iii) em *operações puramente especulativas*, o agente econômico ao qual as partes, por abstração, atribuem a sujeição passiva da obrigação fictícia;

(iii) *eventos de crédito*[437] – fatos, definidos em contrato, que (iii.i) possam dificultar ou impedir o adimplemento de obrigações nas quais a entidade de referência figure como devedora; ou fatos, também contratualmente previstos, que, de qualquer modo, (iii.ii) em *operações protetivas*, *possam* implicar a depreciação do crédito de referência, ou (iii.iii) em *operações puramente especulativas*, *poderiam* implicar a depreciação do crédito de referência, caso realmente existisse;

(iv) *prêmio* (spread ou "taxa de proteção"[438]) – conjunto de obrigações de pagar quantia certa às quais, periodicamente, se sujeita o titular, normalmente calculadas como um percentual sobre o valor nocional do contrato, pagas a título de remuneração à parte outorgante;[439] e

---

[437] Evento de crédito recente que se tornou célebre foi o proclamado pela ISDA em março de 2012, relacionado à dívida soberana grega. Na ocasião, apurou-se que, em meio à crise europeia, foram executadas "cláusulas de ações coletivas ['*collective action clauses*', 'CACs'] para aditar os termos de títulos emitidos pela República Helênica, regidos pela lei grega, de modo a reduzir os direitos de todos os titulares de Títulos Afetados ao recebimento do crédito". Estimava-se que os pagamentos líquidos a partes titulares de *swaps* de crédito alcançariam a monta de 3,16 bilhões de dólares. REUTERS. *ISDA declares greek credit event, CDS payments triggered*, 09 de março de 2012. Disponível em: < http://www.reuters.com/article/2012/03/09/us-greece-cds-isda-trigger-idUSBRE82817B20120309>. Acesso em 24 de maio de 2012. Tradução livre.
[438] "Taxa de Proteção. O pagamento da taxa de proteção, devida pelo comprador ao vendedor do Swap de Crédito, pode ser efetuado por uma das alternativas abaixo:
• Na data de registro do contrato;
• Na data de vencimento do contrato; ou
• Periodicamente". CETIP. *Manual de operações*: swap de crédito. Disponível em: <http://www.cetip.com.br/informacao_tecnica/regulamento_e_manuais/manuais_de_operacoes/Swap_de_Credito/Swap%20de%20Cr%C3%A9dito.pdf>. Acesso em 10 de março de 2012.
[439] Os métodos empregados para o cálculo da prestação pecuniária de responsabilidade do titular, à qual doravante nos referiremos como "prêmio", importam à investigação da natureza jurídica do *contrato*. Discutimo-la no item subsequente desta obra.

(v) *valor nocional* – a quantia que, na ocorrência de um evento de crédito comunicado a tempo e modo ao outorgante, este deverá pagar ao titular, contra a cessão do crédito de referência, ou, conforme o caso, contra o pagamento de quantia certa equivalente ao crédito de referência.

Na visão do BACEN:

> O CDS é um contrato bilateral que permite ao investidor comprar proteção para crédito específico contra evento de crédito do emissor de determinado ativo. O emissor é conhecido como entidade de referência. Um evento de crédito (default) inclui ocorrências tais como inadimplência, falha em pagamentos, reestruturação de dívida ou falência do emissor do ativo. Para adquirir essa proteção, o comprador faz pagamentos periódicos ao vendedor, normalmente trimestrais ou semestrais, especificados como porcentagem do principal. Essa porcentagem é conhecida como *spread*, prêmio ou taxa fixa, e representa, para o investidor em ativo de risco, o custo para a proteção contra um evento de crédito relacionado com o emissor do ativo.[440]

O conceito enunciado é incompleto. Abarca, tão somente, estratégias de *hedge*, ignorando aquelas de propósitos especulativos, nas quais o titular não é, efetivamente, credor de uma entidade de referência e não está sujeito a riscos de crédito similares.

Sob tal perspectiva, à primeira vista, poder-se-ia restringir a função do *swap* de crédito à proteção de um credor contra situações nas quais seu direito não mais pudesse ser exercido de forma satisfatória, o que não se adequa à realidade.

De fato, o crédito de referência pode ou não pertencer ao titular do *swap* de crédito. "Se [...] é titular do valor mobiliário [i.e., crédito] de referência, então 'hedgeou' a sua posição contra inadimplemento. [...] Se [...] não é titular do valor mobiliário [i.e., crédito] de referência, então adquiriu uma posição especulativa a descoberto que visa a se beneficiar da deterioração do crédito do devedor".[441]

---

[440] BANCO CENTRAL DO BRASIL. *Risco-País*. Disponível em: <http://www4.BACEN.gov.br/pec/gci/port/focus/FAQ09-Risco%20Pa%C3%ADs.pdf>. Acesso em 29 de janeiro de 2012.

[441] "If the buyer actually owns the reference security, then he has hedged the position against default. [...] If the buyer does not own the reference security, then he has entered into a spe-

Explanam Posner e Weyl[442] que, até o ano de 2005, a maior parte dos Estados norte-americanos proibia *swaps* de crédito puramente especulativos, não lastreados por crédito subjacente (*"naked credit default swaps"*); eram percebidos como seguros irregulares, aos quais faltavam a existência de um interesse segurável.

Ainda segundo os autores, tais proibições teriam sucumbido apenas frente a intensa pressão política de agentes financeiros, fato que viabilizou, de conseguinte, a formação de um novo e pujante mercado, de índole predominantemente especulativa, com significativa influência sobre a estrutura financeira daquele país, como cuidou de demonstrar a crise financeira de 2008.

O mercado brasileiro não goza de total liberdade para contratações dessa estirpe. A Resolução CMN n. 2.933/02, estabelece, em seu art. 2º, que o "risco de crédito do ativo subjacente [i.e., do crédito de referência] deve, necessariamente, ser detido pela contraparte transferidora do risco

---

culative short position that seeks to benefit from a deterioration of the issuer's creditworthiness". GIESECKE, Kay. *An overview of credit derivatives.* Março, 2009. Disponível em: <http://ssrn.com/abstract=1307880 or doi:10.2139/ssrn.1307880>. Acesso em 29 de janeiro de 2012.
[442] Then there are products that appear to have no social value. Naked credit default *swaps* (CDSs) were illegal in most jurisdictions until the summer of 2005. These insurance contracts on the default of debts were prohibited because insurance regulations require that one have an insurable interest: you may only purchase insurance on a bond that you actually own. Under intense lobbying from the financial services industry, these restrictions were repealed and credit default *swaps* quickly became a boom industry (Tett, 2009). In the end, these derivatives are widely considered to have contributed significantly to the instability of financial markets in the credit crisis as well as to the misallocation of risk in the run up to it. Covered CDSs (with an insurable interest) were never illegal and were essentially never used because, as Giglio (2012) points out, a CDS exposes the individual to counter-party risk and insurance against the bond can be achieved simply by selling the bond and purchasing a treasury. CDSs are only useful as a way to avoid having to hold substantial offsetting short and long positions on treasuries and the relevant bond in order to take speculative positions in these bonds. Thus they serve almost exclusively as speculative devices or to promote high frequency transactions. The *swaps* were deregulated by the state of New York, which believed it could gain a large fraction of the business created by these *swaps* without bearing much of the consequences of any problems they created. Little if any debate around the decision centered on the systemic or broader consequences of allow these derivatives". POSNER, Eric A; WEYL, E. Glen. *A Proposal for limiting speculation on derivatives: an FDA for financial innovation.* Janeiro de 2012. In: *American Economic Review, Forthcoming; University of Chicago Institute for Law & Economics Olin Research Paper*, n. 594. Disponível em: <http://ssrn.com/abstract=1995077>. Acesso em 20 de maio de 2012.

[i.e., o titular do *swap*] no momento da contratação, exceto quando se tratar de ativo subjacente [i.e., de crédito de referência] regularmente negociado em mercados organizados, e cuja formação de preço seja passível de verificação".

Quer dizer: o *swap* de crédito puramente especulativo, no Brasil, só poderia ser praticado (i) mediante registro na BM&FBOVESPA ou na CETIP; e (ii) se os créditos de referência, "créditos decorrentes de operações de empréstimo, financiamento ou de arrendamento mercantil, títulos de crédito, valores mobiliários, fianças, avais, derivativos de crédito e outros instrumentos e contratos financeiros ou comerciais sujeitos a risco de crédito, negociados e praticados no mercado doméstico",[443] puderem ser apreçados com maior transparência e segurança, como no caso de valores mobiliários negociados no mercado de bolsa.

Reiteramos que, face ao registro obrigatório instituído pela Lei n. 12.543/11, não mais há *swaps* fora de mercado organizado, pelo que mais relevante ao julgamento de sua validade é o critério "(ii)", atinente à origem e precificação do crédito de referência.

Ainda no que toca à propriedade do crédito de referência, cumpre-nos ressaltar o estímulo conferido pela regulação brasileira ao desenvolvimento de operações com intuito de *hedge*. Os benefícios são de ordem regulatória e contábil.

Sabe-se que as instituições financeiras devem atender a certo padrão de prudência e diligência em sua gestão, controlando, eficientemente, o seu nível de endividamento e riscos, de modo a evitar que um eventual descompasso entre créditos e débitos, entre ativos e passivos, venha a lhe causar iliquidez e impor-lhe uma liquidação ou quebra futuras. A auditoria de demonstrações contábeis, por meio da qual a autoridade financeira pode apurar, por exemplo, o atendimento a um equilíbrio patrimonial mínimo, de acordo com parâmetros predeterminados de análise de riscos e passivos,[444] é uma das formas pelas quais se pode exercer controle sobre tais distúrbios.

Nesses termos, caso o crédito de referência seja de propriedade da instituição financeira titular do *swap*, é possível que as operações melhorem o seu perfil patrimonial, atraindo tratamento contábil e regulatório favo-

---

[443] Resolução CMN n. 2.933/02, art. 1º, II.
[444] Caso do Patrimônio de Referência Exigido ("PRE"), disciplinado pela Resolução CMN n. 3.490/07 e pela Circular BACEN n. 3.509/10.

recido.[445] Isto é, se antes não poderia assumir novas dívidas e emprestar mais dinheiro ao mercado, por encontrar-se nos limites prescritos pela regulação bancária, o titular do *swap* poderá, por meio de uma estratégia de *hedge*, criar efeito idêntico ao que experimentaria se, juridicamente, houvesse se livrado dos riscos mediante cessão de créditos a terceiro.[446]

[445] Circular BACEN n. 3.106/02, art. 3º: "As operações realizadas nos termos desta circular pela contraparte transferidora do risco, desde que diretamente detentora do ativo subjacente ou indiretamente por meio de uma operação de derivativo de crédito, podem, a critério da instituição, ser consideradas no cômputo do valor do Patrimônio Líquido Exigido (PLE), de que trata a Resolução 2.099, de 17 de agosto de 1994, e alterações posteriores, em função do grau de transferência do risco de crédito do ativo subjacente.

§ 1º Para efeito do disposto neste artigo, considera-se efetiva a transferência do risco de crédito do ativo subjacente quando:

I - o contrato estabelecer como eventos de crédito, no mínimo, as seguintes situações:
a) decretação de falência ou insolvência civil dos obrigados do ativo subjacente;
b) pedido de concordata preventiva dos obrigados do ativo subjacente;
c) liquidação judicial ou extrajudicial dos obrigados do ativo subjacente;
d) reestruturação de passivos dos obrigados, quando essa representar perda no valor ou deterioração da qualidade do crédito do ativo subjacente;
e) mudança de controle, fusão ou incorporação dos obrigados, quando representar perda no valor ou deterioração da qualidade do crédito do ativo subjacente;
f) moratória dos obrigados do ativo subjacente;
g) inadimplemento do ativo subjacente;
h) antecipação compulsória do pagamento do ativo subjacente, na hipótese de previsão contratual;
i) repúdio ou questionamento judicial do ativo subjacente;
II - o ativo subjacente for legalmente passível de transferência, nos casos em que o contrato de derivativo de crédito assim o preveja na ocorrência do evento de crédito;
III - não houver qualquer coobrigação da contraparte transferidora do risco em relação à parcela do ativo subjacente objeto da operação;
IV - não houver cláusula que possibilite o cancelamento unilateral do contrato pela contraparte receptora do risco de crédito, exceto na hipótese do não pagamento pela contraparte transferidora da remuneração estabelecida no art. 1º, incisos I e II;
V - não houver cláusula que possibilite, à contraparte receptora do risco de crédito, o não cumprimento da obrigação de efetuar prontamente o pagamento do montante devido à contraparte transferidora na ocorrência do evento de crédito".

[446] "As operações realizadas com *derivativos de crédito* pela contraparte transferidora do risco, desde que diretamente detentora do ativo subjacente ou indiretamente por meio de uma operação de derivativo de crédito, a critério da instituição, podem ser consideradas no cômputo do Patrimônio de Referência Exigido – PRE -, ou não, em função do grau de transferência do risco de crédito do ativo subjacente, e efetivada quando cumprir as condições específicas do contrato, como determinadas na circular". FORTUNA, Eduardo. *Mercado financeiro: produtos e serviços*. Rio de Janeiro: Qualitymark, 2011, p. 845.

Não é indispensável a ocorrência do evento de crédito, com o consequente compensação e pagamento de obrigações, para que os benefícios sejam implementados. Porém, devem ser atendidos certo requisitos impostos pelo BACEN – critérios normativos para se aferir *inequívoca* e *estável* transferência de riscos, como numa ampla previsão de eventos de crédito, e a impossibilidade de resilição unilateral do contrato de *swap*.

O montante a ser contabilmente aproveitado, nos termos do art. 2º, I, da Resolução CMN n. 2.933/02, estará sempre limitado ao valor do crédito de referência protegido,[447] o que reforça o perfil não especulativo das operações. A norma parece-nos revelar a preocupação das autoridades com *hedges* fictícios, ou descompassados, aptos a iludir o mercado quanto a real situação financeira e patrimonial da entidade financeira.

A mesma preocupação, aliás, pode ser percebida no inciso II, do art. 2º, da Resolução CMN n. 2.933/02, o qual veda "a cessão, alienação ou transferência, direta ou indireta, a qualquer título, do ativo subjacente, durante o prazo de vigência do contrato de derivativo de crédito a ele referenciado".

Durante a vigência de um contrato de *swap*, podem as partes adequar a base de cálculo do prêmio à redução do valor do crédito referência, colocando-a em sintonia com o volume de pagamentos recebidos na relação jurídica subjacente. O mercado CETIP denomina tal expediente "amortização",[448] termo plurívoco, já largamente empregado em outros

---

[447] Circular BACEN n. 3.106/02, art. 2º, parágrafo 1º: "A contraparte transferidora do risco de crédito deve manter, na hipótese da existência em carteira do ativo subjacente, registros à disposição do Banco Central do Brasil que atestem a existência do risco do ativo subjacente quando da contratação do derivativo de crédito, observado que:
I - o montante da transferência de risco está limitado ao valor do ativo subjacente".

[448] "Amortização do crédito-referência. Com o objetivo de manter atualizado o valor a ser pago ao comprador de proteção, em caso de evento de crédito informado, ou para cálculo do valor da taxa de proteção paga periodicamente, os participantes poderão amortizar parcial ou totalmente o valor base do crédito-referência. As amortizações podem ser operacionalizadas a partir do primeiro dia útil após o registro do contrato e até o último dia útil anterior à data de vencimento, desde que não tenha sido informado evento de crédito. O intuito disso é informar ao vendedor da proteção a real situação do montante de risco do crédito-referência, evitando assim possíveis distorções de cálculo da taxa de proteção e do valor de referência atualizado do *contrato*. Assim, quantas vezes o crédito-referência for amortizado pela contraparte-referência, tantas vezes o participante deverá informar, através deste lançamento, o valor ou quantidade amortizados. Em se tratando de amortização total, visto que o contrato se extinguirá, os participantes poderão ajustar o valor devido da taxa de proteção remanescente através de função específica, devendo esta ser lançada no mesmo dia da amortização através de duplo comando.

campos científicos, como o da contabilidade e da economia.[449] A fim de evitar a imprecisão terminológica, o designaremos, simplesmente, *ajuste do prêmio.*

Com o mesmo propósito, visando-se à aproximação do real valor do crédito de referência, faculta-se ainda às partes calcular a principal obrigação da outorgante, reitere-se, baseada no valor nocional do contrato, e condicionada à ocorrência de um evento de crédito, em percentual que se ajuste à monta dos pagamentos recebidos pela titular do *swap.* É o que a CETIP denomina "recomposição parcial",[450] e, aqui, trataremos como *ajuste do valor nocional.*

Outra expressão peculiar é "recomposição total", que significa, em contraposição à "parcial", a obrigação do outorgante de pagar, no mínimo, todo o valor nocional e, adicionalmente, se as partes os fixarem, juros e correção sobre o valor nocional, até a época do pagamento.[451]

Quando o lançamento da operação de amortização ocorrer em data coincidente ao pagamento da taxa de proteção periódica, esta deverá ser operacionalizada pelos participantes antes do lançamento das informações necessárias para cálculo do valor da taxa de proteção, para que este valor seja calculado com base no valor de referência atualizado após a amortização. Se ocorrer amortização parcial, o contrato permanece confirmado, exibindo o valor/quantidade da última amortização. Em caso amortização total, a situação do contrato altera-se para Amortizado Total exibindo o valor/quantidade da amortização e exclui-se a possibilidade de Informação de Evento de Crédito. A operação de amortização não gera liquidação financeira". CETIP. *Manual de operações*: swap de crédito. Disponível em: <http://www.cetip.com.br/informacao_tecnica/regulamento_e_manuais/manuais_de_operacoes/Swap_de_Credito/Swap%20de%20Cr%C3%A9dito.pdf>. Acesso em 10 de março de 2012.

[449] Não se confunde com o pagamento periódico de preço de aquisição de um crédito, pois, neste caso, entre as partes do swap, não se transfere bem de patrimônio a outro.

[450] "O campo Percentual de Recuperação do VB (Valor Base) refere-se à parcela do valor do crédito-referência recuperada regularmente pelo comprador da proteção, durante a vigência do contrato ou no vencimento deste. A informação pode ser disponibilizada no registro ou em caso de evento de crédito. Se o participante optar por informar no Evento de Crédito, o módulo solicitará a informação quando o evento de crédito for informado. Este percentual é utilizado para o cálculo do valor de referência do Swap de Crédito". CETIP. *Manual de operações*: swap de crédito. Disponível em: <http://www.cetip.com.br/informacao_tecnica/regulamento_e_manuais/manuais_de_operacoes/Swap_de_Credito/Swap%20de%20Cr%C3%A9dito.pdf>. Acesso em 10 de março de 2012.

[451] "O valor de referência do Swap de Crédito, a ser pago ao comprador da proteção caso ocorra um evento de crédito, será calculado de acordo com o valor em Reais do crédito-referência, podendo ser atualizado por um parâmetro escolhido e uma taxa de juros. [...] Cessão do

O contrato de *swap* de crédito se extingue (i) por antecipação do vencimento e pagamento de todo o prêmio contratado, conforme assim decidam as partes, de comum acordo; (ii) pela comunicação de um evento de crédito à parte outorgante, com o pagamento do valor nocional contra a cessão do crédito de referência, ou, alternativamente, mediante compensação entre (ii.i) a obrigação de pagar valor equivalente ao valor nocional e (ii.ii) a obrigação de pagar valor equivalente ao crédito de referência; ou (iii) pelo advento do termo do contrato (data de vencimento).

Se as partes decidem por antecipar o vencimento do *swap*, o titular paga ao outorgante o valor até então devido a título de prêmio, extinguindo-se, por consequência, o contrato.[452]

Verificado o evento de crédito, o pagamento de quantia certa baseada no valor nocional pode ou não acarretar a transferência do crédito de referência à parte titular. A entrega do crédito contra pagamento em dinheiro é típica do mercado norte-americano, ao passo que o pagamento de simples diferença apurada entre o valor atribuído ao crédito, de um lado, e o valor nocional, de outro, é mais usual na Europa.[453]

---

crédito-referência. É obrigatória para forma de liquidação Recomposição Total: Entrega do crédito-referência. Indica se o comprador da proteção irá ceder o crédito-referência ao vendedor da proteção em caso de ocorrência de um ou mais eventos de crédito". CETIP. *Manual de operações*: swap de crédito. Disponível em:
<http://www.cetip.com.br/informacao_tecnica/regulamento_e_manuais/manuais_de_operacoes/Swap_de_Credito/Swap%20de%20Cr%C3%A9dito.pdf>. Acesso em 10 de março de 2012.

[452] "Art. 2º. [...] II - Antecipação – a operação através da qual o Swap de Crédito é integralmente encerrado, pelos Participantes envolvidos, antes da data de vencimento.
[...]
Art. 11. [...] Parágrafo único – na ausência de pagamento da taxa de proteção relativa à Antecipação, os termos e as condições originalmente pactuados no Swap de Crédito permanecem inalterados". CETIP. *Manual de normas swap de crédito*. CETIP. Manual de normas: swap de crédito. Disponível em:
<http://www.cetip.com.br/produtos_e_servicos/..%5Cinformacao_tecnica/regulamento_e_manuais/manuais_de_normas/pdf/Manual_de_Normas_Swap_de_Credito.pdf>. Acesso em 10 de março de 2012.

[453] *"If the Reference Entity defaults, i.e. if a 'Credit Event' occurs, the Seller compensates the Buyer for the loss of par value of the obligations. Under a Physical Settlement, the Buyer delivers pre-agreed obligations against payment by the Seller at a pre-agreed price. Under Cash Settlement, the Buyer does not deliver obligations and the Seller pays the difference between a pre-agreed price and the current market value of the obligations". RICHA, Alexandre. Credit derivatives: settlement and other operational issues.* In: HARVARD LAW SCHOOL. Select Papers from the Seminar in International Finance

No Brasil, ambas as possibilidades podem ocorrer. Prevalece o que dispuser o contrato[454]

Alcançando-se o termo final (vencimento definitivo) do contrato, opera-se a extinção por decurso do tempo, o que faz perecer, igualmente, o direito de se comunicar um evento de crédito e deflagrar o processo de compensação e pagamento.[455]

Ressalte-se que, se não verificado o evento de crédito no curso de vigência do contrato, o outorgante nada pagará ao titular.[456] Nesta hipótese, o não atendimento às condições que subordinam a eficácia da obrigação de pagar quantia certa impedem a aquisição do direito pela interessada, nos

---

2011-2012. Disponível em: <http://www.law.harvard.edu/programs/about/pifs/llm/spl0.pdf>. Acesso em 25 de maio de 2012.

"Num swap liquidado fisicamente, o comprador da proteção tem o direito de vender (entregar) uma variedade de ativos inadimplentes ao vendedor da proteção, recebendo como pagamento o valor de face total dos ativos. Os tipos de ativos entregáveis também são pré-especificados no *contrato*. Por exemplo, o CDS típico determina essencialmente que qualquer forma da dívida principal não garantida emitida pela entidade de referência é um ativo para entrega, e, assim, qualquer empréstimo bancário ou bônus que se enquadre neste critério é um ativo para entrega. Num swap com liquidação financeira, as contrapartes concordam em consultar os participantes do mercado para determinar o valor de recuperação dos ativos inadimplentes, entre o valor de face o valor de recuperação. O ativo ou os tipos de ativos que serão usados na consulta são especificados em contrato. Liquidação financeira é mais comum na Europa do que nos Estados Unidos, onde, de longe, a maioria dos CDS é liquidado fisicamente". BONFIM, Antulio N. *Derivativos de crédito e outros instrumentos*. Rio de Janeiro: Elsevier, 2007, p. 76-77.

[454] Carta-circular BACEN n. 3073/02, 8: "Quando da ocorrência de evento de crédito que, de acordo com disposição contratual, implique transferência do ativo subjacente, deve ser procedida a baixa, pela instituição detentora do ativo, com o consequente registro, pela contraparte na operação, do ativo devidamente ajustado pela adequada provisão".

[455] Código Civil, art. 135: "Ao termo inicial e final aplicam-se, no que couber, as disposições relativas à condição suspensiva e resolutiva".

Código Civil, art. 128: "Sobrevindo a condição resolutiva, extingue-se, para todos os efeitos, o direito a que ela se opõe; mas, se aposta a um negócio de execução continuada ou periódica, a sua realização, salvo disposição em contrário, não tem eficácia quanto aos atos já praticados, desde que compatíveis com a natureza da condição pendente e conforme aos ditames de boa-fé".

[456] "Se a inadimplência não acontecer, ela [a contraparte receptora do risco] ganha a taxa. Se acontecer, ela paga o combinado no swap". FORTUNA, Eduardo. *Mercado financeiro: produtos e serviços*. Rio de Janeiro: Qualitymark, 2011, p. 844.

termos do art. 125 do Código Civil,[457] configurando frustração da condição suspensiva, com efeito extintivo sobre a obrigação.[458]

Por fim, propomos breve ilustração, para melhor assimilação dos principais conceitos apresentados nesta seção.

Admitamos que a companhia "A" creia que uma companhia de capital aberto, "B", poderá tornar-se inadimplente, atrasando o pagamento de debêntures de sua emissão, em função de problemas operacionais ainda incipientes. "A" não é credor de "B", mas pretende se beneficiar da previsão.

"A" procura então a instituição financeira "C", que, mediante pagamento do prêmio apropriado, aceita se sujeitar aos riscos próprios de títulos emitidos por "B".

O contrato, então, é avençado entre "A" e "C" com base nas debêntures de emissão de "B" (respectivamente, crédito e entidade de referência), circuladas e cotadas no mercado de bolsa, que não possuem relação direta com "A" ou "C".

Estipulam as partes o valor nocional com base em 100 debêntures de "B", emitidas com o valor nominal de R$100.000,00 cada e, neste momento, negociadas em bolsa, individualmente, por R$94.000,00, no total de R$9.400.000,00.

Também, elegem como eventos de crédito a falência, recuperação judicial, rebaixamento em classificação de risco de crédito de "B", e inadimplência das debêntures por 30 dias ou mais. As partes ajustam que, quando da comunicação de evento de crédito, o valor a ser atribuído à obrigação pecuniária de "A" frente a "C" será reavaliada conforme o atual valor de mercado das debêntures.

Fixam a data-limite para a comunicação de evento de crédito em três anos, na data em que o último pagamento aos credores debenturistas deverá ser feito (vencimento).

---

[457] Código Civil, art. 125: "Subordinando-se a eficácia do negócio jurídico à condição suspensiva, enquanto esta se não verificar, não se terá adquirido o direito, a que ele visa".

[458] "A condição influi na eficácia jurídica do negócio, mas atinge a própria existência do direito, por isso que é sua aquisição ou extinção, que fica a depender da realização de determinado acontecimento futuro e incerto. [...] Podem atravessar três períodos: o de *incerteza*, o de *consolidação* e o de *frustração*. [...] O direito não nasce se falha a condição suspensiva, ou se incorpora definitivamente ao patrimônio de quem o possuía se a condição é resolutiva". GOMES, Orlando. *Introdução ao direito civil*. Rio de Janeiro: Forense, 2008, p. 353 e 355.

O prêmio ao outorgante é de 2% sobre o valor nocional, a serem apurados e pagos semestralmente, até o limite de 12%, quando, com 36 meses de vigência, se alcançará a data de vencimento do *swap*.

"A" encontra-se, assim, *no swap*, em situação financeira idêntica àquela que teria se, efetivamente, fosse credor de "B". "C" não exige e não pode exigir que "A" dirija-se ao mercado à vista para adquirir debêntures de "B", ou outros títulos com características semelhantes.

Caso nenhum evento de crédito ocorra nos 36 meses que se seguirão ao registro do contrato, a outorgante terá sido remunerada em 12% do valor nocional, i.e., aproximadamente, R$ 1.128.000,00, sem que tenha tido que despender qualquer importância significativa.

Entretanto, passados 24 meses, e portanto, pago como prêmio ao outorgante, cerca de 8% do valor nocional anualmente corrigido, i.e., R$752.000,00, "B" tem seu *rating* rebaixado de A+ para BBB, o que sinaliza a redução de sua capacidade de pagamento (e, no caso, tal como ajustado em contrato, configura evento de crédito).

"A", informado sobre o fato, comunica a "C" o evento de crédito, dando início os procedimentos de cálculo, compensação e pagamento, que serão finalizados no dia seguinte.

Constata-se, então, no dia subsequente, que "A" tem ainda a pagar, como saldo remanescente do prêmio, o percentual de 4% sobre o valor nocional do contrato, equivalente a R$376.000,00.

Neste mesmo momento, devem ser calculados os resultados que determinarão as principais obrigações a serem cumpridas pelas partes.

"A" vincula-se a resultado correspondente ao atual valor de mercado das debêntures emitidas por "B", eleitas como o seu crédito de referência. Consideremos que após o rebaixamento do *rating* de "B", com prejuízo à liquidez dos títulos em bolsa, as debêntures passaram a valer, em conjunto, R$8.000.000,00.

O resultado de "C" corresponde, exatamente, ao valor nocional do contrato, isto é, R$9.400.000,00.

Sendo inaplicável a cessão do crédito de referência a "C", visto constituir mera abstração, criada como medida e parâmetro para o cálculo da obrigação de "A", "A" e "C" têm, ambos, a obrigação de pagar quantia certa à outra parte, caso a diferença entre os resultados calculados lhe seja desfavorável. Como o resultado favorável a uma das partes exclui o resultado favorável à outra, apenas uma das obrigações se tornará efetivamente exigível.

Confrontados os resultados de "C" (R$8.000.000,00, corresponden-tes ao crédito de referência) e os de "A" (R$9.400.000 correspondentes ao valor nocional), tem-se a diferença de R$1.400.000,00, em favor de "A".

Ainda, verificado prêmio remanescente a ser pago por "A" a "C", no valor de R$376.000,00, os créditos se compensam, e a quantia efetivamente devida por "C" a "A" se reduz a R$1.024.000,00.

Assim, com um *swap* de crédito puramente especulativo, "A" obteve R$1.024.000,00, com custo de R$752.000,00, o que lhe confere um resul-tado consolidado de R$272.000,00 na operação.

Em termos gerais, temos, fundamentalmente, o seguinte:

Quadro 11 – Cronologia de um swap de crédito

Momento 1 *Celebração*	Acordam as partes sobre: (i) o valor nocional do contrato; (ii) qual será o crédito de referência; (iii) o valor e periodi-cidade do pagamento do prêmio; (iv) os eventos de crédito; (v) se haverá cessão do crédito de referência ou simples obrigação de pagar a diferença.
Momento 2 *Execução*	O titular paga o prêmio ao outorgante.
Momento 3 *Extinção*	Por antecipação; pela verificação do evento de crédito (con-dição suspensiva); ou pelo advento do termo do contrato (data de vencimento): (i) (a) a parte titular paga à outor-gante o saldo remanescente do prêmio, se houver ou (b) compensa o saldo remanescente do prêmio com parte dos créditos que tem contra a parte outorgante; (ii) a parte outorgante paga à titular (ii.i) a integralidade ou saldo do valor nocional, contra a cessão do crédito de referência ou (ii.ii) a diferença havida entre a integralidade ou o saldo do valor nocional e o atual valor do crédito de referência; e, por fim, (iii) extingue-se o contrato.

3.7.3.2 Natureza jurídica do swap de crédito

A sistemática de um *swap* de crédito, não raro, tem sido comparada à de um seguro. "Existe uma controvérsia de como os derivativos de crédito devem ser tratados – como títulos, *commodities*, *swaps* ou seguro. A distinção é importante porque esses contratos serão regulados por agências diferentes e sob diferentes termos".[459]

John Hull afirma tratar-se de "contrato que oferece seguro contra o risco de inadimplemento [default] por determinada companhia".[460] No mesmo sentido Richard Flavell, ao dizer que o *swap* de crédito "é em essência uma apólice de seguro por meio da qual o investidor paga um prêmio a uma terceira parte, e em contrapartida a terceira parte o livra de quaisquer perdas incorridas se o emitente [investidor] sofre alguma forma de evento de crédito adverso"[461]

Giesecke, apesar de correlacionar a modalidade à lógica fundamental dos *swaps* (o ajuste de fluxos de caixa), também evidencia similitudes:

> Lembram contratos bilaterais de seguro, com uma parte comprando contra perdas com inadimplemento, e a outra parte vendendo proteção. Essa estrutura permite aos investidores assumir posições diferentes e implementar vários investimentos e estratégias de *hedging*. Por exemplo, um investidor de renda fixa pode comprar uma proteção para fazer *hedge* com o risco de inadimplemento associado a uma posição assumida num título emitido por uma sociedade. Uma companhia de seguros ou um fundo de *hedge* pode agir como contraparte nesse negócio, e prometer pagar potenciais prejuízos causados pelo inadimplemento. O vendedor da proteção especula sobre a sobrevivência do devedor do título, e ganha exposição

---

[459] BADER, Fani Lea C. *Derivativos de crédito – uma introdução*. In: *Notas técnicas do Banco Central do Brasil*, n.20, abr. 2002, p. 21. Disponível em: <http://www.bcb.gov.br/pec/notastecnicas/port/2002nt20derivativosdecreditop.pdf>. Acesso em 29 de janeiro de 2012.

[460] HULL, John C. *Fundamentos dos mercados futuros e de opções*. São Paulo: BM&FBOVESPA – Bolsa de Valores, Mercadorias e Futuros de São Paulo, 2009, p. 515.

[461] "is in essence an insurance policy whereby the above investor would pay a premium to a third party, and in return the third party would make good any losses incurred if the issuer suffered some form of adverse credit event". FLAVELL, Richard. *Swaps and other derivatives*. West Sussex: John Wiley & Sons, 2002, p. 108.

em investimento sem ter que comprometer seu capital com a efetiva compra dos títulos no mercado à vista.[462]

De forma ainda mais clara, Bonfim:

> Num *credit default swap* típico, um comprador de proteção adquire um 'seguro contra inadimplência' do vendedor de proteção sobre um valor nocional da dívida emitida pela terceira parte (a entidade de referência). O valor nocional representa o valor da cobertura do seguro. No mercado de *credit default swap*, o prêmio anualizado do seguro é chamado de '*spread* do *credit default swap*' ou 'prêmio do *credit default swap*', o qual tem seu preço determinado como uma fração do valor nocional especificado no contrato [...].[463]

Tais proposições são eminentemente econômicas. Capturam uma realidade pragmática, que não esgota o espaço de investigação do Direito.

Pode-se falar em função socioeconômica de *prevenção*, ou redução de riscos, quando nos deparamos com contratos como o de seguro; ou em função de *simples modificação de riscos*, hábil a abarcar, a um só tempo, o incre-

---

[462] "A credit derivative is a financial instrument whose cash flows are linked to the financial losses due to default in a pool of reference credit securities such as loans, mortgages, bonds issued by corporations or governments, or even other credit derivatives. The term 'default' refers to an event that adversely affects the position of an investor in the reference securities. Examples include bankruptcy, failure to pay interest or principal according to schedule, debt moratorium, and restructuring of an issuer. Credit derivatives facilitate the trading of credit risk, and therefore the allocation of risk among market participants. They resemble bilateral insurance contracts, with one party buying protection against default losses, and the other party selling that protection. This structure enables investors to take different sides and implement various investment and hedging strategies. For example, a fixed income investor may buy protection to hedge the default risk associated with a corporate bond position. An insurance company or hedge fund may act as the counterparty to this deal, and promise to pay potential default losses. The seller of protection speculates on the survival of the bond issuer, and gains investment exposure without having to commit the capital required to actually buy the bonds in the cash markets". GIESECKE, Kay. *An overview of credit derivatives*. Março, 2009. Disponível em: <http://ssrn.com/abstract=1307880 or doi:10.2139/ssrn.1307880>. Acesso em 29 de janeiro de 2012.

[463] BONFIM, Antulio N. *Derivativos de crédito e outros instrumentos*. Rio de Janeiro: Elsevier, 2007, p.76.

mento e a redução de riscos, a exemplo do que se constatou nos contratos de ajuste de fluxos de caixa.

A função preventiva, a exemplo de outras aqui já discutidas, pode ser percebida em mais de um tipo ou figura contratual, sem que, por esse motivo, neguem-se lhes autonomia e individualidade. É com tal concepção que se classificam como preventivos negócios jurídicos díspares como os contratos futuros com entrega de mercadoria, a faturização, o desconto bancário, além do próprio seguro.

O contrato de seguro envolve, em essência, (i) um "interesse legítimo do segurado, relativo a pessoa ou a coisa" (art. 757, Código Civil); (ii) a transferência, à seguradora, dos riscos de lesão a tal interesse; (iii) a estipulação de um direito de indenização ao segurado, como corolário da transferência de riscos; e (iv) o pagamento de um prêmio calculado por técnica atuarial.

Esses elementos essenciais se unem sob a causa preventiva, indenitária, do negócio jurídico de seguro.

Quanto ao seguro de crédito, modalidade mais próxima ao *swap* em questão, anotamos ainda, oportunamente, três princípios prescritos pela SUSEP – a coparticipação obrigatória do segurado; a globalidade das operações; e o limite de indenização.

Sobre os aspectos operacionais e regulatórios do seguro, reiteramos que as seguradoras se sujeitam a regras prudenciais específicas, que atendem a anseios comuns a todos os ambientes do SFN, mas adaptadas ao melhor uso de sua técnica peculiar.

Merecem confronto, assim, as duas figuras.

Pelo que expusemos, verifica-se que o *swap* de crédito *pode proteger* interesse legítimo de uma das partes, resguardando-a contra os efeitos do inadimplemento, da redução da solvabilidade de seu devedor, ou da liquidez do título. *Mas apenas nos casos de* hedge. A sua forma puramente especulativa prescinde da prévia existência do risco negociado entre as partes, se incompatibilizando, assim, por absoluto, com a técnica securitária.

Salomão Neto, a propósito, afirma que "no seguro só podem ser acautelados riscos do próprio contratante, ainda que riscos de crédito. Já o *swap* pode ter por referência crédito que não toca ao contratante".[464]

---

[464] SALOMÃO NETO, Eduardo. *Direito bancário.* São Paulo: Atlas, 2007, p. 333.

No mesmo sentido, em que pese identificada a transferência de risco em *swap* de crédito praticados com intuito de *hedge*, os *swaps* de crédito puramente especulativos, por suas características, nada transferem. Uma das partes, *que não é credora de título da dívida pública grega*, por exemplo, e, portanto, não pode sofrer prejuízos com o seu inadimplemento, passa a computar perdas reiteradas com o pagamento de uma "taxa de proteção" – irrecuperáveis, diga-se, caso não sobrevenha evento de crédito. Assim, *criam-se* riscos, em vez de *transferi-los*.

Embora situação semelhante se verifique no seguro de crédito, no qual os casos de decretação de falência, deferimento de recuperação judicial ou extrajudicial, insuficiência da garantia prestada ao credor/segurado, morte do devedor, ou mora, conferem direito a pagamento da indenização, a flexibilidade conferida ao *swap* de crédito, acaba por romper com as cautelas impostas à contratação do seguro.

Outra peculiaridade do seguro de crédito que pode ou não se adequar a um *swap* de crédito é o conceito de "perdas líquidas definitivas", fator limitador das indenizações ao saldo devedor do crédito segurado.[465] Vimos facultar-se às partes, *ajuste do prêmio*, ao longo da execução do contrato, ou o *ajuste do valor nocional*, à época do evento de crédito, a adequação do valor do pagamento estipulado no *swap* ao saldo do crédito de referência.

---

[465] "Ao contrário do que sucede nos contratos de seguro, n*os derivados* de crédito o valor a pagar caso ocorra um evento de crédito, nos termos acordados, é fixado no momento da celebração do contrato de derivado de crédito. [...] o montante da liquidação da operação [não fica] dependente da quantificação desse dano". BORGES, Sofia Leite; MAGALHÃES, Sofia Torres. *Derivados de crédito - algumas notas sobre o regime dos valores mobiliários condicionados por eventos de crédito*. In: *Cadernos do mercado dos valores mobiliários*, nº. 15, dezembro de 2002, p.126-127. Disponível em:
<http://www.cmvm.pt/CMVM/Publicacoes/Cadernos/Documents/42823796dc824b3094a2dbee81393f95SBorges_SMagalhaes.pdf>. Acesso em 10 de novembro de 2011.
"Já sobre a regulação de derivativos, em especial, os puramente especulativos, em que a criação de hedge é remota, por exemplo os credit default *swaps*, nos quais o fundamento decisório é a percepção de que haverá inadimplementos, [...] seria equiparável a espécie de seguro? Esta alternativa é de pronto afastada, pois não se equiparam operações de hedge dos derivativos porque o valor nocional destes é distinto da garantia que informa as operações de seguro. E, como se sabe, no seguro, o limite da garantia é o valor do bem segurado (exclusive seguro de vida) o que não se dá com derivativos, daí o poder que têm de potencializar riscos no sistema, pois, se no seguro a previsão é de recomposição de perdas com sinistros, nos derivativos o risco de contraparte persiste".
SZTAJN, Rachel. *Sistema financeiro: entre a estabilidade e o risco*. Rio de Janeiro: Elsevier, 2011, p. 109.

Nada impede, porém, que optem por disciplinar pagamento com *valor nocional integral*, em importância correspondente a todo o valor prefixado no contrato, acrescido, ainda, se quiserem, de juros e correção.

E, se o pagamento se dá pelo valor integral, a mesma lógica se perde quanto à *coparticipação obrigatória do segurado*.[466]

Portanto, duas outras características imperativas dos seguros são aqui relativizadas.

Ademais, cumpre notar que, embora a prática de mercado tenha consagrado termos como "compensação", "indenização", e "ressarcimento", o *swap* de crédito puramente especulativo *não atende a uma lógica indenitária*.

Isto é, não sendo o titular do *swap* de crédito proprietário do crédito de referência, sem dúvida, *não tem o que perder*. Logo, não depende de pagamento para se tornar *indene*, sendo, por isso, inadequado falar-se em *indenização*.

Tal discrepância é apontada por parte da doutrina como o principal fundamento para se afastar a natureza securitária do *swap* de crédito, em especial, porque a regra é não se oportunizar o lucro e a especulação ao segurado, e sim, assegurar-lhe um justo ressarcimento.[467]

---

[466] A cessão do crédito de referência, ou a sua compensação com o pagamento a que está obrigado o "vendedor" do CDS na verificação do evento de crédito, deve ser confrontada com a sub-rogação legal da seguradora sobre o crédito, e não, propriamente, com a "franquia", a qual se compara, em verdade, ao método "recomposição parcial", tal como o descrevemos.

[467] "O principal fundamento apresentado para não considerar *os derivados* de crédito no âmbito dos contratos de seguro baseia-se no facto de o comprador da protecção não sofrer, necessariamente, um dano (prejuízo) quando ocorre um 'evento de crédito', não ficando o valor que deverá receber da contraparte, dependente da quantificação desse dano (indemnização)". BORGES, Sofia Leite; MAGALHÃES, Sofia Torres. *Derivados de crédito - algumas notas sobre o regime dos valores mobiliários condicionados por eventos de crédito*. In: *Cadernos do mercado dos valores mobiliários*, nº. 15, dezembro de 2002, p.126-127. Disponível em: <http://www.cmvm.pt/CMVM/Publicacoes/Cadernos/Documents/42823796dc824b3094a2dbee81393f95SBorges_SMagalhaes.pdf>. Acesso em 10 de novembro de 2011.
"O principal fundamento apresentado para não considerar *os derivados* de crédito no âmbito dos contratos de seguro baseia-se no facto de o comprador da protecção não sofrer, necessariamente, um dano (prejuízo) quando ocorre um 'evento de crédito', não ficando o valor que deverá receber da contraparte, dependente da quantificação desse dano (indemnização)". BORGES, Sofia Leite; MAGALHÃES, Sofia Torres. *Derivados de crédito - algumas notas sobre o regime dos valores mobiliários condicionados por eventos de crédito*. In: *Cadernos do mercado dos valores mobiliários*, nº. 15, dezembro de 2002, p.126-127. Disponível em: <http://www.cmvm.pt/CMVM/Publicacoes/Cadernos/Documents/42823796dc824b3094a2dbee81393f95SBorges_SMagalhaes.pdf>. Acesso em 10 de novembro de 2011.

A distinção, por outro lado, se torna mais difícil quando considerada a possibilidade de aproximação dos métodos de cálculo do prêmio do *swap* de crédito e a técnica de precificação do prêmio de um seguro de crédito. Sobre o prêmio cobrado pelas seguradoras, deve-se ter em mente que:

> O mercado securitário não é exatamente um mercado para riscos, ao revés, é mercado de garantias recíprocas baseado na probabilidade de ocorrência de perdas. A base técnica da indústria securitária é a ciência atuarial, estatística, em que as probabilidades de ocorrência do sinistro são estimadas a partir de tabelas, de fatos historicamente documentados ou informados, de molde a projetar-se sua produção futura naquela sociedade. Considera-se o montante financeiro necessário para recompor danos ou perdas das pessoas sujeitas ao evento na área geográfica bem assim periodicidade e possível repetição em período igual. Com essas informações, organizam-se séries e tabelas e se precifica espécies e tipos de eventos (riscos seguráveis), entre outros fatores, organizando carteiras, cada uma com uma espécie homogênea de eventos em sistema mutualístico para obter os fundos em montante previsto. O contrato de seguro não é negócio puramente aleatório; a base técnica elimina parte da álea, ao menos no que concerne à seguradora. Se álea há, ela fica restrita ao quando, quanto e ao quem, isto é, quando o sinistro ocorrerá, qual a monta dos danos, quem será atingido.[468]

A *International Credit Insurance & Surety Association* ("ICISA") esclarece que "o seguro de crédito para o comércio exterior é precificado conforme técnicas atuariais padrão".[469] A entidade não aponta diferenças metodológicas para com o seguro de crédito doméstico.[470]

---

[468] SZTAJN, Rachel. *Sistema financeiro: entre a estabilidade e o risco*. Rio de Janeiro: Elsevier, 2011, p. 127.

[469] "Trade credit insurance is priced on the basis of standard actuarial techniques. It is sold mostly on a whole turnover basis (whole turnover cover policy) and premium rates are generally given as a percentage of the company's turnover (including financially sound and weak customers)". INTERNATIONAL CREDIT INSURANCE & SURETY ASSOCIATION. *How is the premium calculated?* Disponível em: <http://www.icisa.org/faq/1550/mercury.asp?page_id=1684>. Acesso em 16 de junho de 2012.

[470] "Trade credit insurance covers payment risks resulting from trade with buyers. If the seller or policyholder decides to only insure his trade with buyers situated in his own country, the

A técnica atuarial,[471] todavia, não é exclusividade do mercado de seguros. Com base nela, modelos de análise de risco de crédito,[472] bem difundidos no mercado financeiro,[473] têm sido criados.

cover is referred to as domestic credit insurance. This type of cover usually insures against non-payment as a result of insolvency (bankruptcy). It can also insure against the risk that payment is not received after an agreed period (usually 6 months) (protracted default)". INTERNATIONAL CREDIT INSURANCE & SURETY ASSOCIATION. *What is the difference between domestic trade credit insurance and trade credit insurance?* Disponível em: <http://www. icisa.org/faq/1550/mercury.asp?page_id=1672>. Acesso em 16 de junho de 2012.

[471] "As ciências atuariais ou atuária caracterizam a área do conhecimento que analisa os riscos e expectativas financeiros e econômicos, principalmente na administração de seguros e pensões. Suas metodologias mais tradicionais são baseadas em teorias econômicas, envolvendo suas análises numa forte manipulação de dados, num contexto empresarial. Portanto, atuária é uma área de conhecimento multidisplinar, onde o domínio de conceitos em economia, administração, contabilidade, matemática, finanças e estatística são fundamentais para o entendimento dos modelos atuariais mais elementares". UNIVERSIDADE DE SÃO PAULO. *O que é a atuária.* Disponível em: <http://www.fea.usp.br/conteudo.php?i=211>. Acesso em 17 de junho de 2012.

[472] "Assim, podemos definir modelo como uma representação simplificada de algo real. Desse modo, algoritmos, fórmulas, sistemas ou regras que busquem representar processos ou atributos reais relacionados ao risco de crédito podem ser considerados modelos de risco de crédito". ANDRADE, Fabio Wendling Muniz de. *Desenvolvimento de modelo de risco de portfólio para carteiras de crédito a pessoas físicas*, 2004. 196 fls. Tese (Doutorado em Administração de Empresas). Fundação Getúlio Vargas, Escola de Administração de Empresas de São Paulo, São Paulo. Orientador: Abraham Laredo Sicsú. P. 18.

[473] A modelagem para riscos de crédito é reconhecida pelo Comitê da Basileia como um instrumento eficiente para gestão e supervisão no mercado bancário: "Such models are intended to aid banks in quantifying, aggregating and managing risk across geographical and product lines. The outputs of these models also play increasingly important roles in banks' risk management and performance measurement processes, including performance-based compensation, customer profitability analysis, risk based pricing and, to a lesser (but growing) degree, active portfolio management and capital structure decisions. The Task Force recognises that *credit risk modelling* may indeed prove to result in better internal risk management, and may have the potential to be used in the supervisory oversight of banking organisations". BASLE COMMITTEE ON BANKING SUPERVISION. *Credit risk modelling*: current practices and applications. 1999. Disponível em: <http://www.bis.org/publ/BACENs49.pdf>. Acesso em 17 de junho de 2012

Dos chamados *modelos com método atuarial*, podem ser extraídas, fundamentalmente, duas abordagens: a primeira envolve a análise do histórico de inadimplemento de determinados clientes para que sejam criadas projeções a outros devedores com características semelhantes;[474] e a segunda, a divisão dos devedores em "segmentos de risco", por critérios objetivos, como país, *rating*, atividade econômica, operação financeira (e.g., mútuo garantido por hipoteca), presumindo-se que, estatisticamente, a probabilidade de um de seus integrantes inadimplir é exatamente a mesma.[475]

Um exemplo recorrente de modelo com método atuarial é o do "CreditRisk+", que discrimina devedores em segmentos de riscos.[476]

---

[474] "Actuarial-based methods are used to calibrate EDFs or rating transition matrices in both structural and reduced-form models. The basic approach involves using historical data on the default rates of borrowers to predict the expected default rates/rating migrations for customers having similar characteristics". BASLE COMMITTEE ON BANKING SUPERVISION. *Credit risk modelling*: current practices and applications. 1999. Disponível em: <http://www.bis.org/publ/BACENs49.pdf>. Acesso em 17 de junho de 2012. P. 38.

[475] "A second actuarial approach (referred to herein as 'risk segmentation') involves grouping borrowers into discrete 'buckets' or 'risk segments' based on observable characteristics. Within any risk segment, all borrowers, and the stochastic properties of their underlying migration risk factors, are assumed to be statistically identical. [...] For large corporate borrowers, risk segments are typically defined on the basis of factors such as the borrower's internal credit rating, size, country and industrial sector. For retail customers, risk segmentation would normally be based on the product category (e.g. credit cards or residential mortgages) and borrower-specific information, such as credit score (if available), country and state/province". COMMITTEE ON BANKING SUPERVISION. *Credit risk modelling*: current practices and applications. 1999. Disponível em: <http://www.bis.org/publ/BACENs49.pdf>. Acesso em 17 de junho de 2012. P. 39.

[476] "Examples of the reduced-form approach are the CreditRisk+TM and CreditPortfolioViewTM *credit risk modelling* frameworks. [...] Within reduced-form models, it is the dependence of the financial condition of individual customers on common or correlated background factors that gives rise to correlations among customers' default rates and rating migrations". COMMITTEE ON BANKING SUPERVISION. *Credit risk modelling*: current practices and applications. 1999. Disponível em: <http://www.bis.org/publ/BACENs49.pdf>. Acesso em 17 de junho de 2012. P. 32-33.
"Como forma de agrupar os devedores de acordo com a influência de fatores externos, o modelo realiza uma segmentação setorial, o que permite medir os benefícios da diversificação e eventuais concentrações em fatores. Ou seja, uma carteira com muitos devedores expostos a um mesmo fator externo apresenta concentração, assim como quanto maior o número de setores, maior a diversificação da carteira. O modelo assume que os setores são independentes". SILVEIRA, Marcos de Andrade Melo da. Avaliação do risco de crédito agregado: aplicação do

A precificação de um *swap* de crédito, conforme a literatura especializada, pode ou não envolver a atuária.

Bonfim defende a aplicação alternativa de modelos de risco de crédito,[477] entre eles, métodos similares ao CreditRisk+[478] (como mencionado, de índole atuarial, também bem aceito no mercado de seguros).[479] Erlwein *et*

creditrisk+ em instituições brasileiras não-financeiras, 2007. 43 fls. Dissertação (Mestrado em Finanças e Economia Empresarial). Fundação Getúlio Vargas, Escola de Pós Graduação em Economia, Rio de Janeiro. Orientadores: César Aragão e Eduarda La Roque. P. 20

[477] "Uma abordagem alternativa para apreçar credit default swap, que é especialmente útil quando spreads confiáveis não estão à disposição no mercado à vista, é aquela baseada nos modelos de risco de crédito. Para credit default *swaps* comuns, um ponto inicial importante é a ideia básica que, devido ao contrato ter valor de mercado zero em sua abertura, o prêmio do CDS é tal que o valor da 'perna de proteção' – definida como o valor presente do pagamento esperado feito pelo vendedor de proteção no momento do evento de crédito pela entidade de referência – é igual ao valor da 'perna do prêmio' – definida como o valor presente dos pagamentos do prêmio realizados pelo comprador da proteção". BONFIM, Antulio N. *Derivativos de crédito e outros instrumentos*. Rio de Janeiro: Elsevier, 2007, p. 91.

[478] "Metodologicamente, o CreditRisk+ também difere do CreditMetrics e do Moody's KMV, enquanto os dois últimos modelos são modelos estruturais que seguem o espírito da estrutura BSM discutida no Capítulo 17, o CreditRisk+ está mais próximo da abordagem reduzida, também discutida no Capítulo 17. Em particular, o CreditRisk+ é baseado em métodos atuariais que têm sido usados por muito tempo na indústria seguradora para analisar eventos de risco". BONFIM, Antulio N. *Derivativos de crédito e outros instrumentos*. Rio de Janeiro: Elsevier, 2007, p. 293.

[479] "Risk modelling in credit insurance presents many analogies with *credit risk modelling* in financial applications, where a wide variety of well-established models is available". A pricing model for credit insurance. In: Giornale dell'Istituto Italiano degli Attuari, volume LXIX, Roma, 2006, p. 6. Disponível em: <http://w3.uniroma1.it/passalac/Pubblicazioni/Giornale-DegliAttuari2006.pdf>. Acesso em 17 de junho de 2012.

No Brasil, Edson Serapicos relata o uso do CreditRisk+ para a avaliação do prêmio do seguro de crédito interno, destacando considerar dados estatísticos de uma comunidade de credores sujeita aos mesmos riscos sistêmicos, de forma homogênea, por meio de variáveis simples, como o seu grau de exposição de crédito, o índice de inadimplemento dos devedores, o desvio padrão desse índice, e o índice de recuperação dos créditos inadimplidos: "Entre cada setor de tomadores de crédito ou bandas, o modelo presume que os componentes respondem aos mesmos fatores de risco sistêmico. Esses fatores podem causar a incidência de default correlacionada, apesar de não haver nenhum vínculo entre eles. [...] A premissa básica do CreditRisk+ é que é possível obter a exposição ao risco do portfólio a partir das seguintes entradas do modelo: Exposição de crédito; Taxa de default dos devedores; Desvio padrão da taxa de default e Taxas de recuperação (RR)". SERAPICOS, Edson de Paulo. *Processo para análise de seguro de crédito por empresas no Brasil*. Dissertação (Mestrado profissionalizante em Administração de Empresas). 125 fls. Escola de Pós Graduação em Administração de Empresas da Fundação Getúlio Vargas. São Paulo, 2009, p. 70. Orientador: João Carlos Douat. Disponível em:

alli, na mesma esteira, defendem o uso da "transformação Esscher" ("*Esscher transform*"), método atuarial para precificação, em *swaps* de crédito.[480] E, por fim, Dominc O'Kane também admite o "*spread* atuarial" na precificação deste derivativo.[481]

Por outro lado, Amadei *et alli*,[482] por exemplo, relacionam o valor do prêmio de um *swap* de crédito, prioritariamente, ao preço de mercado dos

<http://bibliotecadigital.fgv.br/dspace/bitstream/handle/10438/5743/68070200638. pdf?sequence=1>. Acesso em 25 de maio de 2012.

[480] "The Esscher transform has various applications in actuarial science, including premium calculations and the approximation of the aggregate claim amount distribution. [...] Given the important role played by credit derivatives in insurance companies, it is of great importance for actuaries to understand the valuation, risk modeling, and management issues associated with these products. However, these issues have not been fully discussed in the actuarial literature, especially in the case when the standard Black-Scholes-Merton valuation argument does not apply. In this exposition we shall utilize the Esscher transform to find an equivalent martingale measure for valuation. We focus on the pricing approach via the Esscher transform to demonstrate the power of this important mathematical tool for actuaries in valuing credit derivatives". ERLWEIN Christina; MAMON, Rogemar S; SIU, Tak Kuen. *The pricing of credit default swaps under a markov-modulated merton's structural model*. In: *North American Actuarial Journal*, v. 12, n. 1, p. 22. Disponível em: <http://www.soa.org/library/journals/north-american-actuarial-journal/2008/january/naaj-2008-vol12-no1-erlwein-mamon.aspx> Acesso em 17 de junho de 2012.

[481] "Actuarial Spread: this is what an investor in a credit security has to be paid to compensate them for the expected loss of the security as implied by the historical default probabilities and historical recovery rates". O'KANE, Dominic. *Modelling single-name and multi-name credit derivatives*. West Sussex: Wiley, 2008, p. 55.

[482] "CDS prices provide a first approximation of the default probability of insolvency of the reference entity. [...] CDS prices reflect several factors, including default probability, recovery rate in the event of default, risk premium for jump-to-default and risk premium for the volatility of factors that explain default probability standard ratings models. An increase in CDS prices may not reflect necessarily an increased in expected default probability, but rather an increase in the risk premium or a reduction of the expected recovery rate in the event of default. These factors – PD, RR and RP – are the same that affect bond spreads (i.e. the difference between the yield of a bond issued by the reference entity and the risk-free rate). In principle bond spread should equal CDS price. Since a long position in the bond and the purchase of a CDS replicates a risk-free asset the bond yield minus the CDS premium must be equal to the risk-free rate; hence bond spread (yield less risk-free rate – R – r) must be equal to CDS price (CDS = R – r). Arbitrage should guarantee such equilibrium". AMADEI, L.; DI ROCCO; S.; GENTILE, M.; GRASSO, R.; SICILIANO, G. Credit default swap - contract characteristics and interrelations with the bond market. In: *Discussion Papers CONSOB* (Commissione Nazionale per le Società e la Borsa), n.1, p. 20, fevereiro de 2011. Disponível em: < http://papers.ssrn.com/sol3/papers.cfm?abstract_id=1905416>. Acesso em 26 de maio de 2012.

títulos e obrigações emitidos pela devedora no mercado à vista. No mesmo sentido, Antulio N. Bonfim.[483]

Com tal perspectiva, em tese, o prêmio no momento da contratação do *swap* de crédito, deve ser igual ao que uma devedora paga *a mais* a seus credores, em função da medida do risco de crédito envolvido em suas operações ("prêmio pelo risco de crédito").

Explana-o Bader:

> Uma medida do risco de crédito é o prêmio. Para títulos de renda fixa, o prêmio pelo risco de crédito pode ser entendido como a diferença entre a taxa de juros paga pela empresa emissora e a taxa referencial da economia. O prêmio é a compensação que o investidor exige ao emprestar para uma empresa que poderá ficar inadimplente. Quando o risco de crédito de uma empresa aumenta, maior será o prêmio demandado pelos investidores e/ou bancos. Existe uma forte relação entre o *rating* e o prêmio – quanto maior o *rating*, menor será o prêmio pelo risco de crédito exigido pelo mercado.[484]

Não há aqui, portanto, método atuarial. Segundo Thomas S. Coleman:

> CDS são frequentemente chamados de "seguros" e a terminologia de mercado (comprando ou vendendo proteção) reforça essa noção. Pensar o CDS apenas como um contrato de seguro, entretanto, pode levar à ideia de que o CDS é um passivo contingente que não pode ser facilmente precificado, e até mesmo que o valor de um CDS não se altera com o tempo. Como demonstra a equivalência discutida acima [entre o CDS e um FRN, *Floating Rate Note*, um título com taxa flutuante] contudo, um CDS pode ser pensado como um

---

Os autores ressalvam que, com a crise de 2007/2008, a fórmula sugerida tem se mostrado inadequada à amostragem empírica coletada.

[483] "O exemplo marca um ponto importante, salienta a estreita correspondência entre o spread do CDS para dada entidade de referência e os custos de empréstimo dessa entidade". BONFIM, Antulio N. *Derivativos de crédito e outros instrumentos*. Rio de Janeiro: Elsevier, 2007, p. 84.

[484] BADER, Fani Lea C. *Derivativos de crédito – uma introdução*. In: *Notas técnicas do Banco Central do Brasil*, n.20, abr. 2002, p. 10. Disponível em:
<http://www.bcb.gov.br/pec/notastecnicas/port/2002nt20derivativosdecreditop.pdf>. Acesso em 29 de janeiro de 2012.

produto do mercado de capitais (um FRN alavancado) com o preço determinado pela avaliação dos investidores sobre a credibilidade de uma empresa e a probabilidade de inadimplemento. Em geral, essa será uma abordagem mais profícua do que considerar o CDS como um produto de seguro avaliado em bases atuariais. [...] Conceitualmente pode-se avaliar um CDS de forma atuarial, mas uma avaliação atuarial adequada requer conhecimento conjunto da verdadeira distribuição de resultados futuros e a função de utilidade dos investidores (para integrar a distribuição de resultados). Não é provável que se venha a conhecer qualquer desses fatores. Por outro lado, a abordagem do mercado de capitais (usando a equivalência discutida acima) se vale das avaliações feitas pela massa de investidores negociando nos mercados para avaliar o crédito subjacente, e, então, pela arbitragem, discute o CDS. Quem advoga uma abordagem atuarial que leve a um valor diferente da abordagem do mercado de capitais está implicitamente declarando saber mais do que a sabedoria combinada da massa de investidores que arrisca o seu dinheiro no mercado. Essa é uma declaração forte, e, embora possa ser verdadeira, não pode ser encarada levianamente.[485]

---

[485] "CDS are often talked about as 'insurance' and the terminology in the market (buying or selling protection) reinforces this notion. Thinking of a CDS solely as an insurance contract, however, may lead one to think of a CDS as a contingent liability that cannot be easily valued, and even that the value of a CDS does not change over time. As the equivalence discussed above shows, however, a CDS can be thought of as a capital markets product (a levered FRN) with a price determined by investors' assessment of the firm's credit-worthiness and likelihood of default. In general this will be a more fruitful approach than considering CDS as an insurance product valued on an actuarial basis. [...] Conceptually one can value a CDS actuarially, but proper actuarial valuation requires knowledge of both the true distribution of future outcomes and investors' utility function (for integrating over the distribution of outcomes). Neither of these are likely to be known. In contrast, the capital markets approach açãp(using the equivalence discussed above) relies on the assessments made by the multitude of investors trading in markets to value the underlying credit, and then by arbitrage arguments the CDS. Someone who advocates an actuarial approach that leads to a value different from the capital markets approach is implicitly stating that they know better than the combined wisdom of the multitude of investors putting their money at risk in the market place. This is a strong assertion and, while it could be true, should not be undertaken lightly". COLEMAN, Thomas S. *A primer on credit default swaps (CDS)*. 2009. Disponível em: <http://ssrn.com/abstract=1555118>. Acesso em 16 de junho de 2012.

A lógica é a de que o risco precificado no *swap* de crédito deriva diretamente do crédito de referência, motivo pelo qual certa equivalência entre ambos os contratos (o derivativo e o subjacente) deve ser verdadeira.[486]

Destarte, embora em determinadas circunstâncias se possa falar em precificação atuarial, refere-se a literatura à utilização de métodos não atuariais para precificação do *swap* de crédito, pelo que, novamente, não percebemos uma identificação perfeita com o contrato de seguro.

Logo, a esta altura, constatamos que (i) o *swap* de crédito não requer um interesse legítimo previamente existente; por conseguinte, também (ii) não serve, exclusivamente, ao ressarcimento de uma das partes; ainda, (iii) não exige a coparticipação da parte titular nos danos provocados pelo inadimplemento; (iv) o prêmio do *swap* de crédito pode ser precificado por métodos não atuariais – o que, no mínimo, coloca em dúvida a observância do princípio mutualístico.

Em que pesem as divergências já suscitadas, é oportuna a opinião de Alban Palseur, o qual, em extensa análise dos *credit default swaps* sob a lei francesa, atribui ao contrato uma natureza jurídica securitária. São dois os argumento mais contundentes.

Primeiramente, alega que exigir dano ao titular do *swap* de crédito, i.e., sopesar a correlação entre pagamentos e prejuízos incorridos no curso de uma relação de *swap* de crédito, seria causa de grande insegurança jurídica, já que ora se poderia verificar efetivo ressarcimento, caso se passasse a ser titular de um crédito protegido, e ora pura especulação, caso se transferisse ou fosse o crédito perdido, o que induziria a requalificação contínua do contrato, em demonstração evidente da inconsistência do critério.[487]

---

[486] "Dado o mesmo custo inicial, os mesmos *payoffs* no evento de crédito e a mesma exposição de risco na transação de CDS e no portfolio de *floaters* [títulos com taxas flutuantes], este deve ser o caso em que o CDS e o portfolio de *floaters* devem ter o mesmo fluxo de caixa na ausência de evento de crédito da entidade de referência. Isso requer que *Scds* [prêmio do CDS] = *S* [rendimento do contrato subjacente]. Então, sob as condições preparadas anteriormente, o valor do prêmio que deve ser especificado para um CDS lançado sobre dada corporação é o mesmo do spread do risco associado com um par *floater* [título com taxas flutuantes ao valor nominal] emitido por essa corporação [...] isto é, o prêmio do CDS, *Scds*, deve ser igual à diferença entre o *spread do floater* com risco, *S*, e o custo de financiamento do investidor, *F*: *Scds* = *S* - *F*". BONFIM, Antulio N. *Derivativos de crédito e outros instrumentos*. Rio de Janeiro: Elsevier, 2007, p. 84-85.

[487] "La couverture du même actif sous-jacent par plusieurs contrats de « credit default swap » imposerait alors d'arranger une indemnisation débouchant à un dédommagement supérieur à

Outrossim, no que diz respeito à mutualidade, diz que não há número exato para que se reconheça a existência de uma *massa segurada* para compartilhamento técnico e econômico dos riscos, o que torna impreciso o seu reconhecimento; e mais, que as operações de *swap* de crédito têm sido crescentemente executadas em concertação, de modo a promover certa dispersão dos riscos entre diversos contratantes dos *swaps*, em situações nas quais, por exemplo, bancos, ou outras entidades financeiras, intermedeiam a celebração dos *swap* de crédito, contratando-o com um grande número de contrapartes submetidas a riscos semelhantes.[488]

---

la perte. Les « dérivés de crédit » ne s'embarrassent pas de telles considérations. Chaque contrat donne lieu à dénouement indépendamment des autres. Faut-il pour autant en conclure, comme la doctrine majoritaire, que ce principe indemnitaire permet d'écarter l'assimilation du « credit default swap » à l'assurance ? [...] Selon nous, la réponse est clairement négative. Ce principe indemnitaire ne saurait être un mode de différenciation efficace. D'abord, tous les « credit default swap »ne sont pas spéculatifs. [...]Si cette somme s'avère supérieure au dommage de l'acheteur de protection titulaire des créances, la convention sera spéculative est échappera à la requalification. Inversement, si cette prévision est inférieure au dommage, elle pourrait être requalifiée. La qualification de la convention dépendra donc uniquement du rapport entre l'importance du dommage subi et de la somme forfaitaire prévue. Cette situation n'est pas satisfaisante puisqu'elle dénie toute sécurité juridique. Il est de plus difficile de savoir à l'avance si certaines conventions sont spéculatives ou non. Cette précaution de rédaction met en relief la faiblesse du raisonnement qui évoque le principe indemnitaire pour éviter la requalification des « credit default swap » en assurance". PALSEUR, Alban. *Participation à l'étude de la qualification juridique des produits dérivés de crédit en droit*, 2011. Tese (Doutorado em Direito Comercial). 521 fls. Université Jean Moulin Lyon 3 p. 265-267. Orientador: Monsieur Franck Marmoz.

[488] "Autre critique à porter à son crédit, la mutualisation occasionne plus d'interrogations qu'elle n'apporte d'éclaircissements. La première est la manière de la reconnaître avec certitude. A partir de quand sommes-nous face à une mutualisation? Incontestablement, la présence d'une unique opération est insuffisante. Mais au-delà, comment procède-t-on ? Quel est le seuil quantitatif ou qualitatif qui donne naissance à la condition de mutualisation ? Cette interrogation concerne tout autant les « dérivés de crédit» que les contrats d'assurance. [...] Il n'y a plus d'opération isolée. La conclusion des conventions répond à une conception de stratégie pensée et réfléchie de lutte contre le risque de crédit et de sa dispersion. Si une part de mutualisation se retrouve dans la conclusion de ces « credit default swap », plus rien ne les distingue de l'opération d'assurance. Un défenseur du critère se pose la question sans y répondre. Ce paramètre est d'autant moins efficace que la mutualisation ne se réduit ni à l'opération d'assurance, ni aux « dérivés de crédit », mais peut se déployer sur l'ensemble des instruments financiers". PALSEUR, Alban. *Participation à l'étude de la qualification juridique des produits dérivés de crédit en droit*, 2011. Tese (Doutorado em Direito Comercial). 521 fls. Université Jean Moulin Lyon 3, p. 273. Orientador: Monsieur Franck Marmoz.

Conclui serem apenas três os critérios científicos para a configuração do contrato de seguro: o prêmio, o risco e a prestação da seguradora,[489] todos, a seu ver, presentes nos *credit default swaps*.

Preliminarmente, esclarecemos que, ao promover análise estanque de cada um dos critérios, eliminando-os, um a um, até restarem aqueles reputados fundamentais, Palseur adota método distinto de interpretação daquele que empregamos.

Parece-nos, como já discutimos, que a forma mais adequada de se proceder a uma investigação tipológica dos contratos se dá por meio da conjugação dos elementos intrínsecos e extrínsecos do negócio jurídico, e não pelo recorte e exame de autossuficiência de quaisquer deles. A análise que estamos a empreender, de fato, é permeada de sutilezas, visto se orientar pelos *aspectos gerais* do contrato, por uma preocupação em se conceber o negócio como um todo cambiante, variável, embora discernível e unitário.

Mas esta é uma fragilidade ínsita ao próprio Direito e à atividade interpretativa, da qual, pensamos, não podemos nos livrar, sob pena de aviltarmos a complexidade da realidade investigada.

Feitas tais considerações, opomo-nos, primeiramente, à ideia de constante reclassificação do contrato em função do elemento indenitário. O critério que defendemos não é o da *necessária desconexão entre prejuízo e pagamento*. É o da *possibilidade de desencaixe entre ambos*, como uma circunstância inerente ao contrato.

A separação não nos parece tão radical quanto a percebida pelo autor. Dizer que a desvinculação entre o pagamento e prejuízo afasta a hipótese de seguro não é o mesmo que dizer que, se praticada tal correlação, estaria configurada a forma securitária.

Discordamos, por motivos semelhantes, da equiparação das estratégias de negociação coletiva dos *swaps* de crédito ao exercício *necessário* da mutualidade.

---

[489] "En conclusion, l'idée d'une distinction entre « credit default swap » et operation d'assurance n'est pas confirmée. Le principe indemnitaire, la mutualisation, les notions de sinistre et d'intérêt d'assurance manquent d'universalité. Ne restent que trois éléments qui caractérisent la convention d'assurance : la prime, le risque et la prestation de l'assureur.Les « credit default swap » les comportent. Le droit des assurances pourrait s'appliquer. A cet égard, la position actuelle de la jurisprudence renforce notre analyse". PALSEUR, Alban. *Participation à l'étude de la qualification juridique des produits dérivés de crédit en droit*, 2011. Tese (Doutorado em Direito Comercial). 521 fls. Université Jean Moulin Lyon 3, p. 277. Orientador: Monsieur Franck Marmoz.

Ressalvadas as diferenças eminentemente técnicas, atuariais, que não nos compete aqui discutir em detalhe, e inobstante assimilar-se o seguro às operações intermediadas de *swaps*, vemos como grande empecilho à identificação das duas figuras o fato de que, ao contrário do seguro, o *swap* de crédito pode prescindir de uma estratégia coordenada, facultando-se às partes uma prática eventual e desordenada, se assim desejarem.

Parece-nos que, enfim, a recorrente menção da doutrina aos critérios combatidos por Palseur espelham mais um diagnóstico da divergente função econômica dos dois contratos – uma *necessariamente* protetiva e organizada e a outra *facultativamente* protetiva e organizada – do que, propriamente, a uma imprecisão de conceito.

Resulta, tal perspectiva, de uma análise integrativa da situação negocial, em oposição à análise compartimentada do contrato e de sua regulação.

Mesmo Palseur, em outras passagens de sua tese, admite diferenças entre as duas figuras, tais quais (i) a prevalência da vontade do "comprador" na seleção dos créditos que serão especificamente protegidos, em detrimento da seleção global imposta pelo segurador;[490] (ii) a certa ingerência da seguradora sobre os negócios do segurado, ao se permitir modificar os limites de garantia em função de depreciação da carteira de crédito segurada;[491] e, principalmente, (iii) a ausência de necessária coparticipação do

---

[490] "Le mode de sélection des créances à protéger est totalement différent. L'acheteur de protection d'un « dérivé de crédit » est maître du jeu. Il sélectionne les créances dont il ne veut plus assumer le risque. Pour l'assurance-crédit, c'est l'assureur qui détient le pouvoir de décision. Il s'attribue, et se voit accorder, un pouvoir décisionnel indiscutable et prépondérant. L'assuré doit tolérer que ce contrat s'applique à la totalité de son postecréances clientèles". PALSEUR, Alban. *Participation à l'étude de la qualification juridique des produits dérivés de crédit en droit*, 2011. Tese (Doutorado em Direito Comercial). 521 fls. Université Jean Moulin Lyon 3, p. 259. Orientador: Monsieur Franck Marmoz.

[491] "L'assureur détient un pouvoir d'ingérence dans la relation assuré / débiteur et par répercussion dans la politique commerciale de l'assuré. L'assureur influencera le processus décisionnel d'octroi des crédits car il exercera une surveillance sur l'évolution et sur la qualité des débiteurs. Selon les prévisions conventionnelles, il pourra à tout moment dénoncer ou réduire la limite d'encours sur tel ou tel client. Ce pouvoir ne pourra que se répercuter sur le comportement de l'assuré à l'égard de sa relation commerciale. L'assureur dénoncera à l'assuré les mauvais payeurs, l'assuré devant alors se garder de leur consentir des facilités". PALSEUR, Alban. *Participation à l'étude de la qualification juridique des produits dérivés de crédit en droit*, 2011. Tese (Doutorado em Direito Comercial). 521 fls. Université Jean Moulin Lyon 3, p. 260. Orientador: Monsieur Franck Marmoz.

titular do *swap* de crédito em perdas apuradas na relação subjacente ao contrato.[492]

Por tais fundamentos, não compartilhamos das conclusões de Palseur. E os aspectos operacionais e regulatórios do seguro e do *swap* de crédito, no Brasil, reforçam nossas conclusões.

No seguro, exigem-se do segurador *reservas técnicas*,[493] i.e., a separação de parte de seu patrimônio em percentual que faça frente a riscos genéricos das operações indenitárias, com incidência, por exemplo, sobre o número de prêmios pagos ("reserva de riscos não expirados") e sobre o valor de indenizações a pagar ("reserva de sinistros a liquidar").

As instituições financeiras que ofertam *swaps* de crédito, por outro lado, além das restrições ordinárias, formadas, basicamente, (i) pelo depósito compulsório ("reservas fracionárias") junto ao BACEN, calculado sobre os depósitos à vista e a prazo recebidos pela instituição financeira; e (ii) pela manutenção de um resultado contábil equilibrado, ditado pelo PRE, que congrega não apenas as operações derivativas, mas um amplo leque de atividades financeiras; em contratações de *swaps* de crédito, equipara-das às de *aquisição ou detenção de créditos de liquidação duvidosa* pela circular BACEN n. 3.106/02, são limitadas ainda (iii) pela separação de parte do seu patrimônio, em percentuais que variam de 0,5% a 100% sobre o valor das operações, conforme o grau de risco apurado por critérios pessoais do devedor do crédito de referência (ativo subjacente), por força da Resolução CMN n. 2.682/99.[494]

---

[492] "Le calcul de la prestation de l'assureur diffère notablement de celui des « dérivés de crédit ». Les assureurs estiment que l'assuré doit conserver une partie des pertes supportées. Le but avoué est de le responsabiliser afin qu'il ne développe pas une atitude désinvolte vis à vis des commodités accordées. La différence est frappante avec les « dérivés de crédit ». Les règles sont clairement différentes entre les « dérivés de crédit » et assurance-crédit". PALSEUR, Alban. *Participation à l'étude de la qualification juridique des produits dérivés de crédit en droit*, 2011. Tese (Doutorado em Direito Comercial). 521 fls. Université Jean Moulin Lyon 3, p. 261. Orientador: Monsieur Franck Marmoz.

[493] Cf. Resolução CNSP n. 05 /71.

[494] Circular BACEN n. 3.106/02, art. 5º "A contraparte receptora do risco fica exposta ao risco do ativo subjacente na proporção do risco assumido, observadas as disposições do Regulamento Anexo IV à Resolução 2.099, de 1994, e alterações posteriores". Resolução CMN n. 2.682/99, art. 2º: "A classificação da operação no nível de risco correspondente é de responsabilidade da instituição detentora do crédito e deve ser efetuada com base em critérios consistentes e verificáveis, amparada por informações internas e externas, contemplando, pelo menos, os seguintes aspectos:

As instituições receptoras dos riscos transferidos por meio de *swaps* de crédito, portanto, ao contrário das entidades seguradoras, e pela tendência à individualização dos riscos administrados, não se valem de reservas patrimoniais *genéricas*, mas de reservas *específicas*, calculadas *operação a operação*.

Outro ponto de contato entre o seguro e o *swap* de crédito que interessa ser discutido é a aquisição do crédito subjacente, após ter se configurado o evento de crédito. A transferência se operaria a título de sub-rogação, tal como ocorre no seguro?

Parece-nos que, dadas as diferenças apuradas, a resposta negativa se impõe.

I - em relação ao devedor e seus garantidores:
a) situação econômico-financeira;
b) grau de endividamento;
c) capacidade de geração de resultados;
d) fluxo de caixa;
e) administração e qualidade de controles;
f) pontualidade e atrasos nos pagamentos;
g) contingências;
h) setor de atividade econômica;
i) limite de crédito;
II - em relação à operação:
a) natureza e finalidade da transação;
b) características das garantias, particularmente quanto à suficiência e liquidez;
c) valor.
Parágrafo único. A classificação das operações de crédito de titularidade de pessoas físicas deve levar em conta, também, as situações de renda e de patrimônio bem como outras informações cadastrais do devedor".
Resolução CMN n. 2.682/99, art.6º: "A provisão para fazer face aos créditos de liquidação duvidosa deve ser constituída mensalmente, não podendo ser inferior ao somatório decorrente da aplicação dos percentuais a seguir mencionados, sem prejuízo da responsabilidade dos administradores das instituições pela constituição de provisão em montantes suficientes para fazer face a perdas prováveis na realização dos créditos:
I - 0,5% (meio por cento) sobre o valor das operações classificadas como de risco nível A;
II - 1% (um por cento) sobre o valor das operações classificadas como de risco nível B;
III - 3% (três por cento) sobre o valor das operações classificadas como de risco nível C;
IV - 10% (dez por cento) sobre o valor das operações classificados como de risco nível D;
V - 30% (trinta por cento) sobre o valor das operações classificados como de risco nível E;
VI - 50% (cinquenta por cento) sobre o valor das operações classificados como de risco nível F;
VII - 70% (setenta por cento) sobre o valor das operações classificados como de risco nível G;
VIII - 100% (cem por cento) sobre o valor das operações classificadas como de risco nível H".

Em primeiro lugar, porque, no *swap* de crédito puramente especulativo, não há crédito subjacente a ser pago pela entidade de referência. Ora, o fundamento básico da sub-rogação legal do segurador, como ensina Caio Mário da Silva Pereira, é a satisfação da prestação por intervenção de terceiro,[495] algo incompatível com o *swap* puramente especulativo.

Outrossim, a sub-rogação do seguro é um efeito *secundário* da proteção, exercendo, nesse contexto, dupla função: (i) evitar o enriquecimento do segurado, contra a lógica indenitária do seguro; e (ii) permitir a recuperação de parte dos prejuízos à seguradora, mediante perseguição do crédito inadimplido.

É um mecanismo de "ajuste" do equilíbrio contratual, e não o objeto em si.

Como o *swap* de crédito pode ser praticado de forma puramente especulativa, sem que se preste a proteger crédito algum, a alteração da situação subjetiva do crédito, pensamos, não pode ser alçada a um plano marginal, como no seguro.

Isto posto, trabalhar o *swap* de crédito como um contrato de seguro implicaria reconhecer-lhe feições de um seguro irregular, admitido, *contra legem*, pelo CMN e pelo BACEN, o que afrontaria princípio de hermenêutica segundo o qual, apurando-se factíveis duas interpretações concorrentes; e sendo uma delas prejudicial à validade e eficácia do negócio jurídico; deve se curvar o intérprete àquela voltada a extrair efeitos compatíveis com a realidade socioeconômica examinada.[496]

---

[495] "Com o pagamento pelo terceiro, é satisfeito o credor, que não tem mais o poder de exigir do devedor o cumprimento. Mas como este não solveu, continua para ele existindo o dever-prestar, o qual, agora, é em relação ao terceiro solvente, estranho à relação obrigatória primitiva, até que a solutio de sua parte venha extinguir de todo o vínculo. [...] Opera-se, ainda, sub-rogação legal em benefício [...] do segurador que paga indenização correspondente ao dano sofrido pela coisa relativamente ao segurado". PEREIRA, Caio Mário da Silva. *Instituições de Direito Civil*. Vol. II. Rio de Janeiro, Forense: 2004, p. 221-222; 225.

[496] "Entre duas exegeses verossímeis, prefere-se a que se aproxima da regra geral fixada em norma positiva. Na dúvida, presume-se que as partes quiseram conformar-se com a lei. [...] Presume-se que o estipulante, ou as partes, não pretenderam um absurdo, nem convieram tampouco em um ato, ou cláusula, sem efeito prático ou juridicamente nulos. Prefere-se a inteligência que torna eficazes e acordes com o bom-senso as disposições duvidosas e, portanto, válido o testamento, exequível a obrigação. Em resumo: se de uma exegese resulta nulo o ato, ao todo ou em parte, e de outra – não, adota-se a última. Oportet ut res plus valeat quam pereat". MAXIMILIANO, Carlos. *Hermenêutica e aplicação do direito*. Rio de Janeiro: Forense, 1988, p. 347-348.

Com tais considerações, rejeitamos, assim, a condução do *swap* de crédito à figura típica do seguro.

Outras três hipóteses de classificação são suscitadas pela doutrina.

A primeira, cogitada por Eduardo Salomão Neto, a de que o *swap* de crédito se equipararia a uma fiança - contrato de caráter acessório, com função de garantia, no qual, reiteramos, "uma pessoa garante satisfazer ao credor uma obrigação assumida pelo devedor, caso este não a cumpra" (art. 818, do Código Civil).

O mesmo autor cuida de rechaçá-la, observando que o *swap* de crédito é contrato autônomo, cuja vigência não depende, necessariamente, dos eventuais contratos subjacentes ao *swap*; e que, juridicamente, pode não haver crédito subjacente a garantir.[497]

Melhor interpretação é aquela proposta por Vera Helena de Mello Franco e Alberto Sanyuan Suen, para quem o "CDS [*swap* de crédito] é classificado entre as opções. Trata-se de uma opção de venda de uma carteira de crédito por um preço pré-determinado em uma data futura caso ocorra um evento de crédito que venha resultar na desvalorização da carteira de crédito".[498]

A hipótese se adequa ao último aspecto que enfrentamos sobre o seguro.

Reiteramos: a aquisição do crédito no *swap* de crédito, de fato, *não é um fator marginal*, como na sub-rogação do segurador. O *swap* de crédito não se presta a *proteger* e, *por consequência, impor a alteração subjetiva do vínculo obrigacional*. O raciocínio é o inverso: *contrata-se a cessão do crédito*, e, por consequência, *uma das partes pode se proteger*.

Também em seus aspectos econômicos, a identificação das duas figuras tem sido prestigiada:

Assim, os *swaps* de crédito funcionam da mesma forma que opções de ações, sendo utilizados para proteção contra risco de mudanças adversas na qualidade do crédito. Por exemplo, um investidor em títulos poderia adquirir uma opção de crédito para se proteger-se da possível inadimplência do título. Se o título ficar inadimplente,

[497] SALOMÃO NETO, Eduardo. *Direito bancário*. São Paulo: Atlas, 2007, p. 332.
[498] FRANCO, Vera Helena de Mello; SUEN, Alberto Sanyuan. *Aspectos jurídicos do* credit default swap. Disponível em:< http://suen.com.br/papers/credit_swap.pdf>. Acesso em 10 de janeiro de 2012.

o pagamento proveniente da opção compensaria a perda sofrida no título. Se não ocorresse inadimplência, o investidor continuaria a receber os pagamentos efetuados pelos títulos e não receberia nada da opção (da mesma forma que um seguro de automóvel)[499]

Ocorre como se o fundo comprasse, do banco, uma opção de venda do título. O fundo fica imune ao risco de crédito da empresa A. Se o título da empresa tem o seu rating rebaixado, é como se o fundo vendesse o título, que tem seu preço diminuído, pelo valor da curva ao banco. O pagamento anual do fundo ao banco seria prêmio da opção. Neste caso, uma das possíveis formas de hedge para o banco seria a venda de ações da empresa contra quem há o risco de crédito.[500]

Para Amadei *et alli,* enfim, "o contrato é similar à compra de uma opção de venda sobre a classificação de crédito da entidade de referência".[501]
Entretanto, há quem veja diferenças substanciais entre as duas operações:

É comum confundirmos os CDS's com opções de venda americana. Na verdade CDS's não são opções. [...] o CDS somente fica em "situação de exercício", após a ocorrência do evento de inadimplência. Caso isto não ocorra, o vendedor de CDS não tem nenhuma obrigação de pagamento. Já a opção americana pode ser exercida a

---

[499] BADER, Fani Lea C. *Derivativos de crédito – uma introdução.* In: *Notas técnicas do Banco Central do Brasil,* n.20, abr. 2002, p. 14. Disponível em:
<http://www.bcb.gov.br/pec/notastecnicas/port/2002nt20derivativosdecreditop.pdf>. Acesso em 29 de janeiro de 2012.
[500] BESSADA, Octavio; BARBEDO, Cláudio; ARAÚJO, Gustavo. *Mercado de derivativos no Brasil.* Rio de Janeiro: Record, 2005, p.163.
[501] AMADEI, L.; DI ROCCO; S.; GENTILE, M.; GRASSO, R.; SICILIANO, G. Credit default swap - contract characteristics and interrelations with the bond market. In: *Discussion Papers CONSOB* (Commissione Nazionale per le Società e la Borsa), n.1, p. 06, fevereiro de 2011. Disponível em: < http://papers.ssrn.com/sol3/papers.cfm?abstract_id=1905416>. Acesso em 26 de maio de 2012.

qualquer momento independentemente de seu possuidor estar aferindo lucro ou prejuízo.[502]

O mesmo critério é utilizado por Bonfim, que também destaca o pagamento antecipado da "taxa de proteção" como outro diferencial importante:

> Em relação a isso, a opção de venda é semelhante a comprar proteção num *credit default* swap [...]. O *credit default swap* dá ao vendedor de proteção o direito de vender um ativo-objeto ao comprador da proteção por seu valor *par* sob inadimplência pela entidade de referência. Todavia, existem algumas diferenças. Por exemplo, a opção de venda permite que o contrato seja exercitado mesmo na ausência de um evento de crédito, e o seu prêmio é tipicamente pago antecipadamente.[503]

A discriminação, em termos jurídicos, não se sustenta.

O fato de o *swap* de crédito se referir a *eventos duvidosos ou eventuais* traduz, tão-só, uma condição suspensiva para exercício da opção, aliada ao termo de vigência do contrato, e ao termo de vigência da própria opção, elementos *acidentais* que estão a restringir a eficácia do negócio jurídico. Não afeta a natureza do contrato.

No que toca à antecipação do prêmio, também não há empecilho à nossa classificação. É indiferente, para o direito, que a remuneração do lançador seja paga de forma parcelada ou à vista. Importa que o pagamento seja feito com o objetivo de assegurar ao titular da opção a oportunidade de exigir a venda, a seu exclusivo critério. Obrigação desta natureza, sim, é típica e corrobora a qualificação como uma opção.

---

[502] SOUZA, Eduardo Abrahão. *Uma visão geral dos derivativos de crédito e sua aplicação na administração de carteiras expostas a risco de crédito.* 2006. Dissertação (mestrado profissionalizante em economia). 68 fls. Faculdade de Economia e Finanças Ibmec - Programa de Pós-graduação e Pesquisa em Administração e Economia, Rio de Janeiro, p. 26.

[503] BONFIM, Antulio N. *Derivativos de crédito e outros instrumentos.* Rio de Janeiro: Elsevier, 2007, p. 107.

A CETIP respalda nossa posição ao admitir o pagamento do prêmio (neste ambiente, denominado "taxa de proteção") na data do registro do *swap* de crédito.[504]

Nesses termos, cogitando-se do *swap* de crédito como uma opção, forçoso discutirmos duas questões centrais, a fim de balizar, em definitivo, a nossa opinião: a primeira, *se há novo contrato*, após a celebração do *swap* de crédito; e a segunda, caso a resposta à primeira questão seja afirmativa, *quais seriam os contratos principais* visados pelas partes.

O manual de operações da CETIP nos dá o subsídio à primeira resposta.

Para que, nesse ambiente, se processe um *evento de crédito*, oportunizando o exercício da opção, é necessário que a titular do *swap* de crédito, eletronicamente, opere lançamento no sistema, *registrando, de forma expressa*, a sua ocorrência. A CETIP trata como "prerrogativa do comprador de proteção registrar a ocorrência de evento de crédito, o que poderá ser efetuado a partir da data de registro do contrato e até a data de seu vencimento, inclusive".[505]

Juridicamente, portanto, o lançamento do evento de crédito é ato que pode ser interpretado como manifesta vontade de contratar – é o *exercício da opção*. E, sendo disciplinado como um *direito potestativo* do titular, tal como exigem outras formas de opção, constitui evidência que corrobora a proposição que estamos a acolher.

Ainda, se não se tratasse de outro contrato, seria imperioso reconhecer um pacto de cessão de crédito, desde já pronto e acabado, mas subordinado a condição suspensiva. A tese, então, não explicaria (i) a que título o prêmio seria pago; e (ii) por que, em caso de não exercício da opção, antecipação do vencimento por acordo comum das partes, ou qualquer forma de frustração da cessão de crédito, os valores pagos pela titular do *swap* de

---

[504] "Taxa de Proteção. [...] Liquidação - Momento previsto para pagamento da taxa de proteção: no registro, no vencimento ou periodicamente". CETIP. *Manual de operações*: swap. Disponível em:
<http://www.cetip.com.br/informacao_tecnica/regulamento_e_manuais/manuais_de_operacoes/Swap/SWAP.pdf>. Acesso em 20 de fevereiro de 2012.
[505] CETIP. *Manual de operações*: swap. Disponível em:
<http://www.cetip.com.br/informacao_tecnica/regulamento_e_manuais/manuais_de_operacoes/Swap/SWAP.pdf>. Acesso em 20 de fevereiro de 2012.

crédito não lhe seriam devolvidos em função da extinção do contrato,[506] consequência, a nosso ver, necessária, dada a sua bilateralidade.

Nesses termos, confirmando-se a existência de dois contratos, cumpre--nos esclarecer a natureza do segundo contrato, a fim de compreendermos o encadeamento dos negócios jurídicos.

Apuramos que dois eventos distintos podem se seguir à verificação do evento de crédito, dependendo daquilo que estabeleceram as partes em contrato. Tendo avençado a *cessão do crédito*, o titular do *swap* recebe a integralidade do pagamento ajustado do valor nocional, transmitindo-o, ato contínuo, ao outorgante. Pactuado o *pagamento da diferença*, o titular receberá apenas o saldo daquilo que exceder o valor do crédito que seria transmitido.

A primeira alternativa revela um contrato de *compra e venda*, ou de forma mais precisa, uma *cessão onerosa de crédito* à vista ("*spot*"). Sabe-se que, apesar da técnica legislativa restritiva, a "*compra e venda* pode ter como objeto *coisas* ou *direitos*. Neste último caso denomina-se *cessão*".[507] Assim, com o exercício da opção, transmite-se a titularidade do crédito entre as partes, contra o pagamento de um preço, o que atrai o regime típico regulado pelo Código Civil, adaptado às especificidades do mercado e do ambiente no qual ocorre.

A segunda alternativa, contudo, não se amolda à primeira. Se as partes se vinculam a contratação por simples diferença, e não têm em perspectiva, jamais, o efeito translativo da cessão de crédito, não lhes cabe o regime típico da compra e venda.

Deste modo, avençando-se o futuro pagamento como um o resultado da diferença entre duas obrigações, sem propósito de circulação de bens distintos de dinheiro, e com nítido caráter aleatório, já que o valor da diferença dependerá do grau de deterioração do crédito, cuida-se, aqui, de uma opção de celebração de contrato diferencial de execução instantânea.

Enfim, no que concerne ao terceiro esforço para classificação do *swap* de crédito, pode sua proposição ser sintetizada na ideia de que, inserindo-se na família dos *swaps*, os *swaps* de crédito, "marcad[o]s pela bilateralidade

---

[506] Os manuais de operação e de normas para swap de crédito da CETIP não disciplinam tal possibilidade.

[507] GOMES, Orlando. *Contratos*. Rio de Janeiro: Forense, 2009, p. 266.

na assunção dos riscos creditícios, em nada divergem dos negócios diferenciais a que aludimos ao tratar dos *swaps* mais genericamente antes".[508]

Contudo, vimos que, diversamente do que ocorre com os outros *swaps*, este não é um contrato principal, cujos efeitos se estendem no tempo. É figura especialíssima, que depende de ulterior manifestação de vontade para que todo o plano econômico das partes seja colocado em prática.

Não fosse assim, seriam muitas as dificuldades em se explicar a reiteração de prestações únicas, unilaterais, sempre à mesma parte – o prêmio – sem que qualquer contraprestação, ainda que por compensação, se pudesse perceber.

O quadro abaixo reúne a comparação das principais características dos contratos confrontados:

Quadro 12 – Contratos sobre moeda e comparativo com operações similares

	Seguro de crédito	Opção	*Swap* de índices	CDS
Função socioeconômica	Proteção contra riscos de crédito	Assegurar ao "comprador" oportunidade para eventual e instantânea cessão de crédito ou contratação diferencial	Modificação de riscos	Assegurar ao "comprador" oportunidade para eventual e instantânea cessão de crédito ou contratação diferencial
Obrigações principais	Indenização de perdas ocorridas com sinistro x pagamento do prêmio	Opção de contratar sujeita a termo x pagamento de "prêmio"	Obrigação de pagar quantia certa (diferença decorrente de oscilação desfavorável)	Opção de contratar sujeita a condição e termo x pagamento de "taxa de proteção"
Objetos materiais	Dinheiro x Direito a garantia	Dinheiro x Direito potestativo	Dinheiro x Dinheiro	Dinheiro x Direito potestativo

Concluímos, assim, ser melhor classificado o *credit default swap* como uma opção sobre cessão onerosa de crédito, ou sobre uma contratação diferencial, conforme assim elejam as partes, respectivamente, o paga-

---

[508] SALOMÃO NETO, Eduardo. *Direito bancário*. São Paulo: Atlas, 2007, p. 330.

mento contra a cessão do crédito, e o pagamento de diferença originada por compensação de obrigações.

3.7.3.3 Sistemática do swap de retorno total

Curiosamente, os *swaps* de retorno total se assemelham mais aos *swaps* de índices do que aos *credit default swaps*, seus congêneres na literatura econômica e na regulação financeira.

Destes divergem, principalmente, por substituírem a lógica de preparação de uma contratação futura, típica de uma opção, pela do contínuo ajuste de fluxos de caixa, própria dos contratos diferenciais de ajuste sobre o fluxo de caixa, estudados nas seções anteriores.[509] O BACEN define o *swap* de retorno total como o derivativo de crédito no qual "a contraparte receptora do risco for remunerada com base no fluxo de recebimento de encargos e de contraprestações vinculados ao ativo subjacente" (Circular BACEN n. 3.106/02, art. 1º, II).

Ou seja, uma das obrigações do contrato é necessariamente medida pelo somatório de tudo aquilo que, na relação jurídica subjacente, uma das partes recebeu em pagamento ao crédito de referência.[510]

Ilustre-se:

> Por exemplo, suponha que um banco possui um nível inaceitavelmente alto de exposição a uma companhia e em particular para o setor industrial. Uma solução física seria vender algumas de suas exposições no mercado secundário de crédito, mas isso poderia prejudicar sua relação com a companhia e está, claro, sujeita à liquidez e burocracia do mercado secundário. Uma alternativa simples seria celebrar um swap de retorno total, por meio do qual pagará todo o

---

[509] "Sua diferença em relação ao swap de crédito consiste no fato de que o swap de crédito é específico em relação a eventos de crédito, enquanto o TROR troca fluxos de caixa havendo, ou não, o evento de crédito (por exemplo, inadimplência). Tem como objetivo remover completamente o risco econômico de um ativo sem a venda real desse ativo". BADER, Fani Lea C. *Derivativos de crédito – uma introdução*. In: *Notas técnicas do Banco Central do Brasil*, n. 20, abr. 2002, p. 15. Disponível em: <http://www.bcb.gov.br/pec/notastecnicas/port/2002nt20derivativosdecreditop.pdf>. Acesso em 29 de janeiro de 2012.

[510] Como o contrato, a exemplo dos *swaps* de crédito, se reporta a uma relação creditícia subjacente, fala-se também em "crédito de referência" e "entidade de referência".

fluxo de caixa recebido em função do empréstimo e receberá LIBOR (digamos) mais principal no vencimento. Os ativos do empréstimo ainda continuam no balance do banco, enquanto ao mesmo tempo reduz sua exposição ao setor industrial e aumenta a sua exposição à contraparte.[511]

Exemplo similar é utilizado por Hull: "os dois bancos poderiam entrar em *total return swap* em que o TexBank troca o retorno de alguns dos seus empréstimos para empresas petrolíferas pelo retorno [pagamentos recebidos] sobre alguns dos empréstimos do MicBank para as montadoras de automóveis. Isso resultaria na diversificação do risco para ambos os lados".[512]

Eduardo Fortuna aponta como uma das vantagens do *total return swap* a possibilidade de se negociar ações e juros no mercado externo com custos reduzidos:

> A lógica é a seguinte: os bancos estrangeiros pegam o dinheiro do investidor não
>
> residente e o trazem ao País por meio de empréstimos interempresas, que são contabilizados como investimento direto no balanço de pagamentos e, portanto, não pagam IOF. Usam esses recursos para investir no mercado interno de ações e de renda fixa. Depois repassam todos os ganhos ou perdas do investidor não residente por meio dos *total return swaps*, recebendo uma comissão. É claro que esse tipo de transação mais sofisticada fica a cargo de investi-

---

[511] "For example, suppose that a bank has an unacceptably high level of exposure to a company and indeed to that particular industrial sector. The physical solution would be to sell off some of this exposure in the secondary loan market, but this potentially could damage the relationship with the company and is of course subject to the liquidity and vagaries of documentation in the secondary market. A simple alternative would be to enter into a total return swap, whereby it pays away all cashflows received from the loan and receives Libor (say) plus principal at maturity. The loan assets still remain on the balance sheet of the bank, whilst at the same time reducing its exposure to the industrial sector and increasing its exposure to the counterparty". FLAVELL, Richard. *Swaps and other derivatives*. West Sussex: John Wiley & Sons, 2002, p. 108.

[512] HULL, John C. *Fundamentos dos mercados futuros e de opções*. São Paulo: BM&FBOVESPA – *Bolsa de Valores, Mercadorias e Futuros* de São Paulo, 2009, p. 517.

dores que aceitem maior risco e limita o total de recursos que pode ser investido.[513]

Nota-se, pois, que a finalidade precípua de um *swap* de retorno total é transferir fluxos de pagamentos a uma das partes contratantes, com firme referência a um crédito subjacente, sem que, com isso, tal crédito seja diretamente afetado pelo *swap*.

Explica Bonfim:

> Num *Total Return Swap* (TRS), um investidor (o receptor do *total return*) entra num contrato derivativo segundo o qual ele irá receber todos os fluxos de caixa associados com um dado ativo de referência ou índice financeiro sem efetivamente, em algum momento, ter comprado ou sido proprietário do ativo ou do índice. Os pagamentos são feitos pela outra parte no contrato de TRS, o pagador do *total return*. Diferente de um *swap* sobre ativo, que essencialmente retira o risco de crédito do ativo prefixado, um *total return swap* expõe os investidores a todos os riscos associados com a ativo de referência, crédito, taxa de juros, etc. Como tal, o *total return swap* é mais do que um simples derivativo de crédito. Apesar disso, *dealers* de derivativos frequentemente têm considerado suas atividades de TRS como parte da totalidade de seus negócios com derivativos de crédito.[514]

Logo, se o credor, na relação externa ao *swap*, nada recebe, a sua contraparte na relação interna deverá sofrer os reflexos da inadimplência.[515]

---

[513] FORTUNA, Eduardo. *Mercado financeiro: produtos e serviços*. Rio de Janeiro: Qualitymark, 2011, p. 859.

[514] BONFIM, Antulio N. *Derivativos de crédito e outros instrumentos*. Rio de Janeiro: Elsevier, 2007, p. 94.

[515] "O que acontece se o emissor do bônus de referência inadimplir? Como o TRS é designado para replicar os fluxos de caixa de um bônus, isso significa que o investidor do total return irá sofrer a perda relativa à inadimplência, ou seja, o receptor do total return paga a diferença entre o preço do bônus na abertura do TRS e o valor de recuperação do bônus no momento da inadimplência. Tipicamente, o TRS é terminado quando a entidade de referência fica inadimplente". BONFIM, Antulio N. *Derivativos de crédito e outros instrumentos*. Rio de Janeiro: Elsevier, 2007, p. 96.

A possibilidade de inadimplência total do crédito de referência integra, a princípio, os riscos do negócio.

Nada impede, porém, que as partes estipulem pagamento mínimo para tais circunstâncias, o que, a nosso ver, não desnatura as características essenciais destas operações.

Não obstante as suas peculiaridades, o *swap* de retorno total, na mesma esteira do que verificamos quanto aos *swaps* de índices, de fato, *ajustam* fluxos de caixa medidos por dois parâmetros distintos, de forma contínua, com o objetivo de compensarem créditos e saldarem a diferença.

3.7.3.4 Natureza jurídica dos swaps de retorno total

A diferença entre um *swap* de retorno total e um *swap* de índices, tal como os percebemos, se dá apenas quanto à suas bases de riscos, dada a distinção de seus "ativos subjacentes" (ou "ativos de referência").

Os índices são parâmetros abstratos de mercado, calculados sobre o desempenho de determinados segmentos da economia, e suas oscilações não estão vinculadas ao comportamento ou qualidade específicos de uma determinada pessoa.

Retomemos como exemplo um *swap* de índices cujas obrigações são calculadas, de um lado, pela taxa variável DI + 2%, e por outro, pela taxa SELIC + 3%. Na data de vencimento, aplicam-se os percentuais sobre o valor nocional do contrato; em seguida, determina-se a diferença entre os dois resultados, e a parte que restou devedora paga a credora.

O ajuste sobre crédito, por outro lado, fia-se na qualidade ou comportamento de uma única entidade de referência, pelo que sempre lidará com um cálculo personalíssimo.

Cogitemos de situação na qual um *swap* de retorno total é contratado entre as partes "A" e "B".

"A" promete pagar a "B", durante três anos, trimestralmente, importância correspondente à variação da TR+5% sobre o valor nocional de R$1.000.000,00. Em contrapartida, "B" promete pagar a "A", com a mesma periodicidade, tudo aquilo que receber em pagamento ao mútuo celebrado junto *a* "C", cujo valor mutuado corresponde, também, a R$1.000.000,00, e é remunerados pela taxa SELIC.

Supondo que, no primeiro trimestre de vigência do *swap*, entre juros e principais na relação de mútuo estabelecida entre "B" e "C", "B" tenha recebido a quantia de R$155.000,00; e que a aplicação da TR+5% sobre o valor nocional do contrato, para o período em questão, tenha resultado em R$100.000,00.

Nesta primeira data de pagamento, então, o resultado de "A" é igual a R$100.000,00 (TR+5% x R$1.000.000,00) e o de "B" R$155.000,00 (soma de pagamentos do mútuo).

Como de praxe, apenas "A" receberá um pagamento, no valor de R$55.000,00, apurado em função da diferença havida entre (i) a obrigação atrelada ao crédito e (ii) a obrigação atrelada ao índice.

Vê-se, portanto, que os mecanismos jurídicos do retorno total são idênticos aos do contrato de ajuste de fluxo de caixa sobre índices. Ambos lidam apenas com prestações pecuniárias; a obrigação de pagar quantia certa é calculada pela diferença entre dois parâmetros;[516] são aleatórias; e não afetam a relação jurídica subjacente.

Logo, vemos os contratos de *swap* de retorno total como um contrato diferencial, a exemplo do que constatamos sobre os *swaps* de índices.

Os *swaps* de retorno total, ou contratos de ajuste de fluxos de caixa sobre crédito, tal como propomos, não são atualmente admitidos a registro na CETIP ou na BM&FBOVESPA.[517] Por consequência, a sua contratação, no atual estado da legislação nacional, não pode se concretizar validamente.

Caso venham a ser admitidos a negociação, aplicar-se-ão aos swaps de retorno total todas as disposições regulatórias aplicáveis aos swaps de crédito, face ao tratamento conjunto que lhes confere os normativos do CMN e do BACEN.

---

[516] "O que acontece se o emissor do bônus de referência inadimplir? Como o TRS é designado para replicar os fluxos de caixa de um bônus, isso significa que o investidor do total return irá sofrer a perda relativa à inadimplência, ou seja, o receptor do total return paga a diferença entre o preço do bônus na abertura do TRS e o valor de recuperação do bônus no momento da inadimplência. Tipicamente, o TRS é terminado quando a entidade de referência fica inadimplente". BONFIM, Antulio N. *Derivativos de crédito e outros instrumentos*. Rio de Janeiro: Elsevier, 2007, p. 96.

[517] "Nem a CETIP, nem a BM&FBovespa têm registro desses derivativos". FORTUNA, Eduardo. *Mercado financeiro: produtos e serviços*. Rio de Janeiro: Qualitymark, 2011, p. 859.

3.7.4 Figuras exóticas

Segundo John C. Hull, os *swaps* "têm se provado instrumentos muito flexíveis para a gestão de riscos. Baseado no alcance dos diferentes contratos que hoje são negociados e o volume total de negócios realizados a cada ano, *swaps* são indiscutivelmente uma das mais bem-sucedidas inovações dos mercados financeiros na história".[518]

Nessa perspectiva, natural que um instrumento inovador como o *swap* tenha sofrido e venha a sofrer constantes modificações. Outras modalidades têm sido criadas a partir dos *swaps* de moedas, taxas de juros e crédito, vistos nas seções anteriores.

As diferenças, entretanto, têm se caracterizado mais pela sofisticação financeira das operações do que, propriamente, pela modificação de seus caracteres jurídicos. As várias formas exóticas dos *swaps*, portanto, não serão aqui mencionadas à exaustão – mesmo porque seria um esforço inútil, frente ao sem-número praticado no mercado. Limitamo-nos, assim, a apresentar algumas das variações em voga, com finalidade meramente ilustrativa.

John C. Hull lista como formas exóticas de *swaps* o "*swap* de acréscimo", por meio do qual "os juros de um lado só são acrescidos quando a taxa de referência variável alcança um certo patamar"[519]; o "*swap* cancelável", basicamente, um *swap* de taxa de juros no qual se faculta a uma das partes se desvincular da operação, extinguindo a relação jurídica contratual com a sua contraparte, "em uma ou mais datas de vencimento"[520]; entre outras.

Maria Clara Calheiros cita modalidades voltadas à alteração de elementos negociais da operação (em síntese, indexações e prazos de vencimento). São exemplos: os *swaps* a prazo modificável ("*putable swap*" e "*callable swap*"), no qual há "a faculdade de encurtar ou prolongar o prazo de duração do

---

[518] "They have proved to be very flexible instruments for managing risk. Based on the range of different contracts that now trade and the total volume of business transacted every year, *swaps* are arguably one of the most successful innovations in financial markets ever". HULL, John C. *Options, futures and other derivatives*. New Jersey: Pretice Hall, 2002, p. 594.

[519] "Accrual *swaps* are *swaps* where the interest on one side accrues only when the floating reference rate is within a certain range". HULL, John C. *Options, futures and other derivatives*. New Jersey: Pretice Hall, 2002, p. 603.

[520] "A cancelable swap is a plain vanilla interest rate swap where one side has the option to terminate on one or more payment dates". HULL, John C. *Options, futures and other derivatives*. New Jersey: Pretice Hall, 2002, p. 603.

contrato, sem sofrer qualquer tipo de penalização"[521]; os *swaps* com limites (*"floor-ceiling swap"*, *"rate caps"* e *"mini-max"*), notabilizados pela fixação de tetos e pisos para a oscilação dos indexadores, o que assegura as partes um melhor controle sobre os riscos intrínsecos da operação;[522] e os *swaps* com taxa de juro alternativa (*"roller-coaster swap"*), no qual uma das partes "detém a faculdade de escolher em cada momento efetuar os seus pagamentos a taxa de juro pré-estabelecida, fixa ou variável, segundo as suas conveniências"[523].

Cumpre ressaltar que os chamados *swaps* de combinação múltipla, entre eles, os *"swaptions"*, alegadamente, produtos híbridos de *swaps* e *options*, nos quais uma das partes "pode decidir durante um determinado período de tempo se deseja, ou não, realizar uma operação de swap, à taxa de juro fixada de antemão"[524] na realidade, estruturam-se como simples *opções sobre um swap*, e não, tecnicamente, como um *swap*.[525]

---

[521] CALHEIROS, Maria Clara. *O contrato de swap*. Coimbra: Coimbra Editora, 2000, p.48.

[522] CALHEIROS, Maria Clara. *O contrato de swap*. Coimbra: Coimbra Editora, 2000, p.49.

[523] CALHEIROS, Maria Clara. *O contrato de swap*. Coimbra: Coimbra Editora, 2000, p.49.

[524] CALHEIROS, Maria Clara. *O contrato de swap*. Coimbra: Coimbra Editora, 2000, p.49.

[525] "Trata-se de uma combinação de uma opção e de um swap, resultando numa opção sobre um swap". CALHEIROS, Maria Clara. *O contrato de swap*. Coimbra: Coimbra Editora, 2000, p.49.

4. CADEIAS CONTRATUAIS DAS OPERAÇÕES DE SWAP

As próximas seções cuidarão de variações estruturais básicas que comportarão todos os *swaps* de índices e crédito, quando submetidos a um mesmo ambiente de negociação.

Omitimos referência expressa aos *swaps* de retorno total, os quais, repetimos, não são admitidos a registro na CETIP ou na BM&FBOVESPA. Mas, considerando que as diferenças entre o *swap* de retorno total e os *swaps* de índices não são estruturais (ambos podem adotar formas especulativas ou protetivas; ser liquidados por diferença; ou sofrer a aproximação ou intermediação por uma terceira pessoa), reportamo-nos às mesma ilustrações da seção 4.1, com as observações aqui registradas.

Ressaltamos que as operações foram adiante representadas em conjuntos restritos, visando à compreensão de seu núcleo (*estruturas bilaterais, de aproximação ou intermediadas*). Nesses termos, não esgotam a real dinâmica do mercado, já que não pode ser desprezada a gestão de *carteiras* ("*buckets*") *de swaps*, nas quais, economicamente, não se avaliam as intenções e perfis dos operadores com base *num único* swap *ou par de* swaps, mas com vistas aos movimentos resultantes de *todas as suas operações*.[526]

[526] "No caso de uma carteira com mensuração de riscos agregada, pode chegar-se a uma resultante a descoberto, ou seja, um volume de n milhões de dólares, por exemplo, de *swaps* inteiros ou residuais) não cobertos ainda por proteção. Para um determinado intervalo de tempo, que se deseje considerar por motivação técnica, pode haver uma carteira (bucket, no caso) com determinado montante de *swaps* não devidamente protegidos. Havendo este montante, e dando-se a taxa atual de mercado, pode-se calcular o DVO1 deste bucket, ou seja, o quanto uma alteração de um ponto-base na taxa de juros pode acarretar de alteração, em dólar, no

Priorizamos as representações de dois momentos distintos, a saber, o da *contratação* e o da *execução* dos contratos de *swap*. Embora a execução esteja aqui demonstrada apenas nas estruturas bilaterais, evidentemente, ocorrerá também nas demais. Omitimo-la apenas para evitar desnecessária repetição de ilustrações.

Não analisaremos a cadeia contratual do *swap* de moedas, por, em primeiro lugar, submeter-se a especificidades da regulação cambial; e, em segundo, por exceder à jurisdição brasileira – fatores que nos desviariam das premissas metodológicas que adotamos, não voltadas à uma análise das questões obrigacionais e contratuais ao ângulo do direito estrangeiro, ou à estrutura peculiar do mercado de câmbio.

Finalmente, ante o disposto no art. 2º, §4º, da Lei n. 6.385/76, que trata o registro dos *swaps* e outros derivativos como *requisito de validade do negócio jurídico*, concebemos as operações iniciadas fora de um ambiente organizado como contratos preliminares de *swap*.

Essa é a interpretação que nos parece mais razoável, quando a sua alternativa seria reputar-se inválido o contrato até que fosse registrado na BM&FBOVESPA ou na CETIP, o que não respeita as peculiaridades do mercado.

Aos contratos de *swap* celebrados à margem da lei, julgamos aplicável o disposto no art. 170 do Código Civil, que estabelece o aproveitamento do negócio jurídico nulo como outra figura negocial, caso atenda aos requisitos de validade desta.[527] Prudente presumir-se que, houvessem se inteirado as partes da invalidade do ato, que optassem por celebrar contrato preliminar. Com efeito, reconheceríamos a validade do ato das partes, *não como um contrato de swap*, mas como um *contrato preliminar de swap*.

---

valor presente deste bucket ("balde" de *swaps*). Pode ser para mais ou para menos, conforme a posição descoberta seja de pagar ou receber e as taxas baixem ou subam. Está, assim, descrito o risco de mercado, risco de taxa de juros, do ponto de vista do banco, do dealer, num swap". CORDEIRO FILHO, Ari. *Swaps: aspectos jurídicos, operacionais e administrativos*. Rio de Janeiro: Forense Universitária, 2000, p.73.

[527] Código Civil, art. 170: "Se, porém, o negócio jurídico nulo contiver os requisitos de outro, subsistirá este quando o fim a que visavam as partes permitir supor que o teriam querido, se houvessem previsto a nulidade".

4.1 Cadeias contratuais dos contratos de ajuste de fluxos de caixa sobre índices

Embora se distingam pela grande diversidade de ativos e passivos abstrata ou concretamente relacionados aos fluxos de caixa ajustados (títulos e contratos vinculados a índices de *commodities*, juros, câmbio, ou o próprio inadimplemento das partes, entre outras combinações – elementos que impactam os cálculos e riscos financeiros) as operações de *swap* de índices, *estruturalmente*, não costumam variar conforme as suas modalidades.

Na realidade, as variações que se manifestam decorrem, principalmente, do seu *ambiente* (dentro ou fora do mercado financeiro, quando assim admitia a lei; ou na CETIP ou BM&FBOVESPA, conforme o caso).

Isto é, todas as operações de *swap* de índices investigadas (i) disciplinam trocas periódicas de fluxos de caixa, ou seja, obrigações de pagar quantia certa, compensáveis em certa data, entre duas pessoas; (ii) podem ser estabelecidas com ou sem a intermediação de terceiros; (iii) devem ser registradas e garantidas, integral ou parcialmente, por câmaras de compensação e liquidação.

4.1.1 Operações bilaterais

É a estrutura mais simples, já que se resume, basicamente, ao contrato de ajuste sobre índices. Não se aproveita do esforço de terceiro É pouco usual, especialmente no Brasil, que se vale, em maior parte, dos mercados de balcão organizado (perfil consolidado pelo registro legal obrigatório).

Representamos o momento da celebração do contrato ("Figura 2") e pagamento da diferença ("Figura 3"). Consideramos uma oscilação favorável a "A". Oscilações favoráveis a "B" inverterão o sentido do pagamento.

Figura 2 – Celebração do contrato de ajuste de fluxos de caixa sobre índices.

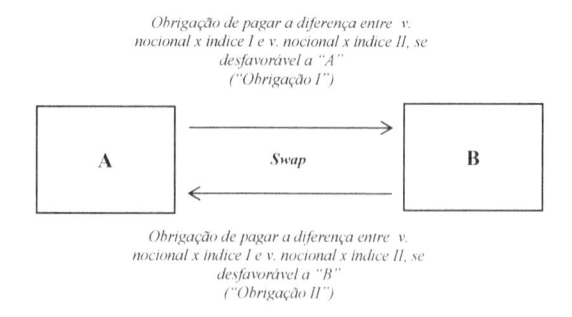

Figura 3 – Pagamento da diferença apurada no contrato
de ajuste de fluxos de caixa sobre índices.

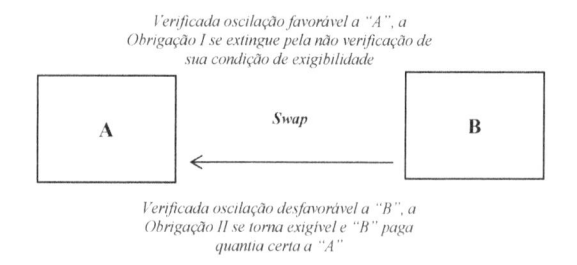

Figura 4 – Celebração da promessa de ajuste de fluxos de caixa sobre índices.

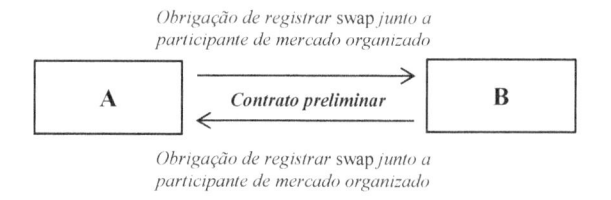

As operações bilaterais concebidas como uma preparação ao registro nos ambientes CETIP ou BM&FBOVESPA podem ser assim representadas:

Nesse esquema, as obrigações de "A" e "B" são, portanto, de mesma natureza e conteúdo: ambas se obrigam a registrar uma nova operação de *swap*, por meio de participantes habilitados no mercado organizado.

Destaque-se que o registro se refere a *novos contratos*, e não, propriamente, ao contrato preliminar. Não seria coerente dizer que se registra uma promessa de *swap*, como a que descrevemos. O registro extingue a promessa, face ao exaurimento de seu objeto, dando lugar e origem a uma cadeia de contratos, juridicamente autônoma. Nesta cadeia de contratos é que os negócios são organizados de forma a reproduzir as cláusulas essenciais disciplinadas pelo contrato preliminar, tais como o valor nocional, datas de vencimento e índices.

Uma crítica possível à nossa classificação seria a de que "A" e "B" não prometem uma contratação entre si, mas uma contratação perante terceiros.

Contudo, a função e utilidade dos contratos preliminares não se esgotam nessa fórmula tradicional. Podem servir à disciplina de obrigações de fazer, bem como a emissão de outras declarações de vontade que não se materializem juridicamente como contrato. São exemplos a oferta de ações aos demais acionistas em função de direito de preferência (obrigação de fazer) e a declaração de voto (declaração de vontade).

4.1.2 Operações estruturadas por aproximação

Operações bilaterais são a exceção. Maria Clara Calheiros, reportando-se à experiência europeia, afirma que "o papel desempenhado pelos bancos no desenvolvimento do mercado de swaps é, hoje como ontem, de inegável importância, senão mesmo vital".[528]

José Engrácia Antunes, de forma categórica, sentencia que "na esmagadora maioria dos casos, a sua celebração [é] mediada pela intervenção de um intermediário financeiro ('maxime', bancos)".[529]

A instituição financeira promove:

> [...] a identificação das partes, desempenhando também o papel de facilitar as negociações, garantindo o anonimato das partes envolvidas, especialmente numa fase inicial. O banco não assume qualquer risco com a operação, salvo no caso em que alguma das partes estabeleça uma garantia colateral. Assim, recebe apenas uma remuneração constituída por uma comissão pela montagem da operação (front-end, flat ou fee) cobrada de uma só vez e, ainda, uma comissão anual.[530]

---

[528] CALHEIROS, Maria Clara. *O contrato de swap*. Coimbra: Coimbra Editora, 2000, p. 132.
[529] ANTUNES, José Engrácia. *Os instrumentos financeiros*. Coimbra: Almedina, 2009, p.169-170.
[530] CALHEIROS, Maria Clara. *O contrato de swap*. Coimbra: Coimbra Editora, 2000, p. 133-134.

As características da intervenção se adequam a um típico contrato de corretagem. O banco, ou outra instituição financeira, efetivamente, apresenta as duas partes do contrato de ajuste de fluxo de caixa, recebendo uma comissão por seu esforço.

Pode ser que a corretagem também envolva a prestação de serviços correlatos, como a consultoria financeira e negocial, e a gestão do contrato, ao lado das partes.

Nesta ilustração ("Figura 5"), retomamos a situação das partes "A" e "B", mas, agora, com a intervenção de uma instituição financeira ("IF"), na qualidade de corretora e prestadora de serviços. "A" e "B", pois, permanecem como as únicas contratantes.

Figura 5 – Promessa de ajuste de fluxos de caixa sobre índices por aproximação.

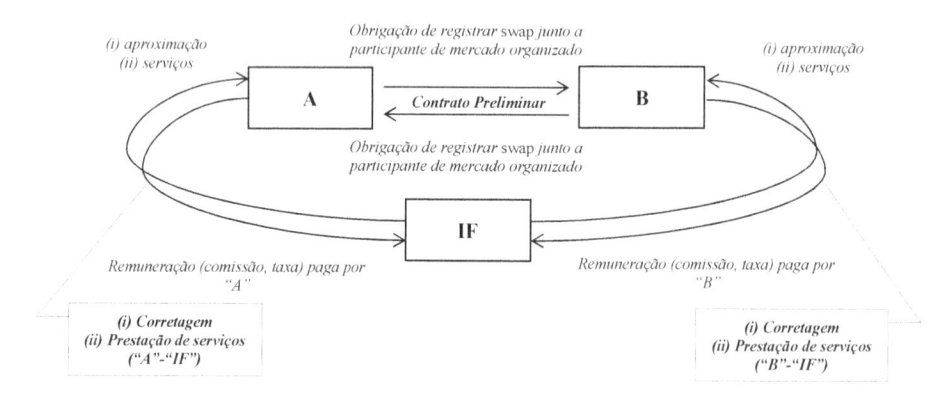

4.1.3 Operações estruturadas por intermediação

Outrossim, a instituição financeira pode funcionar como mais do que um simples elo de aproximação entre duas partes. "Neste caso, o banco atua em nome e por conta própria, assumindo uma responsabilidade directa e substantiva"531. Walter Novaes Filho noticia que "na maioria dos países, empresas não financeiras tendem a procurar instituições financeiras como a outra parte em operações de derivativos".532

---

531 CALHEIROS, Maria Clara. *O contrato de swap*. Coimbra: Coimbra Editora, 2000, p. 134.
532 "O volume total negociado de *swaps* cambiais entre empresas e instituições financeiras é muito superior ao volume negociado entre empresas não financeiras. Isto não é um fato peculiar do Brasil. Mian (1996) mostra que, na maioria dos países, empresas não financeiras tendem a procurar instituições financeiras como a outra parte em operações de derivativos.

Para o BACEN, conforme o art. 1º da Circular n. 2.951/99, são interme-diadas as operações nas quais, cumulativamente:

I - a instituição intermediadora figure como um dos titulares, em cada uma das
operações;
II - sejam realizadas no mesmo dia, através de uma mesma ins-tituição, membro de
bolsa de valores ou de bolsa de mercadorias e de futuros, e de um mesmo membro de compensação, e registradas simultaneamente;
III - tenham, como referência, os mesmos ativos objeto, com a instituição intermediadora assumindo posições inversas nas nego-ciações referidas no inciso I;
IV - sejam realizadas por meio de contratos com garantia da bolsa de valores ou
da bolsa de mercadorias e de futuros;
V - possuam, à exceção das taxas negociadas e das posições inversas nos ativos
objeto, características idênticas;
VI - as liquidações antecipadas abranjam a totalidade das posi-ções assumidas na
operação;
VII - o resultado líquido das negociações seja positivo para a instituição intermediadora.

Esta operação, portanto, se centra na figura da instituição financeira interposta, a qual, nesta formação, se qualifica verdadeiramente como *parte do* swap ou, no atual estado da legislação, da promessa de *swap*. Obriga-se a promover os ajustes de fluxos de caixa contratados, com todos os seus encargos e vantagens.

Dados disponíveis na Central de Custódia de Títulos Privados (CETIP) mostram que, entre 1999 e 2003, o estoque diário de *swaps* cambiais entre empresas foi em média 3% do estoque diário dos *swaps* cambiais realizados entre instituições financeiras e empresas". OLIVEIRA, Fernando Nascimento de; NOVAES FILHO, Walter. *Demanda de derivativos de câmbio no Brasil*: hedge *ou especulação?* Disponível em: <http://bibliotecadigital.fgv.br/ocs/index.php/ebf/5EBF/paper/viewFile/1411/530>. Acesso em 11 de dezembro de 2011.

Tal estruturação normalmente se implementa de forma anônima, isto é, sem que as duas partes intermediadas (nas figuras, "A" e "B") venham a se conhecer.[533] A estrutura favorece a contratação por *master agreements*, motivo pelo qual o inseriremos nesta representação.

A qualidade de parte entreposta, tal como descrita pelo incisos III e V, art. 1º da Circular BACEN n. 2.951/99, requer que a instituição financeira ou equiparada tenha os seus riscos compensados, ainda que apenas em parte, com uma operação que lhe atribua situação obrigacional inversa à experimentada no primeiro contrato, de forma simétrica.[534]

Nos termos do inciso VII do mesmo normativo, a estruturação deve reservar espaço ao *spread* bancário (resultado líquido positivo das operações). Pode ser obtido de maneira razoavelmente segura quando, vinculando-se a intermediária a pagar e a receber quantia determinada por índice fixo, vier a extrair daí as diferenças pelas quais será remunerada, protegendo-se, entrementes, das oscilações de suas obrigações variáveis junto às mesmas partes.[535]

---

[533] "Assim, cada um dos clientes do banco celebra com este um contrato de swap, ignorando a identidade daquele que, no fundo, é a sua contraparte, em termos económicos. O banco é, para cada um, o único interlocutor, sendo só ele que suporta os riscos de incumprimento inerente a ambos os contratos". CALHEIROS, Maria Clara. *O contrato de swap*. Coimbra: Coimbra Editora, 2000, p. 135.

[534] "A operação passa, então, a ser realizada em duas fases concomitantes, mas juridicamente distintas: através de um primeiro contrato, o banco obriga-se a realizar pagamentos periódicos, correspondentes à liquidação de uma dívida, a taxa flutuante; o mesmo banco conclui, imediatamente, um segundo *contrato de swap*, com outro interessado, mas cujos efeitos são simétricos aos do primeiro contrato". CALHEIROS, Maria Clara. *O contrato de swap*. Coimbra: Coimbra Editora, 2000, p. 134-135.

[535] "Para um dealer, a atividade de swap é, basicamente, uma forma de gerar receitas operacionais com segurança. Ele vai ganhar seu lucro pelos spreads entre o que paga e o que recebe e procurará sempre ter uma proteção contra os riscos de que este spread não se venha a materializar (risco de mercado), além de se resguardar contra os riscos de crédito da contraparte pela forma usualmente adotada em seu ramo de negócio. Em princípio, assim, o grosso de sua atividade estará com suas pernas do swap devidamente 'casadas' e protegidas contra os riscos de flutuações de preços, de taxas e contra flutuações nas cotações das moedas: os preços fixos, as taxas fixas que paga são compatíveis em prazos e vantajosos para ele, no retorno cabível, em relação aos preços fixos e taxas fixas recebidos em seus ativos – títulos e operações – que já possui, ou em outras operações de swap, ou em posições sequenciais de contratos futuros; as taxas variáveis ou preços variáveis que paga, da mesma forma, são iguais ou menores do que aqueles recebidos em títulos ou operações livres que já possui, ou em outras operações de swap, ou estão protegidos por posições de contratos futuros com vencimentos sequenciais e

A interposição, vê-se, é um *modo de operação do* swap e não um *contrato específico*.

Abaixo, para facilitarmos a compreensão, representamos uma situação de *swap* fora de mercado, que pôde ser praticado antes da Medida Provisória n. 539, de 26 de julho de 2011 e poderá voltar a ser realizado, caso a proibição inserida na Lei n. 6.385/76 seja afastada ("Figura 6").

Figura 6 – Celebração do contrato de ajuste de fluxos de caixa sobre índices por intermediação.

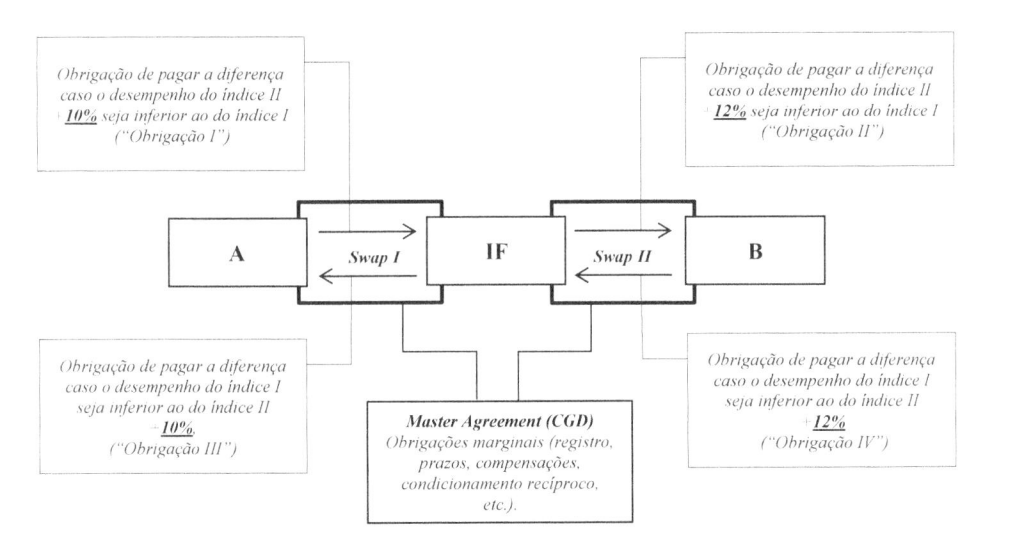

No *Swap* I, "A" está vinculada aos riscos do índice II acrescido da taxa fixa de 10% para o período e, portanto, pagará à instituição financeira a diferença, caso o desempenho do índice I seja superior. No *Swap* II, a posição se inverte, vinculando-se a instituição financeira ao desempenho do

base compatíveis; em instâncias, poderá adotar mecanismos de hedge que incluam aquisição temporária de títulos com características de prazo e retorno aptas a proteger a sua posição. [...] Entretanto, [numa situação hipotética,] com o fato de não se ter encontrado o swap ideal, a tempo, as taxas de juros subiram e o par de swap encontrado resulta na anulação total do lucro (valor presente calculado) e incursão em prejuízo do custo administrativo". CORDEIRO FILHO, Ari. *Swaps*: aspectos jurídicos, operacionais e administrativos. Rio de Janeiro: Forense Universitária, 2000, p. 68 e 72.

índice II acrescido da taxa fixa de 12%, obrigando-se a pagar a diferença a "B", se o desempenho do índice I, no período de apuração, for superior.

Nessas circunstâncias, desconsiderados aqui, por didática, outros custos e pagamentos de qualquer natureza; e verificada, comparativamente, uma oscilação do índice II mais favorável que a do índice I; a instituição financeira terá um *spread* de 2% (numa extremidade, pagará a "A" a diferença entre os índices I e II+10% e, na outra, receberá de "B" a diferença entre os índices I e II+12%).

Sendo a oscilação do índice I mais vantajosa, pela mesma lógica, a instituição financeira sofrerá um resultado líquido negativo de 2%.

A seguir, ilustramos como uma operação intermediada deveria ser efetivamente contratada fora do ambiente organizado, diante da exigência de seu registro, como requisito de validade ("Figura 7").

Figura 7– Celebração da promessa de ajuste de fluxos de caixa
sobre índices por intermediação

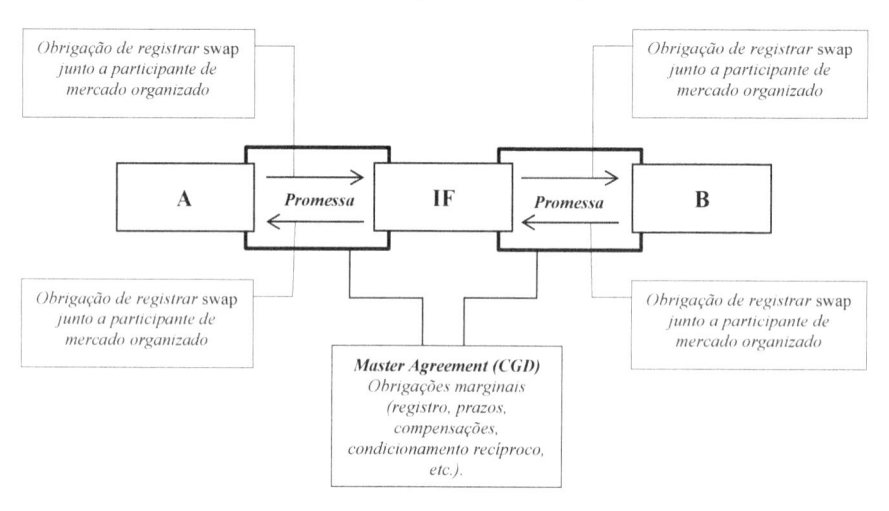

4.1.4 Operações registradas em mercados organizados (CETIP e BM&FBOVESPA)

As estruturas desenhadas nos itens precedentes referem-se ao mercado de balcão não organizado, ou a operações particulares, não submetidas às regras e vantagens da CETIP ou da BM&FBOVESPA. Quando se ligam aos mercados organizados tornam-se mais complexas.

Segundo Eduardo Fortuna, "[n]a BM&FBOVESPA, temos um mercado de *swaps* onde predominam as empresas que, normalmente, buscam *hedge*. Já os *swaps* registrados na Cetip caracterizam mais as operações interbancárias".[536]

4.1.4.1 Operações registradas na CETIP

O mercado organizado da CETIP divide-se em dois ambientes. No primeiro, são negociados títulos públicos e privados por sistema eletrônico de oferta e leilão – o chamado "Mercado Organizado de Negociação Eletrônica" (CETIP|NET);[537] no segundo, o "Mercado Organizado de Registro",[538]

---

[536] FORTUNA, Eduardo. *Mercado financeiro: produtos e serviços*. Rio de Janeiro: Qualitymark, 2011, p. 464.

[537] "Cetip | NET é o ambiente on-line em que as negociações do mercado secundário de renda fixa acontecem. Dividido em módulos e serviços, visa atender às necessidades do mercado, oferecendo alternativa eletrônica para as instituições financeiras realizarem seus negócios. O sistema opera 89% das negociações eletrônicas dos títulos públicos e 73% dos privados. Entre os diversos módulos e serviços, destacam-se negociação, cotação, leilão e STN – Secretaria do Tesouro Nacional (específico para títulos públicos). Por intermédio do módulo de leilão é possível realizar colocações primárias e secundárias de quaisquer ativos, custodiados ou não na Cetip. Os leilões podem ser de taxa PU (Preço Unitário), com a quantidade de ativos definida em lotes ou por unidade. Por meio dessa ferramenta, é possível ter a divulgação imediata e o acompanhamento on-line de todas as fases do leilão, com o lançamento de ofertas através das mesas de operação das instituições financeiras. Todos têm acesso a relatórios dos negócios fechados no sistema". CETIP. *O ambiente on-line da Cetip negocia títulos públicos e títulos privados e realiza leilões*. Disponível em: <http://www.cetip.com.br/ProdutosServicos/UnidadesTitulos/Negociacao-CetipNet>. Acesso em 20 de fevereiro de 2012. Regulamento da CETIP, artigo 5º: "O Mercado Organizado de Negociação Eletrônica, por oferta ou leilão, é operado em Módulos de negociação centralizados e multilaterais, integrantes da Plataforma Eletrônica, cujas regras, características e procedimentos, estabelecidos em Norma da CETIP, divulgada na rede mundial de computadores (www.cetip.com.br), visam, dentre outros objetivos: I – permitir, permanentemente, a regular, adequada, e eficiente formação de preços, assim como o pronto registro e liquidação dos negócios realizados; [...]". Disponível em: <http://www.cetip.com.br/informacao_tecnica/regulamento_e_manuais/regulamento/Regulamento_CETIP.pdf>. Acesso em 20 de fevereiro de 2012.

[538] Regulamento da CETIP, artigo 9º: "O Mercado Organizado de Registro de operação previamente realizada é operado em Módulos do Sistema de Registro, cujas regras, características e procedimentos, estabelecidos em Norma da CETIP, divulgada na rede mundial

são negociados outros produtos, entre eles, os "derivativos de balcão", dos quais, por ora, interessam-nos apenas os *swaps* "de fluxo de caixa".[539]

Os *swaps* de fluxo de caixa podem ser prometidos fora do ambiente da CETIP e celebrados, após o registro, entre os participantes deste mercado.

Os contratos preliminares devem observar certos requisitos estabelecidos pelas normas internas da CETIP, tais qual a liquidação pela diferença de fluxos de caixa.[540] A CETIP não admitirá cláusulas e condições infringentes de seu regramento,[541] pelo que a promessa poderá ser considerada inexequível, caso não atenda às exigências normativas do mercado.

de computadores (www.cetip.com.br), visam, dentre outros objetivos: I – permitir o pronto registro das operações previamente realizadas; [...]". Disponível em: <http://www.cetip.com.br/informacao_tecnica/regulamento_e_manuais/regulamento/Regulamento_CETIP.pdf>. Acesso em 20 de fevereiro de 2012.

[539] "Esta modalidade de derivativo permite pagamento de diferencial de juros durante a vigência do contrato, em intervalos periódicos (Fluxo Constante) ou não periódicos (Fluxo não Constante). O contrato possibilita também a existência de amortizações periódicas ou amortização final do valor principal". Swap de fluxo de caixa. Disponível em: <http://www.cetip.com.br/InstFinanceiro/tvi/derivativos/derivativos/Swap-Fluxo-Caixa#!>. Acesso em 20 de fevereiro de 2012.

[540] "Swap Fluxo de Caixa. São contratos cujas contrapartes trocam, em determinado período de tempo, diferenciais de pagamentos de juros ao final do contrato ou periodicamente, podem trocar também, diferenciais de principal". CETIP. *Manual de operações*: swap, p. 2. Disponível em: <http://www.cetip.com.br/informacao_tecnica/regulamento_e_manuais/manuais_de_operacoes/Swap/SWAP.pdf>. Acesso em 20 de fevereiro de 2012.

[541] *Manual de Normas Swap*, artigo 9º: "Presumem-se inexistentes, não produzindo efeito junto a CETIP, qualquer cláusula ou condição contratada entre as partes de Swap que contrarie ou altere as disposições do Regulamento, deste Manual de Normas e das demais Normas da CETIP que disponham sobre Swap". Disponível em: <http://www.cetip.com.br/informacao_tecnica/regulamento_e_manuais/manuais_de_normas/pdf/Manual_de_Normas_SWAP.pdf>. Acesso em 20 de fevereiro de 2012.

Assim, quando contratadas as promessas de *swaps,* são feitas comumente com expressa vinculação à CETIP.[542] Os CGD (Contrato Global de Derivativos, um *master agreement,* ou contrato-quadro), de mesmo modo, normalmente também estabelecem o registro no mesmo sistema.

A menos que os próprios interessados possuam direito de participação direta na CETIP ("Clientes Especiais"[543]), as operações são registradas por "Participantes",[544] que promovem as operações de *swap* por conta e ordem

[542] "O que é SWAP? É um mecanismo de troca de índices, que permite ao cliente escolher qual o índice irá remunerar os seus recursos. A operação é firmada entre o cliente e o banco por meio de um contrato de swap, que é registrado na CETIP - Câmara de Custódia e Liquidação". BANCO DO BRASIL. *BB CDB DI SWAP.* Disponível em: <http://www.bb.com.br/portalbb/page100,111,4164,13,0,1,3.bb?codigoNoticia=2075&codig oMenu=763&codigoRet=911&bread=4_4_4>. Acesso em 21 de fevereiro de 2012.
"Trata-se, assim, de uma operação extremamente simples, onde o agente econômico, interessado em trocar o indexador de um ativo ou de um passivo, normalmente procura uma instituição financeira, que monta a operação. O acordo é então registrado na BMF ou na CETIP. No vencimento, é feito o acerto financeiro da diferença entre os indexadores aplicados sobre o principal". BANCO ITAÚ. Manual de marcação a mercado
Banco Itaú S.A. Disponível em:
<http://www.itauinvestnet.com.br/itauinvestnet/fundos/entenda/Manual_PrecificacaoAtivos.pdf>. Acesso em 21 de fevereiro de 2012.
[543] "Clientes Especiais - Entende-se como tal as demais instituições financeiras não enquadradas no parágrafo anterior [Membros de Mercado], as pessoas jurídicas não financeiras, os investidores institucionais e os fundos, detentores de conta individualizada junto à Cetip e habilitados no sistema, devendo ter sempre como contraparte um Membro de Mercado". CETIP. *Manual de operações*: swap, p. 178. Disponível em: <http://www.cetip.com.br/informacao_tecnica/regulamento_e_manuais/manuais_de_operacoes/Swap/SWAP.pdf>. Acesso em 20 de fevereiro de 2012.
[544] "Participante - Pessoa física, jurídica ou qualquer participante detentor de conta própria Cetip que deseja encontrar uma contraparte, que tenha uma expectativa contrária à sua, em relação à futura variação dos parâmetros para realizar o registro de um contrato de Swap". CETIP. *Manual de operações*: swap, p. 178. Disponível em:
<http://www.cetip.com.br/informacao_tecnica/regulamento_e_manuais/manuais_de_operacoes/Swap/SWAP.pdf>. Acesso em 20 de fevereiro de 2012.

de seus "Clientes"[545] (também chamados "Comitentes"[546]) – na verdade, aqueles que, de fato, assentaram as bases negociais do *swap* a ser registrado.

Quando reciprocamente considerados na contratação de *swaps*, um Participante é sempre designado "Contraparte" do outro.[547]

A designação "Membros de Mercado" é reservada aos Participantes que funcionem como "bancos comerciais, múltiplos com carteira comercial e/ou de investimento, de investimento, as sociedades corretoras e distribuidoras de títulos e valores mobiliários".[548]

---

[545] Regulamento da CETIP, artigo 3º: "[...] Cliente 1 (um) – a pessoa natural ou jurídica, residente ou não residente no país, não obrigada por regulamentação específica a registrar os Ativos de sua propriedade em Conta Individualizada na Cetip, e que, na forma descrita em Norma da Cetip, usualmente opera com o Participante titular da Conta de Cliente 1 (um). [...] Conta de Cliente 1 – a conta de titularidade de Participante constituído como instituição financeira, ou outra instituição autorizada a funcionar pelo Banco Central, observada a regulamentação aplicável, destinada à Custódia Eletrônica dos ativos dos seus Clientes 1 (um) e ao registro das operações por eles realizada, bem como ao acompanhamento de débitos e créditos resultantes, dentre outros, de tais operações.

Cliente 2 (dois) – a pessoa natural ou jurídica, residente ou não residente no país, não obrigada por regulamentação específica a registrar os Ativos de sua propriedade em Conta Individualizada na Cetip, e que, na forma descrita em Norma da Cetip, usualmente opera por intermédio do Participante titular da Conta de Cliente 2 (dois). [...] Conta de Cliente 2 – a conta de titularidade de Banco Liquidante constituído como banco comercial ou banco múltiplo com carteira comercial, destinada à Custódia Eletrônica dos Ativos dos seus Clientes 2 (dois) e ao registro de operações por eles realizadas, bem como o acompanhamento de débitos e créditos resultantes, dentre outros, de tais operações". Disponível em: <http://www.cetip.com.br/informacao_tecnica/regulamento_e_manuais/regulamento/Regulamento_CETIP.pdf>. Acesso em 20 de fevereiro de 2012.

[546] "Cadastrar os dados de seus comitentes, que são pessoas físicas e Jurídicas que podem operar na CETIP por meio de contas de cliente do tipo 1 e 2. Somente após o cadastramento dos dados destes clientes, os mesmos poderão ser indicados como titulares de operações, posições de custódia ou de contratos neste Módulo". CETIP. I*dentificação de comitentes - manual de operações*, p. 2. Disponível em: <http://www.cetip.com.br/informacao_tecnica/regulamento_e_manuais/manuais_de_operacoes/pdf/Identif_Comitentes.pdf>.

[547] "Contraparte - Pessoa física, jurídica ou qualquer participante detentor de conta própria Cetip que tem expectativa contrária à do Participante, em relação à futura variação dos parâmetros, que deseje realizar *o contrato de Swap*". CETIP. *Manual de operações*: swap, p. 178. Disponível em: <http://www.cetip.com.br/informacao_tecnica/regulamento_e_manuais/manuais_de_operacoes/Swap/SWAP.pdf>. Acesso em 20 de fevereiro de 2012.

[548] "Membros de Mercado - Entende-se como tal os bancos comerciais, múltiplos com carteira comercial e/ou de investimento, de investimento, as sociedades corretoras e distribuidoras de títulos e valores mobiliários, detentores de conta individualizadas junto à Cetip e devida-

Os Participantes, ainda que não constituídos como CTVMs ou DTVMs, exercem idêntica função: são responsáveis por executar as ordens de seus Clientes na CETIP. A posição também é a mesma das CTVMs e DTVMs que atuam no mercado à vista, às quais Barros Leães já rejeitava a natureza jurídica de corretagem:

> Normalmente, a função do corretor se esgota na aproximação das partes na conclusão do negócio, não se responsabilizando pela sua execução. É de simples mediação. Já nas operações realizadas pelos corretores de Bolsa, as suas funções são agravadas pela responsabilidade quanto à execução, até final liquidação, das operações em que interferir, por força do privilégio que lhes confere a legislação de acesso exclusivo aos recintos da Bolsa.[549]

Conclui o autor, então, tratar-se de uma *comissão del credere*, pois a atividade "os constitui como 'garantes solidários' para com os seus comitentes e para com outros corretores [...] 'pela entrega dos títulos vendidos e pelo pagamento dos que houver comprado', embora tenha agido sempre *por conta do comitente*".[550] Esse o tipo inscrito no art. 693 do Código Civil.[551]

No mesmo sentido, Waldemar Ferreira e Américo Silva.[552]

---

mente autorizados pelo Banco Central do Brasil a atuarem neste mercado. CETIP. *Manual de operações*: swap, p. 178. Disponível em: <http://www.cetip.com.br/informacao_tecnica/regulamento_e_manuais/manuais_de_operacoes/Swap/SWAP.pdf>. Acesso em 20 de fevereiro de 2012.

[549] LEÃES, Luiz Gastão de Barros. *Pareceres*. Vol. I. São Paulo: Singular, 2004, p. 336.

[550] LEÃES, Luiz Gastão de Barros. *Pareceres*. Vol. I. São Paulo: Singular, 2004, p. 337.

[551] Código Civil, art. 693: "O contrato de comissão tem por objeto a aquisição ou a venda de bens pelo comissário, em seu próprio nome, à conta do comitente".

[552] "Ainda quanto à comissão de bolsa, WALDEMAR MARTINS FERREIRA a considera uma comissão del credere, quando sustenta que a ordem de negociação é o mandato conferido pelo interessado ao corretor. [...] Cada um opera em seu próprio nome, como comissário, que é: mas, mas verdadeiramente, como comissário del credere. Por isso mesmo, cabe ao corretor inteirar-se da capacidade de seu comitente e das suas condições de solvência, tanto quanto verificar se tem ele perfeito conhecimento da operação bolsística e dos efeitos de sua celebração, principalmente quando se trate de operação a termo, em qualquer de suas modalidades". SILVA, Américo Luis Martins da. *Contratos comerciais*. Rio de Janeiro: Forense, 2004, p. 533.

O Participante, se titular de contas reservas bancárias, e cumprindo outros requisitos,[553] pode também acumular a função de "Banco Liquidante", posição na qual a instituição bancária se serve do sistema de pagamentos para satisfazer as obrigações contraídas por si ou por terceiros; do contrário, deve nomear outra instituição que esteja qualificada como tal, a fim de viabilizar os serviços de liquidação financeira.

O Banco Liquidante exerce, pois, uma função meramente instrumental – recebe créditos em conta corrente para, quando oportuno, transferi--los a quem de direito, em pagamento a uma obrigação vinculada ao *swap*.

Em suma, o comum é que "[a] operação na CETIP [seja] viabilizada por um intermediário - o Membro de Mercado –, e a liquidação financeira da operação na conta corrente dos envolvidos [seja] feita através dos bancos liquidantes dos participantes"[554]

Há, nessa relação, contratos de conta corrente bancária e depósito, para que um Banco Liquidante receba recursos financeiros de um dado Participante; e prestação de serviços bancários, para que o Banco Liquidante execute a movimentação dos recursos financeiros recebidos, sob as ordens do Participante que o contratou.

---

[553] "Banco Liquidante - Instituições financeiras com conta reserva bancária compulsória, em espécie, no Banco Central do Brasil, detentoras de conta individualizadas junto à Cetip, habilitadas no sistema, indicadas pelas Partes para prestar serviços de liquidação financeira das operações registradas.
[...]
"Clientes 1 - São clientes próprios dos Participantes Titulares. Considerando-se como tal as pessoas físicas ou jurídicas, que operam somente através do próprio Membro de Mercado.
Clientes 2 - São clientes de terceiros. Considerando-se como tal as pessoas físicas ou jurídicas, que operam através de Titular da conta de cliente, porém com a interveniência de um Banco Liquidante.
O Participante pode registrar um contrato de Swap entre Contas Próprias, entre um Participante Titular e seu Cliente 1 ou 2, entre um Participante detentor de conta própria e o Cliente 2 de outros, entre Clientes 2 de distintos Participantes Titulares ou entre dois Clientes 1 de um mesmo Participante Titular, à vista ou a termo.
Somente os contratos entre um Participante Titular e seu Cliente 1 e entre dois Clientes 1 de um mesmo Participante Titular podem ser registrados com prazo decorrido". CETIP. *Manual de operações*: swap, p. 178. Disponível em:
<http://www.cetip.com.br/informacao_tecnica/regulamento_e_manuais/manuais_de_operacoes/Swap/SWAP.pdf>. Acesso em 20 de fevereiro de 2012.
[554] FORTUNA, Eduardo. *Mercado financeiro: produtos e serviços*. Rio de Janeiro: Qualitymark, 2011, p. 841.

A CETIP não assume função de contraparte central daqueles que participam de seu mercado.[555] Portanto, "não é responsável, direta ou indiretamente, pela Liquidação e/ou satisfação dos direitos referentes às mesmas" (Regulamento da CETIP, artigo 74). [556]

Importante também ressaltar que "[a] liquidação financeira relativa a *Swap* que tenha como partes um Participante e seu Cliente não são efetuadas através da CETIP, sendo a sua execução de integral responsabilidade do Participante titular da Conta de Cliente" (artigo 17, Manual de Normas *Swap*).[557]

Isto é, se, e.g., a instituição bancária se registra simultaneamente como entidade registradora e contraparte de seu "Cliente", não se servirá do sistema CETIP para realizar pagamentos. O contrato fica registrado, mas o cálculo das obrigações e a movimentação de recursos se dá sem a intervenção de um Banco Liquidante ou de um Participante.

A liquidação financeira do sistema CETIP ocorre, em regra, por compensação bilateral entre os Participantes.[558] Exceções à compensação são as operações que tenham que se resolver fora do horário predefinido pela CETIP, quando ocorrem pelo sistema LBTR, com a direta e imediata transferência das diferenças à contraparte.[559]

---

[555] "Como clearing de ativos (concorrendo, entre elas, para a liquidação das operações com os títulos de renda fixa privados e públicos e os títulos de renda variável): [...] a Câmara de Liquidação e Custódia – Cetip – não garante as operações com os títulos de renda fixa privados e públicos e os títulos de renda variável". FORTUNA, Eduardo. *Mercado financeiro: produtos e serviços*. Rio de Janeiro: Qualitymark, 2011, p. 943.

[556] "Em função das características dos Mercados Organizados, a Cetip não é contraparte central das operações e, por consequência, não é responsável, direta ou indiretamente, pela Liquidação e/ou pela satisfação dos direitos referentes às mesmas, bem como das obrigações relativas a Ativos em Custódia Eletrônica". Disponível em:
<http://www.cetip.com.br/informacao_tecnica/regulamento_e_manuais/regulamento/Regulamento_CETIP.pdf>. Acesso em 20 de fevereiro de 2012.

[557] Disponível em:
<http://www.cetip.com.br/informacao_tecnica/regulamento_e_manuais/manuais_de_normas/pdf/Manual_de_Normas_SWAP.pdf>. Acesso em 20 de fevereiro de 2012.

[558] *Manual de Normas Swap*, artigo 15: "O valor relativo a Diferencial é liquidado na modalidade Bilateral por Participante, exceto nas situações específicas previstas no *Manual de Operações*". Disponível em: <http://www.cetip.com.br/informacao_tecnica/regulamento_e_manuais/manuais_de_normas/pdf/Manual_de_Normas_SWAP.pdf>. Acesso em 20 de fevereiro de 2012.

[559] Conforme *Manual de Normas Swap*, disponível em:
<http://www.cetip.com.br/informacao_tecnica/regulamento_e_manuais/manuais_de_normas/pdf/Manual_de_Normas_SWAP.pdf>. Acesso em 20 de fevereiro de 2012.

A compensação bilateral pode ocorrer (i) por duas instituições liquidantes, "quando os Participantes indicarem instituições distintas"; ou (ii) "uma única instituição liquidante, "quando ambos os Participantes indicarem a mesma instituição" (artigo 74, Manual de Normas do Sistema de Registros, do Sistema de Compensação e Liquidação e do Sistema de Custódia Eletrônica, da CETIP).[560]

O procedimento de liquidação,[561] que se desenvolve em ambiente eletrônico, se inicia (i) com cálculo dos valores líquidos, apurados pela diferença de créditos e débitos entre dois Bancos Liquidantes; prossegue (ii) com a informação ao Banco Liquidante e ao Participante, pela CETIP, do saldo credor ou devedor apurado com relação ao outro Banco Liquidante; o Liquidante devedor, então (iii) confirma ou recusa o saldo em débito; e (iv) se confirmado o débito, o Liquidante devedor promove a transferência da diferença ao Liquidante credor, por crédito direto entre as contas de reservas bancárias, ou por intermédio da conta de liquidação da CETIP.

A recusa do saldo devedor pelo Banco Liquidante deve ser justificada pelo Participante, ou pelo próprio Banco, junto à CETIP; caso não o seja, ou o motivo seja reputado insuficiente, o Participante ou o Banco, conforme quem tenha dado lugar à falha, é qualificado como inadimplente e incorre nas penas cominadas pelo Regulamento da CETIP (advertência, multa, suspensão ou cancelamento do direito de acesso ao ambiente).

Nota-se que, ao agir em nome do Participante, aprovando ou rejeitando saldos relacionados a interesses próprios deste, sem, jamais, obrigar-se em nome próprio, o Banco Liquidante atua na condição de *mandatário*.[562]

---

[560] Disponível em:
<http://www.cetip.com.br/informacao_tecnica/regulamento_e_manuais/manuais_de_normas/pdf/Manual_Normas_Sistemas_Registro_Comp_Liq_Cust_Elet.pdf>. Acesso em 21 de fevereiro de 2012.

[561] "Capítulo Décimo Quinto – Da Liquidação Financeira na Modalidade Bilateral por Participante", artigo 91 e seguintes do *Manual de normas do sistema de registros, do sistema de compensação e liquidação e do sistema de custódia eletrônica, da CETIP*. Disponível em:
<http://www.cetip.com.br/informacao_tecnica/regulamento_e_manuais/manuais_de_normas/pdf/Manual_Normas_Sistemas_Registro_Comp_Liq_Cust_Elet.pdf>. Acesso em 21 de fevereiro de 2012.

[562] Código Civil, art. 653: "Opera-se o mandato quando alguém recebe de outrem poderes para, em seu nome, praticar atos ou administrar interesses. A procuração é o instrumento do mandato".

A CETIP disponibiliza ainda a seus Participantes mecanismo voltado à redução de riscos, denominado "CETIP| Colateral". Consiste, basicamente, na gestão de contas, pela CETIP,[563] de depósito em garantia, em atenção ao grau de exposição dos participantes a risco de crédito, calculado pelos próprios interessados ou pela CETIP, se contratada como um "agente de cálculo".[564]

Exige a CETIP que "[o]s ativos indicados como garantia devem estar registrados na Cetip ou no SELIC – Sistema Especial de Liquidação e de Custódia, administrado pelo BACEN - Banco Central do Brasil".[565]

---

[563] Ao contratar o gerenciamento, o Contratante declara "Ter ciência que ao aderir ao serviço de GESTÃO DE GARANTIAS, a CETIP comandará automaticamente movimentos dos Ativos envolvendo a Conta/ Subconta Alocação (Tipo 62) e/ou de Conta/Subconta Garantia (Tipo 64) do Participante solicitante quando houver entrega e devolução de Ativos custodiados na CETIP e/ou no SELIC" (cláusula 1.1); e autoriza A CETIP a "representá-lo, bem como a seu cliente, quando for o caso, e a realizar todos os procedimentos necessário à abertura de conta no CETIPCOLateral, a fim de possibilitar a utilização do serviço de GESTÃO DE GARANTIAS" (cláusula 3.3), concordando "que a CETIP será a única e exclusiva responsável pela realização de movimentações de Ativos na Conta/Subconta Alocação (Tipo 62) e/ou de Conta/SubcontaGarantia (Tipo 64), bem como na conta do CETIPCOLateral" (cláusula 3.4). Solicitação de abertura de conta/subconta alocação e/ou de conta/subconta garantia e adesão ao manual de normas de gestão de garantias. Disponível em: <http://www.cetip.com. br/Upload/produtos_e_servicos/doc/Termo%20de%20Adesao%20-%20Gestao%20de%20 Colateral.doc>. Acesso em 22 de fevereiro de 2012.

[564] "- Tudo começa com uma exposição de risco bilateral a ser coberta por garantias elegíveis. - As instituições participantes calculam e notificam sua exposição no Cetip | Colateral ou têm a flexibilidade de contratar a Cetip como Agente de Cálculo. - O sistema requer exposição bilateral e critério de elegibilidade para a aceitação de garantias. - Além disso, otimizando seu uso, automaticamente aloca colateral nas contas dos diversos garantidos (que recebem garantias). - Os ativos provêm das contas de alocação dos garantidores (provedores de garantias). - Outro destaque dos serviços é a possibilidade de as instituições participantes utilizarem ativos registrados na Cetip e no Selic para fins de autoalocação. - O Cetip | Colateral fornece às partes envolvidas informações sobre ativos que estão nas contas de alocação. - Também disponibiliza dados sobre os títulos das diversas contas de colateral, bem como os valores de exposição associados a todas as relações bilaterais". CETIP. *Solução inova mercado mundial de derivativos de balcão.* Disponível em: <http://www.cetip.com.br/ProdutosServicos/ UnidadesTitulos/GestaoRiscos-CetipColateral>. Acesso em 22 de fevereiro de 2012.

[565] *Manual de operações – manutenção de garantias.* Disponível em: <http://www.cetip.com.br/ produtos_e_servicos/..%5Cinformacao_tecnica/regulamento_e_manuais/manuais_de_ope-racoes/Garantias/Manuten%C3%A7%C3%A3o_Garantias.pdf>. Acesso em 22 de fevereiro de 2012.

A CETIP comporta o registro e custódia de duas espécies de garantias: (i) "Cessão Fiduciária - onde a garantia é transferida da conta própria do Registrador/Emissor (Garantidor) para a conta do adquirente do ativo (Garantido), permanecendo bloqueado"; e (ii) "Penhor no Emissor - onde a garantia permanece bloqueada na conta do Registrador/Emissor (Garantidor)".[566]

As garantias são prestadas pelos Participantes, ainda que por conta e ordem dos Clientes. Para o sistema CETIP, reitere-se, são os Participantes, e não os destinatários finais da operação, os responsáveis *diretos* pelos ajustes de fluxos de caixa.

O penhor se restringe a operações classificadas como de *agronegócio*. Não têm lugar em operações de *swap*.[567]

Instituem-se as garantias de cessão fiduciária[568] com base no "Instrumento de Prestação de Garantias".[569] É contrato-quadro, o negócio jurídico responsável por fixar cláusulas gerais e marginais para a cessão fiduciária futura de créditos e títulos financeiros, com abrangência sobre todas as obrigações da fiduciante em futuras operações de *swap*, ressalvada a possibilidade de expressa exclusão pelo instrumento do contrato de aplicação.[570]

---

[566] *Manual de operações – manutenção de garantias.* Disponível em: <http://www.cetip.com.br/produtos_e_servicos/..%5Cinformacao_tecnica/regulamento_e_manuais/manuais_de_operacoes/Garantias/Manuten%C3%A7%C3%A3o_Garantias.pdf>. Acesso em 22 de fevereiro de 2012.

[567] "Para o tipo de garantia Penhor no Emissor, exclusivo para as operações do agronegócio, os ativos são bloqueados na conta própria do Garantidor, quando a cesta é finalizada e são transferidos para posição Cesta Garantia PENHOR EMISSOR da Conta de Garantias, tipo 60, do Garantidor (Emissor/Registrador do ativo garantido) quando comandada a ação Vincular Cesta, lá permanecendo sem possibilidade de movimentação". CETIP. *Conhecendo o produto.* Disponível em: <http://www.cetip.com.br/informacao_tecnica/regulamento_e_manuais/manuais_de_operacoes/Garantias/Cetip_WebHelp/Conhecendo_o_produto.htm>. Acesso em 12 de maio de 2012.

[568] "Garantia significa a cessão fiduciária dos Direitos, bem como a alienação fiduciária dos Ativos Elegíveis, ora avençada a fim de garantir as obrigações da Parte Garantidora oriundas do Contrato e, por conseguinte, das Operações de Derivativos". Instrumento de Prestação de Garantias, Cláusula 1ª, item 1.1. Disponível em: <http://portal.anbima.com.br/tesouraria/documentos-e-modelos/Documents/CSA.pdf>. Acesso em 22 de fevereiro de 2012.

[569] Disponível em: <http://portal.anbima.com.br/tesouraria/documentos-e-modelos/Documents/CSA.pdf>. Acesso em 22 de fevereiro de 2012.

[570] "Obrigações Garantidas significa todas as obrigações da Parte Garantidora assumidas nos termos do Contrato e, por conseguinte, nas Operações de Derivativos, excetuadas as Ope-

Prevê-se, em atenção ao caráter formal e solene do contrato de cessão fiduciária em garantia, o registro de seu instrumento perante o cartório de títulos e documentos.[571]

As partes podem optar por não conservar a titularidade fiduciária de créditos e títulos, delegando-a a terceiro com quem o credor fiduciário contrate custódia, transmitindo-lhe, em decorrência, os direitos e deveres ligados à posse do bem depositado.[572]

Fenômeno ainda pouco discutido em matéria de sistemas de pagamentos é a natureza jurídica do ato de registro em câmara de compensação.

A questão perde parcialmente a sua importância quando a regulação do mercado exige, de forma categórica, o registro prévio do contrato. Não há, nesse caso, uma transposição do vínculo contratual criado externamente à câmara ao ambiente organizado. Fora, só se contratam promessas, contratos preliminares, contratos-quadro; os contratos de *swap* propriamente ditos surgem, apenas, após o registro.

Situação diferente, e que se verificava antes de julho de 2011, quando ainda não editada da Medida Provisória n. 539/11 (e que poderá ser verificada novamente, em caso de nova lei), é a do contrato de *swap*, pronto e definitivo, que é levado a registro perante a câmara.

---

rações de Derivativos sujeitas ao Contrato que tenham cláusula expressa de exclusão deste Instrumento como acordo válido para regular a prestação de garantias reais e/ou fidejussórias entre as Partes". Instrumento de prestação de garantia (versão 2010). Disponível em: <http://portal.anbima.com.br/tesouraria/documentos-e-modelos/Documents/CSA.pdf>. Acesso em 22 de fevereiro de 2012.

[571] Cláusula Quarta, item 4.1., (v): "nenhum registro, solicitação, autorização ou protocolo perante órgãos ou agências governamentais ou terceiros é necessário no tocante à celebração do presente Instrumento e respectivo Suplemento, ou com relação à sua validade, eficácia e exigibilidade, salvo o registro no Cartório de Registro de Títulos e Documentos competente". Instrumento de prestação de garantia (versão 2010). Disponível em: <http://portal.anbima.com.br/tesouraria/documentos-e-modelos/Documents/CSA.pdf>. Acesso em 22 de fevereiro de 2012.

[572] "3.3. As Partes poderão contratar um ou mais Custodiantes para realizar o controle das Garantias. Nesta hipótese, todos os direitos da Parte Garantida relacionados à coleta de informações e à tomada de providências em relação à constituição e liberação de Garantias, previstos no presente Instrumento, poderão ser efetuados pelos Custodiantes, cuja contratação deverá ser previamente informada à Parte Garantidora". Instrumento de prestação de garantia (versão 2010). Disponível em: <http://portal.anbima.com.br/tesouraria/documentos--e-modelos/Documents/CSA.pdf>. Acesso em 22 de fevereiro de 2012.

Tal percurso revela uma aparente incongruência: iniciavam as partes a negociação fora do ambiente organizado, decidindo valores, índices e datas; mas quem, de fato, sofria os efeitos da compensação e, primeiramente, mobilizava recursos para pagamento, como de praxe, eram os Participantes, e não, necessariamente, as partes que originaram as operações econômicas.

De fato, ao adentrarem o ambiente organizado, as partes trocavam as características de um negócio comum, rotineiro, pelas sofisticações da câmara de compensação.

Os aspectos objetivos da obrigação permaneciam os mesmos; os Participantes atendiam, exatamente, àquilo que demandam os seus Clientes. Se o ajuste contratado antes do registro previa o cálculo de diferenças entre índices de dólar e DI, por exemplo, o Participante não poderia escolher índices de Euro e IGP-M.

Mas os contratantes do ajuste deixavam de se relacionarem diretamente entre si. Nas ilustrações trazidas nas seções precedentes, após o registro, "A" não mais guardava vínculo contratual com "B". Ambas as partes passavam a se vincular a um Participante; e esses Participantes é que assumiam os direitos e obrigações inerentes ao ajuste de fluxos de caixa.

Para todos os efeitos, portanto, os Participantes eram as partes dos contratos de ajuste sobre fluxos de caixa. Como isso se explicaria, juridicamente?

A literatura sobre a questão é escassa. Os poucos subsídios existentes se limitam, na verdade, à explicação do fenômeno em sistemas de liquidação nos quais a câmara funcione como *contraparte central* – o que não é, exatamente, o caso.

Não obstante, no processo de compensação e pagamento que estudamos em cada um desses ambientes, verificamos ocorrer tal diferenciação *não no ato de registro*, mas adiante, quando do *cumprimento das obrigações*.

Isto é, antes de se extinguirem as obrigações, os Participantes, como pressupõe a lógica, devem se vincular contratualmente. Indiferente, portanto, que o próximo passo seja o da compensação multilateral ou bilateral.

Assim, o ato de "registro", e, por consequência, a contratação dos ajustes de fluxos de caixa pelos Participantes, não acusa diferenças substanciais nessas duas situações.

Sobre o mérito da discussão, duas hipóteses podem ser cogitadas: a de *novação* – modalidade de extinção de obrigações sem pagamento, sobre a qual se perfaz, simultaneamente, a criação de um novo vínculo de crédito e débito, entre as mesmas pessoas, ou entre pessoas diferentes – e a de *cessão da posição contratual* – a transmissão conjunta do complexo de direitos e obrigações associado à situação contratual subjetiva de cada uma das partes.

A cessão da posição contratual, a nosso ver, é hipótese incompatível com os princípios de segurança que regem o SFN e, em especial, as atividades das câmaras de compensação.

Ora, ainda que se transportem, com perfeição, as obrigações a duas novas partes, operando-se, por vontade livre e espontânea dos envolvidos, a desvinculação dos contratantes originários, decerto, o movimento conservaria todos os eventuais defeitos do negócio jurídico.

Quer dizer, se o ato se configurasse como *cessão*, o novo contratante poderia "agir como se fora o contratante originário, exercendo todas as sanções competentes e opondo as exceções cabíveis, como, *v.g.*, a *exceptio non adimpleti contractus*".[573]

O espírito de operações dessa natureza, como o percebemos, é diverso.

A organização do ambiente de balcão requer a discriminação e estancamento de riscos externos e internos à câmara, bem como uma estabilidade nas relações obrigacionais[574] – algo que um crédito excepcionável por circunstâncias pessoais de investidores, tais quais as de prévia compensação com outros créditos, defeitos de representação,[575] lesão, simulação, entre outros vícios, não poderia oferecer ao mercado.

---

[573] GOMES, Orlando. *Contratos*. Rio de Janeiro: Forense, 2009, p. 181.

[574] Preocupa-se, inclusive, com "contaminação de ambientes sadios por problemas gerados em ambientes problemáticos", dentro de uma mesma entidade organizada. STURZENEGGER, Luiz Carlos. *A doutrina do "patrimônio de afetação" e o novo sistema de pagamentos brasileiro*. In: *Revista de direito bancário, do mercado de capitais e da arbitragem*, ano 4, n. 2, p. 229-244, janeiro-março de 2001.

[575] Código Civil, art. 1.015: "No silêncio do contrato, os administradores podem praticar todos os atos pertinentes à gestão da sociedade; não constituindo objeto social, a oneração ou a venda de bens imóveis depende do que a maioria dos sócios decidir.

Parágrafo único. O excesso por parte dos administradores somente pode ser oposto a terceiros se ocorrer pelo menos uma das seguintes hipóteses:

I - se a limitação de poderes estiver inscrita ou averbada no registro próprio da sociedade;

II - provando-se que era conhecida do terceiro;

III - tratando-se de operação evidentemente estranha aos negócios da sociedade".

Melhor solução ao problema é obtida com a tese de *novação*. A ela se opõem aqueles que, por má compreensão do instituto, não admitem a possibilidade de novarem-se tacitamente as obrigações:

> A peculiaridade do mecanismo se dá no momento do registro, quando se consuma a novação contratual. [...] Assim, falou-se que não existiria o *animus novandi*. Certamente, o *animus novandi* constitui-se em requisito primordial, a intenção de novar é indispensável para a fonte de eficácia novativa, conforme dispõe o artigo 1.000 do CC [de 1916]. Segundo expusemos, as casas de compensação algumas vezes são departamentos das próprias bolsas, formados com a finalidade de registrar e administrar a evolução das operações. Outras vezes, são sociedades especialmente originadas para atuar como contraparte das transações, que têm como objetivo social lançar e compensar obrigações. Por conseguinte, o *animus novandi* é intrínseco à própria finalidade para a qual as *clearing houses* foram criadas. Vendedores e compradores contratam, sabendo que, finalisticamente, estarão vinculados à câmara; para isso, inclusive, depositam margens de garantias junto a ela. "A novação é ato jurídico abstrato (...). O *animus novandi* é o ânimo de atribuir a negócio jurídico novo a eficácia novativa, que é apenas a de extinguir outro crédito. O *animus novandi* não se presume. *Mas isso de modo nenhum significa que tenha de ser expresso.* Pode ser tacitamente querido que se nove. A questão é de interpretação.[576]

O *animus novandi*, pois, decorre das circunstâncias de mercado, do regramento e da lógica incidentes sobre as operações econômicas, sendo, a nosso ver, desnecessária a declaração explícita de qualquer das partes. Basta que se lhes afira o comportamento, na prática, revelador, uniforme e invariável, inequivocamente orientado à substituição de suas obrigações originárias por outras, a se concentrarem em mãos de agentes habilitados do mercado organizado.

---

[576] GORGA, Érica Cristina Rocha. *A importância dos contratos a futuro para a economia de mercado.* In: *Revista de Direito Mercantil, Industrial, Econômico e Financeiro*, Rio de Janeiro, vol. 112, p. 193, outubro-dezembro de 1998.

No mesmo sentido, Isabel Garcia Calich e Paulo de Lorenzo Messina;[577] e Nelson Alves de Aguiar Junior,[578] além do BACEN, que assim define o ato de novação:

> *Novação*. Cumprimento e cancelamento (descarga) de obrigações contratuais vigentes substituindo-as por novas obrigações (cujo efeito, por exemplo, é substituir obrigações de pagamento brutas por líquidas). *As partes envolvidas nas novas obrigações podem ser as mesmas que as das obrigações prévias ou, no contexto de alguns acordos de câmaras de compensação, pode adicionalmente haver a substituição das partes*[579] (g.n.)

Defendemos, assim, preceder a contratação do ajuste de fluxos de caixa entre Participantes uma *novação subjetiva das obrigações de seus respectivos clientes*, quando é precedida de um contrato de *swap, válido e definitivo*, celebrado fora do ambiente organizado.

A ordem dos atos concatenados e dirigidos ao ingresso no mercado, bem como à compensação e extinção de obrigações, seria, então, a seguinte:

---

[577] CALICH, Isabel Garcia, MESSINA, Paulo de Lorenzo. *O novo sistema de pagamentos brasileiro*. In: *Revista de direito bancário, do mercado de capitais e da arbitragem*, ano 5, n. 17, p. 74, julho-setembro de 2002.

[578] AGUIAR JUNIOR, Nelson Alves de. *Aspectos jurídicos fundamentais do sistema de pagamentos brasileiro. Revista de direito bancário, do mercado de capitais e da arbitragem*, ano 4, n. 2, p. 62, janeiro-março de 2001.

[579] AGUIAR JUNIOR, Nelson Alves de. *Aspectos jurídicos fundamentais do sistema de pagamentos brasileiro. Revista de direito bancário, do mercado de capitais e da arbitragem*, ano 4, n. 2, p. 62, janeiro-março de 2001.

Quadro 13 – Cronologia da constituição de obrigações em contrato registrado na CETIP.

	Precedida por contrato preliminar	Precedida por contrato de *swap*
Momento 1 *Celebração do contrato entre comitentes*	Os comitentes celebram o contrato preliminar para futura contratação de ajuste de fluxos de caixa sobre índices.	Os comitentes celebram o contrato de ajuste de fluxos de caixa sobre índices.
Momento 2 *Contratação de um Participante*	Cada um dos comitentes, por contrato de comissão, se vincula a um Participante.	
Momento 3 *Registro*	Cada um dos Participantes registra a operação por conta e ordem de seu respectivo comitente, extinguindo, por exaurimento do objeto, os vínculos obrigacionais anteriores, decorrentes do contrato preliminar.	Cada um dos Participantes registra o contrato por conta e ordem de seu respectivo comitente, extinguindo, por novação subjetiva, os vínculos obrigacionais anteriores, a fim de assumirem novas obrigações, de características idênticas àquelas inicialmente constituídas entre os comitentes.
Momento 4 *Contratação de Bancos Liquidantes*	Os Participantes, se não já o fizeram quando do registro, *e se necessário*, contratam Bancos Liquidantes para operacionalizarem pagamentos.	

	Precedida por contrato preliminar	Precedida por contrato de *swap*
Momento 5 *Cálculo e compensação das obrigações*	Os Participantes ou a CETIP calculam o valor das obrigações a serem compensadas; os Bancos Liquidantes vinculados a cada um dos Participantes, em nome destes, via *mandato*, aceitam ou rejeitam os cálculos (consolidando, se aceitos os cálculos, por meio de compensação de créditos, a *diferença* a ser paga por um dos Participantes).	
Momento 6 *Eventual transferência de recursos financeiros entre Participante devedor e o Banco Liquidante devedor*	Se o Participante devedor não possui saldo suficiente em conta corrente junto ao Banco Liquidante devedor para fazer face ao pagamento da diferença, aquele transfere recursos financeiros a este, com a finalidade específica de pagar sua obrigação no ajuste de fluxos de caixa.	
Momento 7 *Transferência de recursos financeiros entre Banco Liquidante devedor e Banco Liquidante credor*	Dispondo de recursos disponibilizados pelo Participante devedor, o Banco Liquidante devedor transfere o valor correspondente à diferença ao Banco Liquidante credor.	
Momento 8 *Transferência de recursos financeiros do Banco Liquidante credor ao Participante credor ou manutenção em conta corrente*	O Participante credor opta por manter os recursos financeiros em conta corrente no Banco Liquidante credor ou recebê-los para posterior repasse a seu comitente.	
Momento 9 *Transferência de recursos financeiros do Participante credor ao seu comitente*	O Participante credor paga ao seu comitente o valor resultante da operação econômica de *swap*.	

Finalmente, ressaltamos que o registro na CETIP não é ato que se presta a conferir *publicidade* ao contrato.

A CETIP é entidade de balcão organizado,[580] que não se submete a obrigações de transparência e divulgação massiva de informações. O "Código de Conduta do Participante", a esse propósito, estabelece cumprir ao Participante "tomar as providências necessárias à preservação do sigilo das operações realizadas por seus Clientes e das posições por eles mantidas em Custódia Eletrônica, na forma da legislação e da regulamentação em vigor".[581]

Logo, não podemos percebê-la como uma entidade de registro público, ou de função similar, apta a disponibilizar informações a qualquer interessado.

O registro tem, na realidade, tripla serventia: (i) veicular a manifestação de vontade das partes,[582] de modo a novar as obrigações de um contrato em outras, que servirão ao estabelecimento de novos contratos; (ii) demarcar a adesão às normas do ambiente organizado; e (iii) provar o conteúdo das cláusulas e condições do contrato novado.[583]

---

[580] Instrução CVM n. 467/07, art. 122, parágrafo único:

[581] Art. 8º, I. Disponível em: <http://cetip.infoinvest.com.br/static/ptb/arquivos/CODIGO_DE_CONDUTA_DO_PARTICIPANTE.pdf>. Acesso em 25 de maio de 2012.

[582] "Portanto, o registro na CETIP não é 'mero registro' sem importância. É o ato mais importante – requisito de validade e eficácia – de uma operação de swap, em que ambas as partes manifestam aceitação inequívoca das condições registradas ('duplo comando')". CORREIA, André de Luizi; OLIVEIRA, Júlia Junqueira de. *Contrato de swap com verificações de dólar; registro na CETIP; contestação apresentada em ação declaratória de inexigibilidade das verificações intermediárias*. In: *Revista de direito bancário, do mercado de capitais e da arbitragem*, ano 12, n. 45, p. 378, julho-setembro de 2009.

[583] "Há aproximadamente 20 anos atrás, os bancos começaram a contratar derivativos entre si e havia a seguinte preocupação: inúmeras operações eram fechadas por telefone. Entre a emissão de uma 'confirmação' em papel e o envio ao banco para assinatura e 'formalização' do contrato, passava um tempo em que os bancos fiavam no risco de já ter fechado a operação e não terem o documento final assinado. Em vista dessa preocupação, os bancos solicitaram à CETIP que desenvolvesse um sistema de registro onde cada banco tivesse um terminal instalado no banco e ligado à CETIP de forma que os bancos pudessem entrar neste terminal e registrar suas operações de derivativos no mesmo momento que elas fossem contratadas". CORREIA, André de Luizi; OLIVEIRA, Júlia Junqueira de. *Contrato de swap com verificações de dólar; registro na CETIP; contestação apresentada em ação declaratória de inexigibilidade das verificações intermediárias*. In: *Revista de direito bancário, do mercado de capitais e da arbitragem*, ano 12, n. 45, p. 376-377, julho-setembro de 2009.

A figura a seguir representa a situação das partes "A" e "IF" no momento do registro feito à CETIP, em operação intermediada (ilustrada na seção anterior). "A" e "IF" correspondem às partes originárias no contrato de ajuste de fluxos de caixa, que se tornam comitentes; "P1" e "P2" aos Participantes comissários de "A" e "B", respectivamente; e "BL 1" e "BL 2" aos Bancos Liquidantes vinculados, respectivamente, a "P1" e "P2". Suponhamos que a CETIP tenha sido contratada como "Agente de Cálculo" e custodiante de títulos cedidos fiduciariamente em garantia.

Figura 8 – Registro CETIP do contrato de ajuste de fluxos de caixa sobre índices por intermediação.

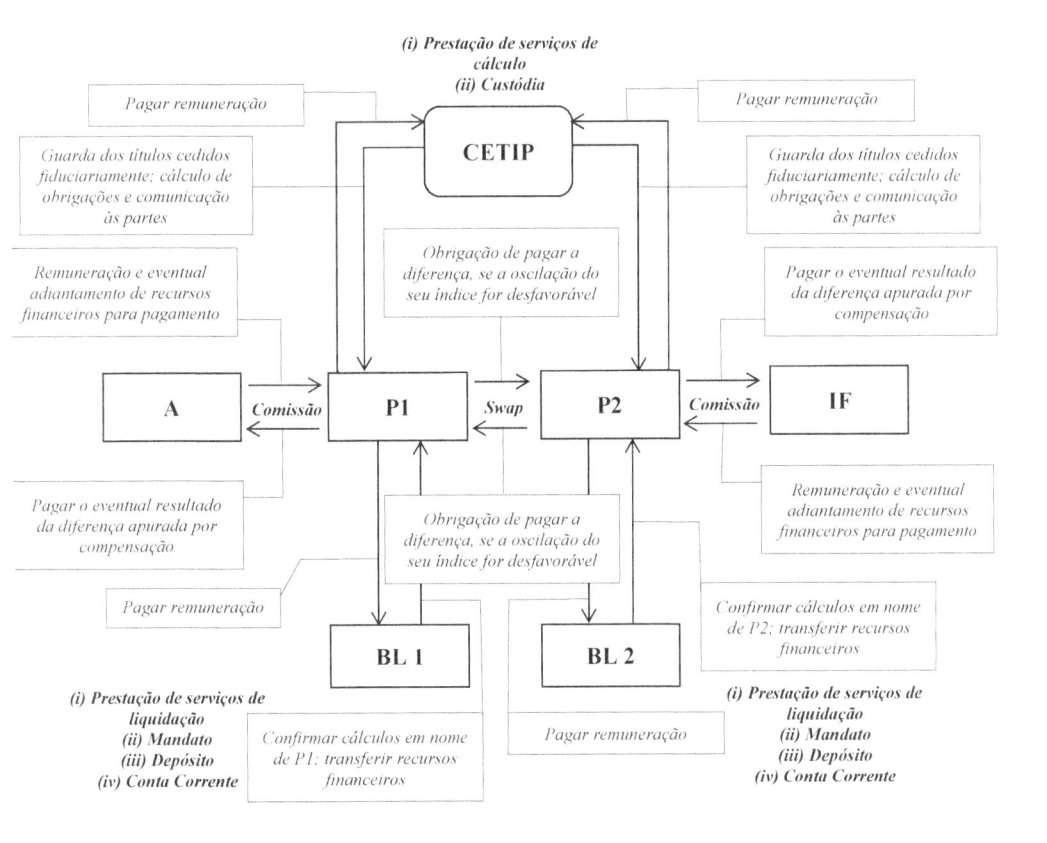

A outra "ponta" da operação intermediada, na qual figuram como partes originárias "B" e a mesma "IF", reproduzirá a mesma estrutura acima representada.

4.1.4.2 Operações registradas na BM&FBOVESPA

Os *swaps* negociados na BM&FBOVESPA, contratos de ajuste de fluxo de caixa sobre índices, assumem duas formas de estrutura similar, mas com formulários ("contratos-padrão") e nomes diferentes.

A primeira, mais ampla, é a dos "Contratos a Termo de Troca de Rentabilidade", no qual "já estão incluídas as possibilidades de se trabalhar com 20 variáveis alternativas, combinadas duas a duas, sendo a sua diferença entre os seus valores iniciais atualizados o objeto de negociação de cada contrato".[584]

O uso da expressão "contrato a termo" não é acidental; a partir de 2003, com o Ofício Circular n. 018/2003-DG, da BM&FBOVESPA,[585] foi eliminada a possibilidade de "ajuste periódico" entre as partes. Isto é, desde então, proíbe-se os pagamentos sucessivos característicos do contrato de ajuste sobre índices, o que, conquanto não interfira em sua natureza de contratos diferenciais, economicamente, os aproxima da sistemática dos contratos a termo, típicos contratos de vencimento único, principalmente quando o *swap* incide sobre preços.

A outra é a do "Contrato de *Swap* Cambial com Ajuste Periódico", cujo "objeto de negociação é o diferencial entre a taxa de juro efetiva de DI e a variação cambial",[586] com compensação e pagamento periódicos.

O mercado do *swap* cambial é amplamente dominado pelo BACEN, o qual, em 22 de maio de 2012 alcançou a participação de 87,59% das contra-

---

[584] FORTUNA, Eduardo. *Mercado financeiro: produtos e serviços*. Rio de Janeiro: Qualitymark, 2011, p. 836.

[585] Disponível em: <http://www.bmf.com.br/bmfbovespa/pages/contratos1/Balcao/PDF/OC018-2003.pdf>. Acesso em 15 de abril de 2012.

[586] FORTUNA, Eduardo. *Mercado financeiro: produtos e serviços*. Rio de Janeiro: Qualitymark, 2011, p. 838.

tações em que se negociam riscos sobre o dólar.[587] Só é admitido a registro com integral garantia da BM&FBOVESPA.[588]

Como se demonstrará, a Câmara de Derivativos da BM&FBOVESPA, departamento da BM&FBOVESPA, desprovida de personalidade autônoma,[589] pode desempenhar papel fundamental nestas operações, o que as distingue estruturalmente das operações da CETIP.

MERCADO SWAP CAMBIAL COM AJUSTE	Compra		Venda	
	Contratos	%	Contratos	%
Banco Central	0	0,00	49.400	87,59
Pessoa Jurídica Financeira	37.000	65,60	6.600	11,70
Bancos	37.000	65,60	5.100	9,04
Outras Jurídicas Financeiras	0	0,00	1.500	2,66
Investidor Institucional	19.235	34,10	400	0,71
Invest. Institucional Nacional	19.235	34,10	400	0,71
Investidores Não Residentes	165	0,29	0	0,00
Inv. Não Residente - Res.2689	165	0,29	0	0,00
Total Geral	56.400	100,00	56.400	100,00

[587] *BOLSA DE VALORES, MERCADORIAS E FUTUROS DE SÃO PAULO*. Boletim – contratos em aberto/ tipo de participantes (atualizado em 22/05/2012). Disponível em: <http://www.bmfbovespa.com.br/shared/iframeBoletim.aspx?altura=6000&idioma=pt--br&url=www2.bmf.com.br/pages/portal/bmfbovespa/boletim1/distribuicaol.asp>. Acesso em 23 de maio de 2012.

[588] "A responsabilidade da BM&F no que diz respeito à garantia da liquidação das posições assumidas neste contrato é idêntica àquela assumida nos demais contratos com garantia por ela autorizados. Na hipótese de situações não previstas neste contrato, bem como de medidas governamentais, ou de qualquer outro fato, que impactem a formação, a maneira de apuração ou a divulgação de suas variáveis, ou que impliquem, inclusive, sua descontinuidade, a BM&F tomará as medidas que julgar necessárias, a seu critério, visando a liquidação do contrato ou sua continuidade em bases equivalentes". *BOLSA DE VALORES, MERCADORIAS E FUTUROS DE SÃO PAULO. Contrato de swap cambial com ajuste periódico*. Disponível em: < http://www.bmf.com.br/bmfbovespa/pages/contratos1/Financeiros/PDF/swapcambial.pdf>. Acesso em 11 de março de 2012.

[589] A Câmara de Derivativos "trabalha de forma totalmente independente, segregada de tudo, mas debaixo de uma única pessoa jurídica que é a própria BM&F". SANTOS, Natalino do

Sobre as demais personagens deste mercado, entretanto, um paralelo pode ser traçado com relação ao balcão organizado da CETIP.

Na BM&FBOVESPA, as funções dos Participantes CETIP são divididas entre (i) as Corretoras e Distribuidoras de Valores Mobiliários ("CTVMs" e "DTVMs", chamados "Intermediários"), responsáveis pela atuação em favor dos destinatários finais da operação (na BM&FBOVESPA, chamados "Comitentes"); e (ii) os chamados "Membros de Compensação",[590] que cui-

Nascimento. *SPB – Sistema de Pagamento Brasileiro: Um Novo Conceito para a Economia do Brasil*. São Paulo: Érica, 2008, p. 40.

[590] "Art. 7º. Caberão aos Membros de Compensação:

(i) o Registro e a Compensação de Operações e a Liquidação das obrigações delas decorrentes; e

(ii) a entrega de Garantias, nos termos deste Regulamento.

§ 1º – No desenvolvimento de suas atividades, os Membros de Compensação serão plenamente responsáveis pela Liquidação das obrigações decorrentes de todas e quaisquer Operações a eles atribuídas, bem como pelo recebimento, autenticidade e legitimidade de todos os ativos, Garantias e valores relacionados a tais Operações.

§ 2º – Os Membros de Compensação tornam-se responsáveis pelas Operações, nos termos do parágrafo anterior, a partir de sua realização em qualquer sistema de negociação administrado pela BM&F ou de seu registro em sistema específico para tal.

§ 3º – A BM&F estabelecerá as regras específicas para os Membros de Compensação que atuarem como Participantes com Liquidação Direta.

Art. 8º – Os Membros de Compensação que não sejam titulares de conta "Reservas Bancárias" deverão contratar um Banco Liquidante para a movimentação de recursos entre eles e a Câmara, observados os termos e condições por esta estabelecidos.

§1º – Os Membros de Compensação permanecerão responsáveis por todas as obrigações que originariamente lhes caibam por força deste Regulamento ou dos Estatutos Sociais, mesmo após a tomada, junto aos respectivos Bancos Liquidantes, de todas as providências necessárias à Liquidação de obrigações perante a Câmara.

§ 2º – Além do Banco Liquidante indicado nos termos do caput deste artigo, o Membro de Compensação deverá manter vínculo com outro Banco Liquidante, indicado pela Câmara com base em critérios prudenciais, para efetivar, sempre que esta julgar necessário, as transferências devidas.

Art. 9º – O Cadastramento dos Membros de Compensação atenderá ao disposto nos Estatutos Sociais e no Regulamento de Admissão de Associados da BM&F, observados:

(i) os níveis mínimos de patrimônio e capitalização exigidos pela Câmara, e os demais critérios por ela estabelecidos; e (ii) a comprovação de capacidade gerencial, organizacional e operacional para o exercício de suas atividades". *BOLSA DE VALORES, MERCADORIAS E FUTUROS DE SÃO PAULO. Regulamento da câmara de registro, compensação e liquidação de operações de derivativos BM&F.* Disponível em:

<http://www.bmf.com.br/portal/pages/frame.asp?idioma=1&area=institucional&link=1>. Acesso em 02 de agosto de 2011.

dam do registro no sistema eletrônico do mercado, a atuação como *parte contratante*, a prestação de garantias (quando aplicáveis) e a compensação e liquidação em concurso com Bancos Liquidantes, quando não são titulares de contas reservas bancárias próprias.[591]

A bipartição das funções se explica, juridicamente, como um fenômeno de *subcontratação* – "recurso técnico que proporciona o gozo, por terceiro, das utilidades de um contrato, mediante a realização de novo contrato do qual não participa o outro contratante, e por forma que não acarreta a extinção do contrato de que deriva".[592]

Isto é, tal qual no ambiente CETIP, um Comitente contrata comissão com um agente do mercado – aqui, um Intermediário. Mas, como a BM&FBOVESPA, com o objetivo de minorar riscos sistêmicos de crédito, exige a interposição de outra parte, de credenciamento e atuação mais rigidamente controlados,[593] as cláusulas e obrigações desse primeiro contrato são *reproduzidas, em essência,* na relação jurídica seguinte, constituída entre um Intermediário e um Membro de Compensação.

Com efeito, parte dos valores que um Intermediário recebe do Comitente é repassada ao Membro de Compensação. E, a um só tempo, as obrigações de contratar por conta e ordem do Comitente são fielmente

---

[591] "são instituições financeiras, detentoras de conta reservas bancárias, encarregadas da efetivação das transferências de recursos relacionados às Operações ou delas decorrentes, em nome e por conta dos Membros de Compensação". *BOLSA DE VALORES, MERCADORIAS E FUTUROS* DE SÃO PAULO. *Regulamento da câmara de registro, compensação e liquidação de operações de derivativos BM&F*. Disponí¬vel em: <http://www.bmf.com.br/portal/pages/frame.asp?idioma=1&area=institucional&link=1>. Acesso em 02 de agosto de 2011. Op. cit., artigo 8º: "Os Membros de Compensação que não sejam titulares de conta 'Reservas Bancárias' deverão contratar um Banco Liquidante para a movimentação de recursos entre eles e a Câmara, observados os termos e condições por esta estabelecidos".

[592] GOMES, Orlando. *Obrigações*. Rio de Janeiro: Forense, 2004, p. 170.

[593] "O modelo da Clearing de Derivativos BM&F estabelece a figura do Membro de Compensação – MC -, como responsável, perante a Bolsa, pela liquidação de todas as operações. Além da aquisição do título e de sua caução a favor da BM&F, o MC precisa atender a uma série de exigências. No plano financeiro, deve manter o capital de giro no mínimo determinado pela Clearing; no plano operacional, deve manter depósito de garantia para compor o Fundo de Liquidação de Operações e cumprir os limites impostos às posições sob sua responsabilidade, para diminuir o risco de alavancagem". FORTUNA, Eduardo. *Mercado financeiro: produtos e serviços*. Rio de Janeiro: Qualitymark, 2011, p. 789.

espelhadas no contrato avençado entre o Intermediário e o Membro de Compensação.

Em termos práticos, seria como se os Membros de Compensação atendessem ordens diretas dos Comitentes. Juridicamente, porém, conserva-se o vínculo entre Comitente e Intermediário, enquanto, em seguida, abre-se a nova relação contratual, desta vez, entre o Intermediário e o Membro de Compensação, a fim de que este, por conta e ordem do Intermediário, mas sob as mesmas diretrizes traçadas pelo Comitente, contrate o ajuste de fluxos de caixa.

Evidência disso é o fato de que, perante a BM&FBOVESPA, quando esta funciona como contraparte central, o Membro de Compensação responde por todas as obrigações em nome próprio, sem qualquer menção ao Intermediário com o qual contrata.[594]

A situação não se confunde com uma *cessão de crédito*, já que há formação de novo contrato, e o que é mais peculiar, sem a participação direta do Comitente.[595]

---

[594] "O Membro de Compensação é o participante encarregado de liquidar as Operações registradas nos sistemas registro, compensação e liquidação da Câmara. O Membro de Compensação é responsável pela boa liquidação de todas e quaisquer operações a ele atribuídas para registro, compensação e liquidação, bem como pela entrega, recebimento, autenticidade e legitimidade de todos e quaisquer títulos, documentos, valores e garantias relacionados a tais operações, nos prazos e formas regulamentares. [...] Mesmo na falta de entrega de recursos financeiros, ativos ou mercadorias, pelo participante sob sua responsabilidade, contratante de seus serviços, nos prazos e na forma estabelecidos, deve o Membro de Compensação cumprir, junto à Câmara, a liquidação devida [...]. O Membro de Compensação é declarado inadimplente pela Câmara quando [i] não efetivar a entrega de recursos devidos à Câmara, não transferindo integralmente o VLM devedor ao correspondente Liquidante, na forma e no prazo por ela determinados; ou [ii] não entregar ativos, documentos ou títulos dele requeridos, na forma e nos prazos previstos". *BOLSA DE VALORES, MERCADORIAS E FUTUROS* DE SÃO PAULO. *Manual de procedimentos operacionais da câmara de derivativos*: segmento BM&F. Disponível em: <http://www.bmfbovespa.com.br/pt-br/regulacao/download/MPO-Camara-Derivativos-110318-Em-vigor.pdf>. Acesso em 02 de agosto de 2011.

[595] "Há de se ter em conta, primeiramente, que a cessão não implica formação de novo contrato, mas substituição de um contratante por outro, enquanto o subcontrato é outro contrato que uma das partes do contrato principal estipula com terceiro. Em consequência, a cessão implica substituição da posição contratual, enquanto, no subcontrato, permanece o vínculo, não obstante a transferência. Na cessão é indispensável o consentimento do contratante cedido até mesmo quando não há exoneração de responsabilidade do cedente, enquanto no contrato derivado a aquiescência da parte que fica estranha à nova relação não se faz necessária

Os "Clientes Especiais" da CETIP, que dispensam a contratação de um intermediário para negociar no mercado, são aqui nomeados, genericamente, ao lado dos Membros de Compensação, "Negociadores",[596] e, em sentido mais preciso, "Participantes com Liquidação Direta" ("PLD") ou "Participantes com Liquidação Especial" ("PLE").[597]
A correspondência entre as nomenclaturas CETIP eBM&FBOVESPA é condensada no quadro abaixo:

em princípio, posto possa ser exigida por motivos de política legislativa". GOMES, Orlando. *Obrigações*. Rio de Janeiro: Forense, 2004, p. 169.

[596] "Negociador [:] Participante detentor de Direito de Negociação, com acesso direto aos sistemas de negociação e de registro da BM&FBOVESPA, que recebe ordem e registra a Operação no sistema de negociação e/ou no sistema de registro". *BOLSA DE VALORES, MERCADORIAS E FUTUROS* DE SÃO PAULO. *Regulamento da câmara de registro, compensação e liquidação de operações de derivativos BM&F*. Disponível em: <http://www.bmf.com.br/portal/pages/frame.asp?idioma=1&area=institucional&link=1>. Acesso em 02 de agosto de 2011.

[597] "O Participante com Liquidação Direta ["PLD"] é a instituição que, atuando diretamente como Comitente ou tendo determinadas carteiras, que atuam como comitentes, sob si, é, ao mesmo tempo, detentora de Direito de Liquidação (DL) da Câmara de Derivativos, sendo regularmente cadastrada e habilitada a atuar como Membro de Compensação e, desta forma, sujeitando-se às mesmas condições e assumindo as mesmas responsabilidades vigentes para tal categoria de Participante. [...] O Participante com Liquidação Especial é uma instituição detentora de Direito de Liquidação (DL) da Câmara de Derivativos, regularmente cadastrada e habilitada a atuar como Membro de Compensação, desta forma sujeitando-se às mesmas condições e assumindo as mesmas responsabilidades vigentes para tal categoria de participante. Pode habilitar-se à condição de PLE empresa que atue no setor do agronegócio ou como administradora e/ou gestora de fundo de investimento (inclusive não residente no país). Suas operações devem ser destinadas à carteira própria ou dos fundos sob sua administração e/ou gestão, conforme o caso. Ao PLE são outorgadas as mesmas faculdades do PLD, de modo que, operacionalmente, sua atuação é idêntica à do PLD no que se refere a liquidação, risco, acesso a sistemas etc.". *BOLSA DE VALORES, MERCADORIAS E FUTUROS* DE SÃO PAULO. *Manual de procedimentos operacionais da câmara de derivativos*: segmento BM&F. Disponível em: <http://www.bmfbovespa.com.br/pt-br/regulacao/download/MPO-Camara-Derivativos-110318-Em--vigor.pdf>. Acesso em 02 de agosto de 2011.

Quadro 14 – Comparativo das nomenclaturas de CETIP e BM&FBOVESPA.

CETIP	BM&FBOVESPA
Participante	Intermediários
	Membros de Compensação
Clientes Especiais	Negociadores (Participantes com Liquidação Direta – PLD ou Participantes com Liquidação Especial – PLE)
Banco Liquidante	Banco Liquidante

Entre tais personagens, quando se relacionam de forma direta (por exemplo, contratos estabelecidos entre Comitentes e Intermediários,[598] e entre Intermediários e Membros de Compensação[599]) são estabelecidas contas correntes para a apuração de débitos e créditos e gestão de recursos financeiros remetidos de parte a parte.

A exemplo da CETIP, as operações podem se iniciar fora do ambiente de registro, quando os destinatários finais dos fluxos de caixa avençam as

---

[598] "5. A CORRETORA manterá, em nome do CLIENTE, conta corrente, não movimentável por cheques, na qual serão lançados débitos e créditos, dentre outros, relativos a:
a) resultados das liquidações de todas as operações efetuadas na BM&F BOVESPA;
b) ajustes diários;
c) margens de garantia em dinheiro;
d) resultados das aplicações financeiras das margens de garantia em dinheiro, quando for o caso;
e) taxas de administração dos recursos entregues à BM&F BOVESPA;
f) corretagens e as taxas de custódia, de liquidação e de registro dos contratos;
g) eventuais retenções de tributos exigíveis na forma da legislação em vigor; e
h) demais despesas decorrentes da execução das operações".
BOLSA DE VALORES, MERCADORIAS E FUTUROS DE SÃO PAULO. Contrato de inter-mediação de operações nos mercados administrados pela BM&F BOVESPA S.A. – *Bolsa de Valores, Mercadorias e Futuros*. Disponível em: <http://www2.bmf.com.br/GerKitsDocs/F-DC-CCP-178.zip>. Acesso em 03 de agosto de 2011.
[599] "3.1. O MEMBRO DE COMPENSAÇÃO manterá, em nome da CORRETORA, conta corrente na qual, de acordo com os mapas de registro e liquidação fornecidos pela BM&F BOVESPA, lançará todos os débitos e créditos relativos às operações registradas e às margens de garantia movimentadas, inclusive taxas e emolumentos devidos". *BOLSA DE VALORES, MERCADORIAS E FUTUROS* DE SÃO PAULO. *Contrato de registro de operações no sistema eletrônico da BM&FBOVESPA S/A*. Disponível em: <http://www2.bmf.com.br/GerKitsDocs/F-DC-CCP-019.zip>. Acesso em 03 de agosto de 2011.

condições nas quais o *swap* será ajustado.[600] Nessa situação, o primeiro contrato celebrado entre as partes, desprezando-se a assinatura do contrato-quadro, haverá de ser um contrato preliminar, diante da expressa vedação legal a contratos definitivos não registrados.

A situação obrigacional anterior e posterior ao registro, considerada a promessa de *swap*, é a ilustrada abaixo. Considerou-se cada uma das duas obrigações (Obrigação 1, "OB1"; e Obrigação 2, "OB2") do contrato preliminar para contrato de ajuste de fluxo de caixas sobre Taxa DI e LIBOR, celebrado, posteriormente, pelos Membros de Compensação ("MC1" e "MC2"), por conta e ordem de um Intermediário, dando origem a duas novas obrigações ("OB3" e "OB4"), correspondentes ao contrato definitivo de *swap*.

Figura 9 – Relações obrigacionais do contrato preliminar
antes do registro na BM&FBOVESPA

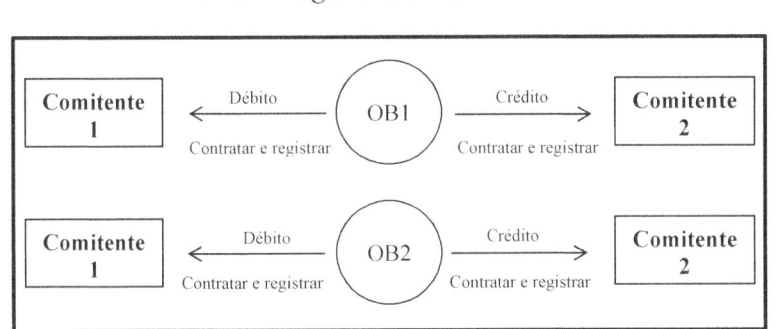

---

[600] "As negociações do Mercado de Balcão ocorrem diretamente entre os Comitentes, não havendo colocação de ofertas de compra e venda em sistema de negociação. Após a negociação, o registro da operação, no sistema de registro disponibilizado pela Câmara para tal fim, é efetuado pelos Negociadores vinculados às contrapartes do negócio". *BOLSA DE VALORES, MERCADORIAS E FUTUROS* DE SÃO PAULO. *Manual de procedimentos operacionais da câmara de derivativos*: segmento BM&F. Disponível em: <http://www.bmfbovespa.com.br/pt-br/regulacao/download/MPO-Camara-Derivativos-110318-Em-vigor.pdf>. Acesso em 29 de fevereiro de 2012.

Figura 10 – Relações obrigacionais do swap após o registro, sem garantia, na BM&FBOVESPA.

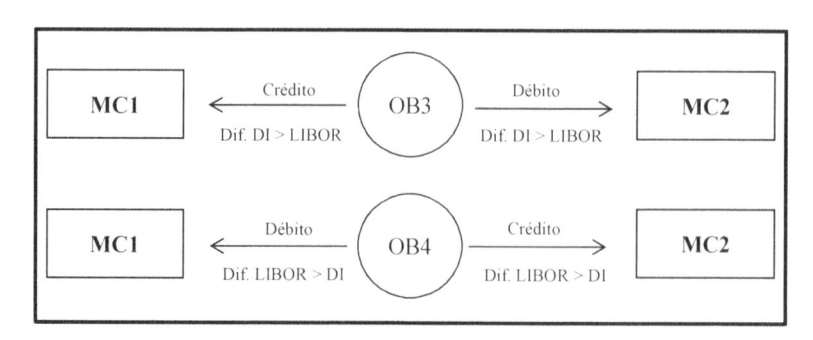

Com o registro, extingue-se o contrato preliminar. Adiante, cada Intermediário encarregado da operação contrata com um Membro de Compensação, a fim de que este, por sua vez, contrate o *swap* frente a outro Membro de Compensação:

A diferença mais significativa é a de que a BM&FBOVESPA, ao contrário da CETIP, pode funcionar como contraparte central nestas operações. Basta que, quando da contratação e registro entre os Membros de Compensação, faça-se a opção pela modalidade de "garantia *total*" da BM&FBOVESPA. Arranjo diferente, mas igualmente peculiar, é o de garantia *parcial*, no qual a BM&FBOVESPA não atua como contraparte central, mas *garante* uma das contrapartes.

A opção pelas "garantias" da BM&FBOVESPA importa acréscimo de despesas com a operação ("emolumentos" e "taxas"[601]), além de, em contrapartida, atrair a obrigação de se prestar garantia denominada margem – a ambas as partes, se verificada *garantia total*, ou a apenas à parte não garantida, na *garantia parcial*.[602]

---

[601] "a) Contrato registrado com cláusula de garantia[:] Emolumento = R$178,00 por tamanho--padrão de contrato de R$10 milhões. [...] b) Contrato registrado sem cláusula de garantia[:] Emolumento = R$6,50 por tamanho padrão de R$10 milhões". BESSADA, Octavio; BARBEDO, Cláudio; ARAÚJO, Gustavo. *Mercado de derivativos no Brasil*. Rio de Janeiro: Record, 2005, p. 165.

[602] "No caso de operação com garantia total, as duas partes estão sujeitas a requerimento de margem, enquanto no caso de operação com garantia parcial, somente a parte que não requereu garantia da Câmara está sujeita a requerimento de margem". *BOLSA DE VALORES, MERCADORIAS E FUTUROS DE SÃO PAULO. Manual de procedimentos operacionais da câmara de derivativos*: segmento BM&F. Disponível em:<http://www.bmfbovespa.com.br/

A BM&FBOVESPA não distribui custos com a garantia parcial. Isto é, os acréscimos de taxa ou emolumentos, nesse ambiente, são vistos como uma despesa *do contrato* e não de uma das partes. Para a BM&FBOVESPA não interessa quem irá pagá-los, ou de quem é a obrigação; importa que, antes do registro, ou do ato correspondente aos emolumentos, a quantia esteja paga.

A BM&FBOVESPA não aceita se responsabilizar como contraparte central antes da efetiva constituição da garantia de margem.[603] O procedimento para o seu depósito varia de acordo com a espécie da garantia oferecida.[604]

Interessa ressaltar que:

---

pt-br/regulacao/download/MPO-Camara-Derivativos-110318-Em-vigor.pdf>. Acesso em 30 de agosto de 2011.

[603] "A operação na modalidade com garantia da Câmara, total ou parcial, cujo registro tenha sido acatado no sistema, é considerada aceita pela Câmara somente após a verificação do atendimento da margem de garantia requerida das partes. No caso de operação com garantia total, as duas partes estão sujeitas a requerimento de margem, enquanto no caso de operação com garantia parcial, somente a parte que não requereu garantia da Câmara está sujeita a requerimento de margem". *BOLSA DE VALORES, MERCADORIAS E FUTUROS DE SÃO PAULO. Manual de procedimentos operacionais da câmara de derivativos*: segmento BM&F. Disponível em:<http://www.bmfbovespa.com.br/pt-br/regulacao/download/MPO-Camara--Derivativos-110318-Em-vigor.pdf>. Acesso em 30 de agosto de 2011.

[604] "Quando prestadas em moeda nacional, as garantias podem ser transferidas por intervenção de um membro de compensação ou por instituição depositária de garantia (o 'Banco BM&F'). Quando utilizado o membro de compensação, o processo se dá pelos mecanismos da liquidação com compensação multilateral. Pelo Banco BM&F, os recursos são remetidos para conta corrente específica da Câmara no Banco BM&F ('conta margem'), com a identificação da garantidora. Quando aportados títulos privados e outros valores mobiliários em garantia, devem ser observados os procedimentos das entidades custodiantes – como a CETIP, no caso do CDB –, para que a titularidade dos ativos passe à Câmara de Derivativos, em conta depósito própria. O depósito da carta de fiança depende de prévia anuência da Gerência de Garantias e Custódia, e da observância do modelo divulgado pelo BM&F. As cotas de fundos de investimento, desde que previamente constituídos com o propósito de garantir, são "automaticamente caucionadas em favor da Câmara e somente ela pode autorizar sua liberação para resgate, cabendo ao administrador de cada fundo o controle das aplicações realizadas. Os recursos aplicados no fundo são vinculados à cobertura de margem junto à Câmara através do Contrato de Cessão de Direitos Creditórios". *BOLSA DE VALORES, MERCADORIAS E FUTUROS DE SÃO PAULO. Manual de procedimentos operacionais da câmara de derivativos*: segmento BM&F. Disponível em:<http://www.bmfbovespa.com.br/pt-br/regulacao/download/MPO-Camara-Derivativos-110318-Em-vigor.pdf>. Acesso em 30 de agosto de 2011.

A Câmara [BM&FBOVESPA] assume a posição de parte contratante, nos termos do artigo 4º da Lei Federal 10.214, para fins de liquidação das obrigações resultantes de operações por ela aceitas para compensação e liquidação, exclusivamente em relação aos Membros de Compensação. Perante os demais participantes, a Câmara [BM&FBOVESPA] não é responsável pelo inadimplemento de uns para com os outros, independentemente dos motivos da falha.[605]

Em outras palavras: a BM&FBOVESPA jamais funcionará como contraparte direta de Comitentes ou de Intermediários.

Nessa esteira, o *swap* registrado *sem garantia* "isenta [a BM&FBOVESPA] de responsabilidade pela liquidação de operações do Mercado de Balcão".[606] A conformação do contrato novado, pois, dá-se como na CETIP, entre Membros de Compensação, exclusivamente, sem a intervenção da entidade organizadora central.

No *swap* registrado com *garantia parcial*, uma das partes, isto é, dos Membros de Compensação,[607] poderá invocar a responsabilidade da BM&FBOVESPA. Sendo "devedora a parte que requereu garantia, a Câmara [BM&FBOVESPA] também é isenta de responsabilidade pela liquidação. Tais operações são liquidadas diretamente entre as partes,

---

[605] *BOLSA DE VALORES, MERCADORIAS E FUTUROS* DE SÃO PAULO. *Manual de procedimentos operacionais da câmara de derivativos*: segmento BM&F. Disponível em:<http://www.bmfbovespa.com.br/pt-br/regulacao/download/MPO-Camara-Derivativos-110318-Em-vigor.pdf>. Acesso em 30 de agosto de 2011.

[606] *BOLSA DE VALORES, MERCADORIAS E FUTUROS* DE SÃO PAULO. *Manual de procedimentos operacionais da câmara de derivativos*: segmento BM&F. Disponível em:<http://www.bmfbovespa.com.br/pt-br/regulacao/download/MPO-Camara-Derivativos-110318-Em-vigor.pdf>. Acesso em 30 de agosto de 2011.

[607] "Opção de garantia

C: a BM&F garante o Membro de Compensação contra o risco de inadimplência do Membro de Compensação da contraparte.

S: a BM&F não garante o Membro de Compensação contra o risco de inadimplência do Membro de Compensação da contraparte". *BOLSA DE VALORES, MERCADORIAS E FUTUROS* DE SÃO PAULO. *Contrato a termo de troca de rentabilidade (swaps)*. Disponível em: <http://www.bmf.com.br/bmfbovespa/pages/contratos1/Balcao/PDF/Termo_TrocaRentabilidade.pdf>. Acesso em 11 de março de 2012.

cabendo à Câmara [BM&FBOVESPA] apenas informar os corresponden-tes valores de liquidação".[608]

Cumpre notar que, até o momento da compensação, a BM&FBOVESPA não assume obrigação em contratos parcialmente garantidos; a estru-tura permanece a mesma do registro sem garantia. A intervenção da BM&FBOVESPA se subordina à *eventualidade* do saldo credor compen-sado favorecer a parte garantida.

Isto é, com a garantia parcial, a BM&FBOVESPA assume uma posição devedora *eventual* frente a um Membro de Compensação, conservando-se, não obstante, até o vencimento, a relação de débito-crédito entre ambos os Membros de Compensação.[609]

Tal arranjo parece-nos decorrer de contratação de fiança, garantia fide-jussória, com função semelhante à da "garantia parcial" oferecida pela BM&FBOVESPA. A hipótese de fiança atende à função socioeconômica de garantia pessoal e se adequa à principal obrigação da BM&FBOVESPA, qual seja, pagar a dívida de outrem.

Diga-se ainda que a BM&FBOVESPA prevê em seus manuais e formu-lários contratuais a hipótese de garantia parcial, estabelecendo rito formal para a sua obtenção. À parte garantida, basta manifestar o desejo de con-tar com a responsabilidade da BM&FBOVESPA, declarando-o no contrato

---

[608] *BOLSA DE VALORES, MERCADORIAS E FUTUROS* DE SÃO PAULO. *Manual de proce-dimentos operacionais da câmara de derivativos*: segmento BM&F. Disponível em:<http://www.bmfbovespa.com.br/pt-br/regulacao/download/MPO-Camara-Derivativos-110318-Em-vigor.pdf>. Acesso em 30 de agosto de 2011.

[609] O Manual de Procedimentos Operacionais da BM&F, estabelece ainda que a cessão da posição contratual do Membro de Compensação garantido só pode ser operada com a anuên-cia de sua contraparte não garantida:"[p]ara a cessão de titularidade de operações de swap registradas na modalidade sem garantia, é necessário, além da tomadas das providências acima referidas, se aplicáveis, a expressa anuência, na solicitação de transferência encaminhada à Câmara, da contraparte que contratou originariamente com o Cedente. O mesmo vale para a cessão de titularidade de operações registradas na modalidade com garantia parcial, sendo requerida a expressa anuência da contraparte que contratou originariamente com o Cedente, caso ela figure como a parte não garantida". *BOLSA DE VALORES, MERCADORIAS E FUTU-ROS* DE SÃO PAULO. *Manual de procedimentos operacionais da câmara de derivativos*: segmento BM&F. Disponível em:<http://www.bmfbovespa.com.br/pt-br/regulacao/download/MPO--Camara-Derivativos-110318-Em-vigor.pdf>. Acesso em 30 de agosto de 2011.
A restrição se justifica, já que o Membro garantido é devedor e único garante da dívida do Membro não garantido. Fosse a situação inversa, quisesse a parte não garantida transferir sua posição a terceiro, nenhum interesse teria a parte garantida em evitá-la, já que, em qualquer cenário, seu crédito está garantido pela BM&F

padrão[610] e pagando as despesas correspondentes, para adquirir direito à extensão de sua garantia patrimonial.

Consideramos que, em primeiro lugar, (i) a BM&FBOVESPA promete ao mercado, unilateralmente, contratar fiança mediante pagamento de determinada taxa; e (ii) o pedido de registro feito pelo Membro de Compensação, com a opção escrita e registrada no sistema eletrônico, carrega a declaração receptícia de vontade da parte garantida, viabilizando o consenso e a formação de vínculo contratual de fiança entre as partes.

Supera-se, assim, a formalidade exigida pelo art. 819 do Código Civil, que repele a fiança não reduzida a instrumento escrito.[611]

Observe-se ainda que a fiança da BM&FBOVESPA, face às características em que é dada, é celebrada sem benefício de ordem – afinal, a BM&FBOVESPA, ao afirmar categoricamente que arcará com o débito da contraparte na data do vencimento da obrigação, se obriga como *principal pagadora* do débito.[612] O espírito é o de que a BM&FBOVESPA possa funcionar, *grosso modo*, como uma contraparte exclusiva da parte garantida, o que, com relação à BM&FBOVESPA, denota a vontade de assumir todas as responsabilidades pela compensação e pagamento de créditos.

A *garantia total*, diversamente, implica a responsabilidade patrimonial da BM&FBOVESPA frente a ambas as partes, o que significa dizer, seja qual for o resultado das oscilações de índices, e seja quem for o devedor da diferença, a BM&FBOVESPA deverá, necessariamente, arcar com pagamento.[613]

A análise jurídica dos contratos garantidos pela BM&FBOVESPA quando, com uma perspectiva histórica, admitimos um *swap* externo ao

---

[610] O "Contrato a Termo de Troca de Rentabilidade", disponível em: <http://www.bmf.com.br/bmfbovespa/pages/contratos1/Balcao/PDF/Termo_TrocaRentabilidade.pdf>. Acesso em 10 de maio de 2012.

[611] Código Civil, art. 819. "A fiança dar-se-á por escrito, e não admite interpretação extensiva".

[612] Código Civil, art. 828: "Não aproveita este benefício ao fiador:
I - se ele o renunciou expressamente;
II - se se obrigou como principal pagador, ou devedor solidário;
III - se o devedor for insolvente, ou falido".

[613] "Na operação com garantia total da Câmara, as duas partes estão garantidas, ou seja, a Câmara assume a posição de contraparte de ambas as partes". *BOLSA DE VALORES, MERCADORIAS E FUTUROS* DE SÃO PAULO. *Manual de procedimentos operacionais da câmara de derivativos:* segmento BM&F. Disponível em:<http://www.bmfbovespa.com.br/pt-br/regulacao/download/MPO-Camara-Derivativos-110318-Em-vigor.pdf>. Acesso em 30 de agosto de 2011.

mercado, concluído e vigente à margem do sistema de registros, não é tarefa simples. A substituição das partes por novação não ocorria de forma pareada, casada, como nas operações não garantidas. As duas obrigações do contrato de *swap*, após o registro, davam lugar a quatro outras, de conteúdo equivalente, mas juridicamente autônomas.

Note-se que, caso se considerem iniciadas e preparadas as operações por um contrato preliminar, a solução teórica para o problema se resolve de forma menos problemática.

Vimos que o contrato preliminar de *swap* tem por peculiaridade a instituição de obrigações de (i) contratar participante de mercado organizado e (ii) providenciar o registro da operação, por meio do participante contratado, nos termos predefinidos no contrato preliminar.

Assim, a constituição de quatro novas obrigações e a extinção das outras duas é *efeito natural* desse encadeamento de contratos. Cada uma das partes da promessa cumpre a sua obrigação primitiva *perante terceiros* e, em decorrência, logram extingui-la. Como consequência, tendo sido registrado o contrato de *swap* por dois Membros de Compensação[614] – cada *um* por conta e ordem de *uma* Intermediária vinculada à parte – surgem dois contratos, essencialmente bilaterais, e que, por essas características, resultam em quatro obrigações distintas.

Não obstante, reiteramos que, até recentemente, foi possível a contração definitiva do *swap* não registrado. E, em tese, há a possibilidade de que tais contratações venham a ser permitidas novamente.

Nesse cenário, tal qual na CETIP, o registro do *swap* externo no ambiente BM&FBOVESPA substituiria os vínculos contratuais até então vigentes por novação subjetiva, conferindo aos Membros de Compensação a situação contratual equivalente à posição dos Comitentes em data anterior à do registro.

De fato, na ausência da garantia, *ambos* os Comitentes eram substituídos em todas as suas obrigações por *dois* membros de compensação, permitindo-se a reprodução exata da situação contratual novada. A representação gráfica do fenômeno se daria da seguinte maneira, considerando-se, cada uma das duas obrigações (Obrigação 1, "OB1"; e Obrigação 2, "OB2") do contrato sobre Taxa DI e LIBOR, novado em prol dos Membros de

---

[614] Admitindo-se que não há participantes com liquidação especial ou direta, que possam atuar sem a intervenção dos Membros de Compensação.

Compensação ("MC1" e "MC2"), dando origem a duas novas obrigações ("OB3" e "OB4"):

Figura 11 – Relações obrigacionais do swap antes do registro na BM&FBOVESPA

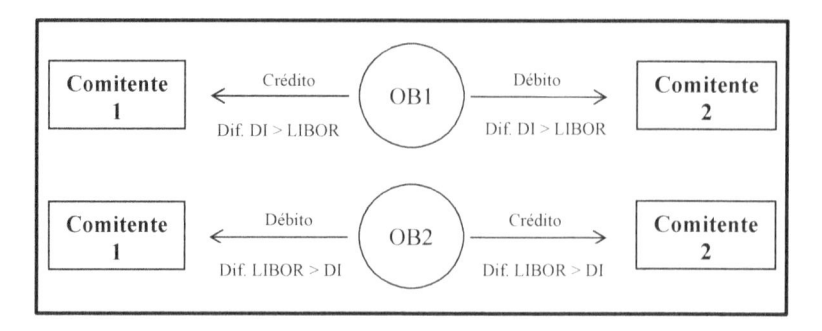

Figura 12 – Relações obrigacionais do swap após o registro,
sem garantia, na BM&FBOVESPA.

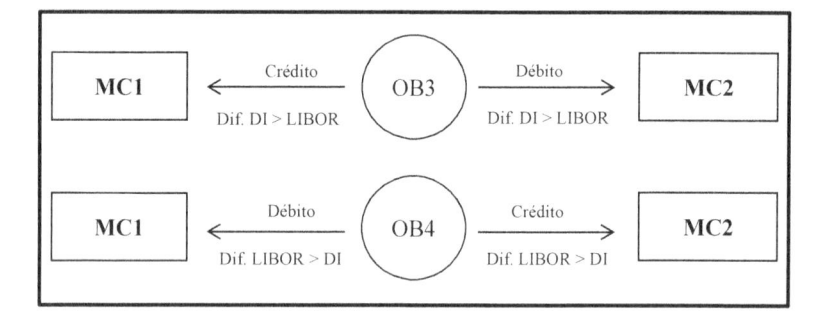

Lado outro, as situações obrigacionais de contratos totalmente garantidos pela BM&FBOVESPA, inegavelmente distintas, são representadas a seguir.

Com a garantia integral, não há possibilidade de compensação e pagamento, exclusivamente, entre MC1 e MC2; ambos se tornam contraparte da BM&FBOVESPA:

Figura 13 – Relações obrigacionais do swap após o registro,
com garantia total, na BM&FBOVESPA

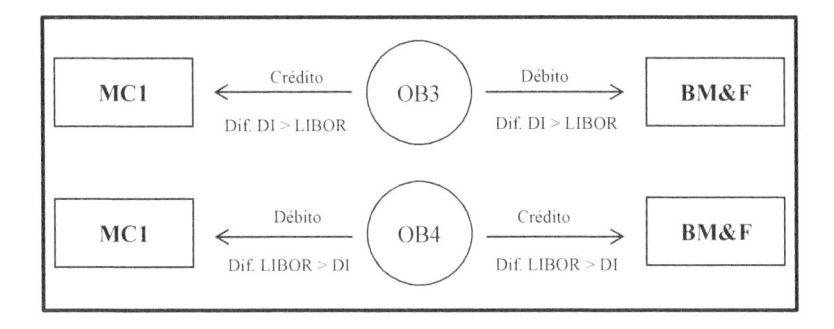

Figura 14 – Relações obrigacionais do swap após o registro,
com garantia total, na BM&FBOVESPA.

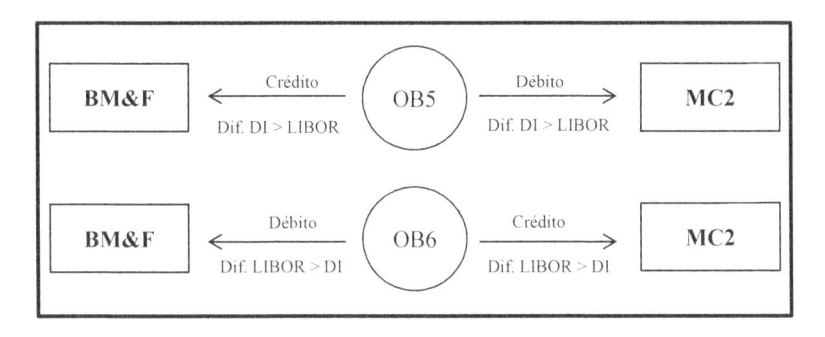

Com a garantia total ("Figura 13" e "Figura 14", acima), a posição credora que a BM&FBOVESPA assume perante MC1 (crédito sujeito à prevalência da LIBOR frente à taxa DI) é a posição devedora frente a MC2 (débito sujeito à prevalência da LIBOR frente à taxa DI). E, simultaneamente, a posição credora que assume perante MC2 (crédito sujeito à prevalência da taxa DI sobre a LIBOR) é a posição devedora frente a MC1 (débito sujeito à prevalência da taxa DI sobre a LIBOR).

Tal constatação inspira questionamentos. Como poderiam *duas* obrigações originárias, constituídas fora do mercado de balcão, tornarem-se *quatro*, com prestações idênticas, após o registro com garantia total? Como poderia um contrato se tornar dois?

Observe-se que, mantivessem-se o número de obrigações em dois, não haveria créditos e débitos suficientes para que a BM&FBOVESPA, a um só tempo, assumisse as posições credoras e devedoras com relação a MC1 e MC2. Não se trata, portanto, de simples *transmissão ou modificação* de obrigações. Há *criação*.

A criação de novas obrigações só poderia decorrer, nessas circunstâncias, de duas fontes primárias: a *vontade das partes* ou a *vontade da lei*.

Há manifestação de vontade de todos os envolvidos. Externam-na os contratantes originários (Comitentes), quando contratam e instruem Intermediários a buscarem registro junto a Membros de Compensação; os Membros de Compensação, quando requerem o registro, assinalando a opção pela garantia integral da BM&FBOVESPA; e da própria BM&FBOVESPA, não apenas ao oferecer, publicamente, tal alternativa, mas também ao confirmá-la, acatando o registro proposto pelos Membros de Compensação.[615]

Também se faz presente a vontade da lei na previsão de que "as câmaras [...] assumirão, sem prejuízo de obrigações decorrentes de lei, regulamento ou contrato, em relação a cada participante, a posição de parte contratante, para fins de liquidação das obrigações" (art. 4º, Lei n. 10.214/01).

Não percebemos, aqui, a criação de um contrato com finalidade de garantia, como a fiança, que, em tese, poderia se unir ao novo contrato de ajuste de fluxos de caixa para produzir os efeitos que estamos a descrever.

Tampouco, a novação pela criação de obrigações solidárias entre Membros de Compensação e BM&FBOVESPA, eis que, pela rígida estrutura de compensação e pagamentos da Câmara, um Membro de Compensação não poderia pagar diretamente a outro Membro de Compensação para se desonerar – deve, necessariamente, pagar à BM&FBOVESPA, ou dela cobrar seu crédito, sob pena de não se liberar ou receber aquilo que lhe é devido, o que, parece-nos, é incompatível com solidariedades ativas e passivas.

---

[615] "O registro da operação é acatado no sistema de registro após a verificação, independentemente da modalidade de garantia, da adequação das características da operação a limites e condições estabelecidos pela Câmara - relativos a preços, taxas, prazos, valor nocional, entre outros – conforme as especificações contratuais e os normativos da BM&FBOVESPA, ou mediante a apresentação das justificativas cabíveis". *BOLSA DE VALORES, MERCADORIAS E FUTUROS* DE SÃO PAULO. *Manual de procedimentos operacionais da câmara de derivativos*: segmento BM&F. Disponível em: <http://www.bmfbovespa.com.br/pt-br/regulacao/download/MPO-Camara-Derivativos-110318-Em-vigor.pdf>. Acesso em 30 de agosto de 2011.

Na realidade, a BM&FBOVESPA também reúne créditos em face dos Membros de Compensação, os quais, em conjunto, manifestam o mesmo conteúdo e função daqueles atrelados ao contrato novado, o que nos permite falar numa *duplicação* dos vínculos contratuais primitivos.

Assim, a nossa opinião é a de que o negócio jurídico instrumentado pelo registro, nessas circunstâncias especiais, deve ser reconhecido como uma novação, ainda que incomum. Não cria *uma* nova obrigação para substituir cada *uma* das anteriores, como tradicionalmente se dá; mas possui fundamento e respaldo na *autonomia da vontade*, resguardado por lei, é exatamente o mesmo.

Enfim, haveria *animus novandi*, dirigido à substituição de uma *dupla de obrigações* por um *conjunto de novas obrigações*, com *partes distintas*. A BM&FBOVESPA, de fato, contratava com ambos os Membros de Compensação, extinguindo, ato contínuo, o vínculo contratual entre Comitentes.

O reconhecimento de vínculos contratuais idênticos e paralelos entre os Membros de Compensação e a BM&FBOVESPA, bem como da participação desta em operações parcialmente garantidas, quer no antigo estado da legislação, quando se operava o efeito de novação, quer no atual, pautado pela precedência de contratos preliminares sobre a contratação de *swaps* na BM&FBOVESPA, são importantes à compreensão do método de compensação e pagamento de sua Câmara, chamado *liquidação diferida multilateral líquida*[616], ou, simplificadamente, *compensação multilateral*.[617]

A compensação multilateral é processada, basicamente, em duas etapas.

---

[616] "A Câmara adota a modalidade de liquidação diferida multilateral líquida para as operações dos Mercados de Bolsa e para as do Mercado de Balcão registradas na modalidade com garantia". *BOLSA DE VALORES, MERCADORIAS E FUTUROS* DE SÃO PAULO. *Manual de procedimentos operacionais da câmara de derivativos*: segmento BM&F. Disponível em:<http://www.bmfbovespa.com.br/pt-br/regulacao/download/MPO-Camara-Derivativos-110318-Em-vigor.pdf>. Acesso em 30 de agosto de 2011.

[617] "A compensação multilateral é o procedimento destinado à apuração da soma dos resultados bilaterais devedores e credores de cada participante em relação aos demais, correspondendo o resultado desta compensação ao resultado multilateral. Em qualquer caso, o procedimento de compensação é gerador de um único resultado líquido entre as partes, liquidado na forma estabelecida pela BM&FBOVESPA". *BOLSA DE VALORES, MERCADORIAS E FUTUROS* DE SÃO PAULO. *Manual de procedimentos operacionais da câmara de derivativos*: segmento BM&F. Disponível em:<http://www.bmfbovespa.com.br/pt-br/regulacao/download/MPO-Camara-Derivativos-110318-Em-vigor.pdf>. Acesso em 30 de agosto de 2011.

Na primeira, busca-se a *consolidação* das posições dos participantes do mercado, calculando-se o valor exato de seus créditos e débitos, ajustados pelas margens de garantia e despesas administrativas cobradas pela BM&FBOVESPA, entre outras parcelas.

Na segunda, há efetiva *compensação*, mediante encontro de contas; os créditos de um dado Membro de Compensação se extinguem com créditos da BM&FBOVESPA, até onde se compensarem, criando condições para que a fase de liquidação financeira da operação se inicie.

Dadas as características do sistema de liquidação, como visto, fundado em contraparte central e compensação multilateral, os débitos a serem quitados, num primeiro momento, serão aqueles havidas, exclusivamente, entre Membros de Compensação e BM&FBOVESPA.[618]

O sistema não assegura imediata transferência de créditos ao destinatário final da operação (os Comitentes); devem transitar, necessariamente, entre a BM&FBOVESPA, os Membros de Compensação, e, conforme o caso, os Bancos Liquidantes.

O quadro abaixo ilustra as diferenças entre os sistemas de liquidação nos quais não há compensação ("liquidação bruta"); nos quais a liquidação se faz de forma descentralizada ("liquidação bilateral"); e, finalmente, aqueles que empregam o método é multilateral:

---

[618] "Apesar de apenas Membros de Compensação e Liquidantes participarem diretamente da liquidação com a Câmara, na modalidade Liquidação dos Membros de Compensação, todos os participantes assumem responsabilidade pelos respectivos pagamentos na ordem vertical indicada na figura acima". *BOLSA DE VALORES, MERCADORIAS E FUTUROS DE SÃO PAULO. Manual de procedimentos operacionais da câmara de derivativos*: segmento BM&F. Disponível em: <http://www.bmfbovespa.com.br/pt-br/regulacao/download/MPO-Camara--Derivativos-110318-Em-vigor.pdf>. Acesso em 30 de agosto de 2011.

Figura 15 - Comparativo dos métodos de liquidação da BM&FBOVESPA.

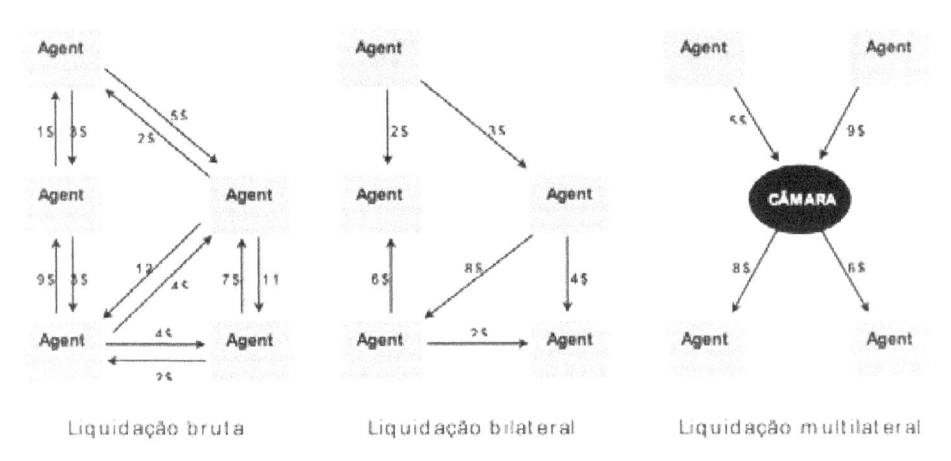

(BOLSA DE VALORES, MERCADORIAS E FUTUROS DE SÃO PAULO).[619]

A seguir, representamos graficamente as operações de *swaps* registradas na BM&FBOVESPA. Nestes exemplos, consideramos terem as partes "A" e "IF", vistas na seção anterior, (i) contratado, respectivamente, os Intermediários "I1" e "I2"; (ii) que os Intermediários I1 e I2 contrataram os Membros de Compensação "MC1" e "MC2" para o registro e contratação do ajuste de fluxos de caixa; (iii) que "MC1" e "MC2" contrataram, respectivamente, os Bancos Liquidantes 1 e 2 para a liquidação financeira de suas operações.

A operação poderá estar ou não garantida pela BM&FBOVESPA, de forma parcial ou total, conforme as variações que apresentaremos.

---

[619] *BOLSA DE VALORES, MERCADORIAS E FUTUROS* DE SÃO PAULO. *Manual de procedimentos operacionais da câmara de derivativos*: segmento BM&F. Disponível em: <http://www.bmfbovespa.com.br/pt-br/regulacao/download/MPO-Camara-Derivativos-110318-Em-vigor.pdf>. Acesso em 30 de agosto de 2011.

4.1.4.2.1 Operações não garantidas pela BM&FBOVESPA

Figura 16 – Registro BM&FBOVESPA, sem garantia, do contrato de ajuste de fluxos de caixa sobre índices por intermediação.

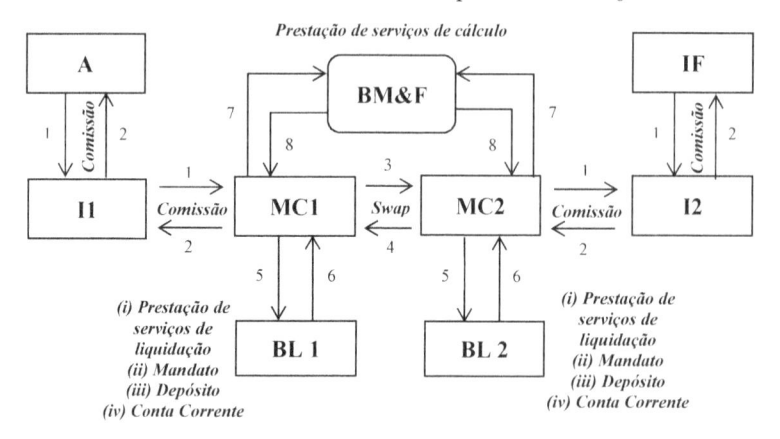

Legenda – Obrigações	
1. Remuneração e eventual adiantamento de recursos financeiros para pagamento.	2. Pagar o eventual resultado da diferença apurada por compensação no *swap*.
3. Obrigação de pagar a diferença, caso o desempenho do índice escolhido seja inferior ao desempenho do índice da contraparte.	4. Obrigação de pagar a diferença, caso o desempenho do índice escolhido seja inferior ao desempenho do índice da contraparte.
5. Pagar remuneração.	6. Confirmar cálculos em nome do MC; guardar e transferir recursos financeiros.
7. Pagar remuneração.	8. Cálculo da compensação e informação da diferença.

4.1.4.2.2 Operações parcialmente garantidas pela BM&FBOVESPA

Figura 17 – Registro BM&FBOVESPA, com garantia parcial, do contrato de ajuste de fluxos de caixa sobre índices por intermediação

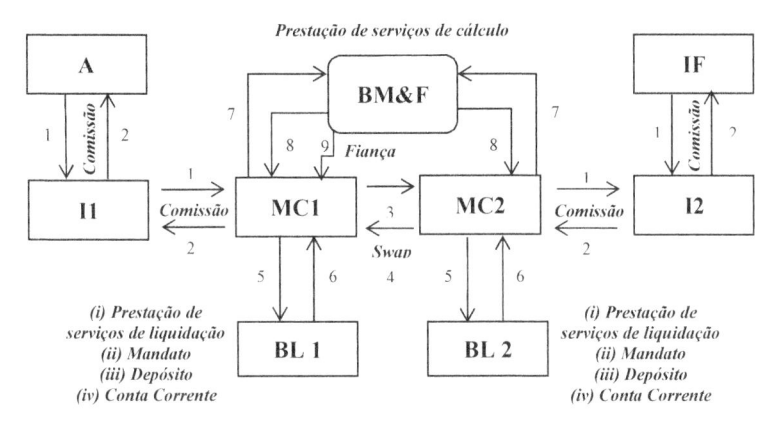

Legenda – Obrigações	
1. Remuneração e eventual adiantamento de recursos financeiros para pagamento.	**2.** Pagar o eventual resultado da diferença apurada por compensação no *swap*.
3. Obrigação de pagar a diferença, caso o desempenho do índice escolhido seja inferior ao desempenho do índice da contraparte.	**4.** Obrigação de pagar a diferença, caso o desempenho do índice escolhido seja inferior ao desempenho do índice da contraparte.
5. Pagar remuneração.	**6.** Confirmar cálculos em nome do MC; guardar e transferir recursos financeiros.
7. Pagar remuneração.	**8.** Cálculo da compensação e informação da diferença.
9. Pagar a eventual dívida de MC2 a MC1.	

4.1.4.2.3 Operações totalmente garantidas pela BM&FBOVESPA

Figura 18 – Registro BM&FBOVESPA com garantia total, do contrato de ajuste de fluxos de caixa sobre índices por intermediação.

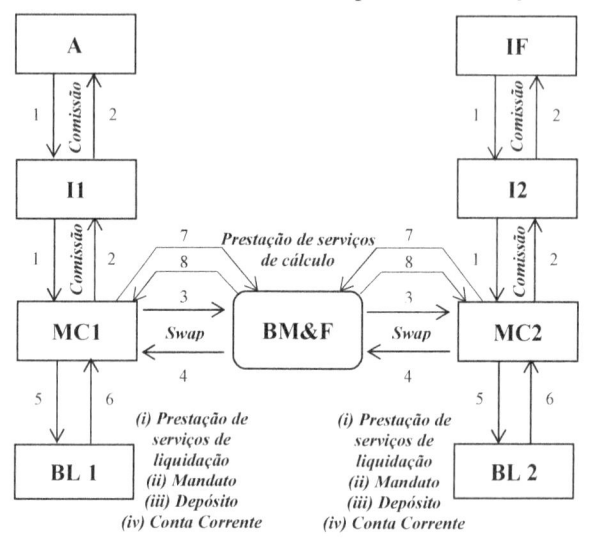

Legenda – Obrigações	
1. Remuneração e eventual adiantamento de recursos financeiros para pagamento.	**2.** Pagar o eventual resultado da diferença apurada por compensação no *swap*.
3. Obrigação de pagar a diferença, caso o desempenho do índice escolhido seja inferior ao desempenho do índice da contraparte.	**4.** Obrigação de pagar a diferença, caso o desempenho do índice escolhido seja inferior ao desempenho do índice da contraparte.
5. Pagar remuneração.	**6.** Confirmar cálculos em nome do MC; guardar e transferir recursos financeiros.
7. Pagar remuneração.	**8.** Cálculo da compensação e informação da diferença.

4.2 Cadeias contratuais das opções de cessão onerosa de crédito ou contratação diferencial

A seguir, apresentamos as representações das estruturas obrigacionais do contrato de opção de cessão onerosa de crédito ou contratação diferencial, com foco nas diferenças identificadas em confronto com as estruturas trazidas nas seções anteriores.

Sobre a contratação de um contrato preliminar, preparatório ao *swap*, tal como verificado com o *swap* de índices ("Figura 9", acima) reportamo-nos as estruturas já apresentadas, por idênticas às que viabilizariam uma opção de cessão de crédito ou contrato diferencial.

4.2.1 Operações bilaterais

Retratamos as operações bilaterais de *swaps* juridicamente classificados como opções, num primeiro momento, quando de sua celebração, a exemplo do que fizemos quanto ao *swap* de índices; e, em seguida, diante de suas especificidades, as estruturas decorrentes do exercício da opção.

Figura 19 – Celebração do contrato de opção sobre crédito ou diferença.

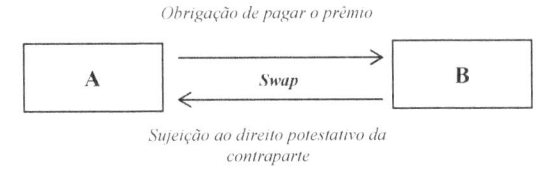

Figura 20 – Exercício de opção de cessão de crédito.

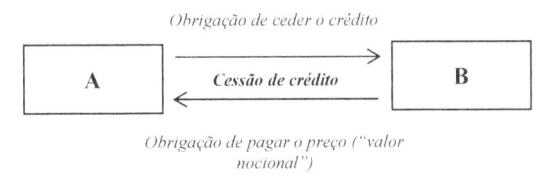

Figura 21 – Exercício de opção de contratação diferencial.

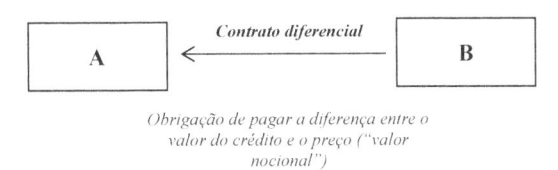

4.2.2 Operações estruturadas por aproximação

Figura 22 – Celebração do contrato de opção por aproximação.

Figura 22 – Celebração do contrato de opção por aproximação.

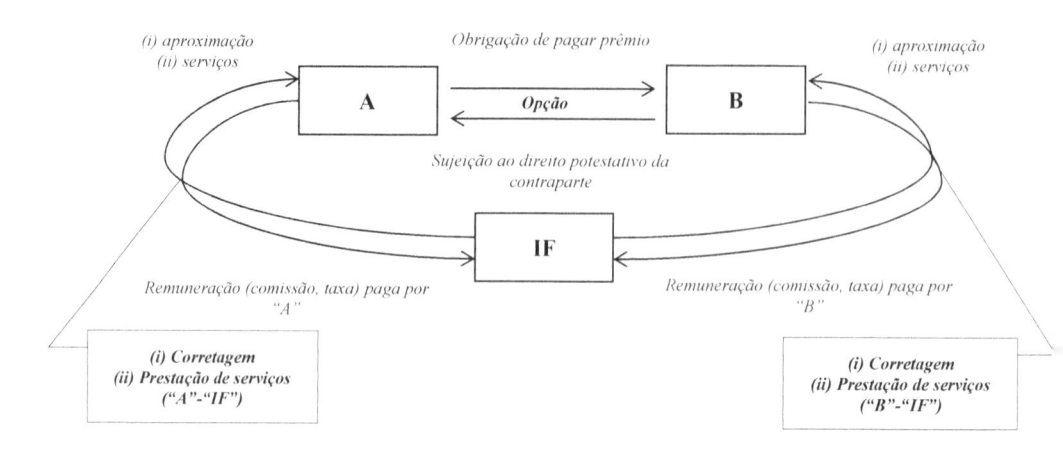

4.2.3 Operações registradas na CETIP

Figura 23 – Celebração do contrato de opção por intermediação

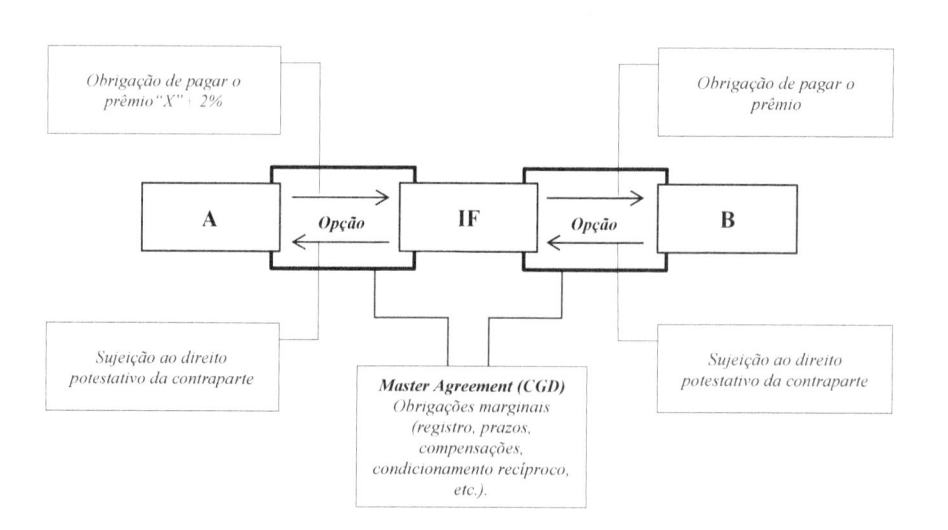

4.2.4 Operações registradas na CETIP

No Brasil, "[f]oi a CETIP quem lançou o primeiro módulo para registro de operações com Derivativos de Crédito, o Swap de Crédito – Credit Default Swaps"620. A BM&FBOVESPA ainda não disponibiliza registro de operações puras dessa estirpe.621

A CETIP somente admite a registro swap de crédito cujo crédito de referência resulte de "operações de empréstimos, financiamentos, arrendamento mercantil, contratos financeiros, comerciais, fianças, avais, instrumentos registrados na CETIP, no SELIC e outros créditos-referência, sujeitos a risco de crédito, negociados e praticados no mercado doméstico". [622]

Outrossim, podem figurar como vendedores de proteção, tão somente, "Bancos múltiplos; Caixa Econômica Federal; Bancos comerciais; Bancos de investimento; Sociedades de crédito, financiamento e investimento; Sociedades de crédito imobiliário; e Sociedades de arrendamento mercantil", sendo que estas "atuam como vendedoras de proteção exclusivamente para os créditos-referência oriundos de operações de Arrendamento Mercantil".[623]

---

[620] FORTUNA, Eduardo. *Mercado financeiro: produtos e serviços*. Rio de Janeiro: Qualitymark, 2011, p. 846.

[621] Há, porém, operações híbridas de contratos futuros e CDS: "A Bolsa de Mercadorias & Futuros (BM&F) começa a negociar hoje o primeiro contrato futuro de derivativo lastreado em títulos da dívida soberana brasileira - o Credit Default *Swaps* (CDS). O ativo negociado não será o CDS puro, como ocorre no mercado internacional, mas sim um contrato de preço futuro de CDS que ainda será emitido. 'Fizemos um produto complementar ao CDS, que não existe em nenhum outro lugar do mundo porque observamos que foram feitos boicotes quando se tentou transferir a negociação dos contratos do mercado de balcão para a bolsa', diz Marcelo Salgado, gerente de produtos financeiros da BM&F. 'Parece que teremos um grande interesse dos investidores. Mas por ser uma novidade, acredito que o interesse vai aumentando à medida que o produto se torna mais conhecido', acrescenta". CARDOSO, Mônica; PUCCIONI, Eduardo. *Bolsa lança contrato inédito baseado na dívida soberana*. Diário Comércio, Indústria e Serviços, São Paulo, 28 de março de 2011 (versão eletrônica). Disponível em: <http://www.dci.com.br/bolsa-lanca-contrato-inedito-baseado-na-divida-soberana-id139996. html>. Acesso em 25 de maio de 2012.

[622] CETIP. *Manual de operações*: swap de crédito. Disponível em: <http://www.cetip.com.br/ informacao_tecnica/regulamento_e_manuais/manuais_de_operacoes/Swap_de_Credito/ Swap%20de%20Cr%C3%A9dito.pdf>. Acesso em 10 de março de 2012.

[623] CETIP. *Manual de operações*: swap de crédito. Disponível em: <http://www.cetip.com.br/ informacao_tecnica/regulamento_e_manuais/manuais_de_operacoes/Swap_de_Credito/

Perante a CETIP, os compradores de proteção serão sempre Membros de Mercado ou Clientes Especiais.[624]

Ademais, "[é] vedado ao emissor do crédito-referência figurar como comprador ou vendedor de proteção. A realização de contratos entre empresas controladoras, coligadas ou controladas também é vedada".[625]

O titular da opção paga ao outorgante, pelo sistema CETIP, remuneração intitulada "taxa de proteção" (o prêmio), a qual pode ser paga de imediato, quando do registro do contrato; ou de forma periódica, até o vencimento do contrato (data limitada pelo vencimento do crédito protegido). [626]Na primeira hipótese, que equivale a um pagamento à vista, a liquidação se dá de forma bruta, em tempo real; postergando-se o pagamento, há a possibilidade de compensação entre Participantes, em liquidação bilateral.[627]

Podem ser eleitos como eventos de crédito aqueles fatos predefinidos pelo sistema CETIP, com base na regulação do Conselho Monetário Nacional (falência, insolvência, operações societárias, inadimplemento, mora-

---

Swap%20de%20Cr%C3%A9dito.pdf>. Acesso em 10 de março de 2012.

[624] "Guardadas as restrições legais porventura existentes, são os Membros de Mercado - através de suas contas próprias ou das contas de Cliente 1 (um) ou 2 (dois) de que sejam titulares, e os Clientes Especiais - através de suas contas próprias". CETIP. *Manual de operações*: swap de crédito. Disponível em: <http://www.cetip.com.br/informacao_tecnica/regulamento_e_manuais/manuais_de_operacoes/Swap_de_Credito/Swap%20de%20Cr%C3%A9dito.pdf>. Acesso em 10 de março de 2012.

[625] CETIP. *Manual de operações*: swap de crédito. Disponível em: <http://www.cetip.com.br/informacao_tecnica/regulamento_e_manuais/manuais_de_operacoes/Swap_de_Credito/Swap%20de%20Cr%C3%A9dito.pdf>. Acesso em 10 de março de 2012.

[626] "Data de Vencimento - A data de vencimento do *contrato de Swap* de Crédito é limitada ao vencimento do crédito-referência, devendo, obrigatoriamente, ocorrer em dia útil". CETIP. *Manual de operações*: swap de crédito. Disponível em:
<http://www.cetip.com.br/informacao_tecnica/regulamento_e_manuais/manuais_de_operacoes/Swap_de_Credito/Swap%20de%20Cr%C3%A9dito.pdf>. Acesso em 10 de março de 2012.

[627]

Operação com Financeiro	Modalidades de Liquidação
Pagamento de Taxa de Proteção.	No registro de Crédito de Swap: Bruta. Periodicamente ou no Vencimento: Bilateral ou Bruta

CETIP *Manual de operações*: swap de crédito. Disponível em: <http://www.cetip.com.br/informacao_tecnica/regulamento_e_manuais/manuais_de_operacoes/Swap_de_Credito/Swap%20de%20Cr%C3%A9dito.pdf>. Acesso em 10 de março de 2012.

tória, etc.), ou, adicionalmente, outros fatos livremente escolhidos pelos interessados.[628]

O evento de credito, quando verificado, é lançado no sistema CETIP pelo comprador da proteção (ou participante em posição análoga[629]). Para que seja deflagrada a liquidação, o vendedor deve confirmar a ocorrência do evento.[630]

O swap pode prever a transferência do crédito ao vendedor da proteção, na eventualidade de se implementar a condição (evento de crédito). Contudo, "[q]uando o crédito-referência tratar-se de um ativo registrado na CETIP ou no SELIC, o módulo não efetua o bloqueio e nem a entrega do

---

[628] "O módulo disponibiliza os eventos de crédito descritos no inciso I, § 1º, do artigo 3º da Circular nº 3106, de 10/04/2002, do Banco Central do Brasil. Adicionalmente, as partes podem estabelecer outras circunstâncias como evento de crédito, utilizando campo específico no registro do contrato". CETIP. *Manual de operações*: swap de crédito. Disponível em: <http://www.cetip.com.br/informacao_tecnica/regulamento_e_manuais/manuais_de_operacoes/Swap_de_Credito/Swap%20de%20Cr%C3%A9dito.pdf>. Acesso em 10 de março de 2012.

[629] "Art. 5º. A responsabilidade pelo Lançamento de Evento de Crédito, na hipótese de ocorrência, é a do Participante Comprador da Proteção ou do Participante titular da Conta de Cliente do qual o Comprador da Proteção seja Cliente". CETIP. *Manual de normas swap de crédito*. Disponível em: <http://www.cetip.com.br/produtos_e_servicos/..%5Cinformacao_tecnica/regulamento_e_manuais/manuais_de_normas/pdf/Manual_de_Normas_Swap_de_Credito.pdf>. Acesso em 10 de março de 2012.

[630] "É prerrogativa do comprador de proteção registrar a ocorrência de evento de crédito, o que poderá ser efetuado a partir da data de registro do contrato e até a data de seu vencimento, inclusive, respeitados os horários limites para lançamento de operações sem liquidação financeira. Tal prerrogativa, no entanto, é assegurada desde que o comprador efetue os pagamentos dos valores relativos à taxa de proteção, na(s) data(s) contratada(s) para seu pagamento. O comprador de proteção tem a prerrogativa de cancelar unilateralmente a informação de evento(s) de crédito, até o dia útil anterior à data de liquidação do *contrato*. Independente da inexistência de acordo entre as partes quanto à ocorrência de evento(s) de crédito(s), caso o comprador de proteção não cancele a informação do(s) referido(s) evento(s) até a data limite acima, a liquidação financeira do contrato será normalmente processada através da CETIP. Quando o evento de crédito for informado, os participantes poderão optar pela antecipação do pagamento da taxa de proteção originalmente contratada para ser paga periodicamente ou no vencimento do *contrato*. Para tanto, deverão registrar no módulo, até o dia útil anterior à data de liquidação do Swap de Crédito, o valor da taxa remanescente, o qual será compensado com o valor de referência devido pelo vendedor de proteção". CETIP. *Manual de operações*: swap de crédito. Disponível em: <http://www.cetip.com.br/informacao_tecnica/regulamento_e_manuais/manuais_de_operacoes/Swap_de_Credito/Swap%20de%20Cr%C3%A9dito.pdf>. Acesso em 10 de março de 2012.

respectivo crédito-referência. Em caso de ocorrência de evento de crédito, a entrega deve ser operacionalizada pelas partes do Swap de Crédito".[631]

Informado e confirmado o evento de crédito, "o Swap de Crédito é automaticamente encerrado [i.e., considerado vencido] na data estipulada para a liquidação [i.e., pagamento] do correspondente valor de referência".[632] Na data do pagamento, o valor da indenização pode ser compensado com o saldo da taxa de proteção.

Os mesmos fenômenos descritos na seção correspondente aos contratos de ajuste sobre índices registrados na CETIP (seção 4.1.4.1, acima), se aplicam às operações em análise.

Na nossa ilustração, demonstramos a situação da primeira "metade" do credit default swap intermediado conforme ilustração 4.2.3, correspondente à relação contratual estabelecida entre "A" e instituição financeira "IF", após o registro dos contratos no ambiente CETIP.

---

[631] CETIP. *Manual de operações*: swap de crédito. Disponível em: <http://www.cetip.com.br/informacao_tecnica/regulamento_e_manuais/manuais_de_operacoes/Swap_de_Credito/Swap%20de%20Cr%C3%A9dito.pdf>. Acesso em 10 de março de 2012

[632] CETIP. *Manual de normas swap de crédito*. Artigo 12. Disponível em: <http://www.cetip.com. br/produtos_e_servicos/..%5Cinformacao_tecnica/regulamento_e_manuais/manuais_de_normas/pdf/Manual_de_Normas_Swap_de_Credito.pdf>. Acesso em 10 de março de 2012.

Figura 24 – Contrato de opção por intermediação registrado na CETIP.

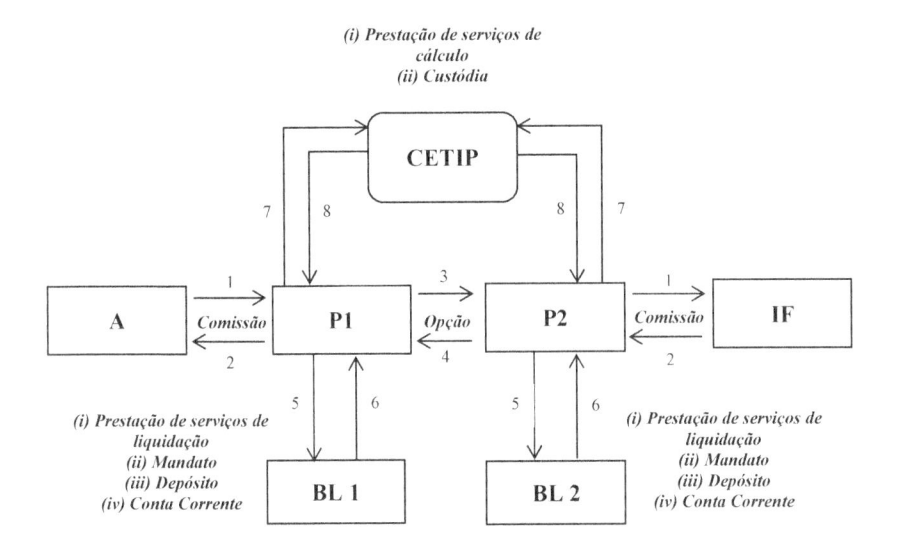

A outra "metade" da operação intermediada, contratada entre "IF" e "B", seguirá a mesma estrutura representada acima.

Legenda – Obrigações	
1. Remuneração e eventual adiantamento de recursos financeiros para pagamento.	**2.** Pagar o eventual resultado da diferença apurada por compensação no *swap*.
3. Obrigação de pagar taxa de proteção "X" + 2%.	**4.** Sujeição ao direito potestativo da contraparte, tendo por objeto nova contratação, caso "P1" lhe comunique um evento de crédito relacionado à entidade de referência "E".
5. Pagar remuneração.	**6.** Confirmar cálculos em nome do Participante; guardar e transferir recursos financeiros.
7. Pagar remuneração.	**8.** Cálculo da compensação e informação da diferença.

CONCLUSÃO

As operações econômicas de *swap*, modalidades de operações derivativas, se desenvolvem no âmbito do mercado de títulos e valores mobiliários, sob as regras e princípios do SFN.

Os *swaps* são regulados, principalmente, (i) pela Lei n. 4.595/64, que institui o SFN e confere competências ao CMN e ao BACEN para normatizar e, no caso do BACEN, também fiscalizar os mercados nos quais ocorre a atividade financeira; (ii) pela Lei n. 6.385/76, que disciplina os valores mobiliários e atribui à CVM competência normativa e fiscalizatória sobre os contratos sujeitos ao seu regime – entre eles, os contratos derivativos e de *swap*; (iii) pela Lei n. 12.543/11, a qual alterou o §4º do art. 2º da Lei n. 6.385/76 para instituir como requisito de validade do *swap* o registro prévio perante uma câmara ou prestador de serviço de compensação devidamente habilitado perante o BACEN ou a CVM; e pela Lei n. 10.214/01, a qual disciplina o Sistema de Pagamentos Brasileiro, no qual se inserem os aludidos serviços e prestadores de serviços de compensação e pagamento.

As disposições do Código de Defesa do Consumidor não são aplicáveis ao *swap*, pois, além de não configurar ato de fornecimento ou consumo final – por se revelar negócio acessório e instrumental à atividade empresária – o contrato carrega consigo uma carga elevada e evidente de riscos, estranha a uma lógica de vulnerabilidade.

Na esfera infralegal, os *swaps* são normatizados concorrentemente, nos limites de suas respectivas competências, pelo CMN (v.g., operações de *swap* de crédito das quais participam instituições financeiras, nos termos da Resolução CMN n. 2.933/02); pelo BACEN (v.g., contabilização financeira dos *swaps*, conforme Circular BACEN n. 3.082/92) e pela CVM (v.g., Instrução CVM n. 467/08, que dispensa a prévia aprovação, pela CVM, do modelo contratual do *swap* registrável em mercado de balcão).

A fiscalização das operações de *swap* fica a cargo do BACEN em hipóteses tais quais a de intermediação de instituição financeira para a contratação do *swap* ou promessa de *swap*; e da CVM, principalmente, no que toca ao funcionamento dos mercados de balcão organizado.

Em certa medida, a CETIP e a BM&FBOVESPA também atuam como fontes normatizadoras do mercado, estabelecendo regras e procedimentos de alta especificidade para a negociação dos contratos de *swap*. Igualmente, fiscalizam a atuação de seus participantes, prescrevendo condutas e impondo penalidades previstas em manuais e regulamentos próprios.

Os contratos de *swap*, bem como os demais contratos que os circundam, são celebrados de forma complexa, envolvendo, normalmente, mais de um contrato celebrado entre diferentes sujeitos de direito. Por esse motivo, dirigimos nossas investigações também aos contratos mais próximos aos *swaps*, de forma a melhor contextualizá-los.

Nesse passo, constatamos a viabilidade de serem preparadas operações de *swap* futuras por meio de um contrato-quadro – figura cuja função socioeconômica primordial é a de disciplinar, conjuntamente, cláusulas e condições marginais de outros contratos específicos (tais como, por exemplo, o ambiente organizado no qual a operação se desenvolverá, as penalidades contratuais que serão aplicadas à parte inadimplente e a resolução conjunta de todos os contratos celebrados entre as partes, caso em qualquer deles se verifique inadimplência).

O contrato-quadro não forma unidade jurídica com os contratos de aplicação aos quais se refere (contratos de *swap* propriamente ditos ou contratos preliminares de *swap*). Cada um dos contratos (contrato-quadro e subsequentes contratos de aplicação) possui existência jurídica autônoma e independente, embora a sua proximidade e afinidade imponham o reconhecimento de sua coligação, hábil a determinar uma interpretação conjunta dos negócios jurídicos.

Iniciada a operação fora do mercado de balcão organizado, as partes deverão, obrigatoriamente, por força do §4º do art. 2º da Lei n. 6.385/76, estabelecer as condições essenciais do negócio (valor nocional, índices, entidades de referência, etc., conforme a modalidade de *swap* pretendida) por meio de um contrato preliminar. O contrato preliminar obriga ambas as partes a contratar com participantes de mercado organizado e a completar o registro de um *swap*.

Os mercados organizados para a prática do *swap* são, hoje, os mercados de balcão da CETIP e da BM&FBOVESPA.

O *swap* é registrado por comissários contratados pelas partes do contrato preliminar (Intermediários, na BM&FBOVESPA; e Participantes, na CETIP) ou por comissários dos comissários das partes (Membros de Compensação, comissários dos Intermediários, na BM&FBOVESPA, em fenômeno de subcontratação ou contratação derivada).

Os comissários registradores executam a ordem de registro e contratam conforme as disposições da promessa de *swap*, por conta e ordem dos comitentes, motivo pelo qual se está diante de um típico contrato de comissão.

Com o registro, extingue-se o contrato preliminar pelo esgotamento de seu objeto. Nascem, então, outros vínculos contratuais com participantes do mercado organizado, que apresentam algumas variações entre os ambientes CETIP ou BM&FBOVESPA.

Na CETIP, não há contraparte central, o que significa que os vínculos se estabelecem (i) entre comitentes (partes do extinto contrato preliminar de *swap*) e comissários (Participante); e (ii) entre as partes do contrato de *swap* (os dois Participantes contratados como comissários pelas partes do extinto contrato preliminar).

Na BM&FBOVESPA, porém, além da perspectiva de se reproduzir o esquema contratual da CETIP, foi identificada a possibilidade de que a BM&FBOVESPA funcionasse como garantidora, mediante contratação de fiança, ou como contraparte. Funcionando como contraparte, os vínculos contratuais se criam, na cadeia contratual mais longa prevista pelos normativos e manuais da BM&FBOVESPA (i) entre comitentes (partes do extinto contrato preliminar de *swap*) e comissários (Intermediários); (ii) por subcontratação do contrato de comissão, entre comitentes subcontratados (Intermediários) e comissários subcontratados (Membros de Compensação); e, finalmente, (iii) por meio de um contrato de *swap*, entre comissários subcontratados e BM&FBOVESPA, a contraparte central das operações.

Em tais ambientes, Bancos Liquidantes podem exercer função instrumental de pagamento, por meio de recebimento e movimentação de recursos financeiros, via contratos de depósito, conta corrente e mandato, a fim de que cumpram obrigações pecuniárias em nome de um participante (normalmente, Membro de Compensação na BM&FBOVESPA e Participante, na CETIP).

Outros contratos, como o de cessão fiduciária de crédito em garantia, são celebrados como forma de favorecer o cumprimento das obrigações e aperfeiçoar o controle de risco sistêmico do mercado.

Os contratos de *swap*, apesar da denominação em comum que lhes empresta a literatura econômica, possuem estruturas contratuais e obrigacionais variáveis.

Nesta pesquisa, constatamos aspectos práticos relevantes, que viabilizaram a sistematização dos motivos e utilidades associados a operações de *swap*. A partir do diagnóstico da lógica econômica, das vantagens almejadas, e, principalmente, da função socioeconômica desempenhada por cada um dos contratos analisados, apuramos características jurídicas, contratuais e obrigacionais, que tornaram possível uma classificação conforme o Direito.

Os principais contratos e operações de *swaps* identificados foram segregados em três categorias – a dos *swaps* de moedas; a dos *swaps* de índices; e a dos *swaps* de crédito (inclusive, *swaps* de retorno total), tal como referenciados pela literatura econômica.

Constatou-se que os *swaps* não viabilizam trocas em sentido jurídico, motivo pelo qual foram propostas alterações em sua designação, a fim de conciliar seus aspectos jurídicos e econômicos. Designamos, assim, (i) os *swaps* de moeda como contratos de ajuste de fluxos de caixa sobre moedas; (ii) os *swaps* de índices como contratos de ajuste de fluxos de caixa sobre índices; (iii) os *swaps* de retorno total como contratos de ajuste de fluxos de caixa sobre crédito; e (iv) os *swaps* de crédito como opções de cessão de crédito ou opções de contratação diferencial, conforme o contrato constituído pelo exercício da opção se configure como uma cessão de crédito ou um contrato diferencial.

Apresentamos, ainda, os fundamentos para que os *swaps* de moedas fossem classificados como contratos atípicos, a partir de sua construção histórica, derivada de operações coordenadas de empréstimos paralelos e cruzados, com características de negócios jurídicos indiretos, nas quais os efeitos hoje engendrados pelos *swaps*, dado o estado rudimentar da técnica, eram obtidos por meio de sucessivas e onerosas contratações de mútuo e câmbio, com efetiva transferência de moeda estrangeira de parte a parte.

Nesses termos, o ajuste de fluxos de caixa viabilizado pelo contrato sobre moedas se perfaz, ordinariamente, mediante (i) a recíproca transferência de divisas entre as partes; (ii) pagamento periódico de percentuais sobre o valor das divisas recebidas; e (iii) a posterior devolução das divisas recebidas.

Os contratos de ajuste de fluxos de caixa sobre índices e os contratos de ajuste de fluxo de caixa sobre crédito foram classificados como contratos atípicos diferenciais com bases econômicas diferentes. Ambos se prestam a obrigar parte e contraparte a pagarem quantia certa calculada pela *diferença* entre determinados parâmetros, sob condição suspensiva (no ajuste sobre índices, a obrigação de pagar quantia certa tem a sua eficácia subordinada à verificação de desempenho inferior do índice atribuído a uma das partes, quando comparado ao desempenho do índice atribuído à contraparte, apurados em certo período; e no ajuste sobre crédito, à valorização ou desvalorização do crédito, em comparação ao valor nocional fixado, conforme a parte se vincule, respectivamente, ao valor nocional ou ao crédito de referência). Sendo referidas condições suspensivas mutuamente excludentes – pois apenas um parâmetro pode ser superior ao outro, no período tomado como referência – na data de vencimento, ou nas datas de vencimento, apenas uma das obrigações diferenciais se torna exigível, e, por consequência, somente uma das partes se torna credora, extinguindo-se a obrigação diferencial da sua contraparte, ante a frustração da condição suspensiva.

Em que pesem os pontos de contato, o ajuste sobre índices lida com parâmetros econômicos abstratos, médios, impessoais, ao passo que o contrato sobre crédito pessoaliza a análise de riscos, vinculando o valor de uma obrigação, também, à pontualidade e frequência dos pagamentos feitos um credor específico (normalmente, uma das partes que contratam o ajuste de fluxos de caixa e se interessa por, financeiramente, transferir risco de crédito).

As opções de cessão de crédito ou contratação diferencial, não obstante as persistentes remissões de economistas e juristas à figura dos contratos de seguro, receberam aqui a classificação de verdadeiras opções, eis que, em síntese, o mesmo arranjo de obrigações, vontades e objetos materiais podem (i) adotar forma puramente especulativa, dispensando a titularidade do crédito de referência por qualquer das partes, o que fere o pressuposto de risco segurável preexistente; (ii) não atender a uma lógica indenitária, já que, em formas puramente especulativas, o crédito de referência é mera abstração, não se habilitando a causar prejuízos à parte que a ele se vincula no contrato de opção; (iii) prescindir de técnicas atuariais e de princípios de mutualismo, caso assim desejem as partes; (iv) não exigir a coparticipação da parte vinculada ao crédito de referência nos prejuízos apurados quando da verificação de evento de crédito; (v) tomar como referência um crédito específico, o que é incompatível com a regulação brasileira dos seguros de crédito.

A figura jurídica das opções, por outro lado, concilia satisfatoriamente todas as incongruências e incompatibilidades que a figura do seguro provoca, centrando o seu complexo de obrigações não em suposta proteção e indenização a uma das partes do contrato, mas em futuras cessões onerosas de crédito, pelas quais, uma vez verificada a condição de eficácia para seu exercício (o "evento de crédito"), e sendo exercida pelo titular da opção, o contrato final fica constituído, criando-se título hábil a transferir crédito de referência contra o pagamento de um preço, ou, caso assim não tenha sido acertado entre as partes, a tornar efetiva obrigação diferencial calculada, principalmente, pela diferença entre o valor do crédito de referência e o valor nocional contratado.

REFERÊNCIAS

ABRÃO, Nelson. *Direito bancário*. São Paulo: Saraiva, 1999.

AGUIAR JUNIOR, Nelson Alves de. *Aspectos jurídicos fundamentais do sistema de pagamentos brasileiro*. In: *Revista de direito bancário, do mercado de capitais e da arbitragem*, ano 4, n. 2, janeiro-março de 2001.

AGUSTINHO, Eduardo Oliveira; RIBEIRO, Marcia Carla Pereira. *Os investidores e o desenvolvimento do mercado de capitais no Brasil*. In: CASTRO, Moema Augusta Soares de; GONÇALVES, Fernando; WALD, Arnoldo (Org.). *Sociedades anônimas e mercado de capitais*: homenagem ao prof. Osmar Brina Corrêa-Lima. São Paulo: Quartier Latin, 2011.

AMADEI, L.; DI ROCCO, S.; GENTILE, M.; GRASSO, R.; SICILIANO, G. *Credit default swaps: contract characteristics and interrelations with bond marke.t* In: *Discussion Papers CONSOB* (Commissione Nazionale per le Società e la Borsa), n.1. Fevereiro de 2011. Disponível em: <http://ssrn.com/abstract=1905416>. Acesso em 29 de janeiro de 2012.

AMARAL, Francisco. *Direito civil – introdução*. Rio de Janeiro: Renovar, 2003.

ANDRADE, Fabio Wendling Muniz de. *Desenvolvimento de modelo de risco de portfólio para carteiras de crédito a pessoas físicas*, 2004. 196 fls. Tese (Doutorado em Administração de Empresas). Fundação Getúlio Vargas, Escola de Administração de Empresas de São Paulo, São Paulo. Orientador: Abraham Laredo Sicsú.

ANTUNES, José A. Engrácia. *Os derivados*. In: *Cadernos do Mercado dos Valores Mobiliários*, nº. 30, agosto de 2008. Disponível em: <http://www.cmvm.pt/CMVM/Publicacoes/Cadernos/Documents/C30Artigo4.pdf>. Acesso em 10 de novembro de 2011.

ANTUNES, José Engrácia. *Os instrumentos financeiros*. Coimbra: Almedina, 2009.

ARRUDA, Daniel Sivieri. *Os contratos de derivativos e a inaplicabilidade da revisão ou resolução por excessiva onerosidade.* Disponível em: <http://www.cvm.gov.br/port/Public/publ/Xconc_monografias/Anna.zip>. Acesso em 20 de outubro de 2011.

ASCARELLI, Tullio. *Problemas das sociedades anônimas e direito comparado.* São Paulo: Saraiva, 1969.

ASSOCIAÇÃO BRASILEIRA DAS ENTIDADES DOS MERCADOS FINANCEIRO E DE CAPITAIS (ANBIMA). Sítio eletrônico: www.anbima.com.br. Acesso em 22 de fevereiro de 2012.

B3 S.A. – BRASIL, BOLSA, BALCÃO. *Perfil e histórico.* Disponível em: <http://ri.bmfbovespa.com.br/static/ptb/perfil-historico.asp?idioma=ptb>. Acesso em 01 de maio de 2017.

BADER, Fani Lea C. *Derivativos de crédito – uma introdução.* In: *Notas técnicas do Banco Central do Brasil*, n.20, abr. 2002. Disponível em: <http://www.bcb.gov.br/pec/notastecnicas/port/2002nt20derivativosdecreditop.pdf>. Acesso em 29 de janeiro de 2012.

BAGGUS, Philip; HOWDEN, David. *Deep freeze – Iceland's economic collapse.* Alabama: Ludwig von Mises Institute, 2011.

BANCO CENTRAL DO BRASIL. *BC e FED estabelecem linha de swap de moedas.* Disponível em: < http://www.bcb.gov.br/textonoticia.asp?codigo=1905&idpai=NOTICIAS>. Acesso em 23 de julho de 2011.

_____. *Conselho de Gestão de Previdência Complementar (CGPC).* Disponível em: <http://www.bcb.gov.br/pre/composicao/cgpc.asp>. Acesso em 04 de setembro de 2009.

_____. *Conselho nacional de seguros privados (CNSP).* Disponível em: < http://www.bcb.gov.br/pre/composicao/cnsp.asp>. Acesso em 04 de setembro de 2009.

_____. *Entidades abertas de previdência complementar.* Disponível em: <http://www.bcb.gov.br/pre/composicao/epp.asp>. Acesso em 04 de setembro de 2009.

_____. Sítio eletrônico: <http://www.bcb.gov.br/pre/composicao/bacen.asp>. Acesso em 04 de setembro de 2009.

_____. *Relatório de estabilidade financeira.* Maio de 2006, Vol. 5, n. 1. Disponível em: <http://www.bcb.gov.br/htms/estabilidade/2006_maio/refmaio2006completop.pdf>. Acesso em 25 de janeiro de 2011.

_____. *Risco-País.* Disponível em: <http://www4.bcb.gov.br/pec/gci/port/

focus/FAQ09-Risco%20Pa%C3%ADs.pdf>. Acesso em 29 de janeiro de 2012.

BANCO DO BRASIL. *BB CDB DI SWAP*. Sítio eletrônico: <http://www.bb.com.br/por-talbb/page100,111,4164,13,0,1,3.bb?codigoNoticia=2075&codigoMenu=763&codigo Ret=911&bread=4_4_4>. Acesso em 21 de fevereiro de 2012.

BANCO ITAÚ. *Manual de marcação a mercado Banco Itaú S.A.* Disponível em: <http://www.itauinvestnet.com.br/itauinvestnet/fundos/entenda/Manual_PrecificacaoAtivos.pdf>. Acesso em 21 de fevereiro de 2012.

BANK FOR INTERNATIONAL SETTLEMENTS. *Princípios fundamentais para sistemas de pagamento sistemicamente importantes.* Traduzido por Jorge R. Carvalheira. Disponível em: <http://www.BACEN.gov.br/htms/spb/Principios_Fundamentais_Sistemas_Pagamen-tos_Sistemicamente_Importantes.pdf>. Acesso em 07 de abril de 2012.

BARBEDO, Cláudio Henrique; GUTIERREZ, Margarida Sarmiento; LION, Octavio Bes-sada; VIOLA, Alessandra Pasqualina. *Impacto dos* swaps *cambiais na curva do cupom cambial: uma análise segundo a regressão de componentes principais.* Brasília, Banco Central do Brasil, novembro de 2009. Trabalho para discussão nº. 198. Disponível em: < http://www.bcb.gov.br/pec/wps/port/wps198.pdf>. Acesso em 30 de dezembro de 2011.

BARBI FILHO, Celso. *Acordo de acionistas.* Belo Horizonte: Del Rey, 1993.

BASLE COMMITTEE ON BANKING SUPERVISION. *Credit risk modelling*: current prac-tices and applications. 1999. Disponível em: <http://www.bis.org/publ/BACENs49. pdf>. Acesso em 17 de junho de 2012.

BESSADA, Octavio; BARBEDO, Cláudio; ARAÚJO, Gustavo. *Mercado de derivativos no Brasil*. Rio de Janeiro: Record, 2005.

BETTI, Emilio. *Teoria geral do negócio jurídico*. Tomo I. Coimbra: Coimbra, 1969.

_____. *Teoria geral do negócio jurídico*. Tomo II. Coimbra: Coimbra, 1969.

BIFANO, Elidie Palma. *A tributação dos derivativos*: conceito, dedutibilidade e discussões mais recentes. In: *O direito tributário e o mercado financeiro e de capitais*. São Paulo: Dialética, 2009.

BM&FBOVESPA S.A. – BOLSA DE VALORES, MERCADORIAS E FUTUROS e CETIP S.A. – MERCADOS ORGANIZADOS. Fato relevante publicado em 22 de março de 2017. Disponível em: <http://ri.bmfbovespa.com.br/ptb/3086/FR%20-%20Apro-vao%20da%20combinao%20das%20atividades%20entre%20BM&FBOVESPA%20 e%20CETIP.pdf>. Acesso em 01 de maio de 2017.

BM&FBOVESPA S.A. – BOLSA DE VALORES, MERCADORIAS E FUTUROS. *Nasce a B3, uma empresa de infraestrutura de mercado financeiro de classe mundial*. Disponível em: <http://www.bmfbovespa.com.br/pt_br/noticias/nova-marca.htm>. Acesso em 01 de maio de 2017.

BOCK, David; WALLICH, Christine I. *Currency Swaps - a borrowing technique in a public policy context*. In: *World bank staff working papers*, n. 640, 1984. Disponível em: <http://www-wds.worldbank.org/external/default/WDSContentServer/WDSP/IB/2003/08/08/000178830_9810190342262/Rendered/PDF/multi0page.pdf>. Acesso em: 22 de abril de 2012.

BOLSA DE VALORES, MERCADORIAS E FUTUROS DE SÃO PAULO. *Anexo III -conceituação das variáveis e definição dos fatores de correção para atualização do valor dos contratos*. Disponível em: <http://www.bmf.com.br/bmfbovespa/pages/contratos1/Balcao/PDF/Swap_anexoIII1.pdf>. Acesso em 18 de maio de 2012.

_____. *Boletim* – contratos em aberto/ tipo de participantes (atualizado em 22/05/2012). Disponível em: <http://www.bmfbovespa.com.br/shared/iframeBoletim.aspx?altura=6000&idioma=pt-br&url=www2.bmf.com.br/pages/portal/bmfbovespa/boletim1/distribuicao1.asp>. Acesso em 23 de maio de 2012.

_____. *Combinação das variáveis admitidas à negociação e respectivos códigos* (ofício circular 077/2007-DG, de 28/09/2007). Disponível em: <http://www.bmf.com.br/bmfbovespa/pages/contratos1/Balcao/PDF/Swap_anexo_II.pdf>. Acesso em 19 de maio de 2012.

_____. *Contrato a termo de troca de rentabilidade (swaps)*. Disponível em: <http://www.bmf.com.br/bmfbovespa/pages/contratos1/Balcao/PDF/Termo_TrocaRentabilidade.pdf>. Acesso em 11 de março de 2012.

_____. *Contrato de intermediação de operações nos mercados administrados pela BM&FBOVESPA BOVESPA S.A. – Bolsa de Valores, Mercadorias e Futuros*. Disponível em: <http://www2.bmf.com.br/GerKitsDocs/F-DC-CCP-178.zip>. Acesso em 03 de agosto de 2011.

_____. *Contrato de registro de operações no sistema eletrônico da BM&F BOVESPA S/A*. Disponível em: <http://www2.bmf.com.br/GerKitsDocs/F-DC-CCP-019.zip>. Acesso em 03 de agosto de 2011.

_____. *Contrato de swap cambial com ajuste periódico*. Disponível em: <http://www.bmf.com.br/bmfbovespa/pages/contratos1/Financeiros/PDF/swapcambial.pdf>. Acesso em 11 de março de 2012.

_____. *Manual de procedimentos operacionais da câmara de derivativos*: segmento BM&F. Disponível em: <http://www.bmfbovespa.com.br/pt-br/regulacao/download/MPO-Camara-Derivativos-110318-Em-vigor.pdf>. Acesso em 30 de agosto de 2011.

_____. *Manual de procedimentos operacionais da câmara de compensação e liquidação da BM&FBOVESPA*. Disponível em: <http://www.bmfbovespa.com.br/lumis/portal/file/fileDownload.jsp?fileId=8A828D294F270E45014FEFAF32834381>. Acesso em 09 de janeiro de 2017.

_____. *O que são derivativos*. Disponível em: <http://www.bmfbovespa.com.br/pt-br/educacional/iniciantes/mercados-de-derivativos/o-que-sao-derivativos/o-que--sao-derivativos.aspx?idioma=pt-br>. Acesso em 26 de dezembro de 2011.

_____. *Regulamento da câmara de registro, compensação e liquidação de operações de derivativos BM&F*. Disponível em: <http://www.bmf.com.br/portal/pages/frame.asp?idioma=1&area=institucional&link=1>. Acesso em 02 de agosto de 2011.

BONFIM, Antulio N. *Derivativos de crédito e outros instrumentos*. Rio de Janeiro: Elsevier, 2007.

BORGES, Sofia Leite; MAGALHÃES, Sofia Torres. *Derivados de crédito - algumas notas sobre o regime dos valores mobiliários condicionados por eventos de crédito*. In: *Cadernos do mercado dos valores mobiliários*, nº. 15, dezembro de 2002. Disponível em: <http://www.cmvm.pt/CMVM/Publicacoes/Cadernos/Documents/42823796dc824b3094a2dbee81393f95SBorges_SMagalhaes.pdf>. Acesso em 10 de novembro de 2011.

BRITO, Agnaldo. *Crise financeira derruba fusão de VCP com Aracruz*, Folha de São Paulo, 18 de outubro de 2008. Disponível em: <http://www1.folha.uol.com.br/folha/dinheiro/ult91u457675.shtml>. Acesso em 20 de maio de 2012.

BRUNNERMEIER, Markus K., *Deciphering the liquidity and credit crunch 2007-08*. Dezembro de 2008. Disponível em: <http://ssrn.com/abstract=1317454>. Acesso em 20 de maio de 2012.

BURLÁ, Leonardo Andrade de Almeida. *Gestão de risco e os impactos da instrução normativa CVM n. 550* – análise empírica, 2009. 62 fls. Dissertação (Mestrado em Finanças e Economia Empresarial) – Escola de Pós-Gradução em Economia, Fundação Getúlio Vargas, Rio de Janeiro.

CAHALI, Yussef Said. *Prescrição e decadência*. São Paulo: Editora Revista dos Tribunais, 2012.

CALHEIROS, Maria Clara. *O contrato de* swap. Coimbra: Coimbra Editora, 2000.

CALICH, Isabel Garcia; MESSINA, Paulo de Lorenzo. *O novo sistema de pagamentos brasileiro*. In: *Revista de direito bancário, do mercado de capitais e da arbitragem*, ano 5, n. 17, julho--setembro de 2002.

CAMINHA, Uinie; LIMA, Elisberg Francisco Bessa Lima. *Intervenção do estado na liberdade contratual: análise da teoria da utilidade negocial*. In: *Revista de direito mercantil, industrial, econômico e financeiro*, n. 149/150, jan/dez 2008.

CARDOSO, Mônica; PUCCIONI, Eduardo. *Bolsa lança contrato inédito baseado na dívida soberana*. Diário Comércio, Indústria e Serviços, São Paulo, 28 de março de 2011 (versão eletrônica). Disponível em: <http://www.dci.com.br/bolsa-lanca-contrato-inedito--baseado-na-divida-soberana-id139996.html>. Acesso em 25 de maio de 2012.

CARVALHOSA, Modesto. *Comentários à Lei de Sociedades Anônimas*. São Paulo: Saraiva, 1997, Vol. 1.

CETIP S.A. – Balcão Organizado de Ativos e Derivativos. *Volume registrado*. Disponível em: <http://www.cetip.com.br/BoletimCetip/VolumeRegistrado >. Acesso em 27 de junho de 2012.

_____. *Código de conduta do participante*. Disponível em: <http://cetip.infoinvest. com.br/static/ptb/arquivos/CODIGO_DE_CONDUTA_DO_PARTICIPANTE.pdf>. Acesso em 25 de maio de 2012.

_____. *Conhecendo o produto*. Disponível em: <http://www.cetip.com.br/informacao_tecnica/regulamento_e_manuais/manuais_de_operacoes/Garantias/Cetip_WebHelp/Conhecendo_o_produto.htm>. Acesso em 12 de maio de 2012.

_____. *Identificação de comitentes - manual de operações*, p. 2. Disponível em: <http://www.cetip.com.br/informacao_tecnica/regulamento_e_manuais/manuais_de_operacoes/pdf/Identif_Comitentes.pdf>.

_____. *Manual de normas do sistema de registros, do sistema de compensação e liquidação e do sistema de custódia eletrônica, da CETIP*. Disponível em: <http://www.cetip.com. br/informacao_tecnica/regulamento_e_manuais/manuais_de_normas/pdf/Manual_Normas_Sistemas_Registro_Comp_Liq_Cust_Elet.pdf>. Acesso em 21 de fevereiro de 2012.

_____. *Manual de normas* swap *de crédito*. Disponível em: <http://www.cetip. com.br/produtos_e_servicos/..%5Cinformacao_tecnica/regulamento_e_manuais/manuais_de_normas/pdf/Manual_de_Normas_Swap_de_Credito.pdf>. Acesso em 10 de março de 2012.

_____. *Manual de normas* swap. Disponível em: <http://www.cetip.com.br/ informacao_tecnica/regulamento_e_manuais/manuais_de_normas/pdf/Manual_de_ Normas_SWAP.pdf>. Acesso em 20 de fevereiro de 2012.

_____. *Manual de operações – manutenção de garantias*. Disponível em: <http:// www.cetip.com.br/produtos_e_servicos/..%5Cinformacao_tecnica/regulamento_e_ manuais/manuais_de_operacoes/Garantias/Manuten%C3%A7%C3%A3o_Garantias. pdf>. Acesso em 22 de fevereiro de 2012.

_____. *Manual de operações:* swap *de crédito*. Disponível em: <http://www.cetip. com.br/informacao_tecnica/regulamento_e_manuais/manuais_de_operacoes/Swap_ de_Credito/Swap%20de%20Cr%C3%A9dito.pdf>. Acesso em 10 de março de 2012.

_____. *Manual de operações*: swap. Disponível em: <http://www.cetip.com.br/ informacao_tecnica/regulamento_e_manuais/manuais_de_operacoes/Swap/SWAP. pdf>. Acesso em 20 de fevereiro de 2012.

_____. *O ambiente on-line da Cetip negocia títulos públicos e títulos privados e realiza leilões*. Disponível em: <http://www.cetip.com.br/ProdutosServicos/UnidadesTitulos/ Negociacao-CetipNet>. Acesso em 20 de fevereiro de 2012.

_____. *Sítio eletrônico*: <http://www.cetip.com.br>. Acesso em 25 de maio de 2012.

_____. *Solução inova mercado mundial de derivativos de balcão*. Disponível em: <http://www.cetip.com.br/ProdutosServicos/UnidadesTitulos/GestaoRiscos-Cetip-Colateral>. Acesso em 22 de fevereiro de 2012.

COELHO, Fábio Ulhoa. *Os derivativos e a desvalorização do real em 2008*. In: *Revista de direito bancário e do mercado de capitais*, ano 12, n. 44, abril-junho de 2012.

COLEMAN, Thomas S. *A primer on credit default swaps (CDS)*. 2009. Disponível em: <http:// ssrn.com/abstract=1555118>. Acesso em 16 de junho de 2012.

COMISSÃO DE VALORES MOBILIÁRIOS. *Portal do investidor*. Disponível em: <http:// www.portaldoinvestidor.gov.br>. Acesso em 22 de janeiro de 2012.

_____. *Portal do investidor. O que é mercado de balcão organizado*. Disponível em: <http://www.portaldoinvestidor.gov.br/Acad%C3%AAmico/EntendendooMercadode ValoresMobili%C3%A1rios/Oque%C3%A9MercadodeBalc%C3%A3oOrganizado/ tabid/188/Default.aspx>. Acesso em 10 de outubro de 2011.

_____. *Portal do investidor*. Estrutura e funcionamento da BM&F - características. Disponível em: <http://www.portaldoinvestidor.gov.br/Acad%C3%AAmico/Ent endendooMercadodeValoresMobili%C3%A1rios/EstruturaefuncionamentodaBMF/tabid/93/Default.aspx>. Acesso em 10 de novembro de 2011.

CORDEIRO FILHO, Ari. *Swaps – aspectos jurídicos*. In: *Revista de direito bancário, do mercado de capitais e da arbitragem*, ano 4, n. 2, janeiro-março de 2001.

_____. *Swaps*: aspectos jurídicos, operacionais e administrativos. Rio de Janeiro: Forense Universitária, 2000.

CORRÊA LIMA, Sérgio Mourão. *Análise jurídica da economia*. In: *Revista de Direito Mercantil, Industrial, Econômico e Financeiro*, Rio de Janeiro, vol. 159/160, julho-dezembro de 2011.

_____. Contratos no novo código civil. In: RODRIGUES, Frederico Viana (org.). *Direito de empresa no novo código civil*. Rio de Janeiro: Forense, 2004.

CORRÊA-LIMA, Osmar Brina; CORRÊA LIMA, Sérgio Mourão (coord.). *Comentários à nova lei de falências e recuperação de empresas*. Rio de Janeiro: Forense, 2009.

CORRÊA, Darwin Lourenço. *Fundamentos jurídicos para a caracterização dos Certificados de Recebíveis Imobiliários, criados pela Lei 9.514 de 20/11/1997, como valores mobiliários*. Parecer jurídico. Disponível em: <http://www.felsberg.com.br/pdf/mercadoC_parecer_cvm_pju_9.pdf> . Acesso em 03 de setembro de 2009.

CORRÊA-LIMA, Osmar Brina. *Curso de direito comercial*. Vol. II. Belo Horizonte: Del Rey, 1995.

_____. *Sociedade anônima*. Belo Horizonte: Del Rey, 2005.

CORREIA, André de Luizi; OLIVEIRA, Júlia Junqueira de. *Contrato de swap com verificações de dólar; registro na CETIP; contestação apresentada em ação declaratória de inexigibilidade das verificações intermediárias*. In: *Revista de direito bancário, do mercado de capitais e da arbitragem*, ano 12, n. 45, julho-setembro de 2009.

DIÓGENES, Felipe César Dias. *Efeitos sobre o câmbio das intervenções cambiais esterilizadas – o caso brasileiro de 2003 a 2006*. 87 fl. Dissertação (Mestrado em Economia). Pontifícia Universidade Católica do Rio de Janeiro, Rio de Janeiro, 2007. Orientador: Márcio Gomes Pinto Garcia.

EITEMAN, David K.; MOFFETT, Michael H; STONEHILL, Arthur I. *Administração financeira internacional*. São Paulo: Artmed, 2001.

EIZIRIK, Nelson. *Negócio jurídico de "hedging"*. In: *Revista de direito mercantil, industrial, econômico e financeiro*, São Paulo, n. 90, abril-junho de 1993.

EIZIRIK, Nelson; GAAL, Ariádna B.; PARENTE; Flávia; HENRIQUES, Marcus de Freitas. *Mercado de capitais – regime jurídico*. Rio de Janeiro: Renovar, 2008.

ENEI, José Virgilio Lopes. Contratos coligados. In: *Revista de direito mercantil, industrial, econômico e financeiro*, São Paulo, n. 132, outubro-dezembro de 2003.

ERLWEIN, Christina; MAMON, Rogemar S; SIU, Tak Kuen. *The pricing of credit default swaps under a markov-modulated merton's structural model*. In: *North American Actuarial Journal*, v. 12, n. 1. Disponível em: <http://www.soa.org/library/journals/north-american-actuarial-journal/2008/january/naaj-2008-vol12-no1-erlwein-mamon.aspx>. Acesso em 17 de junho de 2012.

FEDERAÇÃO BRASILEIRA DE BANCOS (FEBRABAN). Sítio eletrônico: <http://www.febraban.org.br>. Acesso em 15 de maio de 2012.

FEDERAL RESERVE. *Credit and Liquidity Programs and the Balance Sheet*. Disponível em: <http://www.federalreserve.gov/monetarypolicy/bst_liquidityswaps.htm>. Acesso em 30 de dezembro de 2011.

FÉRES, Marcelo Andrade. *Empresa e empresário: do código civil italiano ao novo código civil brasileiro*. In: RODRIGUES, Frederico Viana (org.). *Direito de empresa no novo código civil*. Rio de Janeiro: Forense, 2004.

FERNÁNDEZ, Pablo. *Conceptos basicos sobre derivados*: opciones, «forwards» y futuros. Disponível em: <http://ssrn.com/abstract=1159047>. Acesso em 12 de novembro de 2011.

FIGUEIREDO, Antonio Carlos. *Introdução aos derivativos*. São Paulo: Thomson Learning, 2006.

FILOMENO, José Geraldo Brito. *Disposições gerais*. In: PELLEGRINI, Grinover *et ali* (org.). *Código brasileiro de defesa do consumidor*: comentado pelos autores do anteprojeto. Rio de Janeiro: Forense Universitária, 2005, p. 31.

FLAVELL, Richard. *Swaps and other derivatives*. West Sussex: John Wiley & Sons, 2002.

FOLHA DE SÃO PAULO. *Entenda o que é o "swap cambial reverso"*. São Paulo, 22 de novembro de 2005. Disponível em: <http://www1.folha.uol.com.br/folha/dinheiro/ult91u102598.shtml>. Acesso em 26 de janeiro de 2011.

_____. *Votorantim admite perdas de R$ 2,2 bi com operações de câmbio*, Folha Online, 10 de outubro de 2008. Disponível em: <http://www1.folha.uol.com.br/folha/dinheiro/ult91u454722.shtml>. Acesso em 20 de maio de 2012.

FORGIONI, Paula A. *Teoria geral dos contratos empresariais*. São Paulo: Revista dos Tribunais, 2010.

FORTUNA, Eduardo. *Mercado financeiro: produtos e serviços*. Rio de Janeiro: Qualitymark, 2011.

FRANCO, Vera Helena de Mello; SUEN, Alberto Sanyuan. *Aspectos jurídicos do* credit default swap. Disponível em:< http://suen.com.br/papers/credit_swap.pdf>. Acesso em 10 de janeiro de 2012.

GARCIA, Marcio Gomes Pinto. *Intervenções cambiais do banco central*. Originalmente publicado no jornal Valor Econômico, edição de 28 de agosto de 2009. Disponível em: <http://www.econ.puc-rio.br/mgarcia/Artigos/Artigos%20Valor/Valor%20090828%20v05.pdf>. Acesso em 20 de janeiro de 2012.

GARNER, Bryan A. (ed.). *Black's Law Dictionary*. St. Paul: West Group, 2004.

GELBCKE, Ernesto Rubens; IUDÍCIBUS, Sérgio de; MARINS, Eliseu; SANTOS, Ariosvaldo dos. *Manual de contabilidade societária*. São Paulo: Atlas, 2010.

GIESECKE, Kay. *An overview of credit derivatives*. Março, 2009. Disponível em: <http://ssrn.com/abstract=1307880 or doi:10.2139/ssrn.1307880>. Acesso em 29 de janeiro de 2012.

GIFFONI, Adriana de Oliveira. *As cláusulas* 'cross default' *em contratos financeiros*. In: *Revista de direito mercantil, industrial, econômico e financeiro*, São Paulo, n. 121, janeiro-março de 2001.

GOMES, Orlando. *Contratos*. Rio de Janeiro: Forense, 2009.

_____. *Introdução ao direito civil*. Rio de Janeiro: Forense, 2008.

_____. *Obrigações*. Rio de Janeiro: Forense, 2004.

GONÇALVES, Fernando; MOURÃO, Gustavo César de Souza. *Os contratos derivativos e a impossibilidade de revisão por onerosidade excessiva ou imprevisão*. In: *Sociedades anônimas e mercado de capitais:* homenagem ao prof. Osmar Brina Corrêa-Lima. São Paulo: Quartier Latin, 2011.

GORGA, Érica Cristina Rocha. *A importância dos contratos a futuro para a economia de mercado*. In: *Revista de direito mercantil, industrial, econômico e financeiro*, Rio de Janeiro, vol. 112, out-dez 1998.

GRANZOTTI, Fernando de Miranda. *O abuso de estado de dependência econômica no contrato de distribuição*, 2005. 101 fls. Dissertação (Mestrado). Pontifícia Universidade Católica do Paraná, Centro de Ciências Jurídicas e Sociais – Programa de Pós Graduação em Direito Econômico e Social, Curitiba. Orientador: Roberto Catalano Botelho Ferraz.

HULL, John C. *Fundamentos dos mercados futuros e de opções*. São Paulo: BM&FBOVESPA – Bolsa de Valores, Mercadorias e Futuros de São Paulo, 2009.

_____. *Options, futures and other derivatives*. New Jersey: Pretice Hall, 2002.

IGLESIAS, Felipe Campana Padin. *Opção de compra ou venda de ações no direito brasileiro*: natureza jurídica e tutela executiva judicial. 2011. Dissertação (Mestrado em Direito). 329 fls. Faculdade de Direito, Universidade de São Paulo, São Paulo, 2011.

INTERNATIONAL CREDIT INSURANCE & SURETY ASSOCIATION. *How is the premium calculated?* Disponível em: <http://www.icisa.org/faq/1550/mercury.asp?page_id=1684>. Acesso em 16 de junho de 2012.

_____. *What is the difference between domestic trade credit insurance and trade credit insurance?* Disponível em: <http://www.icisa.org/faq/1550/mercury.asp?page_id=1672>. Acesso em 16 de junho de 2012.

INTERNATIONAL SWAPS AND DERIVATIVES ASSOCIATION. *Product descriptions and frequently asked questions*. Disponível em: <http://www.isda.org/educat/faqs.html#22>. Acesso em 29 de dezembro de 2011.

INVESTOPEDIA. *Maturity mismatch*. Disponível em: <http://www.investopedia.com/terms/m/maturitymismatch.asp#ixzz1hfVsncCv>. Acesso em 26 de dezembro de 2011.

KÜMPEL, Siegfried. *Direito do mercado de capitais*: do ponto de vista do direito europeu, alemão e brasileiro – uma introdução. Rio de Janeiro: Renovar, 2007.

LEÃES, Luiz Gastão de Barros. *Pareceres*. Vol. I. São Paulo: Singular, 2004.

LIMA JUNIOR, João Manuel de. *Procter & Gamble vs. Bankers Trust: um estudo sobre contratos derivativos*, 2008. 66 fls. Monografia (Graduação em Direito). Faculdade de Economia e Finanças IBMEC, São Paulo. Orientador: Antônio Marcos Duarte Junior; co-orientador: José Eduardo Coelho Branco Junqueira Ferraz.

LOPES, Miguel Maria de Serpa. *Curso de direito civil*. Vol. IV: fonte das obrigações - contratos. Rio de Janeiro: Freitas Bastos, 1989.

LYNCH, Timothy E. *Gambling by another name? The challenge of purely speculative derivatives*. Março de 2011. In: *Indiana Legal Studies Research Paper*, n°. 188. Disponível em: <http://ssrn.com/abstract=1788219>. Acesso em 04 de fevereiro de 2012.

MACHADO, Sofia Santos. Close-out netting *e set-off – da validade e eficácia das cláusulas de* close-out netting *e set-off nos contratos sobre instrumentos financeiros*. In: *Cadernos do Mercado dos Valores Mobiliários, n°. 17, agosto de 2003. Disponível em: <http://www.cmvm.pt/CMVM/Publicacoes/Cadernos/Documents/ce3065e0432d4ff888e1e6e7BACEN12f0cSofiaSMachado.pdf>. Acesso em 10 de maio de 2012.*

MARTINS, Fran. *Contratos e obrigações comerciais*. Rio de Janeiro: Forense, 2000.

MARTINS-COSTA, Judith. *Contratos derivativos cambiais. Contratos aleatórios. Abuso de direito e abusividade contratual. Boa-fé objetiva. Dever de informar e ônus de se informar. Teoria da imprevisão. Excessiva onerosidade superveniente.* In: *Revista de direito bancário e do mercado de capitais*, ano 15, n. 55, janeiro-março de 2012.

MATOS, Gustavo Martini de. *Aspectos tributários das operações em mercados futuros – o regime diferenciados das instituições financeiras.* In: MOSQUERA, Roberto Quiroga (org.). *O direito tributário e o mercado financeiro e de capitais.* São Paulo: Dialética, 2009.

MAXIMILIANO, Carlos. *Hermenêutica e aplicação do direito*. Rio de Janeiro: Forense, 1988.

MENEZES, Eduardo Augusto Caixeta. *Swaps: uma análise jurídica*, 2012. 327 fls. Dissertação (Mestrado em Direito). Universidade Federal de Minas Gerais - Faculdade de Direito, Belo Horizonte. Orientador: Sérgio Mourão Corrêa Lima.

MINISTÉRIO DA FAZENDA. *Glossário*. Disponível em: < http://www.stn.fazenda.gov.br/servicos/glossario/glossario_s.asp>. Acesso em 25 de janeiro de 2011.

MURPHY, Austin. *An analysis of the financial crisis of 2008: causes and solutions. 2008.* Disponível em: <http://ssrn.com/abstract=1295344>. Acesso em 31 de janeiro de 2012.

O'KANE, Dominic. *Modelling single-name and multi-name credit derivatives*. West Sussex: Wiley, 2008.

OLIVEIRA, Fernando N. de Oliveira. *O mercado de* hedge *cambial no Brasil*: reação das instituições financeiras a intervenções do banco central. Brasília, Banco Central do Brasil, novembro de 2004. Trabalho para discussão n°. 89. Disponível em: < http://www.BACEN.gov.br/pec/wps/port/wps89.pdf>. Acesso em 30 de dezembro de 2011.

OLIVEIRA, Fernando Nascimento de; NOVAES FILHO, Walter. *Demanda de derivativos de câmbio no Brasil*: hedge *ou especulação?* Disponível em: <http://bibliotecadigital.fgv.br/ocs/index.php/ebf/5EBF/paper/viewFile/1411/530>. Acesso em 11 de dezembro de 2011.

PALSEUR, Alban. *Participation à l'étude de la qualification juridique des produits dérivés de crédit en droit*, 2011. Tese (Doutorado em Direito Comercial). 521 fls. Université Jean Moulin Lyon 3. Orientador: Monsieur Franck Marmoz.

PAVINI, Angelo. *Para Mark Mobius, 2012 será bom para as bolsas*: o executivo da templeton asset diz que países emergentes tendem a ser 'porto seguro'. Valor econômico, São Paulo, 21 de dezembro de 2011. Investimentos, página D3.

PEREIRA, Caio Mário da Silva. *Instituições de Direito Civil*. Vol. I. Rio de Janeiro: Forense: 2004.

_____. *Instituições de Direito Civil*. Vol. II. Rio de Janeiro, Forense: 2004.

_____. *Instituições de Direito Civil*. Vol. III. Rio de Janeiro, Forense: 2005.

PETROBRAS S.A. Sítio eletrônico: <http://www.petrobras.com.br>. Acesso em 17 de maio de 2012.

_____. *Sumário das principais políticas contábeis*. Disponível em: <http://www.petrobras.com.br/rs2010/pt/analise-financeira-e-demonstracoes-contabeis/notas--explicativas-demonstracoes-contabeis/sumario-das-principais-politicas-contabeis/>. Acesso em 29 de janeiro de 2012.

POMPEU, Ivo Guimarães; POMPEU, Renata Guimarães. *O contrato como operação econômica: contributo científico a partir da obra de Enzo Roppo*. In: *Revista da Faculdade Mineira de Direito*, v.12, n. 23, jan./jun. 2011, p. 126.

POSNER, Eric A; WEYL, E. Glen. *A Proposal for limiting speculation on derivatives: an FDA for financial innovation*. Janeiro de 2012. In: *American Economic Review, Forthcoming; University of Chicago Institute for Law & Economics Olin Research Paper*, n. 594. Disponível em: <http://ssrn.com/abstract=1995077>. Acesso em 20 de maio de 2012.

REQUIÃO, Rubens. *Curso de direito comercial*. São Paulo: Saraiva, 2007, p.14.

REUTERS. *ISDA declares greek credit event, CDS payments triggered*, 09 de março de 2012. Disponível em: <http://www.reuters.com/article/2012/03/09/us-greece-cds-isda--trigger-idUSBRE82817B20120309>. Acesso em 24 de maio de 2012. Tradução livre.

RICHA, Alexandre. *Credit derivatives: settlement and other operational issues*. In: HARVARD LAW SCHOOL. Select Papers from the Seminar in International Finance 2011-2012. Disponível em: <http://www.law.harvard.edu/programs/about/pifs/llm/sp10.pdf>. Acesso em 25 de maio de 2012.

ROPPO, Enzo. *O contrato*. Coimbra: Almedina, 2009.

ROTTA, Tomás Nielsen. *Dinheiro inconversível, derivativos financeiros e capital fictício*: a moderna lógica das formas. 2008. Dissertação (Mestrado em Economia das Instituições e do Desenvolvimento) - Faculdade de Economia, Administração e Contabilidade, Universidade de São Paulo, São Paulo.

SÁ, Carlos Alexandre. *Liquidez e fluxo de caixa*: um estudo teórico sobre alguns elementos que atuam no processo de formação do caixa e na determinação do nível de liquidez de empresas privadas não financeiras. 74 fls. Dissertação (Mestrado em Finanças e Economia Empresarial) – Escola de Pós-Gradução em Economia, Fundação Getúlio Vargas, Rio de Janeiro, 2004.

SADDI, Jairo. In: CORRÊA-LIMA, Osmar Brina; CORRÊA LIMA, Sérgio Mourão (coord.). *Comentários à nova lei de falências e recuperação de empresas*. Rio de Janeiro: Forense, 2009.

SALOMÃO NETO, Eduardo. *Direito bancário*. São Paulo: Atlas, 2007.

SANDRONI, Paulo (Org.). *Novíssimo dicionário de economia*. São Paulo: Best Seller, 1999.

SANTOS, Cleidiane Alves. *Natureza jurídica dos contratos no mercado de futuro*, 2011. 95 fls. Dissertação (Mestrado). Universidade Federal de Minas Gerais, Programa de Pós-Graduação em Direito, Belo Horizonte. Orientador: Sérgio Mourão Correa Lima.

SANTOS, Natalino do Nascimento. *SPB – Sistema de Pagamento Brasileiro: Um Novo Conceito para a Economia do Brasil*. São Paulo: Érica, 2008.

SAYAD, João. *O dólar*. São Paulo: Publifolha, 2008.

SECURITIES AND EXCHANGE COMISSION. *Derivatives*. Disponível em: <http://www.sec.gov/spotlight/dodd-frank/derivatives.shtml>. Acesso em 30 de junho de 2012.

SERAPICOS, Edson de Paulo. *Processo para análise de seguro de crédito por empresas no Brasil*. Dissertação (Mestrado profissionalizante em Administração de Empresas). 125 fls. Escola de Pós Graduação em Administração de Empresas da Fundação Getúlio Vargas. São Paulo, 2009. Orientador: João Carlos Douat. Disponível em: <http://bibliotecadigital.fgv.br/dspace/bitstream/handle/10438/5743/68070200638.pdf?sequence=1>. Acesso em 25 de maio de 2012.

SILVA, Américo Luís Martins da. *Contratos comerciais.* Rio de Janeiro: Forense, 2004.

SILVA, Breno Augusto de Oliveira; PINESI, Henrique Penatti. *A crise financeira internacional e o efeito dos derivativos cambiais: a operação de* target forward *da Aracruz Celulose.* Disponível em: <http://www.ead.fea.usp.br/semead/12semead/resultado/trabalhosPDF/345.pdf>. Acesso em 20 de maio de 2012.

SILVEIRA, Marcos de Andrade Melo da. *Avaliação do risco de crédito agregado: aplicação do creditrisk+ em instituições brasileiras não-financeiras,* 2007. 43 fls. Dissertação (Mestrado em Finanças e Economia Empresarial). Fundação Getúlio Vargas, Escola de Pós Graduação em Economia, Rio de Janeiro. Orientadores: César Aragão e Eduarda La Roque.

SIQUEIRA, Marcelo Sampaio. *Convenção de pagamento em moeda estrangeira no Brasil.* In: *Revista direito GV* [online], vol.4, n.1, pp. 165-186, 2008.

SOUZA JUNIOR, Francisco Satiro de. *Derivativos e mercado de bolsa.* In: *Revista Jurídica Logos* – Ano I, n. 1, jan./dez.2005 – São Paulo: Faculdade de Direito Prof. Damásio de Jesus, 2005.

_____. *Regime jurídico das opções negociadas em bolsas de valores,* 2002. Tese (Doutorado em Direito). 185 fls. Universidade de São Paulo, Programa de Pós-Graduação em Direito, São Paulo. Orientador: Waldírio Bulgarelli.

SOUZA, Eduardo Abrahão. *Uma visão geral dos derivativos de crédito e sua aplicação na administração de carteiras expostas a risco de crédito.* 2006. Dissertação (mestrado profissionalizante em economia). 68 fls. Faculdade de Economia e Finanças Ibmec - Programa de Pós-graduação e Pesquisa em Administração e Economia, Rio de Janeiro.

STURZENEGGER, Luiz Carlos. *A doutrina do "patrimônio de afetação" e o novo sistema de pagamentos brasileiro.* In: *Revista de direito bancário, do mercado de capitais e da arbitragem,* ano 4, nº 2, p. 229-244, janeiro-março de 2001.

SUPERINTENDÊNCIA DE SEGUROS PRIVADOS (SUSEP). Sítio eletrônico: <http://www.susep.gov.br>. Acesso em 20 de março de 2012.

_____. *Seguro de crédito interno.* Disponível em: <http://www.susep.gov.br/setores-susep/cgpro/cofir/seguro-de-credito-interno>. Acesso em 06 de maio de 2012.

SZTAJN, Rachel. *Futuros e* swaps*: uma visão jurídica.* São Paulo, Cultura Paulista, 1998.

_____. *Os custos provocados pelo direito.* In: *Revista de direito mercantil, industrial, econômico e financeiro,* São Paulo, n. 112, outubro-dezembro de 1998.

_____. *Sistema financeiro: entre a estabilidade e o risco.* Rio de Janeiro: Elsevier, 2011.

_____. *Supply chain e incompletude contratual. In: Systemas: revista de ciências jurídicas e econômicas*, Campo Grande: 2009, v. 01. Disponível em: < http://cepejus.libertar. org/index.php/systemas/article/view/10/11>. Acesso em 01 de maio de 2012.

TEIXEIRA, Tarcísio. *Obrigações e contratos empresariais no novo código civil: o contrato preliminar e o contrato com pessoa a declarar*. In: *Revista de direito mercantil, industrial, econômico e financeiro*, São Paulo, n. 137, janeiro-março de 2005.

UNIVERSIDADE DE SÃO PAULO. *O que é a atuária*. Disponível em: <http://www.fea. usp.br/conteudo.php?i=211>. Acesso em 17 de junho de 2012.

USMEN, Nilufer. Currency Swaps, Financial Arbitrage, and Default Risk. In: Financial Management, vol. 23, nº. 2, verão de 1994. Disponível em: <http://www.jstor.org/stable/3665738>. Acesso em 20 de maio de 2012.

VALADÃO, Haroldo. *Apud* WALD, Arnoldo. *Dos contratos futuros de taxa cambial*. In: *Revista de direito mercantil, industrial, econômico e financeiro*, n. 89, janeiro-março 1993.

VALOR ECONÔMICO. *Sadia admite aplicação em derivativos de crédito e títulos do Lehman*. 26 de setembro de 2008. Disponível em: <http://economia.uol.com.br/ultnot/valor/2008/09/26/ult1913u95640.jhtm>. Acesso em 20 de maio de 2012.

VERÇOSA, Haroldo Malheiros Duclerc. *Contratos mercantis e a teoria geral dos contratos – código civil de 2002 e a crise do contrato*. São Paulo: Quartier Latin, 2010.

WALD, Arnoldo. *Dos contratos futuros de taxa cambial*. In: *Revista de direito mercantil, industrial, econômico e financeiro*, n. 89, janeiro-março 1993.

_____. *Relações entre empresas. Não incidência do Código de Defesa do Consumidor*. In: *Revista de direito bancário e do mercado de capitais*, ano 8, n. 28, abril-junho de 2005.

WAMSLEY, Julian. *New financial instruments*. West Sussex: John Wiley & Sons, 1998.

WEISZFLOG, Walter (ed.). Michaelis moderno dicionário Inglês & Português. Melhoramentos. Disponível em: <http://michaelis.uol.com.br/moderno/ingles/index.php?lingua=ingles- -portugues&palavra=swap>. Acesso em 15 de novembro de 2011.

YAZBEK, Otavio. *Regulação do mercado financeiro e de capitais*. Rio de Janeiro: Elsevier, 2007.

REFERÊNCIAS A JULGADOS

SUPERIOR TRIBUNAL DE JUSTIÇA. Recurso especial 661145/ES, Rel. Ministro Jorge Scartezzini, Quarta Turma, julgado em 22/02/2005, DJ 28/03/2005, p. 286.

SUPERIOR TRIBUNAL DE JUSTIÇA. Recurso especial 804791/MG, Rel. Ministra Nancy Andrighi, Terceira Turma, julgado em 03/09/2009, DJe 25/09/2009.

SUPERIOR TRIBUNAL DE JUSTIÇA. Recurso especial 846.462/SP, Rel. Ministro Humberto Gomes de Barros, Terceira Turma, julgado em 15/05/2007, DJ 04/06/2007, p. 350.

SUPERIOR TRIBUNAL DE JUSTIÇA. Terceira Turma, Recurso especial 1195642/RJ, Rel. Ministra Nancy Andrighi, julgado em 13/11/2012, DJ 21/11/2012.

SUPREMO TRIBUNAL FEDERAL. Agravo de Instrumento 363159 em Agravo Regimental. Relator: Min. Celso de Mello, Segunda Turma, julgado em 16/08/2005, DJ 03-02-2006.

TRIBUNAL DE JUSTIÇA DO ESTADO DE SÃO PAULO. Agravo de Instrumento nº. 0063392-02.2009.8.26.0000. Relator: Antônio Benedito Ribeiro Pinto. Comarca: Cotia. Órgão julgador: 24ª Câmara de Direito Privado. Data do julgamento: 26/03/2009. Data de registro: 25/05/2009.

TRIBUNAL DE JUSTIÇA DO ESTADO DE SÃO PAULO. Apelação nº. 0105673-27.2010.8.26.0100. Relator: Francisco Loureiro. Comarca: São Paulo. Órgão julgador: 37ª Câmara de Direito Privado. Data do julgamento: 24/11/2011. Data de registro: 07/12/2011.

ÍNDICE

NOTA DO AUTOR 9

PREFÁCIO 11

LISTA DE ILUSTRAÇÕES 13

LISTA DE QUADROS 15

LISTA DE ABREVIATURAS E SIGLAS RECORRENTES 17

SUMÁRIO 19

INTRODUÇÃO 21

2. DERIVATIVOS 47

3. CONTRATOS DE SWAP 85

4. CADEIAS CONTRATUAIS DAS OPERAÇÕES DE SWAP 225

CONCLUSÃO. 285

REFERÊNCIAS. 291